U0525868

国学人文导论

祁志祥 ◎ 著

商務印書館
The Commercial Press

图书在版编目(CIP)数据

　　国学人文导论／祁志祥著. —北京：商务印书馆，2012
　　ISBN 978-7-100-09186-2
　　Ⅰ.①国… Ⅱ.①祁… Ⅲ.①国学—基本知识 Ⅳ.①Z126
　　中国版本图书馆 CIP 数据核字(2012)第 105548 号

所有权利保留。
未经许可，不得以任何方式使用。

国 学 人 文 导 论
祁志祥　著

商 务 印 书 馆 出 版
(北京王府井大街36号　邮政编码100710)
商 务 印 书 馆 发 行
山 东 临 沂 新 华 印 刷 物 流 集 团
有 限 责 任 公 司 印 刷
ISBN 978-7-100-09186-2

2013 年 1 月第 1 版　　开本 700×1000　1/16
2016 年 2 月第 3 次印刷　印张 29.5
定价：49.00 元

前　言

"大学之道,在明明德,在止于至善。"①

"大学者,大人之学也。"②大学的使命是培养"大人"、"君子",使人精神成人。因此,"大人之学也为道"③,培养"大人"、"君子"的根本是人文之"道"。

基于营造"大人之学"的考虑,自2011年起,"国学人文基础"首次列为上海政法学院本科生三选一公选课程。本书即作为该课程的特色教材而写。

"国学"是一个国家传统的文化学术思想的总称。"人文"即通常说的"人文精神"、"人文思想"。在中国讲"国学",不言而喻,"国学"是中国传统的文化学术思想,主要指经、史、子、集。国学人文课程的重点,是从人文的维度研究国学、讲解国学,或者说是着重总结、挖掘中国传统文化典籍中的人文思想,以期对传统文化的普及和道德精神的塑造打下良好基础。

全书分两部分。

上编梳理国学人文的主要范畴及国学人文思想的历史脉络。第一章为入门,具体解释什么是"国学"、什么是"人文"、国学人文精神在今天有什么现实意义这些基本问题。第二章为本体论,具体讨论国学中的"人性"思想,这是国学人文范畴的核心和原点。第三章到第十一章探讨"外王之道",由一系列环环紧扣、相互联系的重要范畴组成。由第二章讨论的"人性"论,产生了"人本"和"民本"思想。由"人本"和"民本",产生了维护人民基本权利、推翻暴君暴政的"革命"。革命成功后,革命的领袖成为万民之主——"民主"。他必须像"民

---

① 《大学》。
② 朱熹《大学章句》。
③ 扬雄《法言·学行》。

之父母"一样养民、教民，这是古代"民主"的基本要求和内涵。要守住天下，保证国家的长治久安，避免自己沦为新的革命的对象，君主必须及时完成政治之道的攻守转换，实行克己爱民的"仁政"。仁政的本质是顺应人的二重天性，保障"民生"，满足人民的物质需求；尊重"民心"，倾听人民的心灵呼声。"仁政"不等于排斥"法治"，但"法治"必须贯彻"德主刑辅"的"仁政"精神，坚持以德立法、司法。"外王之道"还包括人才的考察、培养、尊重和使用。这当中包含若干道理，构成了国学中的"人才"论。第十二章至第十三章探讨"内圣之道"。前者从仁义、善良、进取、谦逊、改过、诚信六方面讲做人之道的"人道"。后者从认识人生意义的"有"与"无"、设定人生目标的"高"与"低"、如何看待和对待"生"与"死"、"是"与"非"、"善"与"恶"、"苦"与"乐"、"理"与"欲"、"义"与"利"、"公"与"私"、"荣"与"辱"十个方面讲如何处理人生中对立两极的矛盾，以期修养身性，使人生活得更加聪明智慧。第十四章以全新的视角，梳理了国学人文思想演变的时代特征和历史规律，揭示了从夏商到清末人文精神否定之否定所呈现的四波启蒙，并与现当代的两波启蒙相呼应。全编各章适当进行中西比较、古今勾连，并紧密联系实际案例进行分析，努力增加其可读性和应用性。

下编为国学经典人文思想选讲。如果说上编主要从国学人文范畴切入，侧重在"作"，下编则从国学经典入手，侧重在"述"。中国古代国学经典汗牛充栋，不过其思想基础，特别是儒家的人文思想基础主要是由先秦两汉打下的。考虑到篇幅有限，故本编所选均为先秦两汉时期的宝典，六朝以后的暂且割爱。意犹未尽者，可查阅笔者主编的《国学人文读本》。笔者不仅希望读者能够把握中国古代主要国学经典的人文要义，而且在古代汉语训诂及相关文化知识拓展方面受到训练，获得教益。

国学这些年不仅学校热，而且社会上也很热。这表明了人们对祖国传统文化包含的人文价值的重新发现和强烈渴求。本书虽为大学生而写，然而对社会上各种国学培训班同样有参考作用。大而言之，举凡对修身、治国、平天下感兴趣的读者，其实都不妨读读本书。

笔者自文学起家，由美学立身。美学是杂学。治中国古代美学必须对中国古代文、史、哲作打通式的综合研究，于是走向国学殿堂。超越对国学"术"的层面的专注，走向对国学"道"的层面的深究，重铸人们心中的价值堤防，以期对修身养性、待人接物、经邦济世有所裨益，就是笔者研究国学、撰写本书的初衷。

期待走到您的心灵深处，并倾听您心灵深处的呼声。

目 录

前 言 ……………………………………………………………（1）

上编　国学人文范畴及其历史脉络

第一章　国学人文入门 ……………………………………（3）
一、什么是"国学" …………………………………………（3）
二、什么是"人文" …………………………………………（7）
三、"人文"与"人文主义" …………………………………（9）
四、国学人文精神有什么现实意义 ………………………（13）
思考题 ………………………………………………………（14）
案例分析
　　当今"国学"概念使用中的问题 ………………………（14）

第二章　国学中的"人性"论 ………………………………（16）
一、人性二重性："人心唯危，道心唯微" …………………（16）
二、人的基本情欲："食、色，性也" ………………………（18）
三、人的智慧特性："人者，万物之中有智慧者也" ………（22）
四、人性二重性的善恶评价 ………………………………（28）
五、二重人性是中民之性还是共同人性 …………………（33）
六、人性二重性的因应态度及方法 ………………………（36）

思考题 …………………………………………………………（38）
　　案例分析
　　　　1. "性善"、"性恶"论辩的偏颇 ……………………………（39）
　　　　2. 无政府共产主义学说对人性的误判 ……………………（39）
　　　　3. 人不是"衣冠禽兽" ………………………………………（41）

第三章　国学中的"人本"论 ………………………………（42）
　　一、"人本"不是"神本"："神,依人而行" ……………………（43）
　　二、"人本"不是"天本"："民之所欲,天必从之" ……………（45）
　　三、"人本"不是"物本"：重人轻物 ……………………………（47）
　　四、"人本"不是"君本"："得人"为"圣王" …………………（49）
　　五、"人本"与"人本主义" ……………………………………（50）
　　六、当代中国"人本"思想的内涵及意义 ……………………（54）
　　思考题 …………………………………………………………（55）
　　案例分析
　　　　1. 金训华事件反思 …………………………………………（55）
　　　　2. 当下以身殉利殉物的迷失 ………………………………（56）
　　　　3. 宠物热中的重"物"轻"人"偏向 …………………………（56）

第四章　国学中的"民本"论 ………………………………（58）
　　一、民为天之本："欲求事天,必先恤民" ……………………（59）
　　二、国以民为本："重社稷必爱百姓" …………………………（60）
　　三、君以民为本："民本君末"、"民贵君轻" …………………（63）
　　四、吏以民为本："凡吏于土者,盖民之役" …………………（65）
　　五、古代"民本"思想的现代意义 ……………………………（67）
　　思考题 …………………………………………………………（68）
　　案例分析
　　　　1. "三个有利于"凝聚着"民为国本"的政治进步 …………（68）
　　　　2. "民为君本"的三个历史故事 ……………………………（68）

第五章　国学中的"革命"论 …… （70）
　一、"革命"本义的三个特点 …… （71）
　二、汤、武"革命"的争议与评价 …… （73）
　三、"革命"的现代意义及其教训反思 …… （75）
　思考题 …… （80）
　案例分析
　　1. 苏联大饥荒及顿巴斯煤矿工程师案件、工业党案件 …… （80）
　　2. "红色高棉"的自我屠杀 …… （82）

第六章　国学中的"民主"论 …… （84）
　一、古代"民主"的内涵及其产生依据 …… （84）
　二、"民主"充当"民之父母"的积极意义 …… （88）
　三、现代西方"民主"的意义与局限 …… （92）
　思考题 …… （97）
　案例分析
　　中国古代君主专制的现代遗存 …… （97）

第七章　国学中的"仁政"论 …… （100）
　一、"仁政"是"爱人"、"恤民"之政 …… （100）
　二、"仁政"是"克己"、"修德"之政 …… （104）
　三、政治之道的攻守转换 …… （105）
　思考题 …… （109）
　案例分析
　　秦朝短命的根本原因 …… （109）

第八章　国学中的"民生"论 …… （111）
　一、"民生"的涵义及其产生依据 …… （111）
　二、保障民生的具体措施 …… （113）
　三、古代"民生"思想的现代意义 …… （114）
　思考题 …… （116）

案例分析

  如何解读"更加注重保障和改善民生"的十二五目标 …………（116）

第九章　国学中的"民心"论 …………………………………（118）

  一、"言路者，国之命也" ……………………………………（119）

  二、古代"民心"论的现代观照 ………………………………（125）

  思考题 ……………………………………………………………（128）

  案例分析

   1. 如何确保人民拥有真正的思想言论自由权 ………………（128）

   2. 专制时代流行话语的虚谎特征 ……………………………（129）

第十章　国学中的"法治"论 …………………………………（130）

  一、"法制"产生依据及历代刑法简况 ………………………（131）

  二、"德主刑辅"、"尚德希刑" ………………………………（134）

  三、"以德立法"、"以德司法" ………………………………（136）

  思考题 ……………………………………………………………（138）

  案例分析

   1. 北京菜贩杜宝良的巨额罚单 ………………………………（139）

   2. 山西交警乱罚款收黑钱被曝光处理 ………………………（140）

第十一章　国学中的"人才"论 ………………………………（141）

  一、"为国之要，在于进贤退不肖" …………………………（141）

  二、人才的考察和培养 …………………………………………（143）

  三、怎样尊重人才 ………………………………………………（144）

  四、如何使用人才 ………………………………………………（146）

  五、中国历代选用人才的政治实践和制度建设 ………………（152）

  思考题 ……………………………………………………………（158）

  案例分析

   1. 刘邦统一天下的奥秘 ………………………………………（158）

   2. 齐桓公用人的大度 …………………………………………（158）

第十二章　国学中的"人道"论 (160)

一、"立人之道,曰仁与义" (161)

二、"成人之美"、"与人为善" (163)

三、积极进取,坚韧不拔 (165)

四、泰而不骄、功成弗居 (167)

五、"过而能改,善莫大焉" (171)

六、推诚不欺、守信不疑 (174)

思考题 (179)

案例分析

　　1. 信义兄弟接力还薪 (179)

　　2. 汪晖事件的是是非非 (180)

第十三章　国学中的人生论 (183)

一、人生意义的"有无"观 (183)

二、人生目标的"高低"观 (186)

三、国学中的"生死"观 (188)

四、国学中的"是非"观 (193)

五、国学中的"善恶"观 (195)

六、国学中的"苦乐"观 (198)

七、国学中的"理欲"观 (200)

八、国学中的"义利"观 (202)

九、国学中的"公私"观 (207)

十、国学中的"荣辱"观 (210)

思考题 (213)

案例分析

1. 陆幼青坦然面对死亡 (213)

2. 苏东坡明辨是非独立不阿 (214)

3. "导师"莫成"包工头" (215)

第十四章　国学人文思想发展史上的四波启蒙 (218)

　　一、周代对夏商的启蒙："人"的觉醒与"神"的退场 (219)

　　二、六朝对两汉的启蒙："逍遥适性"取代"性善情恶" (226)

　　三、明清对唐宋的启蒙：反叛唯理，回归常识 (229)

　　四、近代对古代的启蒙：以"民权"反"皇权" (234)

　　五、余论之一："五四运动"对"奴隶道德"的启蒙 (238)

　　六、余论之二："改革开放"对现当代极"左"思潮的启蒙 (243)

　　思考题 (246)

　　案例分析

　　　　魏晋时期人性解放中有兽性的放纵需要反思 (247)

下编　国学经典人文思想选讲

第十五章　尚书 (251)

　　一、"惟人万物之灵" (253)

　　二、"民为邦本"、"敬德无逸" (256)

　　三、汤武革命，殷鉴不远 (260)

第十六章　周易 (266)

　　一、"文明以止，人文也" (267)

　　二、"变动不居"，与时偕行 (271)

　　三、"君子美在其中，美之至也" (273)

第十七章　礼记 (275)

　　一、"人以有礼，别于禽兽" (275)

　　二、礼乐相辅 (276)

　　三、"礼乐之说，管乎人情" (277)

　　四、君子之道与君人之道 (280)

第十八章　左传 (282)

一、为政重德 …………………………………………（283）
　　二、以身作则 …………………………………………（285）
　　三、民利则君利 ………………………………………（286）
　　四、言论自由,和而不同 ………………………………（286）
　　五、"宽猛相济,政是以和" ……………………………（288）

第十九章　国语 ……………………………………………（290）
　　一、反对亏民以自利 …………………………………（291）
　　二、"臣杀其君,君之过也" ……………………………（294）
　　三、"为民者宣之使言" ………………………………（295）

第二十章　战国策 …………………………………………（297）
　　一、民为本,君为末 ……………………………………（298）
　　二、广开言路,鼓励进谏 ………………………………（299）
　　三、"士贵耳,王者不贵" ………………………………（300）

第二十一章　论语 …………………………………………（304）
　　一、人性论:上智下愚、有所用心 ……………………（305）
　　二、"君子务本"、"不违如愚" …………………………（306）
　　三、责己改过、不怨天尤人 …………………………（308）
　　四、重义轻利,杀身成仁 ………………………………（309）

第二十二章　孟子 …………………………………………（311）
　　一、仁义礼智,心所同然 ………………………………（312）
　　二、民贵君轻,保民而王 ………………………………（315）
　　三、臣民的责任与权利 ………………………………（317）
　　四、得道多助,失道寡助 ………………………………（319）
　　五、人格修养 …………………………………………（320）

第二十三章　荀子 …………………………………………（323）
　　一、自然人性、共同人性、性恶 ………………………（324）
　　二、人的特性、地位 ……………………………………（326）

三、隆礼重法,化性起伪…………………………………………（328）
四、"礼者,人道之极"……………………………………………（329）

第二十四章 晏子春秋………………………………………………（333）
一、治国莫高于爱民………………………………………………（333）
二、知人善任、敢谏善谏…………………………………………（335）
三、"攻义者不祥,危安者不困"…………………………………（337）

第二十五章 孝经……………………………………………………（339）
一、"人之行,莫大于孝"…………………………………………（340）
二、推孝以治天下…………………………………………………（341）

第二十六章 墨子……………………………………………………（344）
一、人与禽兽之辨…………………………………………………（345）
二、爱人利人与自爱自利…………………………………………（346）
三、利民即为,害民即止…………………………………………（348）
四、尚贤事能,为政之本…………………………………………（350）

第二十七章 老子……………………………………………………（353）
一、人的高贵地位和人性…………………………………………（353）
二、"圣人之道":守下、守默、取与……………………………（354）
三、小国寡民的社会理想…………………………………………（357）

第二十八章 庄子……………………………………………………（359）
一、人性无情、无欲、无知………………………………………（360）
二、做人之道:"养神"、"卫生"…………………………………（362）
三、超越生死………………………………………………………（366）
四、无用之用………………………………………………………（367）

第二十九章 管子……………………………………………………（370）
一、"以人为本"……………………………………………………（371）
二、政之兴废,在民心之顺逆……………………………………（373）

三、"治国之道,必先富民" …………………………… (374)
四、"君不君则臣不臣" …………………………………… (375)
五、百年树人 ……………………………………………… (377)

第三十章　吕氏春秋 ……………………………………… (379)
一、莫以贵富伤性、莫以纵欲害生 ……………………… (380)
二、"人之欲多者,其可得用亦多" ……………………… (383)
三、"天下非一人之天下也,天下之天下也" …………… (384)

第三十一章　新书 ………………………………………… (387)
一、反思商、秦覆亡之过 ………………………………… (388)
二、"民无不为本","民无不为功" …………………… (390)
三、"与其杀不辜,宁失于有罪" ………………………… (393)

第三十二章　新语 ………………………………………… (394)
一、"治以道德为上,行以仁义为本" …………………… (395)
二、"道莫大于无为" ……………………………………… (396)

第三十三章　淮南子 ……………………………………… (398)
一、"欲与性相害" ………………………………………… (399)
二、"为治之本,务在宁民" ……………………………… (401)
三、"有法者而不用,与无法等" ………………………… (403)

第三十四章　春秋繁露 …………………………………… (405)
一、"人最为天下贵也" …………………………………… (406)
二、人性的善恶及分类 …………………………………… (407)
三、"明于情性乃可与论为政" …………………………… (409)
四、"王者民之所往,君者不失其群者也" ……………… (412)
五、"人道者,人之所由" ………………………………… (414)

第三十五章　史记 ………………………………………… (416)
一、商纣"淫虐自绝" ……………………………………… (417)

二、李斯说焚书 ………………………………………… (419)
　　三、汉高祖、汉文帝之仁德 …………………………… (421)
　　四、发愤著书 …………………………………………… (425)

第三十六章　扬雄 …………………………………………… (427)
　　一、"善言天地者以人事,善言人事者以天地" ……… (428)
　　二、"由于礼义,入自人门" …………………………… (429)

第三十七章　说苑 …………………………………………… (432)
　　一、"先德教而后刑罚" ………………………………… (432)
　　二、"王道知人,臣道知事" …………………………… (434)
　　三、容谏与勇谏、善谏 ………………………………… (436)

第三十八章　班固 …………………………………………… (439)
　　一、天人合一、以人法天 ……………………………… (440)
　　二、"仁爱德让,王道之本" …………………………… (442)
　　三、知人善用,无敌天下 ……………………………… (444)
　　四、"法令欲其难犯而易避" …………………………… (445)
　　五、"财者,治国安民之本也" ………………………… (446)

第三十九章　论衡 …………………………………………… (448)
　　一、精气生人、性兼善恶 ……………………………… (449)
　　二、德力具备、谷足礼丰 ……………………………… (452)

第四十章　潜夫论 …………………………………………… (454)
　　一、民为国基,富民化民 ……………………………… (455)
　　二、"尊德礼而卑刑罚" ………………………………… (457)

后　记 ………………………………………………………… (459)

上 编
国学人文范畴及其历史脉络

第一章
国学人文入门

提要：古代的"国学"是"国之学"、"国子学"的简称，指国立贵族子弟学校；今天的"国学"是"国故学"的简称，是一国故有的文化、学术、思想的总称。"人文"指人类的文明，尤其是人类的道德文明、价值文明。国学人文教程讲述的重点，是在逻辑范畴的梳理与历史轨迹的扫描中提取国学经典的人文思想精华，为现代社会的价值重构和信仰重铸提供有益借鉴，为莘莘学子精神成长和当今国人安身立命提供底线原则。

一、什么是"国学"

"国学"近些年来很热。"国学大师"满天飞，"国学丛书"出了一套又一套，国学机构纷纷创立，"国学培训班"在各地涌现，有的高校还开设了"国学"专业博士点，招收"国学"方向的研究生，如此等等。不过，在喧嚣的"国学热"背后，我们却发现了许多问题。其中最具有讽刺意味的是"国学"究竟为何物却越说越糊涂，以至于有人感叹："国学"这个概念实在说不清楚。种种迹象表明："国学"概念的涵义需要科学地加以分析厘定。

今天人们所说的"国学"与古代"国学"的涵义是不一样的。大体说来，"国学"可分古义与今义两种情况去理解。

古代典籍中出现的"国学"是"国之学"或"国子学"的简称。其中，"学"是学校的意思。它有三层要义。第一，指"国之学"，即国家办的学校，与"乡学"

相对。"古之王者,建国君民,教学为先。"①中国古代的君王很早就懂得教育对于治理国家、管理人民的重要性,所以中国古代的教育事业颇为兴隆。从事教育的学校依据区域的大小有不同的称谓。《礼记·学记》说:"古之教者,家有塾,党有庠,术有序,国有学。"②古代二十五家为闾,住在一个巷子里,相当于现在的弄堂。每个弄堂口有一所小学校,教孩子识字和做人的道理。这弄堂学校叫"塾"。五百家为"党","党"内设立的学校叫"庠"。"术"通"遂",一万二千五百家为"遂","遂"内设置的学校叫"序"。"国"相当于天子所在的首都或诸侯所在的国都,这里设立的学校有一个独特的称呼,叫做"学",合称"国学"。《学记》依据区域的大小将学校分为"塾"、"庠"、"序"、"学",《孟子·滕文公上》则依据时代和功能的不同将学校分为"校"、"序"、"庠"、"学":"设为庠、序、学、校以教之。庠者,养也;校者,教也;序者,射也。夏曰校,殷曰序,周曰庠,学则三代共之,皆所以明人伦也。"朱熹《孟子集注》注释说:"庠以养老为义,校以教民为义,序以习射为义,皆乡学也。学,国学也。共之,无异名也。伦,序也。父子有亲,君臣有义,夫妇有别,长幼有序,朋友有信,此人之大伦也。庠序学校,皆以明此而已。"这就是说:夏代的学校以教民为主,叫做"校";殷商的学校以习射为主,叫做"序";周代的学校以养老为主,叫做"庠";称"学"的学校则夏商周三代共有。"校"、"序"、"庠"是"乡学",属于地方学校;"学"则是"国学",属于国立学校。它们共同而主要的使命,是人伦道德教育。作为承担全社会人伦道德教化的国家教育机构,"国学"的地位很重要。"夫国学者,立教之本。"③《北史》卷八十一《列传·儒林》载:北魏孝文帝"宣武时,复诏营国学";北魏孝明帝"神龟中,将立国学,诏三品以上及五品清官之子以充生选"。《朱子文集》卷十七:"备据国学进士唐季渊等状";卷六十八:"其有秀异者,移于乡学;乡学之秀,移于国学"。如此等等,"国学"都是国立学校之义。

第二,是"国子学"的简称,指贵族子弟学校,与"太学"相对。《周礼·春官宗伯第三》称:"乐师掌国学之政,以教国子小舞。""国子",即"国之胄子",指国家的贵族子弟。其意思是说:乐师掌管国学的事务,教贵族子弟基本的乐舞。中国古代的乐舞不是单纯的技艺,而是包含道德教化内容的。贵族子弟

---

①② 《礼记·学记》。孙希旦《礼记集解》中册,中华书局1989年版,第957页。
③ 《令蕃客国子监观礼教敕》,载宋敏求编《唐大诏令集》,中华书局2008年版。

有机会到"国学"接受教育,平民子弟怎么办呢?其中的"贤良"者可去"太学"接受教育。"太学"原指周代设立在天子都城的学校。中国最早的一部词典《尔雅》说:"国学教胄子,太学招贤良。"《尔雅》的作者历来说法不一。有的认为是孔子门人所作,有的认为是周公所作,后来孔子及其弟子作过增补。后人大都认为是秦汉时人所作,经代代相传,各有增益,至西汉时整理加工而成。据此看来,"国学"在周代作为贵族子弟学校,是与平民子弟学校"太学"相对的一个概念。《贞观政要·崇儒学》说:"贞观二年,诏停周公为先圣,始立孔子庙堂于国学,稽式旧典,以仲尼为先圣,颜子为先师……于国学造舍四百间,国子、太学、四门、俊士亦增置生员。""国子"即"国子学"。唐代国子学教三品以上官员的子孙,名额三百人。"太学"教五品以上官员的子孙,名额五百人。"四门"即"四门学",教七品以上官员的子弟和平民百姓的优秀子弟。①

第三,"国学"是学校总称,而不仅仅指"大学"。现代国学名家马一浮《泰和会语》曾说:"旧时用国学为名者,即是国立大学之称。"其实不够准确。清代学者孙诒让在《周礼正义》中指出:"国学者,在国城中王宫左之小学也。"西周的"国学"分小学和大学,小学教"书"、"数",也就是文字和数学;大学教"礼"、"乐"、"射"、"御",也就是礼教、乐舞、射术、御技。到了后代,"国学"才逐渐演变为最高学府。

20世纪初以来,传统的"国学"概念涵义发生了新的变化,用以指与"西学"对峙的"中学"、与"新学"不同的"旧学","国学"成为"国故学"的简称。"国"指国家,"学"指文化、学术、思想。国粹派代表人物邓实1906年撰文说:"国学者何?一国所有之学也。有地而人生其上,因以成国焉,有其国者有其学。学也者,学其一国之学以为国用,而自治其一国也。"②关于"国学"涵义变化的原因,余英时指出系从日本传来。姜义华通过考证指出:"日本江户时代的一批学者最先给本国古典文献和固有文化冠以'国学'这一名号。20世纪初,中国留日人数激增。日本'国学'一词的这个用法开始为中国人所采纳。"③20世纪初,一部分中国知识分子东渡日本,学习强国之道。当时正值形形色色

---

① 叶光大等《贞观政要全译》卷七,贵州人民出版社1991年版,第395—396页。
② 《国学讲习记》,《国粹学报》第19期。
③ 姜义华《近代中国"国学"的形成与演进》,《学术月刊》2007年第7期。

的"西学"作为人们趋之若鹜的"新学"风靡中国大地之际。梁启超及后来的"五四"运动主将均力挺西学,批判国学。1902年秋,梁启超在日本筹办《国学报》,为传播新学、改造旧学造势,于是写信与黄遵宪商量。① 黄遵宪主张略迟数年再说,认为中国学界须先大开门户,容纳新学,"俟新学盛行,以中国固有之学,互相比较,互相竞争,而旧学之真精神乃愈出,真道理乃益明,届时而发挥之,彼新学者或弃或取,或招或拒,或调和或并行,固在我不在人也"。② 这是目前所见到的用"国学"指称中国传统文化的最早例证。有批判就有捍卫。当时,高举捍卫"国学"旗帜的主要有东京章太炎等人的"国学讲习会"、"国学振起社"和上海刘师培等人的"国学保存会"。他们认为传统的"国学"自有价值,不可一概否定。后来,"国学"依据外延大小不同,呈现三种涵义:

一是以"国学"为一国故有之文化,也就是中国的传统文化。这种观点以胡适为代表。胡适《研究国故的方法》指出:"自从章太炎著了一本《国故论衡》之后,这'国故'的名词,于是成立。"又其《〈国学季刊〉发刊宣言》指出:"'国学'在我们心眼里,只是'国故学'的缩写。中国的一切过去的文化历史,都是我们的'国故';研究这一切过去的历史文化的学问,就是'国故学',省称为'国故'。""文化"是无所不包的,因而这种涵义上的"国学"外延最广。

二是有感于以"国学"为一国故有之文化外延太大不易把握,于是将"国学"缩小到一国故有之学术的层面。这种观点的代表是钱穆。他在《国学概论》弁言中提出:该书所论"国学""用意在使学者得识二千年来本国学术思想界流转变迁之大事,以培养其适应启新的机运之能力。"这里明确以"国学"为"本国学术思想"。抗日战争期间,马一浮先生在江西泰和讲国学,也举例说"今人以吾国固有的学术名为国学"。通常,学界比较多地在这个涵义上使用"国学"概念。

三是觉得学术的外延仍嫌太大,遂以"国学"为一国故有学术中包含的思想;作为中国古代人们安身立命的指导思想,"国学"主要指"六艺之学"。这种观点的代表人物是马一浮、熊十力。1938年,马一浮指出:"六艺之教固是中国至高特殊之文化。""今楷定国学者,即是六艺之学,用此代表一切固有学术,广

---

① 梁启超《论中国学术思想变迁之大势》,《新民丛报》第22号,1902年12月14日。
② 转引自《梁启超年谱长编》,上海人民出版社2009年版。

大精微,无所不备。"①"六艺",即"六经",也就是儒家经典《诗》、《书》、《礼》、《乐》、《易》、《春秋》。熊十力说:"六经为中国文化与学术思想之根源,晚周诸子百家皆出于是,中国人作人与立国之特殊精神实在六经。"②当代学者刘梦溪也认为:"六艺之学"这个定义能够准确地反映国学的基本义涵,也更容易和现代人的精神世界相连接;这是完全可以与东西方任何一国的学术区别开来的原初学术典范,是我国独生独创独有的民族文化的自性之原,同时也是中华学术的经典渊薮。既可以为道,又可以为教,又可以育人,所以应是"国学"的根本。③"六经"中,《乐记》属于《礼记》中的一篇,所以"六艺之学"、"六经之学"实即"五经之学"。

面对上述三种观点,我们究竟应当怎样理解"国学"今义呢?

其实,在近一百多年来人们的实际使用中,上述三种涵义是可以兼容的。中国人借鉴日本人的用法,以"国学"与"新学"、"西学"对举,既可以泛指中国故有的传统文化,包括经史子集;也侧重于中国传统学术,主要指经史子;核心则是中国传统文化学术中包含的价值思想、人文理念,也就是"六艺之学"或"五经之学"。它是古代中国人安身立命、修身平天下的依据。

从现代学科分工与"国学"的关系来看,中国古代文学、哲学、史学虽然属于"国学"范围,但各自的外延比"国学"小得多,并不等于"国学"。"国学"研究也不同于中国古代文、史、哲的分门别类研究。只有中国古代文、史、哲的综合研究、打通研究才堪称"国学"研究。当学术研究达到一定境界,就会突破原有的专业壁垒,走向文、史、哲的打通研究,达到"国学"的融通境界。这是一种很高的学术境界,因而令人仰慕。

二、什么是"人文"

国学在今天重新获得国人的青睐,原因何在?是人们对训诂学、考据学、版本学之类纯学术性的知识感兴趣吗?显然不是。说到底,是信仰迷茫、价值缺失的当代中国人希望从中国传统文化的人文思想中汲取养分。从人文的维度

---

① 马一浮《泰和宜山会语·楷定国学名义》,辽宁教育出版社 2005 年版。
② 熊十力《论六经》,中国人民大学出版社 2006 年版,第 104 页。
③ 刘梦溪《国学辨义》,《社会科学报》2008 年 8 月 28 日。

研究国学,筛选、过滤和总结国学中的人文思想精华,为精神成长、价值重铸、内圣外王服务,因而就成为本书的重点。

人们经常谈论"人文",究竟什么是"人文",同样是一个需要辨别的概念。

"人文"的"文",在甲骨文、金文和篆文中都是交错的笔画之象形,所以《易·系辞》说:"物相杂,故曰'文'。"《国语·郑语》说:"物一无'文'。"《说文解字》解释为"错画"、"交文":"文,错画也,象交文。""文"的本义,是图纹的意思,通"纹"。美籍华人学者刘若愚《中国的文学理论》译为 pattern、marking。由图纹的本义,引申为文饰、修饰之意。《楚辞·九章·橘颂》:"青黄杂糅,文章烂兮。"此处的"文章"即指斑斓的色彩。《左传·隐公五年》:"昭文章,明贵贱。"杜预注"文章":"车服旌旗。"由自然界的文饰,引升为道德文饰及礼仪修养。孔子说:"郁郁乎文哉,吾从周。"《诗·大雅·荡》毛序:"厉王无道,天下荡荡,无纲纪文章。"这里的"文"和"文章",均指周代的道德文明和礼仪法度。可见,"人文"的字面意义是人类的文饰和美化,也就是道德文明。

"人文"联言,源出《易经·贲·彖传》:"文明以止,人文也。观乎天文,以察时变,观乎人文,以化成天下。"易卦有经卦与别卦之分。经卦由三根爻构成,为八卦;别卦由两个经卦构成,有六根爻。八个经卦两两组合,构成六十四卦。贲卦是六十四卦之一,属于别卦。它由两个经卦——艮卦与离卦上下组成。"文明以止"说的是构成贲卦的基本单位——离卦和艮卦的卦义。离卦的本义是太阳或日月附丽于天,与"文"、"明"义通。艮卦的卦义为静止,可引申为克制、内敛。贲卦下为离上为艮,指内既"文明"而外能守"止",胸有辉煌而行为克制。贲卦既是"天文"之象,又是"人文"之象。作为"天文"之象,内在"文明"而外能守"止"指极饰返素的意思。《序卦传》谓:"贲者,饰也。""贲"的涵义是文饰。《杂卦传》又说:"贲,无色也。"具有装饰性之美的"贲"卦又以无色为特征。所以,刘勰《文心雕龙·情采篇》说:"贲象穷白,贵乎反本。"而这恰好是胸有辉煌而外能克制的人类道德文明的写照。王弼注"文明以止,人文也":"止物不以威武,而以文明,人之文也。"孔颖达进一步加以注疏:"'文明':离也;'以止':艮也。用此文明之道裁止于人,是人之文、德之教。此贲卦之象,既有天文、人文,欲广美天文、人文之义,圣人之以治于物也。"孔颖达又解释"观乎人文,以化成天下":"圣人观察人文,则诗书礼乐之谓,当法此教而化成天下也。"由此可见,"人文"就是像"天文"——贲卦"文明以止"那样,懂得用与"威武"相对的道德教化来裁人治物。因此,汉语中"人文"范畴的本义,主要指称人类美化自己、约束自己的道德文明,泛指人类的精神文明、价值文明。

三、"人文"与"人文主义"

值得指出的是:"人文"与以"人文"为词根的"人文主义"并不是一回事。

"人文主义"是翻译过来的一个西方概念。英文为 Humanism,是从德文 Humanismus 转译过来的,而德文 Humanismus 是德国的一位不甚著名的教育家 1808 年在一次关于希腊罗马经典著作在中等教育中地位的辩论中根据拉丁文 Humanus 杜撰的。即便在西方,对"人文主义"加以严格的定义,也不是一件简单的事。英国学者布洛克在《西方人文主义传统》一书中指出:对于"人文主义"一词,没有人能够作出使人满意的定义。它含义多变,在不同的时代和不同的地方,不同的人会对它作出不同的解释。甚至在各种版本的大百科全书中,它的定义也不完全一样。基于对它的不同理解,有的学者把西方人文主义之源上推到古希腊罗马,有的学者(如布洛克)则从文艺复兴时期开始谈西方人文主义。而且,在中文翻译中也存在不统一的问题。对于拉丁文单词 Humanus 和英文单词 Humanism,中文既有译为"人文主义"的,也有译为"人本主义"或"人道主义"的。① 而"人文主义"、"人本主义"、"人道主义"在中文中涵义并不等同。于是,究竟什么是"人文主义",尚需仔细考辨。

毫无疑问,"人文主义"外延大于"人道主义"。一般说来,"人道主义"只是"人文主义"在一定历史条件下的产物。"人道主义原来本是人文主义在一定历史条件下产生的新内涵,也就是为了强调这个新含义时所采用的译法。"② "人道主义"是为取代中世纪基督教文化的"神道主义"产生的,而"人文主义"的内涵远比这丰富得多。

"人文主义"包含"人本主义",但外延也比它更大。"人文主义"要求以人为本,按照人性的实际,"把人当人看待","不把人当作非人的东西","不把人

---

①② 董乐山《西方人文主义传统》译序,布洛克《西方人文主义传统》,董乐山译,三联书店 1997 年版。

当作工具"①。无论古希腊的人文主义,还是文艺复兴、启蒙运动、西方现代的人文主义,"它们都关注知识体系中人的经验问题,视人的经验为历史和宇宙的中心内容"②,"以'人'为中心或出发点,否定以神或自然为中心;高扬人的主体性,肯定人生的意义与价值,崇尚人格尊严"③。可见,"人文主义"的核心是"人本主义"。所谓"人本",在西方文化中不仅相对于"神本",而且相对于"物本"而言。周国平指出:人文主义"最基本的意思就是对人的价值的尊重,把人看作宇宙间的最高价值,人比物重要,比东西重要。"④人既有动物的物质属性,又有超动物的理性精神。人既不能做物质欲求的奴隶,沦为"物本";也不能做纯粹理性的婢女,陷入"神本"。只有将人的动物需求与理性精神结合起来,在物质追求中体现理性精神,在理性规范下实现物质欲求,才能成为一个独立自主的、真正意义上"人"。这种区别于"神本主义"与"物本主义"的"人本主义"价值理念,就属于"人文主义"。

从历史的发展来看,"人文主义"最早诞生于古希腊罗马文明时期。"希腊人文主义是西方人文主义的基本来源。"⑤古希腊思想家普罗泰戈拉在《论真理》中说过一句名言:"人是万物的尺度。"体现了人是万物中心的思想。"人"为什么能成为"万物的尺度"呢?因为人是"理性的动物",具有理性,能够认识万物,驾驭外物,控制自我。古希腊人不仅从感性与理性两方面认识人,而且从共同体与城邦的角度观照人。人必须在共同体中生活。在所有共同体中,城邦最重要。城邦决定着人整个生活的好坏,人只有在城邦这个政治共同体中才可能成全人的天性。⑥ 因此,人是"政治的动物"、"社会的动物"。古希腊人文主义的核心是按照城邦、社会的要求对人进行"德性的教化"、"人性的修养"。它体现了古希腊人理性的复苏和人性的觉醒,是告别被个体物欲左右的动物特征的古希腊文明的标志。

古罗马继承了古希腊人文主义的这个特点。罗马原是野蛮民族,西塞罗时期的人文主义恰恰体现了罗马从野蛮状态向道德文明的转变。西塞罗曾著

---

① 王树人《关于人文主义(Humanus)的几点思考——从"人文奥运"谈起》,《安徽大学学报》2004年第1期。
② 石敏敏《希腊人文主义》,上海人民出版社2003年版,第6页。
③ 李承贵《人文儒学:儒学的本体形态》,《学术月刊》2009年第12期。
④ 《周国平人文演讲录》,上海文艺出版社2009年版,第50页。
⑤ 石敏敏《希腊人文主义》,上海人民出版社2003年版,第2页。
⑥ 维柯《论人文教育》总序,王楠译,上海三联书店2007年版。

《论至善和至恶》、《论神性》、《论共和国》，后来罗马皇帝奥勒留曾著《沉思录》。这些堪称罗马以理性和德性为特征的人文主义的代表作。

古罗马对人的精神属性的重视，为基督教的扎根提供了合适的土壤。公元1世纪至5世纪，基督教诞生，并从以色列向希腊罗马文化区域流传。313年，君士坦丁大帝颁布米兰诏书，基督教成为罗马帝国认可的宗教。391年，罗马皇帝狄奥多西一世宣布基督教为国教。公元476年西罗马帝国被日耳曼人灭亡之后，不少日耳曼人的部族开始皈依基督教。由于日耳曼人的文化水平比罗马人低，甚至连自己的文字也没有，而当时几乎只有教士和修士才能读书识字，所有的学者都是教会人士，于是教会便成了中世纪时期西欧唯一的学术权威，西欧逐渐进入上帝中心论的神本主义时代。中世纪的基督教神学将古希腊罗马时期与人欲兼容的理性发展为与人欲势不两立的神性，彻底抛弃了人文主义，人匍匐在上帝面前，完全沦为神的婢女。

为了对抗中世纪的神本主义，把人从神还原为人，找回失落的古希腊罗马的人文主义，14世纪到16世纪，从意大利各城市发端，以后扩展到西欧各国，在欧洲掀起了一场以"文艺复兴"为契机的人文主义运动。学校在"神学学科"之外，增设以自然和人为研究对象的"人文学科"，内容包括文学、哲学、历史、艺术、语言学和自然科学。人们借助复兴古希腊罗马的艺术和科学，通过文艺创作和科学研究，宣传人文主义精神，取代神学蒙昧思想。意大利诗人彼德拉克说："我不想变成上帝"，"我自己是凡人，我只要凡人的幸福。"[1]人文主义主张给人的欲望和个性解禁，但也没有忘记人的理性和社会性，而是主张人的全面发展。彼德拉克说："多少世纪过去了，但是人们对于德行的称颂永无止境，对邪恶的斗争永不会终结。在进行新的探索的道路上，人的聪明才智不会停滞不前。"布鲁尼说："只有置身于文明社会中才会使自己完善起来。""在对人类生活所作的道德教诲中，最重要的是关系到国家和政府的那部分。因为它们涉及为所有的人谋求幸福的问题。如果说为一个人争取幸福是件好事，那么为整个国家争取幸福不是更好吗？"[2]

文艺复兴时期人文主义思潮对神性的批判和对人性的回归尚处在初始阶

---

[1] 北京大学西语系资料组编译《从文艺复兴到十九世纪资产阶级文学家艺术家有关人道主义人性论言论选辑》，商务印书馆1973年版，第11页。

[2] 转引自加林《意大利人文主义》中译本《译序》，李玉成译，三联书店1998年。

段,还披着神性的外衣。画家的绘画题材仍以《圣经》为主,尽管画面上的圣母、圣婴显示了世俗的人性风貌和神韵。直到18世纪法国启蒙运动时期,才把人文主义运动推向真正的高潮。这个时期,对神权、神性的批判更加直接和尖锐,对人性的高扬也更加强烈和深刻。天赋人权论、社会契约论、自然法权论、理性至上论、返回自然论等纷纷出现。特别是在法国大革命中以"自由"、"平等"、"博爱"为主题的《人权宣言》的发布,把中世纪神权和神性的统治变成了历史陈迹,开辟出一个崇尚人权和人性的新时代。文艺复兴时期的人文主义因注重个体生命的欢欣而创造了伟大的科学和艺术,不过这个时期的科学成就大多处于经验层面。启蒙运动时期的科学则积淀为"知性"精神。同时,从卢梭的"返回自然",到德国歌德和席勒代表的"狂飙突进",都在平衡崇尚理性给人的感性造成的掏空倾向。

尽管如此,由文艺复兴和启蒙运动所恢复和发展的古希腊罗马的人文主义还是产生了一些非人文的负面后果。崇尚人性和人权导致"人类中心主义",带来生态破坏,反过来危及人类自身的生存;理性至上导致理性万能的唯理性主义,一些伪科学的理性被奉若神明强行推销,人成为被新的神明主宰的木偶;科学至上导致唯科学主义和唯技术主义,科技创造的物质文明挑起了人类无限的物质消费欲望,人沦为科技文明之下的物质奴隶。于是西方现代人文主义应运而生,它与以理性主义、本质主义为基础的科学主义相抗衡和对峙,以反思和批判既往人文主义的弊病为特点,主张在更高的层面上防止成为至上的理性异化而成的神性的工具和至上的科学创造的物质文明的奴仆。

综上所述,不难看出:人文主义既肯定以人为本又反对人类中心论;既承认物欲又反对被物欲所主宰;既高扬理性又反对神化理性;既尊重科学又反对科学万能。它包含人本主义、人道主义,而外延又比它们大得多,是一种多元立体的道德—价值范式。

如此看来,"人文主义"与"人文"的关系是怎样的呢?"人文"是泛名、总名,"人文主义"是专名、分名。中国传统文化中的"人文"虽然不包括西方的"人文主义",但"人文主义"作为一个特定的"人文"范畴,它隶属于广义的"人文"范畴之下,属于"人文"的子范畴。本书所讲的"国学人文精神",尽管是中国传统文化典籍中固有的道德思想和价值理念,不同于西方的"人文主义",但与西方的"人文主义"存有交叉之处,可作为参照加以比较,以彰显其民族特性和普适意义。

四、国学人文精神有什么现实意义

今天我们探讨国学人文精神,有什么现实意义?

常言说:"人同此心,心同此理。"人类的道德文明、价值文明是人类思考如何处理人与人、人与社会乃至人与自然矛盾关系取得的公约数。尽管在不同的历史时期,不同的民族国度,人们有不同的社会公意,因而人类的道德文明、价值文明呈现出一定的历史性、民族性差异;同时我们又应注意到,人类的生理基础和心理结构大体相同,面对的生存、发展问题大体相同,产生的关于人类行为法则的思维结果也就大体相同,于是人类的道德文明、价值文明又存在着超越历史和民族差异的普适性。

在黄河流域中原大地上发源的以汉文字典籍为载体的华夏精神文明,是以汉人为主体的中华民族在长期的人生和社会实践中积累起来的思想财富。由于其当时具有普适性和先进性,鲜卑族当政的北魏、契丹族当政的辽朝、女真族当政的金朝、蒙古族当政的元朝和满族当政的清朝,都不约而同地选择了继承与光大,于是政治上的征服者成了文化上的被征服者。举两个典型的例子。一是北魏。北魏孝文帝在28岁那年,也就是494年,将都城从毗邻内蒙古的平城,也就是今天的大同,迁到今天河南中南部的洛阳,实行了一系列的文化改革措施:以汉服代替鲜卑服;朝廷上使用汉语,禁用鲜卑语;改鲜卑旧姓为音近或义近的汉姓;沟通鲜卑贵族和汉人士族的婚姻关系;广开学校,复兴汉学,尤其是儒学,极大地促进了鲜卑族与汉族的融合,推动了华夏文明的传播与提升。另一个例子是清朝。清朝是满族人执政。而满清统治者在保存汉民族文化方面却做了两件功德无量的大事。一是编纂《古今图书集成》10 000卷;二是编纂《四库全书》79 000多卷,36 000余册。由于《永乐大典》在八国联军的烽火中焚毁殆尽,所以清人在保存汉文化典籍方面厥功至伟。我们无法想象如果没有《古今图书集成》,特别是《四库全书》,我们今天拥有的国学典籍是怎样的状况。少数民族的统治者为什么不遗余力地推广汉文化而不是自己民族的文化呢?因为汉文化属于当时的先进文化。

作为能够维系古代中国这样一个泱泱大国几千年于不坠的思想支柱,国学人文精神的价值不容否认。然而,在"五四"新文化运动中,国学人文财富毁于一旦;代之而起的西方人文理念后来几十年内又遭到极"左"的假马克思主义学说的批判。事实证明,完全割断继承的价值体系的建构无论多么华丽炫目,注定是脱离实际的、无法践行的,难以成为人们心悦诚服的价值信仰。一个国家、一个民族不能没有自己的价值信仰,不能没有自己的人文精神,这是国家和民族的脊梁。在市场经济带来的社会转型条件下,如何重建与之相适应的价值信仰,弘扬切实可行的人文精神,是摆在我们面前的迫切需要解决的课题。历史的经验告诉我们:任何建构都离不开继承。当下社会价值体系的重建,需要我们以马克思主义实事求是、与时俱进的世界观和方法论为指导,密切联系当下中国的社会现实,不仅向以国际公约形式确认的普世价值吸取养料,而且从中国古代的人文精神中汲取资源。国学人文精神作为当下社会价值体系建构的两大资源之一,具有重要的地位和意义。从小处说,有益于修身立命,活出尊严;从大处说,有益于治国平天下,活出精彩。

思 考 题

1. 什么是"国学"古义?什么是"国学"今义?
2. "人文"的出处及涵义是什么?
3. 什么是"人文主义"?如何理解国学中的"人文"与西方的"人文主义"之间的关系?
4. 如何理解国学人文精神的现代意义?

案 例 分 析

当今"国学"概念使用中的问题

今天我们所说的"国学",可以泛指中国故有的传统文化,包括经史子集;侧重于中国传统学术,主要指经史子;核心是中国传统文化学术中包含的价值思想、人文理念,也就是"六艺之学",实即"五经之学"。

由此出发,我们就会发现当今"国学"概念使用中的一些问题。比如,季羡林经常被一些媒体称为"国学大师"。其实,季先生的成就主要在东方学方面,他在中国的传统文化研究方面并无标志性成果。称他为"东方学大师"是恰如其分的,称他为"国学大师"并不准确。北京大学等著名高校刊登的国学总裁班广告中将《心经》、《金刚经》与《老子》、《论语》并列为"国学课程",不知这里所说的"国学"究竟是哪一国的"国学"？其实，《心经》、《金刚经》是古代印度释迦牟尼所演说的佛经，把它们与《老子》、《论语》等中国古代文化经典作为"国学"课程并列在一起，缺乏起码的常识，犯了低级错误。一国有一国的国学经典。佛经是印度的国学经典，不能列为中国的国学经典。武汉大学开设的"国学"专业博士点中，佛教与经、史、子、集并列，作为"国学"的一个研究方向。这也存在同样的问题。印度的佛教不属于中国的"国学"自不待说，即便中国的佛教，也不外是对印度佛教义理的继承和发展，视为中国的"国学"也不合适。正如马克思主义学说虽然在中国很兴盛，但称"马学"为中国的"国学"并不合适、德国人不会同意一样，称佛教，哪怕是中国人传播和发展的佛教为中国的"国学"，印度人也不会答应。再如，名为"国学丛书"，其实出版的仅仅是中国古代文学作品；昔日的楚辞专家、红学家如今摇身一变为"国学大师"，仿佛"国学"的外延等于中国古代文学作品。事实上，楚辞、《红楼梦》也好，中国古代文学也罢，仅属于"国学"的一部分，而且不是"国学"的重要组成部分。将专攻一书一经的专家称为"国学大师"，用部分指代整体，难免有"盛名之下，其实难副"之嫌。

第二章
国学中的"人性"论

提要：人性具有"人心"与"道心"、"情欲"与"智慧"二重属性。人的"情欲"主要表现为"饮食男女"、自私自利、趋利避害、好逸恶劳、趋乐避苦、好荣恶辱等形态。人的智慧特性，使人积极能动地创造生活财富，并懂得联合起来共同对付自然，成为主宰万物的高贵生物；在智慧基础上产生的道德意识构成了人区别于禽兽的又一高贵特性。关于人性二重性的善恶评价，古代有孟子的"性善"论、荀子的"性恶"论、周硕的"性具善恶"论、告子的"性无善恶"论。其实善、恶不是人性的客观属性，所以人性本身无善无恶；同时，人的情欲和理性都有为善、为恶的潜在可能性，因此，人性又具有善性和恶性二重性。虽然后天修养形成了凡、圣之别，但并不能改变二重人性是全民共同人性的事实。深刻认识人性二重性，可为形成正确的修身方法和英明的为政之道提供可靠的依据。

一、人性二重性："人心唯危，道心唯微"

人性问题是人文思想的逻辑起点，也是人文精神聚焦的核心。

"人是什么"，这是一个既简单而又复杂的问题。我们天天与人打交道，我们自己本身就是人，但若问"人是什么"，我们未必回答得清楚。自古以来，人类最大的困惑，就是不了解人自身。

曾有人问古希腊哲学家泰勒斯（公元前624—前547年）："你认为人活在这个世界上，什么事情是最困难的？"泰勒斯回答说："认识你自己。"古希腊哲人在德尔斐神殿上留下箴言:"认识你自己!"16世纪法国文艺复兴后期人文主义作家蒙田说:"世界上最重要的事情就是认识自我。"德国大诗人歌德(1749—1832)曾经感叹:"人是一个糊涂的生物,他不知从何而来,到何处去;他对这个世界,而且首先是对于他自身,知道得很少。"[1]法国启蒙思想家卢梭(1712—1778)在《论人类不平等的起源和基础》中指出:"我觉得人类的各种知识中最有用而又最不完备的,就是关于'人'的知识。"匈牙利现代哲学家卢卡契(1885—1971)在晚年未完成的遗著《社会存在本体论》中不得不承认:"要使人们正确地意识到他们最根本的存在特性是很困难的。"德国存在主义哲学家雅斯贝尔斯(1883—1969)指出:"'人是什么'这一问题永远也不会有确切的答案。"[2]法国存在主义哲学家萨特(1905—1980)认为,存在先于本质,没有一个永恒不变的人的本质可以定义。另一位法国存在主义哲学家梅洛—庞蒂(1908—1961)干脆说:"没有人性就是人性。"中国古代哲人老子也感叹:"知人者智,自知者明。"[3]人类认识对象的人固然不易,认识自我更加困难。

然而,要实现"人"的价值,成为真正意义上的"人",必须认清"人性"。"凡治天下,必因人情。"[4]"情性者,人治之本,礼乐所由生也。"[5]要能够把天下之人治理好,也必须认清"人性"。于是,从个人的修身需要和社会的政治需要出发,中国古代的思想家、政治家展开了对人性问题的深思默察和孜孜探求,形成了国学中丰富的"人性"论思想。

那么,人性是什么呢?中国古代人认为,人性具有"人心"与"道心"、欲望与理性、"恶性"与"善性"二重属性。《尚书·大禹谟》指出:"人心唯危,道心唯微。"[6]人是"人心"和"道心"的混合体。"人心"危险,具有作恶的可能性;"道心"精微,具有为善的天性,是人区别于其他动物的特性,也是人超然傲立于万物之上的根本。汉代思想家董仲舒从阴阳决定论出发指出:人"有贪有仁",具有二重性,就像天有阴有阳一样。[7] 扬雄干脆从善恶两方面界定人的二

---

[1] 转引自杨振寰等著《弗洛伊德:一个神秘的人物》,辽宁大学出版社1986年版,第38页。
[2] 熊伟主编《存在主义哲学资料选辑》上卷,商务印书馆1997年版,第724页。
[3] 《老子》第三十三章。
[4] 《韩非子·八经》。
[5] 王充《论衡·本性篇》。
[6] 此语又见《礼记·中庸》。
[7] 董仲舒《春秋繁露·深察名号》。

重性:"人之性也,善恶混。"①宋代思想家朱熹进一步重申《尚书》的命题:"人自有人心、道心。"②可见,具有"人心"与"道心"二重性,是国学人性论的基本思想。"人心"虽然具有"恶性",但与生俱来,是人生存的基础,必须适当满足;如果一概加以扼杀,就会产生社会混乱;"道心"虽然具有"善性",但如果走向极端,就会变成"以理杀人"的软刀子。所以对于人性的二重属性,必须采取合理的态度加以对待。中国古代,曾出现"性三品"论,认为二重人性只是对于中民之性的取样分析,并不能涵盖所有人;圣人之性只有"道心",下愚之性只有"人心"。不过,从总体来看,中国古代人性论倾向于认为二重人性是对于每个人都适用的共同人性,圣人也有道德修养的任务,下愚也有成为尧舜的可能。这种共同人性论闪耀着可贵的平等精神,为古今中外的历史和现实一再证明。

二、人的基本情欲:"食、色,性也"

《尚书》中所说的"人心",是指人的本能欲望。人的本能欲望主要有哪些表现形态呢?《孟子·告子》记载告子的话说:"食、色,性也。""食"就是吃饭喝水,"色"就是男女相悦。这两大欲望都是人的天性。所以,《礼记·礼运》说:"饮食男女,人之大欲存焉。"儒家的这个思想,奠定了后世中国人对人欲的基本态度。宋代张载《正蒙·乾称》强调:"饮食男女皆性也,是乌可灭?"明代王廷相《慎言·问成性篇》重申:"饮食男女,人所同欲。"清初王夫之《诗广传》卷二指出:"饮食男女之欲,人之大共也。"晚清严复《译事例言》强调:"饮食男女,凡斯人之大欲。"康有为《性学篇》强调:"人性之自然,食、色也。"自我保存的"食"本能和自我繁衍的"色"本能是人欲的两大基本形态。

人的这两种基本欲望以维系自我的生存和繁衍为目的,由此派生出"自私"的本能。先秦时期法家代表人物慎到揭示:"人莫不自为也。"③韩非进一步论证:"人皆挟自为心。"④李贽强调:"人必有私,而后其心乃见。"⑤黄宗羲揭

---

① 扬雄《法言·修身》。
② 《朱子语类》卷六二。
③ 《慎子·因循》。
④ 《韩非子·外储说左上》。
⑤ 李贽《藏书·德业儒臣后论》。

示:"有生之初,人各自私也,人各自利也。"①自私自利是人与生俱来的本性。顾炎武指出:"人之有私,固情之所不能免矣。"②"天下之人各怀其家,各私其子,其常情也。"③陈确专著《私说》一文,认为无论是君子还是小人,都有"自私自爱之心",他们的区别不是君子"无私"而小人"有私",而是小人"私而浮"、"私而假",君子"私而笃"、"私而真"④。龚自珍不仅重申"怀私者,古人之情也"⑤,而且专著《论私》一文,批驳圣人"大公无私"论,指出凡天地日月、圣王凡人都有私,倒是"貍交禽媾,不避人于白昼,无私也"。他讽刺说:"今曰大公无私,则人耶,则禽耶?"

  人的自私本能,突出表现为好生恶死。《荀子·正名》指出:"人之所欲生甚矣,人之所恶死甚矣。"《礼记·礼运》说:"死亡贫苦,人之大恶存焉。"在生死面前,人按其天性,总是希望把生的机会留给自己。人活着,要维系自己的生命存在,必须获得生命赖以存在的物质利益。于是自私心又主要表现为自利心,表现为趋利避害、嫌贫爱富、好逸恶劳。管子揭示:"凡人之情,见利莫能勿就,见害莫能勿避。"⑥商鞅指出:"民之于利也,若水之就下也,四旁无择。"⑦"饥而求食,劳而求佚……此民之情也。"⑧韩非强调:"夫安利者就之,危害者去之,此人之情也。"⑨"喜利畏罪,人莫不然。"⑩孔子承认:"富与贵,是人之所欲也……贫与贱,是人之所恶也……"⑪荀子肯定:"饥而欲食,寒而欲暖,劳而欲息,好利而恶害,是人之所生而有也,是无待而然者也。"⑫纵观历史与现实中苦苦挣扎的芸芸众生,司马迁深深感叹:"天下熙熙,皆为利来;天下攘攘,皆为利往。"⑬关于人与人之间的利害关系,韩非、李贽分析得尤为入木三分。韩非揭示:雇主与雇工、卖主与买主的关系是典型的利害关系。"夫买庸(佣)而播耕者,主

---

① 《明夷待访录·原君》。
② 顾炎武《日知录·言私其豵》。
③ 顾炎武《亭林文集》卷一《郡县论五》。
④ 《陈确集·文集卷十一》。
⑤ 龚自珍《送广西巡抚梁公序三》。
⑥ 《管子·禁藏》。
⑦ 《商君书·君臣》。
⑧ 《商君书·算地》。
⑨ 《韩非子·奸劫弑臣》。
⑩ 《韩非子·难二》。
⑪ 《论语·里仁》。
⑫ 《荀子·荣辱》。
⑬ 司马迁《史记·食货志》。

人费家而美食、调布而求易钱者,非爱庸客也,曰:如是,耕者且深耨熟耘也。庸客致力而疾耘耕、尽巧而正畦陌者,非爱主人也,曰如是羹且美,钱布且易云也。"①"舆人成舆,则欲人之富贵;匠人成棺,则欲人之夭死也。非舆人仁而匠人贼也,人不贵则舆不售;人不死则棺不买。"②甚至温情脉脉的父子关系、君臣关系也不外乎是利害关系:"人为婴儿也,父母养之简,子长而怨。子盛壮成人,其供养薄,父母怒而诮之。子父至亲也,而或谯或怨者,皆挟相为而不周于为己也。"③"父母之于子也,产男则相贺,产女则杀之。此俱出父母之怀衽,然男子受贺,女子杀之者,虑其后便,计之长利也。"④君仁臣忠只是骗人的假象,实质上,"主利在有能而任官,臣利在无能而得事;主利在有劳而爵禄,臣利在无功而富贵;主利在豪杰使能,臣利在朋党用私。"⑤李贽指出,自利心是人们一切活动的原动力:"民之所以耿耿勤劳者,为利进耳。使靡所利,谁则为之?"⑥"如服田者,私有秋之获,而后治田必力;居家者,私积仓之获,而后治家必力;为学者,私进取之获,而后举业之治也必力。故官人不私以禄,则虽招之必不来矣;苟无高爵,则虽劝之必不至矣。"⑦针对宋明之际流行的"圣人无私"论调,他揭露道:"圣人亦人耳,既不能高飞远举,弃人间世,则自不能不衣不食,绝粒衣草而自逃荒野也,故虽圣人不能无势利之心。"⑧"世之君子必曰'有公而无私',此后代之美言,非先王之至训也。"⑨顾炎武戳穿现实社会中统治阶级"以公灭私"论调的虚伪:"至于当官之训,曰'以公灭私',然而禄足以代其耕,田足以供其祭……又所以恤其私也。"

与人欲联系很紧密的是人情。人情是人欲的另一种形态。《荀子·正名》说:"'性'者,天之就也;'情'者,性之质也。"天赋的资禀叫"性","性"的内容是"情"。"人情"是天赋"人性","性、情一也"⑩。清人颜元《习斋记馀》指出:"人为万物之灵,而独无情乎?"人是有情感的动物。人的情感反应有多种,中国古代多析为"七情"。《礼记·礼运》说:"何谓人情?喜、怒、哀、乐、爱、恶、

---

① ③ 《韩非子·外储说左上》。
② 《韩非子·内备》。
④ 《韩非子·六反》。
⑤ 《韩非子·孤愤》。
⑥ 严复《原富·部丁篇九》按语。
⑦ 李贽《藏书·德业儒臣后论》。
⑧ 李贽《明灯道古录》卷上。
⑨ 顾炎武《日知录·言私其豵》。
⑩ 王安石《王文公文集》卷二十七《性情》。

欲,七者弗学而能。"王安石补充说:"喜、怒、哀、乐、好、恶、欲未发于外而存于心,性也;喜、怒、哀、乐、好、恶、欲发于外而见于行,情也。性者情之本,情者性之用。"①从各种情感元素的关系来看,"喜"、"乐"、"爱"("好")、"欲"属于积极的肯定性情感,"怒"、"哀"、"恶"属于消极的否定性情感。在各种情感元素中,"爱"、"恶"是根本的情感元素。"'欲'者,'爱'之征也;'喜'者,'爱'之至也;'乐'者,又极其至也;'哀'者,'爱'之极至而不得……'怒'者,'恶'之征也;'惧'者,'恶'之极至而不得。"②"其'爱'、'恶'存者名为'性',其'爱'、'恶'发者名为'情'。"③

人情的好恶追求,又分别表现为"趋乐避苦"、"好荣恶辱"、"喜贵恶贱"诸种形态。关于"趋乐避苦",管子说:"凡人之情,得所欲则乐,逢所恶则忧,此贵贱之所同也。"④商鞅指出:"苦则索乐……此民之情也。"⑤荀子指出:"若夫目好色,耳好声,口好味,心好利,骨体肤理好愉佚,此人之情性也。"⑥荣与辱,虽然与人的物质生活无关,但与人情的苦乐密切相联。由"趋乐避苦",自然派生出"好荣恶辱"。商鞅指出:"羞辱劳苦者,民之所恶也;显荣佚乐者,民之所务也。""民生则计利,死则虑名。""名与利交至,民之性。""苦则索乐,辱则求荣,民之情也。"⑦荀子指出:"好荣恶辱……是君子、小人之所同也。"⑧"名声若日月,功绩如天地,天下之人应之景向,是又人情所同欲也。"⑨韩非说:"名之所彰,士死之。"⑩《吕氏春秋》指出:"人之情","欲荣而恶辱"⑪;"显荣,人子人臣所甚愿也。"⑫在世俗生活中,地位的高下、仕途的贵贱与人的荣辱紧密相关,于是"好荣恶辱"又衍生为"喜贵恶贱"。《管子》指出:民有"四欲""四恶",其中之一即"欲贵""恶贱"⑬。韩非指出:"人情皆喜贵而恶贱。"⑭

---

① 王安石《王文公文集》卷二十七《性情》。
②③ 康有为《爱恶篇》,《康有为政论集》,上册,中华书局1981年版。
④ 《管子·禁藏》。
⑤ 《商君书·算地》。
⑥ 《荀子·性恶》。
⑦ 《商君书·算地》。
⑧ 《荀子·荣辱》。
⑨ 《荀子·王霸》。
⑩ 《韩非子·外储说左上》。
⑪ 《吕氏春秋·适音》。
⑫ 《吕氏春秋·劝学》。
⑬ 分别见《管子·枢言》、《管子·牧民》。
⑭ 《韩非子·难二》。

三、人的智慧特性:"人者,万物之中有智慧者也"

人除了有情欲主宰的"人心"外,还有控制情欲的"道心"。"道心"的实质是"智慧"、思维、意识。孔子认为:"哀莫大于心死。"①一个人最大的悲哀就是心灵停止思维活动。孟子指出:"心之官则思。"②心灵器官的最大特点是思维。明代学者刘宗周指出:"心之主宰曰'意',故'意'为心本。"③意识是心灵的主宰和本体。《尚书》多处出现"聪明"一词,"聪明"每每作为圣王的人格特点加以赞美。它不是指感官意义上的耳聪目明,而是指理性智慧的大清明。扬雄《法言》卷六《问明》明确提出"尚智"的概念:"或问:'人何尚?'曰:'尚智。'曰:'多以智杀身者,何其尚?'曰:'昔乎,皋陶以其智为帝谟,杀身者远矣;箕子以其智为武王陈《洪范》,杀身者远矣。'"王充《论衡·辨祟篇》鲜明地提出人是万物中最有智慧的动物:"夫倮虫三百,人为之长。人,物也,万物之中有知(通智)慧者也。"东汉末人徐幹《中论》进而重申:"天地之间,含气而生者,莫知(通智)乎人。"④天地间所有生物中,人是最有智慧的。由于"民心之有智","故圣人因智以造艺",⑤"六艺"正是人类智慧的产物。"圣人之不可及,非徒空行也,智也。""圣人贵才智之特能立功立事益于世矣。"⑥圣人凭借杰出的智慧,才能建功立业,造福于世。所以,三国时期的刘劭在《人物志序》中说:"圣贤之所美,莫美乎聪明。"晋代学者葛洪认为:"有生最灵,莫过于人。"⑦人的灵性集中体现在什么地方呢?就是"智慧必高远"⑧。东晋成书的《列子》借子产之口明确揭示:"人之所以贵于禽兽者,智虑。"⑨唐末无能子虽然在古代诸子中不太著名,但他对"人"的智慧特性的论断却堪称经典:"裸虫中繁其智虑者,其名曰人。"⑩"裸虫"是古代对没有羽毛鳞甲的动物的称谓。在一切没有羽毛鳞

---

① 转引自《庄子·田子方》。
② 《孟子·告子上》。
③ 刘宗周《刘子全书·学言》。
④ 徐幹《中论》卷二十一《复三年丧》。
⑤ 同上书,卷七《艺纪》。
⑥ 同上书,卷九《智行》。
⑦ 《抱朴子·内篇·论仙》。
⑧ 《抱朴子·内篇·塞难》。
⑨ 《列子》卷第七《杨朱篇》。
⑩ 《无能子·圣过》。王明《无能子校注》,中华书局1981年版。

甲的动物中智慧最发达的,就是"人"。尽管近代科学研究表明某些动物也有意识,但正如康有为早已分析揭示的那样:人"智多而思深","脑筋尤灵"①。人的智慧、理性是其他动物无法媲美的。

人的智慧、理性,中国古代又叫做"灵智"、"灵明"。"灵",本义是巫以玉事神,指神灵。后来借指人的灵魂、精神及其产生的聪明敏捷的心理反应特点。孔子指出:人"受才乎大本,复灵以生"②,生来具有灵智。《风俗通义·怪神》揭示:"人为物精,有生之最灵者也。"《列子》认为:"人肖天地之类,怀五常之性,有生之最灵者也。"③葛洪说:"陶冶造化,莫灵于人。"④人是大自然造化的一切生命中最灵明、机智的物种。南朝天文学者何承天在《达性论》中揭示:"人非天地不生,天地非人不灵。"人固然为天地所生,但天地万物也因人而变得灵动起来。在北宋山水画家韩拙眼中,"人为万物最灵者也"⑤。山水如果缺了人,就是一堆毫无生气的死景,所以山水画万万不可离开人。南宋朱熹也感叹:"人是天地中最灵之物,天能覆而不能载,地能载而不能覆。"⑥明末学者刘宗周再次强调:"人,其生而最灵者也。"⑦

以智慧、意识或理性、灵性为人区别于其他动物的特性,这是西方古典哲学的一个基本观点。苏格拉底认为,人是灵、肉统一体,人的灵魂可以控制肉欲,使人"做自己的主人"。德谟克利特认为,"对人来说,精神与肉体二者应该更注意精神。精神的完善可以弥补躯壳之不足,但如果没有智慧的精神,躯壳再强壮也没有用。"⑧柏拉图认为:人是由肉体和灵魂构成的;灵魂分为情感、意志、理性三部分;灵魂中的理性,可以使人成为控制情欲、具有美德的人。亚里士多德指出:"人的特殊功能是根据理性原则而具有理性地生活。"⑨"操修理性而运用思想正是人生至高的目的。"⑩"就灵魂而言,具有理性的部分是较高较

---

① 《大同书》甲部《人世界观众苦》。
② 转引自《庄子·田子方》。
③ 《列子·杨朱》。
④ 《抱朴子·内篇·对俗》。
⑤ 韩拙《山水纯全集》。
⑥ 《朱子语类》卷一百一十。
⑦ 刘宗周《刘子全书·原心》。
⑧ 转引自叶秀山《前苏格拉底哲学研究》,三联书店1982年版,第197页。
⑨ 周辅成编《西方伦理学名著选辑》上卷,商务印书馆1964年版,第280页。
⑩ 亚里士多德《政治学》,吴寿彭译,商务印书馆1964年版,第395页。

优的部分。"①到了中世纪,理性作为到达上帝的阶梯,受到基督教神学家的格外重视。文艺复兴时期,人们将理性从上帝那儿拉回充满感性的人间,理性回归主宰感性并与感性和谐相处的地位。文艺复兴之后,思想家们从各个角度论述人的理智特征。17世纪荷兰法学家格劳修斯从天赋自然的角度强调人的理性是自然人性。被恩格斯誉为"十八世纪的第一个哲学家"的法国启蒙运动代表人物培尔指出:"如果某人具有一种不依据于理性、不依据于对客观特性的清楚认识的自由,那么,这个人就是世界上极其野蛮的野兽。"②英国生物学家达尔文通过实证考察揭示:人是具有"自我意识"的动物,"任何低于人的动物,是没有自我意识的。"③康德强调:"人指既具有动物性又具有理性的东西。"④他将人的理性分为"纯粹理性"和"实践理性",对此作了更为深入的研究。黑格尔将人性中的"理性"与"神圣"、"自由"联系起来:"人类自身具有目的,就是因为他自身中具有'神圣'的东西——那便是我们从开始就称作'理性'的东西,又从它的活动和自决的力量称作'自由'。"⑤费尔巴哈响亮地提出:"只有人性的东西才是有理性的东西,人乃是理性的尺度。"⑥西方古典哲学的这个基本观点曾经受到"劳动"特性说、"文化"特性说和"动物意识"说的挑战,但不仅无伤筋骨,反而从另一侧面印证了"意识"特性说的正确。"劳动"是什么?马克思的经典定义是"有意识的谋生活动"。因此,它是具有"意识"的人特有的谋生方式,是人的"意识"特性派生出来的亚特性。"文化"是什么?是人在意识指导下创造的一切物质文明与精神文明的总和,离开了人的有意识的能动创造,"文化"便无从产生。至于科学发现某些动物也有意识活动,则把不同质量的"意识"混为一谈了。智慧或意识诚然不是人类所独有,但毫无疑问,人的大脑相对容量最大,机能最发达,智能程度最高。在人类发明飞机、火箭、电脑等高科技的智能面前,大象、海豚、猩猩、猫狗等动物的意识活动不仅有天壤之别,甚至可以忽略不计。德国数学家、哲学家莱布尼茨(1646—1716)早已指出:"在禽兽中所看到的那种理性的影子,只是在一种显得和过去相似的

---

① 亚里士多德《政治学》,吴寿彭译,商务印书馆1964年版,第388页。
② 转引自罗国杰、宋希仁《西方伦理思想史》下卷,中国人民大学出版社1988年版,第269页。
③ 达尔文《人类的由来》,潘光旦、胡寿文译,商务印书馆1983年版,第189页。
④ 康德《判断力批判》,译文据朱光潜《西方美学史》下卷,人民文学出版社1982年版,第360页。
⑤ 黑格尔《历史哲学》,王造时译,三联书店1956年版,第73页。
⑥ 北大哲学系外哲史教研室编译《西方哲学原著选读》下卷,商务印书馆1982年版,第489页。

情况下期待出现相似的事,而并不知道是否有同样的理性在起作用。"①某种意义上它是本能的条件反射活动的表现。而人的意识却"看到了真理之间的那些联系","在这方面人显然是大大超过禽兽的"②。达尔文(1809—1882)通过生物学的实证研究提醒人们注意:"在心理方面,最低级的人和最高级的动物之间,存在着极大的差别。"③

过去有一种误解,认为只有西方人才清醒地认识到"意识"、"理性"是人的特性,而伦理至上的古代中国人只是从道德意识、道德理性的角度说明人的特性。事实并非如此。在以"意识"、"理性"为人的特性这一点上,中西方立足于对人性的返身观照,是取得了共识的。

人的智慧特性,使人能够正确地认识自然、驾驭自然、改造自然,处理好人与自然的关系,从自然中谋取生活资料,为人类自身服务。动物只是被动地等待自然的恩赐,其生命活动是本能的、无意识的;而人类则能够在意识的指导之下认识自然、驾驭自然,通过有计划、有规律的劳动积极能动地创造生活财富。墨子指出:"今人固与禽兽……蜚(通飞)鸟……异者也。今之禽兽……蜚鸟……因其羽毛以为衣裘,因其蹄蚤以为绔屦,因其水草以为饮食……衣食之财故已具者矣。今人与此异者也,赖其力者生,不赖其力者不生。"④人不仅懂得认识和掌握自然规律,向自然界谋取生活财富,而且懂得在劳动中联合起来,共同对付自然。荀子指出:人"力不若牛,走不若马,而牛马为用,何也?曰:人能群,彼不能群也。"⑤吕不韦指出:"凡人之性,爪牙不足以自守卫,肌肤不足以捍寒暑,筋骨不足以从利避害,勇敢不足以却猛禁悍,然且犹裁万物、制禽兽、服狡虫,寒暑燥湿弗能害,不唯先有其备而以群居邪?群之可聚也,相与利之也。利之出于群也。"⑥人单个的能力比不上许多动物,但在智慧的指导之下懂得团结起来形成巨大的合力,所以成为驾驭万物的主宰。

人的特殊智慧,使人成为万物中最高贵的生物。早在周初,周武王就高度肯定:"惟人万物之灵。"人就是万物中值得善待的神灵。春秋时期,《老子》将"人"抬高为顶天立地、与"天"、"地"并立的唯一生物:"域中有四大:道大、天

---

① ② 莱布尼茨《人类理知新论》,陈修斋译,商务印书馆1982年版,第568、569页。
③ 达尔文《人类的由来》,潘光旦、胡寿文译,商务印书馆1983年版,第189页。
④ 《墨子·非乐上》。
⑤ 《荀子·王制》。
⑥ 《吕氏春秋·恃君》。

大、地大、人亦大。"《礼记·礼运》赞美人是天地的核心,宇宙的精华:"人者,天地之心也","五行之秀气也"。战国时期成书的《孝经》首次明确提出"天地之性人为贵"的响亮命题。汉代以《孝经》治理天下,《孝经》的这个命题在汉魏间广泛流传开来。董仲舒重申:"天地之性人为贵。"①"天地之精所以生物者,莫贵于人。"②《白虎通·三军》强调:"人者,天之贵物也。"许慎《说文解字》定义"人":"人,天地之性最贵者也。"曹操《度关山》吟诵:"天地间,人为贵。"魏武帝时皇甫隆再次重申:"天地之性,惟人为贵。"③康有为说:"天之生物,人为最贵。"④尊重人、依靠人,以人为本,成为古代政治家、思想家的宝贵共识。人为什么如此高贵呢?王充的回答是:"天地之性人为贵,贵其识知(通智)也。"⑤周敦颐《太极图说》解释说:"二气交感,化生万物……唯人也得其秀而最灵。"李觏说:人"得天之灵,贵于物也"⑥。颜元《习斋记馀》说:人"独得天地之全,为万物之秀也。得全于天地,斯异于万物而独贵。惟秀于万物,斯役使万物而独灵。"一句话:人因为有灵智而成为万物中最高贵的生物。

在人的智慧、意识机能的基础上,产生了道德意识。孔子说:"君子不仁则不成,不义则不生。仁义,真人之性也。"⑦孟子说:"人之有道也,饱食暖衣、逸居而无教,则近于禽兽。"⑧"无恻隐之心,非人也;无羞恶之心,非人也;无辞让之心,非人也;无是非之心,非人也。"⑨有无道德意识,是人区别于禽兽的关键。"鹦鹉能言,不离飞鸟;猩猩能言,不离禽兽。今人而无礼,虽能言,不亦禽兽之心乎!……是故圣人作为礼以教人,使人以有礼,知自别于禽兽。"⑩依《礼记》之见,不是语言,而是礼义,才构成人与禽兽的根本区别。因此,荀子强调:"礼者,人道之极也。"⑪"为之,人也;舍之,禽兽也。"⑫"人之所以为人者,非特以其二足而无毛也,以其有辨也。夫禽兽有父子而无父子之亲,有牝牡而无男女之

---

① 《汉书·董仲舒传》。
② 《春秋繁露·人副天数》。
③ 转引自孙思邈《千金要方·养性序》。
④ 康有为《孟子微》,中华书局1987年版,第7页。
⑤ 《论衡·别通篇》。
⑥ 《李觏集》卷四《删定易图序·论六》,中华书局1981年版。
⑦ 转引自《庄子·天道》。
⑧ 《孟子·滕文公上》。
⑨ 《孟子·公孙丑上》。
⑩ 《礼记·曲礼上》。
⑪ 《荀子·劝学》。
⑫ 《荀子·王制》。

别。故人道莫不有辨,辨莫大于分,分莫大于礼。"①董仲舒指出:"天之为人性命,使行仁义而羞可耻,非若鸟兽然,苟为生、苟为利而已。"②扬雄明确说:"由于情欲,入自禽门;由于礼义,入自人门。"③宋代理学家二程重申:"君子所以异于禽兽者,以有仁义之性也。苟纵其心而不知反,则亦禽兽而已。"④二程引孙明复诗说得好:"人亦天地一物耳,饥食渴饮无休时;若非道义充其腹,何异鸟兽安须眉?"⑤朱熹进一步强调:"人之异于禽兽,是父子有亲,君臣有义,夫妇有别,朋友有信。"⑥明儒王守仁总结:"仁,人心也。心之在人,是人所以为仁,而与禽兽草木异焉者。"⑦清初王夫之概括:"人道则为人之独。"⑧

正是道德意识,使人区别于禽兽,傲然屹立于万物之上。荀子说得好:"水火有气而无生,草木有生而无知,禽兽有知而无义;人有气、有生、有知、有义,故最为天下贵也。"⑨董仲舒反复论说:"天地之精所以生物者,莫贵于人。人受命乎天也,故超然有以倚。物疢疾莫能为仁义,唯人独能为仁义……此见人之绝于物而参天地。"⑩"人受命于天,固超然异于群生。入有父子兄弟之亲,出有君臣上下之谊,会聚相遇,则有耆老长幼之施,粲然有文以相接,欢然有恩以相爱,此人之所以贵也。"⑪朱熹集其大成:"人物之生,莫不有是性,亦莫不有是气。然以气言之,则知觉运动,人与物若不异也;以理言之,则仁义礼智之禀,岂物之所得而全哉!此人之性所以无不善,而为万物之灵也。"⑫人类只有在保全道德意识方面才能区别于禽兽、"自贵于物",不然就"自限于禽兽"⑬。清代王夫之重申:"天地之生人为贵,惟得五行敦厚之化。"⑭

---

① 《荀子·非相》。
② 《春秋繁露·竹林》。
③ 《扬子法言》卷三《修身》。
④ 《二程遗书》卷二十五。
⑤ 《二程遗书》卷十八。
⑥ 《朱子语类》卷五十七。
⑦ 陆九渊《学问求放心》。
⑧ 王夫之《思问录·内篇》。
⑨ 《荀子·王制》。
⑩ 《春秋繁露·人副天数》。疢:音趁,病也。
⑪ 《汉书·董仲舒传》。
⑫ 朱熹《孟子章句集注·告子章句》。
⑬ 《朱文公文集》卷五十《答程正思》。
⑭ 王夫之《思问录·内篇》。

四、人性二重性的善恶评价

对于"人心"与"道心"、欲望与理性二重属性究竟作怎样的善恶评价,直接关系到人们对待与处理二重人性的态度和方法。

中国古代,关于人性的善恶评价大体有四种观点,即"性善"论、"性恶"论、"性无善恶"论、"性具善恶"论。

"性善"论以孟子为代表:"人性之善也,犹水之就下也。人无有不善,犹水无有不下。""恻隐之心,人皆有之;羞恶之心,人皆有之;恭敬之心,人皆有之;是非之心,人皆有之。恻隐之心,仁也;羞恶之心,义也;恭敬之心,礼也;是非之心,智也。仁义礼智非由外铄我也,我固有之也。"①由此可见,孟子认可为"善"的"人性"指的是人区别于禽兽的道德意识,如"仁义礼智"之类。既然道德善是天生的,那么人天生就是圣人了,为什么还要进行道德修养呢?孟子的解释是:人在后天的生活中由于感官欲望的牵引、外物的遮蔽,失去了先天的善心,因此,必须通过道德修养找回丢失的善心:"学问之道无他,求其放心而已。""放心",即散失的善心。其实善心本有的人性论不只为孟子所有。孟子之前,墨子就认为"兼爱"是人的自然天性:"我以为人之于兼相爱、交相利也,譬之犹火之就上,水之就下也。"②孟子之后,董仲舒的"仁,天心"说、朱熹的"天理"说、陆九渊的"良心"说、王守仁的"良知"说等等,都持这种看法。其实,人脑的意识属性作为认识外物本质、规律、特征的心理功能,是天生的;但由此产生的道德意识,则是人类运用意识机能认识人与人之间普遍认可的行为规范的产物,绝不是天生的,而是后天的认知结果。古代人性论所以把它说成是天赋的,是为了强化后天道德修养的神圣性。

"性恶"论的代表人物是荀子。荀子认为,"性者,天之就也。""生之所以然者谓之性。"③天生的资质才叫"性"。荀子发现,善的道德意识恰恰是后天教化的结果,不是人的天性,因而不能视为人性。人的天性是什么呢?就是人的"情欲"。"情者,性之质也;欲者,情之应也。"④人的情欲具有违反道德法律的

---

① 均见《孟子·告子上》。
② 《墨子·兼爱上》。
③ 均见《荀子·正名》。
④ 《荀子·正名》。

倾向,是产生社会祸乱的根源,所以是恶的。"今人之性,生而有好利焉,顺是,故争夺生而辞让亡焉;生而有疾恶焉,顺是,故残贼生而忠信亡焉;生而有耳目之欲,有好声色焉,顺是,故淫乱生而礼义文理亡焉。"因而,"人之性恶,其善者伪也"①。以人的情欲为恶,在先秦时期并不是荀子一人的观点。孟子认为使人的天赋善心丢失的主要原因是"耳目"之欲;《乐记》认为不加节制的情欲会带来社会祸乱;韩非认为"私者所以乱法"②,而私欲又是人的天性;庄子认为无情无欲才是理想的人性,所以主张"喜怒哀乐不入胸次",都是如此,虽然他们没有明确给情欲贴上"恶"的标签。荀子之后,汉儒明确提出"情恶"而赞美"圣人无情",魏晋玄学追求"太上忘情",宋儒提出"欲恶"论,等等,形成了一条明确的"性恶"论传统。古代人性论所以强调情欲本恶,不仅是出于现实的观察,也是为了给人们提出道德修养的任务。

不难看出,荀子说"性恶",指的是人的生物本性、情感欲望;孟子说"性善",指的是人的道德属性、理性精神。二者所指的"性"并不是同一回事。曾有一种误解着眼于"善恶"对立的表象,以为中国古代的"性善"论与"性恶"论是两种针锋相对、截然对立的观点,其实大谬不然。孟子认为善的道德理性在荀子看来也是"善"的,只是荀子认为它不属于人的天性;荀子认为恶的情欲在孟子心目中也是恶的,虽然孟子没有直接给情欲下"恶"的评判。

人性同时具有情感欲望与道德理性二重性,于是就出现了"有善有恶"的人性论。这种观点的代表是春秋时陈国人世硕。王充在《论衡·本性》中记载:"周人世硕以为人性有善有恶,举人之善性,养而致之则善长;性恶,养而致之则恶长。如此,则性各有阴阳,善恶在所养焉。故世子作《养书》一篇。密(一作宓)子贱、漆雕开、公孙尼子之徒,亦论情性,与世子相出入,皆言性有善有恶。"世硕是孔门七十弟子之一。世硕之外,孔子弟子密子贱、漆雕开及孔子再传弟子公孙尼子都持这种看法。据《孟子·告子上》所引,当时有人认为:"性可以为善,可以为不善,是故文武兴则民好善,幽厉兴则民好暴。"西汉董仲舒认为:"天两有阴阳之施,身亦有贪仁之性。""贪仁之气,两在于身。"③西汉末年扬雄概括说:"人之性也,善恶混。"④东汉前期成书的《白虎通》认为:人秉

---

① 均见《荀子·性恶》。
② 《韩非子·诡使》。
③ 均见《春秋繁露·深藏名号》。
④ 扬雄《法言·修身》。

阴阳之气而生，阳生"性"，阴生"情"；"性"是"仁义礼智信"，为"五性"，"情"有"喜怒哀乐爱欲"，为"六情"；人有阴有阳，有情有性（古代对天赋理性的独特指称），有贪有仁，有善有恶。① 许慎《说文解字·心部》说："性，人之阳气，性善者也；情，人之阴气，有欲者。"王充《论衡·本性》回顾、比较了孟子以来的各种人性学说，认为"唯世硕儒、公孙尼子之徒颇得其正"，重申"人性有善有恶，犹人才有高有下也"。唐代李翱认为人有"性"有"情"，"性善情恶"②。二程认为人性中既有善的"天命之性"，又有恶的"气质之性"。朱熹指出："'善'固'性'也，'恶'亦不可不谓之'性'也。"③如此等等，均可归入"有善有恶"的人性论一类。

　　无论"性善"论，抑或"性恶"论，还是"有善有恶"的人性论，都笼统地将情欲视为"恶"，将克制情欲的道德理性视为"善"。这就给人们的实践带来了一大难题：既然情欲为"恶"，为什么还要满足它、实现它？满足、实现"恶"的情欲的人是不是"恶人"？如果我们要成为道德上的"善人"、"好人"，是不是就应该铲除情欲？果真这样做，我们怎样生存？"善"的道德理性是不是就必须以扼杀"恶"的情欲为条件？果真如此，这样的道德理性是真正的"善"吗？在现实社会中，人们许多满足情欲的行为不仅是被法律肯定的，而且是被道德认可的。如朱熹说："饮食者，天理也。"④再比如男女之事，孟子从"不孝有三，无后为大"⑤方面加以肯定。可见，有些情欲是"恶"，有些则不是"恶"而是"善"，对于"情欲"不可简单贴上"恶"的标签。而完全扼杀情欲基本需求的道德理性不仅不是"善"，反而是"恶"。正如戴震批判的那样："酷吏以法杀人，后儒以理杀人。浸浸乎舍法而论理，死矣！更无可救矣！"⑥看来，无论将情欲简单地视为"恶"，还是将道德理性简单地视为"善"，在实践中和理论上都非万全之策。稳妥的看法，是人性无善无恶。

　　于是就出现了"性无善恶"的人性论。这种观点以先秦的告子为代表。

---

① 《白虎通·性情》："性情者，何谓也？性者阳之施，情者阴之化也。人禀阴阳气而生，故内怀五性六情。……故《钩命决》曰：'情生于阴，欲以时念也；性生于阳，以就理也。阳气者仁，阴气者贪，故情有利欲，性有仁也。'"
② 李翱《复性书》，《李文公文集》卷二。
③ 《朱子语类》卷九五。
④ 《朱子语类》卷一三。
⑤ 《孟子·离娄上》。
⑥ 《与某书》，戴震《孟子字义疏证》，中华书局1982年版，第174页。

"告子曰：'性无善、无不善也。'""性犹湍水也，决诸东方则东流，决诸西方则西流。人性之无分于善、不善也，犹水之无分于东西也。"①告子的"性无善恶"说，从先秦到唐代都没有附和者，但从宋代开始，情况出现了松动。王安石从现实中发现："情之发于外者"既有"为外物之所累而遂入于恶"的情况，也有"为外物之所感而遂入于善者"的现象，尽管"善恶者，情之成名而已矣"，"有情然后善恶形焉"，但毕竟不可以笼统地给七情定义为"善"或恶。而"'性'者'情'之本，'情'者'性'之用"，"'性'、'情'一也"，"性"也可善可恶，所以"'性'不可以善、恶言也"②。明代的王守仁一方面持"知无不良，性无不善"的"性善"论，另一面又用"无善无恶"的人性论加以补充："无善无恶是心之体，有善有恶是意之动，知善知恶是良知，为善为恶是格物。"③其弟子王畿则进一步补充说："若说心体是无善无恶，意亦是无善无恶的意，知亦是无善无恶的知，物亦是无善无恶的物矣。"④晚清龚自珍著《阐告子》一文，力挺告子的人性论："龚氏之言'性'也，则宗'无善无不善'而已矣，善恶皆后起者。"康有为也是如此："'性'者，生之质也，未有善恶。""凡论'性'之说，皆告子是而孟子非。"⑤严复认为，人性是人天生的自然属性，仁义之类的善的道德意识是后天人为的，因此孟子"谓善者人性也"是不能成立的；人的情欲之类的自然本能没有什么"恶"可言，荀子"性恶"之语"诚为过当"⑥。

究竟应当如何看待中国古代关于人性二重性善恶的四种评价？

首先我们应当肯定："性无善恶"的观点也许是更为经得起推敲的人性论。"善"、"恶"是后天人们依据社会通行的道德标准和法律规范对事物作出的判断，而不是事物本身具有的属性。人性的善、恶评价也是如此。人的自然属性，无论情欲本能还是意识机能（请注意，不是善的道德概念），本身都无所谓善恶。同一种人性元素，此时此地被认可为"善"，彼时彼地则可能被视为"恶"，其实人性元素本身并没有发生变化。可见，善、恶与人性本身无涉。因此，罗素指出："在价值的世界中，自然本身是中性的，不好也不坏，既不应受赞扬，也不

---

① 转引自《孟子·告子上》。
② 见《王安石集》卷六七《性情》、卷六八《原性》。
③ 王守仁《传习录》下。
④ 转引自王守仁《传习录》下。
⑤ 康有为《万木草堂口说》，中国人民大学出版社2010年版。
⑥ 《法意》下册第二十四卷八章严复按语。

该遭指责。"①狄德罗以"情感"为例说明无善无恶:"情感就其本身性质说,是一种既不能说得太好,也不能说得太坏的因素。"②刘再复认为:"情欲作为一种生命的内驱力,它的运动形式是极不确定的,它追求的是合自然目的,它往往显得很粗鄙,但是它说不上善也说不上恶。"③"情欲本来无所谓善,无所谓恶。"④

其次我们必须承认,中国古代的"性善"、"性恶"论乃至"性具善恶"论又有一定的合理性和警示作用。古代"性恶"论所说的"性",指"气质之性",即人的情欲。人的自私自利的自然情欲如果任其发展,不加控制,就会冲决公德和法律的堤防,造成种种悖逆祸乱的恶果。可见情欲具有恶的基因,存在着作恶的潜在可能性,必须加以防范。古代"性善"论所说的"性",指"天命之性",即人的理性,包含智慧机能和道德意识。道德意识诚然是善,但不是人的天性。人的与生俱来的智慧天性,懂得自觉地认识并按照社会公德和法律规范克制自己的自然欲望,约束自己的所作所为,所以具有善的基因,存在着为善的潜在可能性。人性中同时具有情欲与理性二重性,因而也就同时具有潜在的恶性与善性。此外还须注意到:情欲并不只有作恶的倾向,也有为善的潜在可能性:"人之欲多者,其可得用亦多;人之欲少者,其得用亦少;无欲者,不可得用也。"⑤"使其无此欲,则于天下之人生道穷促。"⑥社会的一切财富、人类的一切文明都是由人欲创造的,纵然是善良的道德原则,也不过是实现人欲的规范。"人欲恰好处即天理也,向无人欲,则亦并无天理可言矣。"⑦所以狄德罗为情感所受到的不公平的待遇鸣不平说:"人们无穷无尽地痛斥情感,人们把一切痛苦归罪于情感,而忘记了情感也是他们一切快乐的源泉。""只有情感,而且只有大的情感,才能使灵魂达到伟大的成就。"⑧刘再复强调:"情欲"本身具有"双重的积淀:既积淀着善的基因,也积淀着恶的基因,因此,情欲便有双重的潜在的可能性,既有导向恶的可能性,也有导向善的可能性。"⑨理性并不只有为善的倾向,也有作恶的潜在可能性。当理性将人欲彻底掏空,或者,当理性思考的结

---

① 罗素《为什么我不是基督教徒》,沈海康译,商务印书馆1982年版,第51页。
② 《狄德罗哲学选集》,陈修斋等译,商务印书馆1979年版,第1页。
③④ 刘再复《性格组合论》,安徽文艺出版社1999年版,第431、437页。
⑤ 《吕氏春秋·为欲》。
⑥ 戴震《孟子字义疏证》卷上《理》,中华书局1982年版。
⑦ 陈确《瞽言四·无欲作圣辨》,《陈确集》别集卷五。
⑧ 均见《狄德罗哲学选集》,陈修斋等译,商务印书馆1979年版,第1页。
⑨ 刘再复《性格组合论》,安徽文艺出版社1999年版,第437页。

果与社会公德、普世价值背道而驰的时候,它就从善良的天使异化成为恐怖的恶魔。中国古代主张"饿死事极小,失节事极大"①的"天理",近现代国内外共产主义运动中的极"左"理念,当代国际上的恐怖主义选择,或当下的某些清醒的犯罪,无不印证着这一点。既然人的双重属性分别具有为善为恶的两种可能性,于是人性有善有恶、可善可恶就更为不易之论。

五、二重人性是中民之性还是共同人性

"人心"与"道心"、情欲与智慧、善性与恶性是每个人都具有的共同人性吗?

这个问题的答案本来是不言而喻的。然而在现实生活中,有的人几乎尽善尽美,有善无恶,这就是古代经常赞美的"君子"、"圣人",如尧、舜及殷纣王的叔父微子、比干;有的人则冥顽不灵,似乎有恶无善,这就是古代经常批评的"小人"、"下愚",如舜的父亲瞽瞍、弟弟象、夏桀、殷纣。所以《孟子》引述道:"有性善,有性不善。是故以尧为君而有象,以瞽瞍为父而有舜,以纣为兄之子,且以为君,而有微子启、王子比干。"②于是"有善有恶"的二重人性只是对中等人而言的"中民之性",而不是上等的"圣人之性"与下等的"斗筲之性"。最早明确提出这一观点的是董仲舒。董仲舒指出"有贪有仁"的二重人性是针对"中民之性"作出的取样分析,不包括上等人和下等人:"名'性'不以上,不以下,以其中名之。"③"圣人之性,不可以名'性';斗筲之性,不可以名'性';名'性'者,中民之性。"④他将人性分为上、中、下三等,认为"圣人之性"生而知理,纯善无恶;"斗筲之性"瞑然未觉,纯恶无善;只有"中民之性"有贪有仁,善恶并存,是可以教化改造的对象。

董仲舒此论,最早可溯源至孔子。孔子论人,分为"中人以上"的"上智"、"中人以下"的"下愚"和"中人"三等。大抵"中人以上"的"上智"属于"生而知之者","中人以下"的"下愚"属于"困而不学"者,"中人"属于"学而知之者"和"困而学之"者。其实孔子这里指的是后天修养结果的不同,而非先天人性的

---

① 《二程遗书》卷二二。
② 《孟子·告子上》。
③ 《春秋繁露·深察名号》。
④ 《春秋繁露·实性》。斗筲(shāo):指容量小的盛器。

不同；在先天人性上，孔子认为各人是基本相近的："性相近也，习相远也。"①可是，董仲舒则把人们后天道德修养形成的差别看成了先天人性的差别。

由于董仲舒深受汉武帝倚重，他的思想是汉朝官方思想，因而他的"性三品"论在汉魏发生了广泛的影响。西汉末年的扬雄虽然认为"人之性也，善恶混，修其善则为善人，修其恶则为恶人"，"善人"、"恶人"是后天修养的结果，但同时又提出"天下有三门"。"由于情欲，入自禽门；由于礼义，入自人门；由于独智，入自圣门。"上等的"圣人"由于具有"独智"，故能"耳不顺乎非，口不肆（习）乎善"，是生而知之、天生合理的；下等的"众人"听任"情欲"支配，为所欲为，不加选择，与"禽兽"无异；中等的"贤人"虽然具有恶劣的"情欲"，但同时也具有清醒的理性，遇事能够运用理性"耳择口择"，扬善去恶，迁善改过。② 王充虽然认为"人性有善有恶"，但他同时指出：这是"中人"修习的结果。"夫中人之性，在所习焉。习善而为善，习恶而为恶也。""至于极善、极恶，非复在习。""中人"以上的"极善"之人与"中人"以下的"极恶"之人是天性善、恶使然，与后天修习无关。所以说："孟轲言'人性善'者，中人以上者也；荀卿言'人性恶'者，中人以下也。"他都不以为然。他所认同的是扬雄"言'善恶混'者，中人也"③。魏初玄学家何晏"以为圣人无喜怒哀乐"，"钟会等述之"④，"太上忘情"一时传为美谈，其实乃是董仲舒"性三品"论的延续。

唐代儒家学者韩愈著《原性》，进一步发挥"性三品"论。他指出不仅人的理性有"三品"，情感也有"三品"："'性'也者，与生俱生也；'情'也者，接于物而生也。'性'之品有三，而其所以为性者五；'情'之品有三，而其所以为情者七。曰何也？曰'性'之品有上、中、下三。上焉者，善焉而已矣；中焉者，可导而上下也；下焉者，恶焉而已矣。其所以为性者五：曰'仁'、曰'礼'、曰'信'、曰'义'、曰'智'。上焉者之于五也，主于一而行于四；中焉者之于五也，一不少（稍）有焉，则少（稍）反焉，其于四也混；下焉者之于五也，反于一而悖于四。'性'之于'情'视其品。'情'之品有上、中、下三，其所以为情者七：曰喜、曰怒、曰哀、曰惧、曰爱、曰恶、曰欲。上焉者之于七也，动而处其中；中焉者之于七也，有所甚（过），有所亡（不及），然而求合其中者也；下焉者之于七也，亡与甚，

---

① 分别见《论语·雍也》、《论语·阳货》、《论语·季氏》。
② 均见扬雄《法言·修身》。
③ 王充《论衡·本性篇》。
④ 何劭《王弼传》，转引自《三国志·魏书·钟会传》裴松之注。

直情而行者也。'情'之于'性'视其品。"虽然"上之性,就学而易明,下之性,畏威而寡罪;是故上者可教,而下者可制",上品之性与下品之性可以通过教化加以转化,但同时必须看到:教化并不是万能的;极善、极恶的天性有时是不可通过教化改变的。"尧之朱、舜之均、文王之管蔡,习非不善也,而卒为奸;瞽瞍之舜、鲧之禹,习非不恶也,而卒为圣。"①尧的儿子丹朱、舜的儿子商均、周文王的儿子管叔鲜、蔡叔度受到的父亲的濡染教化未必不善,但最后还是沦为奸恶之人;瞽瞍的儿子舜、鲧的儿子禹受到的父亲的教化未必不恶,但最终还是成为一代圣王。孟子说"性善"、荀子说"性恶"是"得其一而失其二者也";扬雄说"善恶混"是"举其中而遗其上下者也"。

其实,尽管在现实生活中有"凡"、"圣"差别,"君子"的表现近乎完美无误,"小人"的行为似乎有恶无良,但并不能证明"君子"无"恶性"、"小人"无"善性"。《易传》指出:"君子"的特征是"无咎"。"无咎"不是不犯错误,而是善于改正错误。"无咎者,善补过者也。"②王弼批评何晏的"圣人无喜怒哀乐",指出"圣人"具有与凡人一样的"五情","圣人"所以成为区别于凡人的"圣人",不是没有情欲,而在于他具有比凡人强大得多的"神明",能够用理性控制情欲、使情欲活动不为外物所累、不犯错误而已:"圣人茂于人者神明也,同于人者五情也。神明茂,故能体冲和以通无。五情同,故不能无哀乐以应物。然则圣人之情,应物而无累于物者也。"③何晏、钟会等人因为"圣人"能够用理性克制情欲不犯错误,就以为圣人无情,实在太荒谬了。"今以其无累,便谓不复应物,失之多矣"④。生活中一些道貌岸然、一生英名的君子、伟人因为一时糊涂,沦为小人、罪犯的实例,一再证明了王弼论断的深刻与正确。正如"天生人而使有贪有欲……欲之若一,虽神农黄帝,其与桀纣同"⑤,即便桀纣、盗跖之徒,也不是没有向善的可能性。这也为生活中经常发生的"浪子回头"故事所证明。所以孔子曾经指出:"性相近也,习相远也。"⑥尽管人们修养的结果呈现很大差别,但天赋人性是大体相同的。孟子肯定人们共同的感官天性和心灵天

---

① 尧之朱、舜之均:丹朱,尧之子;商均:舜之子,二人皆不肖。管、蔡:管叔鲜、蔡叔度,周文王子。武王崩,成王幼,周公摄政,管、蔡散步流言,谓周公"将不利于孺子"成王。周公避居东都,后成王迎周公归,管、蔡惧,挟纣子武庚叛,成王命周公讨伐,诛杀武庚与管叔鲜,流放蔡叔度,其乱终平。
② 《易·系辞上》。
③④ 何劭《王弼传》,转引自《三国志·魏书·钟会传》裴松之注。
⑤ 《吕氏春秋·情欲》。
⑥ 《论语·阳货》。

性:"口之于味也,有同嗜焉;耳之于声也,有同听焉;目之于色也,有同美焉……心之所同然者何也?谓理也、义也。"①荀子强调:"好荣恶辱,好利恶害,是君子、小人之所同也。"②"尧、舜之与桀、纣,其性一也;君子之与小人,其性一也。"③透过"圣人"、"君子"与"凡夫"、"小人"表象的差异,李翱认为:在人性深处,"百姓之性与圣人之性弗差也","桀纣之性犹尧舜之性也"④。朱熹揭示:"虽上智不能无人心,虽下愚不能无道心。"⑤李贽强调:"虽圣人不能无势利之心;虽盗跖不能无仁义之心。"⑥禅宗大师慧能高度肯定人性平等:"下下人有上上智,上上人有没意智。"⑦宋代禅师延寿进一步强调:"若以性善性恶,凡圣不移。诸佛不断性恶,能现地狱之身;阐提不断性善,常具佛果之体。"⑧于是,二重人性作为适用于全民的共同人性,包含着对凡圣用异体同的深切体察,洋溢着人性平等的精神,在走过了中古时期的一段弯路后,重新成为宋元明清思想家的共识。

六、人性二重性的因应态度及方法

中国古代探讨人性问题是为修身和为政服务的。人人具有"人心"与"道心"、情欲与理性、恶性与善性二重属性的人性观,决定了中国古代在修身与为政方面的基本态度和方法。

从修身方面说,由于人的感情、欲望是人不可去除的天性,同时又具有作恶的潜在可能性,所以"养心莫善于寡欲"⑨。什么叫"寡欲"?戴震解释说:"明乎欲之不可无也,寡之而已。"⑩因为具有恶性,所以欲不可多;因为属于天性,所以欲不可无;最合适的应对态度和方法就是"寡欲"。此其一。由于在二重

---

① 《孟子·尽心下》。
② 《荀子·荣辱》。
③ 《荀子·性恶》。
④ 李翱《复性书》。
⑤ 朱熹《中庸章句序》。
⑥ 李贽《道古录》上。
⑦ 《六祖大师法宝坛经》,《中国佛教思想资料选编》第二卷第四册,中华书局1983年版,第34页。
⑧ 延寿《万善同归集》卷中。《中国佛教思想资料选编》第三卷第一册,中华书局1987年版,第530页。
⑨ 《孟子·尽心下》。
⑩ 戴震《孟子字义疏证》卷上《理》,中华书局1982年版。

人性中人的理性、尤其是道德理性是人区别于禽兽的根本特性,是人性中的"大体",人的感官情欲属于人维持肉体存在的"小体",因此,"身之养重于义"。孟子的学生公都子曾经问:同样是人,"或为大人,或为小人,何也"?孟子回答说:"从其大体为大人,从其小体为小人。""先立乎其大(体)者,则其小(体)者弗能夺也,此其为大人而已。"①董仲舒分析说:"天之生人也,使人生义与利,利以养其体,义以养其心。心不得义,不能乐;体不得利,不能安。义者,心之养也;利者,体之养也。体莫贵于心,故养莫重于义。"在人的肉体与心灵二重性中心灵更贵重,所以人的身心修养没有比道德理义更重要的。此其二。由于每个人心中都有认识、领悟道德理性的智慧天性,只要觉悟,众生也可成佛,所以"人皆可以为尧舜"②,"满街皆圣人"(王守仁);同时,由于每个人身上都有蠢蠢欲动的七情六欲,一念迷时,佛即众生,圣即凡夫,所以即便是君子也有道德修养的使命,克己改过应当成为每个人贯彻终身的任务。此其三。

从为政角度说,情欲既然有作恶的倾向,所以必须设立刑法机制以"禁暴"、"止非"。"圣人之治国,不恃人之为吾善也,而用其不得为非也。"③"夫严刑者,民之所畏也;重罚者,民之所恶也。故圣人陈其所畏以禁其邪,设其所恶以防其奸,是以国安而暴乱不起。"④"明国之主……以法为教。"⑤情欲虽然有作恶的潜在可能性,但"欲不可去"⑥,"止之则乱"⑦。"天使人有欲,人不得弗求;天使人有恶,人不得弗避。欲与恶,所受于天也,人不得与焉,不可变,不可易。"⑧"乱国之使民,不论人之性,不返人之情。"⑨所以,英明的治国之道是尊重人欲的存在权利,让人的情欲有节制地得到疏导和满足。如荀子指出:"人生而有欲,欲而不得,则不能无求"⑩,"形而不为道,则不能无乱。先王恶其乱也,故制《雅》、《颂》之声以道(导)之。"⑪董仲舒提出:"圣人之治民,使之有欲,

---

① 《孟子·告子上》。
② 《孟子·告子下》。
③ 《韩非子·显学》。
④ 《韩非子·奸劫弑臣》。
⑤ 《韩非子·五蠹》。
⑥ 《荀子·正名》。
⑦ 《春秋繁露·阳尊阴卑》。
⑧ 《吕氏春秋·大乐》。
⑨ 《吕氏春秋·适威》。
⑩ 《荀子·礼论》。
⑪ 《荀子·乐论》。按:相近的表述也见于《礼记·乐记》。

不得过节（超过节制）；使之敦朴，不得无欲。"①"夫喜怒哀乐之发……可节而不可止也。节之而顺，止之而乱。"②对于政治家而言，不能只看到情欲的害处，还要看到情欲的好处和去除情欲的坏处。如果只看到情欲的危害，对其大张挞伐、大加扼杀，人类的创造活动就失去了动力，整个社会就失去了生机活力。"使民无欲，上虽贤，犹不能用。夫无欲者，其视为天子也，与为舆隶同；其视有天下也，与无立椎之地同；其视为彭祖也，与为殇子同。天子至贵也，天下至富也，彭祖至寿也，诚无欲，则是三者不足以劝。舆隶至贱也，无立椎之地至贫也，殇子至夭也，诚无欲，则是三者不足以禁。"③"凡语治而待去欲者，无以道欲而困于有欲者也；凡语治而待寡欲者，无以节欲而困于多欲者也。"④从政治的角度看，不只粗暴的"无欲"措施，甚至简单的"寡欲"方法都是一种愚蠢的政治方略。要懂得："人之欲多者，其可得用亦多；人之欲少者，其得用亦少；无欲者，不可得用也。""善为上者，能令人得欲无穷，故人之得用亦无穷也。"⑤所以，英明的政治之道是充分调动和激发人们的欲望在合理的范围内加以满足和实现。"夫喜怒哀乐爱恶，人主之所以鼓动天下而用之之具也……弃其喜怒以动天下之机，而欲事功之自成，是闭目而欲行也。"⑥"圣人治天下，体民之情，遂民之欲，而王道备。"⑦国学中主张"爱民"的"仁政"说、注重"富民"的"民生"论、追求"达情遂欲"的社会理想等等，都是承认和肯定人欲实际存在权利思想的自然延伸。人不仅是有情欲的肉体存在，而且是有智慧、有思想、有灵性的精神存在，这是人的特殊、高贵之处。所以治理天下必须"以人为本"，努力调动民智，充分了解民意，认真倾听民声，竭力顺应民心。而这一思想成为中国古代政治学中的另一宝贵传统。

思 考 题

1. 有共同人性存在吗？你认为共同人性是什么？承认共同人性有什么积

---

① 《春秋繁露·保权位》。
② 《春秋繁露·阳尊阴卑》。
③ 《吕氏春秋·为欲》。
④ 《荀子·正名》。
⑤ 《吕氏春秋·为欲》。
⑥ 陈亮《戊申再上孝宗皇帝书》，《陈亮集》，中华书局1974年版。
⑦ 戴震《孟子字义疏证》卷上《理》，中华书局1982年版。

极意义?

2. 人是动物吗?人的动物属性是什么?如何评价人的动物属性的善恶并加以合理应对?

3. 人仅仅是动物吗?人区别于其他动物的根本特性是什么?人的智慧、理性与劳动、文化的关系究竟怎样?如何理解人的高贵属性?

案 例 分 析

1. "性善"、"性恶"论辩的偏颇

1993年8月29日下午,首届国际华语大专辩论会决赛在新加坡狮城隆重举行。论辩正方是台湾大学队,辩题是"人性本善";反方是复旦大学队,辩题是"人性本恶"。复旦大学队四名辩手姜丰、季翔、严嘉、蒋昌建议论风发,妙语连珠,战胜台湾大学队,捧回冠军队和最佳辩手两座奖杯。当时电视转播了辩论赛的全过程。复旦大学队辩手的风采曾赢得了无数观众的喝彩;复旦大学出版社跟进出版的《舌战狮城》也风靡一时;"性善"、"性恶"作为两个针锋相对的命题深入人心。现在想来,其实辩论赛主办方出的这两个辩题是有问题的。如果依古而论,孟子的"性善"论与荀子的"性恶"论所论的"性"并不是一回事,前者指人的理性,后者指人的情欲,二者并非势不两立;从现实人性来看,人性二重性本身无所谓善、恶,但都有为善、为恶的潜在可能性,在这个意义上,"性善"、"性恶"可以并存不悖。将二者作为两个针锋相对的命题加以争辩,势必陷入强词夺理式的诡辩。

2. 无政府共产主义学说对人性的误判

中国古代人性论揭示:人性自私自利、好逸恶劳。这是被一再证明的事实。中国古代德主刑辅的政治模式正是建立在对人性的这个客观评判之上的。但无政府共产主义学说恰恰相反,认为"爱劳动"、"爱互助"是人的天性;人天生地喜欢劳动、喜欢互助,因此在取消了任何制约的无政府共产主义社会里,人们会主动、积极地从事劳动,创造生活财富;会自觉、自发地走向互助,实现财富共享。"斯时也,社会上唯有自由,惟有互助之大义,惟有工作之幸乐。"[①]

---

① 刘师复《无政府共产主义同志社宣言书》,转引自彭明《五四运动史》,人民出版社1984年版,第599页。

20世纪初,早期共产党人在理解共产主义学说时往往等同于无政府主义学说。关于"互助"的人性论,最早由俄国无政府主义创始人克鲁泡特金提出。他认为人类和一切动物一样都具有互助的本能,这是人类社会进化的要素,也是人类道德发展的基础;没有权威的社会生活会比在国家统治之下更加完善。受此影响,李大钊认为"互助"这种"道德心"是包括人类在内的群居动物的"社会本能":"道德原来是动物界的东西。"[①]"道德是有动物的基础之社会本能,与自己保存、种族繁殖、性欲母爱种种本能一样的东西。"[②]社会主义道德就是对人的互助本能的高扬和对利己本能的克服,是人类生存法则的最高体现。"我们试一翻克鲁泡特金的'互助论',必可晓得'由人类以至禽兽都有他的生存权,依协合与友谊的精神构成社会本身的法则'的道理。……自虫鸟牲畜乃至人类,都是依互助而进化的,不是依战争而化的。由此可以看出人类的进化,是由个人主义向协合与平等的方面走的一个长路程。人类应该相爱互助,可依互助而生存、而进化,不可依战争而生存,不能依战争而进化。""'竞争的法则,常是死亡的法则。协合的法则,常是生存法则。'……一切形式的社会主义的根萌,都是纯粹伦理的,协合与友谊,就是人类生活的普遍法则。我们要晓得人间社会的生活,永远受这个普遍法则的支配,就可以发现出来社会主义者共同一致认定的基础,……这基础就是协合、友谊、互助、博爱的精神,就是把家族的精神推及于四海、推及于人类全体的生活的精神。"[③]李大钊推尊"爱他"、"互助",否定"自私自利",发展到极致,甚至连"各个意志的总计"也加以否定,而追求抽象的"普遍意志"。只有"普遍意志"才是"公我意志",个人意志,哪怕是多数人意志的总和,因其分别是从各自个人利益出发的,仍不能叫"公我意志",而只能叫"私我意志"。事实上,排除个人利益考虑、无法用多数表达和决定的绝对的"公我意志"只能是不切实际的空想,建立在它上面的、一味排斥利己的"互助生存"的社会理想也只能是乌托邦。

关于人天生爱"劳动"的人性论,最早由法国空想社会主义代表傅立叶提出,曾受到恩格斯的肯定,影响到早期共产党人。如李大钊说:"我觉得人生求乐的方法,最好莫过于尊重劳动。一切乐境,都可由劳动得来,一切苦境,都可由劳动解脱。""至于精神的方面,一切苦恼,也可拿劳动去排除他、解脱他。"

---

①② 《物质变动与道德变动》,《李大钊全集》第三卷,湖北教育出版社1999年版,第386、402页。
③ 《阶级竞争与互助》,同上书,第285页。

"晓得劳动的人实在不知道苦是什么东西。""免苦的好法子,就是劳动。这就叫'尊劳主义'。"①他的社会主义经济学理想正是建立在"以劳动为本位"的根基之上的。由"以劳动为本位",自然走向"以劳动者为本位",进而提出了"劳工神圣"论:"中国的劳动运动也是打破孔子阶级主义的运动。孔派的学说,对于劳动的阶级,总是把他们放在被统治者的地位,作统治阶级的牺牲。'无君子莫治野人,无野人莫养君子。''劳心者治人,劳力者治于人。'这些话可以代表孔门贱视劳工的心理。现代的经济组织,促起劳工阶级的自觉,应合社会的新要求,就发生了'劳工神圣'的新伦理,这也是新经济组织上必然发生的构造。"②1917年俄国十月革命的胜利,正是"劳工主义"的胜利,它开辟了人类历史的新纪元。以前的世界,是资本主义世界,"今后的世界",则是"劳工的世界"。"劳工主义既然占了胜利,今后世界的人人都成了庶民,也都成了工人。"③李大钊提倡"尊劳主义"、宣扬"劳工神圣",希望大家在推翻了资本主义,消灭了阶级竞争的社会主义社会中,争当工人,"快去作工"④。然而事实上不幸的是,"劳动"并不是人的天性,人类的天性恰恰相反,是"好逸恶劳"、"越乐避苦";劳工身上也有不"神圣"的一面,"劳工"与资本家一样有利己的本性,"劳工"是没有成功的"资本家",只要时机、条件合适,"劳工"的利己本性就会要求实现。

历史证明:建立在对劳动者人性过高估计和人类天生"爱劳动"性善论之上的无政府共产主义只能是不切实际、一碰即溃的沙堆。

3. 人不是"衣冠禽兽"

"跟着感觉走"、"过把瘾就死"、"爱就要爱他个死去活来"是新时期出现的几个富有代表性的人生口号。应当看到,承认动物性是人的基本属性,人的生存欲望必须得到基本满足,是我们的时代取得的进步之一。但动物性并不是人的全部属性,人作为动物界的一个特殊物种,还有区别于一般动物的高贵理性。如果听凭情欲的支配,完全抛弃理性,那就是不折不扣的"衣冠禽兽"、"两脚动物"。只要你不想被人骂为"畜生",你就不能过没有理性的生活。

---

① 《现代青年活动的方向》,《李大钊全集》第三卷,河北教育出版社1999年版,第197页。
② 《由经济上解释中国近代思想变动的原因》,同上书,第440页。
③④ 《庶民的胜利》,同上书,第102、103页。

第三章
国学中的"人本"论

提要： "人本"语出《管子》"霸王所始，以人为本"。在历代的发展中，"人本"思想形成了四个要点："人本"不是"神本"、不是"天本"、不是"物本"、不是"君本"，而是以广大人民的利益、心声为执政根本。中国古代的"人本"范畴与西方的"人文主义"不是一个概念，但殊途同归，互有同异。那些相通的共识，凝聚为当前"以人为本"执政理念继承的思想资源。于是，古代的"人本"思想在今天的政治民主化进程中焕发出新的生机与活力。

中国古代聚焦"人性"范畴，是为修身、为政服务的。当我们完成了对国学"人性"论的透视，就自然走向了"内圣"、"外王"之道的探寻。虽然"外王"本于"内圣"，但我们的探寻还是先从"外王"之道出发，因为这一部分绚丽多彩，与我们现在生活的政治生态息息相关，更富有吸引力。

"人本"是外王之道的起点。对"人"的高贵特性的认识，形成了国学中特殊的"人本"思想。我们的探寻由此起航。

"人本"即"以人为本"，语出《管子·霸言》："霸王所始，以人为本。本安则国固，本乱则国危。"要称王于天下，成为天下的霸主，必须以赢得人心为基础；基础安宁了，国家就会稳固；基础如果出乱子，国家就必然发生危险。管子曾担任齐相，他辅佐齐桓公成为"春秋第一霸主"，自己也获得了"春秋第一相"的美誉。"霸王所始，以人为本"就是他成功的执政经验的总结。"人本"的命题虽然由管子一人提出，但"人本"的思想却是周人尤其是春秋战国时期政治家、思想家们共同奉献的成果。在后代的丰富发展中，国学中的"人本"论形成了如下四点要义：

一、"人本"不是"神本"："神，依人而行"

"人"是与"神"相对的一个概念。"以人为本"不同于"以神为本"。而"以神为本"恰恰是周人所面对的夏商文化的一个特点。

任何民族早年都走过一段万物有灵论的原始思维、神话创造和神本主义时期。中华民族也不例外。夏朝是一个图腾、神话盛行的年代，它具有原始思维神灵至上的基本特征。商人延续、发展了夏人的神本主义观念，上自国家大事，下至私人生活，如祭祀、气候、收成、征伐、田猎、病患、生育、出门，无不求神问卜，占知吉凶，决定行止。于是，从事请示鬼神、沟通人神旨意的"巫史文化"应运而生。《礼记·表记》说明殷商文化的特点："殷人尊神，率民以事神，先鬼而后礼。""人"匍匐在天神面前，一切行动听命于神灵。

到了周代，一方面，原有的神灵观念仍然遗留着。《左传》中记载的以鬼神为话题的地方就达64处之多①，如《左传·庄公十年》说："小信未孚，神弗福也。"屈原《九歌·湘夫人》说："灵之来兮如云。"另一方面，"人"的地位大大提高。《礼记·表记》揭示周代文化的特点："周人尊礼尚施，事鬼敬神而远之，近人而忠焉。"较之夏商尊天敬神的神本主义，周人更尊重人事，更重视人的意志和人伦道德的威力和作用。

周人虽然不否定至高无上的神灵存在，但又认为，人民同等重要，不能无视人民力量的存在，于是出现了神、人共举并重的思想。《荀子·王霸》说："上不失天时，下不失地利，中得人和而百事不废。"《富国》说："上失天时，下失地利，中失人和，天下敖（同熬）然若烧若焦。"《孙膑兵法·月战》说："天时、地利、人和，三者不得，虽胜有央（同殃）。"周穆王的大臣祭公谋父所谓"事神保民"、周厉王大臣芮良夫所谓"使神人百物无不得其极"、西周时期虢国国君虢文公所谓"媚于神而和于民"、春秋初期随国大夫季梁所谓"忠于民而信于神"、周惠王大臣内史过所谓"国之将兴……神飨而民听，民神无怨，……国之将亡……民神怨痛，无所依

---

① 同一话题含多个"鬼、神"字只算一处。以出现次数计算："鬼神"25次，"鬼"字8次，"厉鬼"1次，"神"字76次，"明神"8次，"神人"2次，"大神"2次，"河神"1次，"汾神"1次，"山川神"1次，"星辰神"1次。

怀","离民怒神而求利,不亦难乎"①,都是这种神、人二元论的体现。

另有一种观点在此基础上再推进一步,强调在神人关系中,人是主要的,决定着一个国家的兴衰存亡,而神则是次要的、甚至微不足道的;人就是至高无上的神,值得善待,不可亵渎。周武王在讨伐商纣王的诸侯誓师大会上说:"惟人万物之灵。"②孔安国注释说:"灵,神也。"武王的意思是说:"人"是万物中的神灵。他所以率兵起义,就是因为商纣王"降灾下民"、"罪人以族",草菅人命。《国语·周语》记载周灵王之子说的一段话:"天所崇之子孙或在畎亩,由欲乱民也。畎亩之人或在社稷,由欲靖民也。"天神保佑的君王后代有的失国失位,落魄为乡野平民,这是由于"乱民";乡野平民有的成为社稷之主,这是由于能"靖民"、安民;天下得失的最终根由在人而不在神。虢国的史嚚说:"国将兴,听于民;将亡,听于神。神,聪明正直而一者也,依人而行。"③"神"是"聪明正直"、"依人而行"、与人相通的。随国大夫季梁认为:"夫民,神之主也,是以圣王先成民而后致力于神。"④人民就是神灵的主宰,民意就是神意,所以英明的圣王治理天下,总是先把人民的事情做好,然后再去侍奉神灵。士伯反驳宋国的仲幾:"薛征于人,宋征于鬼,宋罪大矣。"⑤"征",取证的意思。宋国的仲幾引用鬼神来论证自己的观点,成为士伯向主事者韩简子投诉并获得韩简子认同的一大罪状。虞国国君曾认为,"吾享祀丰絜,神必据我。"只要将祭祀神灵的祭品准备得充分到位,神灵就会保佑自己。大夫宫之奇则提醒他:"鬼神非人实亲,惟德是依。""非德,民不和,神不享矣。神所冯依,将在德矣。"⑥仅在祭品上用心是不会获得鬼神保佑的。鬼神保佑的是那些有德行的人。如果做人没有德行,那么,不仅"民不和",而且"神不享"。齐人孙武论兵家取胜之道,始终贯穿着"必取于人","不可取于鬼神"的理念。"明君贤将,所以动而胜人、成功出于众者,先知也。先知者不可取于鬼神,不可象于事,不可验于度,必取于人,知敌之情者也。"⑦成书于战国末期的《孝经》响亮地提出:"天地之性人为贵。"《孙膑兵法·月战》也说:"天地之间,莫贵于人。"天地间所有物性中,人性最为

---

① 《国语·周语》。
② 《尚书·周书·泰誓》。
③ 《左传·庄公三十二年》。
④ 《左传·桓公六年》。
⑤ 《左传·定公元年》。
⑥ 《左传·僖公五年》。冯:同凭。
⑦ 《孙子兵法·用间》。

高贵。于是,"人本"思想逐渐取代了原先的"神本"观念,成为周人政治生活中的指导思想。过去统治者的一切行动听命于"神",现在对于"神"意倒是可听可不听,但必须则听命于"人"意,尊重"人"的生命存在。

二、"人本"不是"天本":"民之所欲,天必从之"

在古代的神灵概念中,"天"是至上神。"人本"不是"神本",突出表现为不是"天本"。

中国古代的神灵概念在历史的发展中逐渐形成了天神、地祇两类。天神简称"神",是"阳之精气",所谓"阳之精气曰神"①,如日神、月神、雷神、风神。《说文解字》云:"神,天神,引出万物者也。"《周礼·大司乐》郑玄注"以祀天神"的"天神":"谓五帝及日月星辰也。"地神称"祇"、"灵",所谓"阴之精气曰灵"②,如山神、谷神、河神、海神之类。本着阴阳相生的观念,中国人对天神地祇都很崇拜,所谓"天父地母"、"皇天后土"。不过比较而言,天神比地祇更为高贵。在天神中,"天"、"上帝"作为最高的主宰神,地位最高。"天"有生育万物之功,与蒂落生果的"蒂"功能相通,而"蒂"在甲骨文中写作"帝",所以上古称"天"为"帝"、"天帝"。它高高在上,广大无边,所以又叫"上帝"或"昊天上帝"、"皇天上帝"。于是,殷商时期的"神本"观念又集中表现为"天本"、"帝本"思想。殷商卜辞没有与人有关的道德智慧方面的用语,充斥的是"上帝"和占卜"上帝"后获得的"吉"、"不吉"、"祸"、"咎"、"不利"等结果的大量语词。"帝与殷商时期的一些自然神和商王的先祖有上下统属关系,帝是商人崇拜的至上神。""殷商时期的帝对风、雨、雷等自然天象有控制权,也有随意降予商王国自然灾害与人事灾害的主动权。"③由于王权天命,君权神授,所以君王叫"天子"。《史记·五帝本纪》:"于是帝尧老,命舜摄行天子之政,以观天命。"为了获得天神的庇佑,从夏朝开始,统治者虔诚地开始了祭天活动。殷商时期,这种活动更是绵延不绝。

到了周代,这种情况发生了变化。一方面,周人保留夏商时期王权天命、君权神授的观念和对主持正义的天神、上帝的崇拜。如《尚书·商书》指出:"有

---

① ② 《大戴礼记·曾子问》。
③ 徐明波《从卜辞看殷商时期上帝的性质》,《重庆师范大学学报》2007年第3期。

夏多罪,天命殛之。"《国语·晋语》指出:"天将兴之,谁能废之。"《战国策·魏策》说:"休祲降于天。"以周代殷是"皇天上帝"天命的产物①,于是更加崇奉"皇天上帝",将原先的祭天活动系统化为祭天大礼②。另一方面,周人发现:"天命靡常。"③"天难忱斯。"④上天有时也不那么圣明公道可以信赖。"昊天不佣,降此鞠讻。昊天不惠,降此大戾。""昊天不平,我王不宁。"⑤"浩浩昊天,不骏其德。降丧饥馑,斩伐四国。昊天疾威,弗虑弗图。舍彼有罪,既伏其辜。若此无罪,沦胥以铺。"⑥"荡荡上帝,下民之辟。疾威上帝,其命多辟。"⑦于是,"天"的权威削弱了。屈原敢于在《天问》中对"天"发问,一口气提了173个问题。在对"昊天"、"上帝"的品格、力量发生怀疑的同时,周人发现"人"的作用和力量倒是很大的,所谓"妖由人兴"⑧,"吉凶由人"⑨。春秋后期某年,晋国发生日食,晋君向大臣文伯咨询吉凶,文伯回答说:"不善政之谓也。国无政,不用善,则自取谪(谴)于日月之灾。故政不可不慎也。务三而已:一曰择人,二曰因民,三曰从时。"⑩所以郑国子产说:"天道远,人道迩,非所及也。"⑪"天道"玄远而不易把握,"人道"切近而易于践行,治理国家不如把"人道"的事情做好。于是,"人"的地位大大提高了。

不仅如此,周人还发现,天意往往以人意、尤其是人的道德为转移。"民之所欲,天必从之。"⑫"天视自我民视,天听自我民听。"⑬"皇天无亲,唯德是辅。"⑭

---

① 《尚书·周书·召诰》:"皇天上帝改厥元子,兹大国殷之命。"元子:首子、天子,指殷纣王。兹:已,停止、中断。

② 周代的祭天礼于冬至之日在国都南郊圜丘(天坛)举行,叫郊祭。根据周礼,天子于孟春、秋分、冬至用碧玉、禋祀、太牢以最高礼仪祭上帝于天坛。《周礼》所祀天神,叫昊天上帝。汉、魏以来,天神名号不一。元大德九年,止依《周礼》,祀昊天上帝,不久五帝从享。明成祖迁都北京后以至清代,每年分祭天地于南北郊。

③ 《诗·大雅·文王》。

④ 《诗·大雅·大明》,忱,通谌(chén),相信。

⑤ 均见《诗·小雅·节南山》。佣,一解为明,一解为平。

⑥ 《诗·小雅·雨无正》。伏:包庇。辜:罪。铺:通痛,痛苦。

⑦ 《诗·大雅·荡》。前一辟字,君王;后一辟字,邪僻。

⑧ 《左传·庄公十四年》。

⑨ 《左传·僖公二十六年》。

⑩ 《左传·昭公七年》。

⑪ 《左传·定公元年》。

⑫ 《尚书·周书·泰誓上》。

⑬ 《尚书·周书·泰誓中》。《尚书·虞夏书·皋陶谟》记载舜时大臣皋陶的话:"天聪明,自我民聪明;天明畏,自我民明威。"按《尚书》为周人编订,皋陶的这段话也可作为周人思想的间接反映,可参。

⑭ 《尚书·周书·蔡仲之命》。

顺乎人心,就合符天意,所谓"汤武革命,顺乎天而应乎人"①。所以,"人"的地位比"天"还高贵。正如《礼记》所赞美的那样:人是"天地之心",人是天地的核心和中心。在荀子看来,人不仅有认识自然规律的认知能力(知),而且有自我约束的道德意识(义),还有组织起来协同作战的社会能力(群),因此,人定胜天。"大天而思之,孰与物畜而制之?从天而颂之,孰与制天命而用之?"②于是,"天时"、"地利"不如"人和",成为这个时期政治家、思想家、军事家的共识。孟子说:"天时不如地利,地利不如人和。三里之城,七里之郭,环而攻之而不胜。夫环而攻之,必有得天时者矣;然而不胜者,是天时不如地利也。城非不高也,池非不深也,兵革非不坚利也,米粟非不多也,委而去之,是地利不如人和也。故曰:域民不以封疆之界,固国不以山溪之险,威天下不以兵革之利。得道者多助,失道者寡助;寡助之至,亲戚畔之;多助之至,天下顺之。以天下之所顺,攻亲戚之所畔,故君子有不战,战必胜矣。"③尉缭子指出:"天时不如地利,地利不如人和。圣人所贵,人事而已。"④于是,周人就从殷商的"天本"转化为"人本",以谨人事、尽人力、得人心为战争取胜、天下大治、获得天命的根本之道。

三、"人本"不是"物本":重人轻物

在古代的"天人"关系中,"天"不仅是"神"的概念,还属于自然"物"的概念。与"人本"不是"天本"相关的另一层涵义,即"人本"不是"物本"。

在天下各种生物中,人凭借智慧特性超然屹立于万物之上,本来是最为高贵的。然而,如果这"物"属于国家的财产、官府的财产,而"人"是普通百姓,就容易发生"物"为"人"本、本末倒置的错乱。学生樊迟曾问老师孔子:"什么是仁?"孔子回答是"'仁'者爱人"。所谓"爱人",不只意味着"爱他人",而且意味着"仁"的重点是"爱人"而不是"爱物"。《论语·乡党》记载:"厩焚。子退朝,曰:'伤人乎?'不问马。"马厩马多人少。失火后马肯定死伤不少。孔子只关心"人"的安全,而不问"马"的情况,说明在他心目中"人"比"马"重要。朱

---

① 《易·革·象辞》。
② 《荀子·天论》。
③ 《孟子·公孙丑下》。
④ 《尉缭子·战威》。

熹注解说:"盖贵人贱畜,理所当然。"孔子"非不爱马,然恐伤人之意多,故未及问"①。《吕氏春秋》重新界定"仁爱"之"仁":"仁于他物,不仁于人,不得为仁;不仁于他物,独仁于人,犹若为仁。"②"仁于人"而不"仁于物",尚可称"仁";反之,如果仅仅"仁于物"而不"仁于人",就决不能叫"仁"。"爱人"比"爱物"重要得多。

"人本"不是"物本",还意味着全面理解人性内涵,过符合人性需求的生活,而不做物质的奴隶。古人承认人的物质欲望,肯定人的乐生权利,不过同时又看到,"鹪鹩巢于深林,不过一枝;偃鼠饮河,不过满腹。"③良田万顷,日食一升;广厦千间,夜眠六尺。人的物质需求实际上是有限的,超过人生实际需要的物质享受对人是有害的。"出则以车,入则以辇,务以自佚,命之曰招蹶之机;肥肉厚酒,务以自强,命之曰烂肠之食;靡曼皓齿,郑卫之音,务以自乐,命之曰伐性之斧。"④"世之富贵者,甚于声色滋味也多惑者,日夜求,幸而得之则循焉。循焉,性恶得不伤?"⑤真正的"人本"应当按照人性的实际需求享用物质资料。"耳虽欲声,目虽欲色,鼻虽欲芬香,口虽欲滋味,害于生则止。……由此观之,耳目鼻口,不得擅行,必有所制,譬之若官职,不得擅为,必有所制。此贵生之术也。"⑥"今有声于此,耳听之必慊,已听之则使人聋,必弗听;有色于此,目视之必慊,已视之则使人盲,必弗视;有味于此,口食之必慊,已食之则使人瘖,必弗食。是故圣人之于声色滋味也,利于性则取之,害于性则舍之,此全性之道也。"⑦庄子告诫人们:为追逐自己不需要的身外之物殉身,是十足的愚蠢行为。

人所以为人,还因为人是有道德意识、精神生活的。在人的物质欲求与精神活动二重性中,精神活动是"大体"。那种被物欲主宰、被财富奴役、见利忘义、为富不仁的生活是本末倒置的"物本"生活,而不是符合人性的真正"以人为本"的生活。因此,中国古代不仅强调"养生",而且强调"乐志"。孔子告诫人们:"富与贵,是人之所欲也,不以其道得之,不处也。"⑧"不义而富且贵,于我

---

① 朱熹《论语集注》卷五。
② 《吕氏春秋》卷二十一《开春论第一·爱类》。
③ 《庄子·逍遥游》。
④⑤ 《吕氏春秋·本生》。
⑥ 《吕氏春秋·贵生》。
⑦ 《吕氏春秋·本生》。瘖:通喑,音阴,哑也。
⑧ 《论语·里仁》。

如浮云。"①只有兼顾双重人性、注重人的精神旨趣和道德理想的生活才是真正的"人"的生活。

四、"人本"不是"君本"："得人"为"圣王"

"人"不仅是与"神"、"天"、"物"相对的概念，而且在"人"这个种概念之下，还可分出作为统治者的"君"和作为被统治者的"民"的属概念。"人本"到底是"以君为本"还是"以民为本"？显然，是"以民为本"。

在古代君主专制社会中，君主是高高在上的最高统治者，权力最大，地位最高。为什么"人本"不是"君本"，而是"民本"？这是因为"君"与"民"之间存在着相辅相成的关系。君主只有得到广大人民的拥戴，才能长治久安；如果失去民心，就会成为孤家寡人。所以，《管子》说："古之圣王，所以取名广誉，厚功大业显于天下，不忘于后世，非得人者，未之尝闻。"②刘向说："夫天之生人也，盖非以为君也。天之立君也，盖非以为位也。夫为人君者，行其私欲而不顾其人，是不承天意，忘其位之所以宜事也。"③唐太宗李世民深明此理。据《贞观政要》记载："贞观二年，太宗谓侍臣曰：'凡事皆须务本。国以人为本，人以衣食为本，凡营衣食，以不失时为本。夫不失时者，在人君简静乃可致耳。若兵戈屡动，土木不息，而欲不夺农时，其可得乎？'王珪曰：'昔秦皇、汉武，外则穷极兵戈，内则崇侈宫室，人力既竭，祸难遂兴。彼岂不欲安人乎？失所以安人之道也。亡隋之辙，殷鉴不远，陛下亲承其弊，知所以易之。然在初则易，终之实难。伏愿慎终如始，方尽其美。'太宗曰：'公言是也。夫安人宁国，惟在于君。君无为则人乐，君多欲则人苦。朕所以抑情损欲，克己自励耳。'"④君主本身虽然也是人，有追求和满足个人欲望的权利，但为了赢得民心，就必须克制自己贪图享受、好大喜功的欲望。史载"贞观二年，京师旱，蝗虫大起。太宗入苑视禾，见蝗虫，掇数枚而咒曰：'人以谷为命，而汝食之，是害于百姓。百姓有过，在予一人，尔其有灵，但当蚀我心，无害百姓。'将吞之，左右遽谏曰：'恐成疾，不可。'

---

① 《论语·述而》。
② 《管子·五辅》。
③ 《说苑·君道》。
④ 吴兢《贞观政要·务农》。

太宗曰:'所冀移灾朕躬,何疾之避?'遂吞之。自是蝗不复为灾。"①唐太宗以天下苍生为念而奋不顾身吞食蝗虫,堪称君主"以人为本"的楷模。

五、"人本"与"人本主义"

国学中的"人本"与以"人本"为词根的"人本主义"并非一回事。现在常说的"人本主义"乃是西方 Humanism 的另一种译名,指以人为出发点和目的,肯定人的生命价值和尊严的思想学说。狭义的"人本主义"是德文 Anthropologismus 的意译,指人本学唯物主义,即对人自身本质、属性加以唯物主义剖析的人性论,以 19 世纪德国的费尔巴哈及俄国的车尔尼雪夫斯基为代表。

历史上,对人在宇宙万物中中心地位的确认最早可追溯到古希腊思想家普洛泰戈拉。他在《论真理》中指出:"人是万物的尺度,不仅是存在的事物存在的尺度,也是不存在的事物不存在的尺度。"②正由于"人"是衡量宇宙万物的出发点,所以认识人类自我本性很重要。古希腊思想家思考的结果是:人是具有理性的动物。理性,尤其是在此基础上产生的道德理性、社会性是人成为万物之灵的根本依据。于是,通过理性的修养和节制具备道德精神,做区别于一般动物的真正的"人",成为古希腊及古罗马的人本主义追求。

到了基督教统治的中世纪,古希腊罗马的人本主义被基督教的神本主义所取代。基督教发端于公元 1 世纪巴勒斯坦的犹太人生活区。313 年,君士坦丁大帝颁布米兰诏书,基督教成为罗马帝国认可的宗教。391 年,罗马皇帝狄奥多西一世宣布它为国教。从此,西方进入了一千多年的中世纪。基督教继承了古希腊罗马对人的理性精神的弘扬和对感性欲望的克制,但作了片面、极端的发展。人的"理性"异化为与感性欲望势不两立的"神性"。做皈依上帝、消灭欲望的"天使",成为中世纪对人的唯一训诫。人们关注的是上帝、天使的神性,人被上帝压得喘不过气来。这是一个人本主义失落、神本主义盛行的年代。物极必反。从 14 世纪的文艺复兴启蒙运动起,欧洲开始了"人"的复归的历史行程。但丁将"人"的地位抬高到"天使"之上:"人的高贵,就其许许多多的成

---

① 吴兢《贞观政要·务农》。
② 这段话又译为:"人是万物的尺度,存在时万物存在,不存在时万物不存在。"

果而言,超过了天使的高贵。"莎士比亚赞美"人"是"宇宙的精华,万物的灵长","论行动,多么像天使!论智慧,多么像天神!"18世纪英国作家亚历山大·波普在《关于人的论文》中写下了两行诗:

　　　　认识你自己吧,而不是注目上帝,
　　　　人所应该研究的正是人本身。

研究"人本身"以后的发现是什么呢?18世纪德国哲学家康德在《判断力批判》中指出:"'人'指既具有动物性又具有理性的东西,不单纯作为理性的东西(例如精灵——原注),也作为动物性的东西。"①而人"作为动物性的东西"正是中世纪基督教文化长期否定的方面。德国另一位哲学家黑格尔将人区别于动物的理性进一步界定为"自我认识":"人是一种能思考的意识,这就是说,他由自己造成他自己是什么,和一切是什么。自然界事物只是直接的,一次的,而人作为心灵却复现他自己,因为他首先作为自然物而存在,其次他还为自己而存在,观照自己,认识自己,思考自己,只有通过这种自为的存在,人才是心灵。"②英国生物学家达尔文从实证的角度揭示:人是具有"自我意识"的动物,"任何低于人的动物,是没有自我意识的"③。在此基础上,费尔巴哈对"人的本质"、人的特性——"自我意识"及其与肉体的紧密联系作了唯物主义的剖析,从而对"人本主义"学说作了丰富建构,对中世纪以来将理性从人的肉体中分离开来、独立出来的基督教神学思想作了彻底清算。

　　费尔巴哈早期侧重于从理性方面界说人类的本质属性。在博士论文中,他指出:"人的基本的特征是他的思考;因此它是某种共通的、普遍的理性,是人类的人性,是他们——如果他们有思想——的类。"④在后期,费尔巴哈人的本质观出现了两方面的变化:

　　一是将人区别于动物的理性意识说成是对人类自我的类本质的认识。人区别于动物的特性不仅在于人有意识,因为某些高等动物也有意识的萌芽。人区别于动物的根本特性在于人能意识到自己是人,是人的这种类,而动物则不能意识到自己是动物,是动物的这种类。⑤ "只有将自己的类、自己的本质性当

---

① 译文见朱光潜《西方美学史》,商务印书馆1982年版,第360页。
② 黑格尔《美学》第一卷,朱光潜译,商务印书馆1981年版,第38—39页。
③ 达尔文《人类的由来》,潘光旦、胡寿文译,商务印书馆1983年版,第189页。
④ 《费尔巴哈哲学著作选集》上卷,容振华译,三联书店1959年版,第225页。
⑤ 邢贲思《费尔巴哈的人本主义》,上海人民出版社1981年版,第159页。

作对象的那种生物,才有最严格意义上的意识。动物固然将个体当作对象,因此它有自我感,但是它不能将类当作对象,因此它没有那种由知识得名的意识。"①"只有将自己的类、自己的本质性当作对象来对待的生物,才能够把别的事物或实体各按其本质特性作为对象。"②"在动物,内在生活和外在生活合而为一,而人,却既有内在生活,又有外在生活。人的内在生活,是对他的类、他的本质发生关系的生活。人思维,其实就是人跟自己本人交谈、讲话。没有外在的另一个个体,动物就不能行使类的职能;而人,即使没有另一个人,仍旧能够行使思维、讲话这种类的职能……人本身,既是'我',又是'你',他能够将自己假设成别人,这正是因为他不仅把自己的个体性当作对象,而且也把自己的类、自己的本质当作对象。"③由人的自我意识特性,费尔巴哈走向了对人与自然的关系、人与人的关系的分析。关于人与自然的关系,费尔巴哈说:"那个做人的前提,为人的原因或根据,为人的产生和生存所依赖的东西,不是、也不叫做神,而是并且叫做自然界。至于那个自然界在其中化成有人格、有意识、有理性的实体的东西,在我的学说中则是并且叫做人。从我的观点看来,自然界这个无意识的实体……是第一性的实体,不过是时间上的第一性,而不是地位上的第一性,是物理上的第一性,而不是道德上的第一性;有意识的、属人的实体,则在其发生的时间上是第二性的,但在地位上说来则是第一性的。我的这个学说是以自然界为出发点的,并且立足于自然界的真理之上,用这个真理去对抗神学和哲学。"④关于人与人的关系,费尔巴哈说:"人的本质只是包含在团体之中,包含在人与人的统一之中。"⑤

其二,费尔巴哈将"理性"、"自我意识"放在大脑器官的肉体基础之上,指出理性精神只是源于肉体器官的一种心理功能,具有"自然的本质",而不是脱离肉体、"导源于神"的心灵活动。"精神本是与肉体、感官……一同发展起来的;精神联系于感官、头脑、肉体上的一般器官。"⑥"精神是什么呢?——仍然是一种肉体的活动,是一种头脑工作;精神活动不同于其他活动的,只在:精神活动乃是一个器官的活动,正是头脑的活动……既然精神是与肉体分不开的,而且非有器官不可,那么,可见精神只能导源于自然的本质,而不是导源于

---

①②③④ 《费尔巴哈哲学著作选集》下卷,容振华译,三联书店1959年版,第26、27、523页。
⑤⑥ 《费尔巴哈哲学著作选集》上卷,容振华译,三联书店1959年版,第154、656页。

神。"①"人的最内秘的本质不表现在'我思故我在'的命题中,而表现在'我欲故我在'的命题中。"②费尔巴哈反复强调这一点,是为了批判中世纪残留下来的根深蒂固的神本主义观念。"对人来说,人就是上帝——这就是至高无上的实践原则,就是世界史的枢轴。"③"神的主体是理性,理性的主体是人。"④请注意,这里的"人"指具有肉身、充满感性的人。而宗教所迷信的"神"不过是"人的本质的异化",是人类理性的变相形态,是人自己创造出来的。由此,费尔巴哈走向了"无神论"。

　　费尔巴哈的"人本主义",揭示了人不是基督教说的上帝的产物,也不是黑格尔所说的绝对理念的产物,而是自然的产物,是自然界的一部分;人是自然界中有自我意识的生物;人的理性、灵魂是大脑这种自然物的属性,而不是离开人的感性、肉体基础的独立实体;人应当过符合人的本质的生活,只有灵魂与肉体统一的生活才是道德的生活;宗教异化了人的本质,将人的灵魂与肉体分离开来,独立出来,这是现实中导致种种恶行的根源;人不应当通过宗教修行,而应当通过灵肉统一的道德生活恢复被异化的人性;人在自然界中的地位是第一性的;人的价值就在人自身,人就是自己的上帝,而不应在人自身以外去寻求什么上帝。

　　费尔巴哈的人本学唯物主义为车尔尼雪夫斯基所继承。车尔尼雪夫斯基将他的唯物主义学说称作"人本主义",并把他的哲学著作命名为《哲学中的人本主义原理》。他们都反对把灵魂和肉体分割为两个独立的实体,反对把灵魂看作第一性的唯心主义观点。

　　以叔本华、尼采、弗洛伊德为代表的近现代西方人本主义继承了费尔巴哈对人的感性、肉体的重视,不过作了片面的发展,将非理性的本能作为人的唯一本质加以强调,于是人成了纯物质、纯个体的人,极大助长了消费主义、享乐主义生活方式,引发了科技文明对自然的无尽索取和对环境的过度破坏,造成了人本主义向物本主义的异化。

　　当代西方人本主义以海德格尔、萨特的存在主义为代表。他们不满足于人的物质欲望的满足,转而寻求某种形而上的"超越"和"自由",反思和批判现代

---

①② 《费尔巴哈哲学著作选集》上卷,容振华译,三联书店1959年版,第657、591页。
③ 《费尔巴哈哲学著作选集》下卷,容振华译,三联书店1959年版,第315—316页。
④ 《费尔巴哈哲学著作选集》上卷,容振华译,三联书店1959年版,第19页。

科技文明及物本主义造成的人的失落。海德格尔说:"我们的问题是:什么是形而上学? 可以变换成这样一个问题:什么是人?"①但他们并没有为人们实现"超越"和"自由"提供明晰的方向和途径。人的本质究竟是什么,他们则陷入了迷惘和自相矛盾。萨特认为人没有什么确定不变的本质,这正是人自由选择的先决条件。德国存在主义哲学家雅斯贝尔斯感叹:"'人是什么'这一问题永远也不会有确切的答案。"②

由此可见,西方的"人本主义"与中国古代的"人本"概念不是一回事,但殊途同归、互有异同。那些相同的共识,正是我们需要继承的思想资源。

六、当代中国"人本"思想的内涵及意义

中华人民共和国成立以后,曾经历了三十年"谈人色变"的历史时期,或要求人们成为不食人间烟火,只求精神崇高的"神",变相地沦为"神本",或要求个人为保卫国家、集体的财产献身,变相地沦为"物本"。改革开放以来,"以人为本"逐渐成为中央政府的执政理念。中国共产党"十七大"报告强调:"必须坚持以人为本","促进人的全面发展"。有学者将中央政治理念的这种变化叫做"从物到人"。它既有对中国古代"人本"概念的继承,也有对西方人本主义思想的吸收,还有根据中国当下现实所作的实事求是的改造和创造性发展。其具体内涵是:在人与自然关系上,"以人为本"反对"人类中心主义",既主张利用自然为人类生存服务,从而变革自然、改造自然;又肯定人依赖自然才能生存,自然是人的一部分,反对掠夺自然、破坏自然,强调人类社会的可持续发展。在人与物的关系上,既反对"君子固穷"、"安贫乐道"的苦行僧主义,承认人的基本物质利益,又反对物本主义,反对人沦为物质、金钱的奴隶,肯定人的精神追求。在人与人的关系上,既尊重精英群体的贡献和权利,又尊重弱势群体的生存权益和人格尊严。在人与组织的关系上,既主张个人融入组织,接受组织的管理和调度,又主张人所属的组织开发人、解放人,打破对人才的束缚,使人各尽其才,各得其所。在人与社会的关系上,主张形成达情遂欲、共同发展的社会氛围,实现人的全面自由发展。在中国当代特定的政治语境中,"民"是一个

---

① 转引自严春友《人:西方思想家的阐释》,中国社会科学出版社2005年版,第174页。
② 熊伟主编《存在主义哲学资料选辑》上卷,商务印书馆1997年版,第724页。

政治色彩比较浓的概念，外延可以随意伸缩，并不一定能够囊括所有的人；而"人"则是一个比"民"外延更广泛、更具平等性的概念。"以人为本"体现了对社会中每一个自然人的普遍人性及其实现权利的尊重，或许比"以民为本"更有现实意义。①

不难看出，国学中的"人本"思想在今天的政治民主化进程中正焕发出新的生机与活力。

思 考 题

1. 国学中的"人本"思想有哪几个要点？
2. 什么是"人文主义"？它与国学中的"人本"概念有何异同？

案 例 分 析

1. 金训华事件反思

在新中国的历史上，曾涌现过不少为抢救国家财产英勇献身的英雄人物。金训华就是其中的典型代表。提起金训华，现在的年轻人一定会感到陌生。然而，对于50岁左右的人，特别是亲身经历过上山下乡的知青来说，一定记忆犹新。金训华是一名上海知识青年。1969年5月响应党的号召，来到黑龙江省逊克县逊河公社双河大队插队落户。这年8月，连降暴雨，逊克县境内的逊毕拉河河水猛涨。15日下午4时，大队来人通知民兵连去抢救在河沿上用作电线杆的圆木。金训华主动请战，跳入河中，奋力抢救洪水中的木头，最后被漩涡吞没，年仅20岁。8月25日，中共逊克县革命委员会为了表彰他为保护国家财产而忘我牺牲的精神，追认他为共产党员，授予他革命烈士称号，并在双河村为他建墓立碑。他的事迹曾在报纸上长时间地宣传，作为大家学习的好榜样。我国发行的唯一一张知识青年形象的纪念邮票，画面就是金训华在洪水中搏击的场面。

改革开放后，人们的价值观发生了重大变化，并对过去的一切进行了重新的反思。人们发现：人的生命是最重要的，国家的财物虽然应当去抢救，但无

---

① 参见韩庆祥、张洪春《以人为本——从物到人》，江苏人民出版社2006年版，第318页。

视自然规律、不自量力地以身殉物,却是舍本逐末的愚蠢行为。王小波曾撰文说:当听到一个人为了一根木头丧失了生命的时候,他感到了某种悲哀;没有必要舍了自己的一条命而去抢救一根没有多大价值的木头;宣传为了抢救国家财产牺牲个人生命的价值观是错误的,个人的生命才是第一位的。一网友不无讽刺地评论:"山洪暴发,本来这个时候,最重要的是逃命、保命。可金训华却因为公家的几根木头被洪水冲走,而高呼,绝不能让集体的财产蒙受损失,从而跳入洪水中抢救集体财产。结果,集体的财产冲到哪里都还是党的财产,他的命,也跟着洪水一起去了。现在想来,训哥其实就是个傻帽。你哪里知道,那木头天生会游泳,人家可是淹不死的,所以水要一退,木头其实该乍的还乍的,可你呢?却连木头都不如了。本来,我们应该在这样的事情上汲取教训,从而在当时的知青,甚至在全国,告诫人们活人和死的东西之间的关系:死的东西其实不会死,可活的东西,死了却不会活。总之,一个基本的逻辑是,我们应该把活的东西,远远地放在死的东西的上头。生命只有一次,这是地球人都知道的道理。然而在那个荒诞的年代,在我们这个盛产奇迹的国度,什么事都是黑白颠倒,和普世价值满拧。于是,金训华这样一个傻帽,竟成了全国人民学习的榜样。"虽然不免刻薄,却包含着人本意识的觉醒。

2. 当下以身殉利殉物的迷失

新中国历史上,我们曾经历过谈利色变的时期。改革开放为合法的个人利益正名,但过分看重金钱物质、沉湎于过度的物质享受、不择手段地追逐个人财富、以身殉利殉物的社会问题也相伴而生。参加江苏卫视相亲节目《非诚勿扰》的一位女宾说:"宁可坐在宝马车里哭,也不坐在自行车后面笑。"引来一片哗然。有人为了不义之财身陷囹圄;有人因为大肆受贿命丧黄泉;有人因为保护个人财物而搏斗身亡。如此等等,形态不同,其于伤性害身、重物轻人、以生殉物则是一致的,都犯了舍本逐末的糊涂。而银行系列抢劫杀人案的案犯周克华的女友为了钱财不惜与杀人魔王共枕,甚至事先参与策划、事后包庇窝藏、为其通风报信,则暴露了当下社会过分热衷物质利益,而置做人底线于不顾的问题到了何等严重的地步。

3. 宠物热中的重"物"轻"人"偏向

伴随着近些年来的宠物热,热衷与反对的意见争论不下。有人标榜自己养宠物是有仁爱之心的证明,指责那些讨厌宠物的反对者没有爱心。然而奇怪的是,不少养宠物的人士在对自己的宠物倾注无限爱心的同时,却对他们年老的父母不肯尽自己的赡养义务,对儿女所生的孙子孙女辈也不愿给予帮助;对周围亟待救助的贫困失学或患病无医之人更不肯施以援手。更有甚者,据网络披露:两只巨型犬将两个孩子各咬伤多处,有人气愤之余用酒瓶敲了一下狗头,狗主人竟将人砍伤;一人开车时不慎将宠物狗撞死,狗主人因对方赔不起他提出的巨额赔款,竟强迫肇事人向狗下跪;一妇人在广场上遛狗时狗拉了大便,清洁工要求及时清理,妇人不仅置之不理,甚至口角之间掴了清洁工一记耳光。如此等等"仁于物"而不"仁于人"的爱,绝不是真正的"仁爱"。"仁者爱人"。在仁爱问题上,我们要提醒宠物主人以"人"为本,而不能喧宾夺主,重"物"轻"人"。

第四章
国学中的"民本"论

提要:"民本"是"人本"思想的一部分,其完整说法是"民惟邦本"。在历史发展中,"民本"思想形成了四个要点:民为天之本、民为君之本、民为国之本、民为官之本。"民本"思想确立了人民群众在国家政治生活中的主体资格,这与现代政治文明是相通的。新时期以来,"执政为民"成为中央政府的政治理念。邓小平同志提出"三个有利于",将改善人民生活水平作为发展生产力的最终目的之一。胡锦涛总书记反复强调:"情为民所系,权为民所用,利为民所谋。""时刻关注民生、了解民意、集中民智,珍惜民力。"从中不难体会出古代"民本"思想的熠熠光辉。

"以人为本"的政治理念,经过对"神本"、"天本"、"物本"的层层否定,最终落实为"以民为本"。"民本"思想是"人本"思想的一部分,同时有自己独立的发展历程和特定内涵,与"人本"思想形成交叉与互补,值得相互参看。

"民本"的完整说法是"民惟邦本"。根据《尚书》记载,夏朝的开国君主大禹曾留下训诫:"民可近,不可下;民惟邦本,本固邦宁。"[①]人民只可亲近,不可轻视;只有人民才是国家的根基,根基牢固了,国家才会安宁。

《尚书》是由春秋之际的孔子编订的。西晋永嘉年间,今、古文《尚书》均在战乱中散失。今天看到的《尚书》是东晋梅赜所献的《孔传古文尚书》,也有人认为它系后人伪造。"民惟邦本"究竟是出于夏禹之口还是出于后人假托不得

---

① 《尚书·虞夏书·五子之歌》。

而知,不过有一点是可以确定的:它是先秦儒家反复阐述的基本思想,汉以后不断被重申。如汉初贾谊《新书·大政》总结道:"夫民者,万世之本也,不可欺。""故夫民者,大族也,民不可不畏也。""与民为敌者,民必胜之。"西汉刘安《淮南子·泰族训》发挥:"国之有民也,犹城之有基,木之有根。根深则本固,基美则上宁。"东汉王符《潜夫论·本政》强调:"夫民者,国之基也。"南朝范晔《后汉书·张奋传》揭示:"国以民为本。"唐初张九龄《千秋金鉴录》卷二《劝民》说:"民者国之本也,惟本固而后邦宁,邦宁而后国治。"宋代程颐发挥说:"民可明也,不可愚也;民可教也,不可威也;民可顺也,不可强也;民可使也,不可欺也。"①清代唐甄论证"民本":"封疆,民固之;府库,民充之;朝廷,民尊之;官职,民养之。"②在历史发展中,"民本"思想形成了如下几个要点:

一、民为天之本:"欲求事天,必先恤民"

"民"所隶属的种概念是"人",而不是"神"、"天"。所以,"民本"是建立在"以人为本"思想基础上的,其对立面是"以神为本"、"以天为本"。夏商时期盛行万物有灵论,人们普遍匍匐在神灵、上天面前,显得非常渺小。到了周代,情况不同了。周人发现,不是"天"、"神"最高贵,而是"人"、"民"最高贵;如果天子只是尊"天"敬"神",放纵自己的所作所为,亵渎、践踏人民的利益,就无法获得"天"、"神"的庇佑。"天"、"神"的意志都是由人心、民意决定的。"民之所欲,天必从之。"③人心、民意是获得上天保佑的根本。"天生烝民,有物有则。民之秉彝,好是懿德。"④"黍稷非馨,明德惟馨。"⑤齐桓公问管仲:"王者何贵?"管仲回答:"贵天。"桓公仰而视天。管仲告诉他:"所谓天者,非谓苍苍莽莽之天也。君人者,以百姓为天。百姓与之则安,辅之则强,非之则危,背之则亡。……民怨其上,不遂亡者,未之有也。"⑥《孟子·万章上》记载了一则关于天子权力交接的对话:"万章曰:'尧以天下与舜,有诸?'孟子曰:'否。天子不能以天下与人。''然则舜有天下也,孰与之?'"孟子的回答是:"天与之,人与之。"为

---

① 《二程集·遗书·伊川先生语十一》。
② 《潜书·明鉴》。
③ 《尚书·周书·泰誓》。
④ 《诗·大雅·烝民》。烝民:众民。秉彝:天性。
⑤ 《周书·君陈》。
⑥ 《说苑·建本》。

什么呢？孟子解释说："使之主祭而百神享之，是天受（授）之；使之主事而事治，百姓安之，是民受（授）之也。"这里，"天"与"民"是二位一体的；天意就是民意。

汉初，贾谊总结秦朝灭亡的教训，系统提出"民本"思想，其中重要一项是"民"为"天"之本："灾与福也，非粹在天也，又在士民也。""行之者在身，命之者在人，此福灾之本也。道者福之本，祥者福之荣也。无道者必失福之本，不祥者必失福之荣。""行之善也，粹以为福已矣；行之恶也，粹以为灾已矣。故受天之福者，天不功焉；被天之灾，则亦无怨天矣，行自为取之也。知善而弗行，谓之不明；知恶而弗改，必受天殃。天有常福，必与有德；天有常灾，必与夺民时。故夫民者，至贱而不可简也，至愚而不可欺也。故自古至于今，与民为雠者，有迟有速，而民必胜之。"①董仲舒通过对"王"字的训释，指出君王的使命就是顺天应人。"古之造文者，三画而连其中，谓之'王'。三画者，天、地与人也，而连其中者，通其道也。取天、地与人之中以为贯而参通之，非'王'者孰能当是？是故'王'者唯天之施，施其时而成之，法其命而循之诸人，法其数而以起事，治其道而以出法，治其志而归之于仁。"②东汉王常说："民所怨者，天所去也；民所思者，天所与也。"只要"下合民心"，就能"上合天意"③。王符说："天以民为心，民安乐则天心顺，民愁苦则天心逆。"④北宋编纂的《册府元龟》总结说："国以人为本，害其本则非国；神以人为主，虐其主则非神。"⑤朱熹概括："人君为政在得人。"⑥明太祖朱元璋重申："人者，国之本；德者，身之本。德厚则人怀，人安则国固。"⑦因此，他将神妙莫测的"事天"落实在切实可行的"恤民"上："天以子民之任付于君，为君者欲求事天，必先恤民。恤民者，事天之实也。"⑧可见，"民本"在处理"天人"关系、"神人"关系上是以敬人事、恤民利、得人心为本。

二、国以民为本："重社稷必爱百姓"

夏禹传启，是"天下为家"的开端。自此以后，中国进入了帝王世袭制的家

---

① 《新书·大政》。
② 《春秋繁露·王道通三》。
③ 范晔《后汉书·王常传》。
④ 王符《潜夫论·本政》。
⑤ 《册府元龟》卷五四六《诤谏部·直谏》。
⑥ 朱熹《四书章句集注》。
⑦ 《明太祖实录》卷四九，洪武三年二月辛酉。
⑧ 张廷玉等《明史·本纪第三·太祖三》。

天下社会,"普天之下,莫非王土,率土之滨,莫非王臣"①。土地是国家的,臣民是国家的,国家的地位高踞于人民之上。西周厉王时期的荣夷公是为国家理财、与民争利、横征暴敛的有名大臣。他主张封山占水,实行国家专利政策,垄断山林川泽的一切收益,禁止老百姓采樵、渔猎,致使民不聊生,怨声载道。《礼记·檀弓下》记载了这么个故事:

> 孔子过泰山侧,有妇人哭于墓者而哀。夫子式(轼,以手扶轼)而听之,使子路问之,曰:"子之哭也,壹似重有忧者。"而曰:"然。昔者,吾舅死于虎,吾夫又死焉,今吾子又死焉。"夫子曰:"何为不去也?"曰:"无苛政。"夫子曰:"小子识之,苛政猛于虎也。"

孔子路过泰山时,遇到一个妇人在坟前哭得十分伤心。孔子让子路去问是怎么回事。妇人说:"我的公公被老虎吃了,我的丈夫也被老虎吃了,现在我的儿子也被老虎吃了。"孔子问:"那你为什么不离开这里呢?"妇人回答说:"这里没有苛政。"孔子吩咐弟子们记住:"暴政比老虎吃人还厉害。"与民争利的暴政可能带来国家一时的强大,但不能带来长治久安,最后的结果大多是官逼民反,爆发政治危机。比如重用荣夷公为国家理财的周厉王最终就因为国民暴动狼狈出逃,丢了江山社稷。经历了多少次政治教训,到了民本思想成为天下共识的春秋战国时期,国家利益高于人民利益的传统观念遭到挑战。孟子响亮地提出:"民为贵,社稷次之,君为轻。"②表现在利益分配上,就是国家以民为本,不与民争利,而是与民分利。《礼记·大学》提出:"财聚则民散,财散则民聚。"国家的财富积累得太多了,人民手中就没钱了,就会离心离德;如果将钱财散发到民间,人民就可以同心合力为国效劳。孔子说:"百姓足,君孰与不足?百姓不足,君孰与足?"③春秋时期楚灵王的大臣伍举说:"夫君国者,将民之处;民实瘠矣,君安得肥?"④百姓富足了,就是君主、国家最大的富足;百姓贫穷,君主、国家怎会强大?春秋时期陈国大臣逢滑对陈君说:"国之兴也,视民如伤;其亡也,以民为土芥,是其祸也。"⑤

春秋战国时期这种"民贵国轻"思想,在后世得到进一步发扬光大。贾谊

---

① 《诗经·小雅·北山》。
② 《孟子·尽心下》。
③ 《论语·颜渊》。
④ 《国语·楚语》。
⑤ 《左传·哀公元年》。

告诫说:"故夫诸侯者,士民皆爱之,则其国必兴矣;士民皆苦之,则国必亡矣。故夫士民者,国家之所树,而诸侯之本也,不可轻也。呜呼!轻本不祥,实为身殃,戒之哉,戒之哉!"①唐太宗李世民说:"国以民为本,人以食为命。若禾黍不登,则兆庶非国家所有。既属丰稔若斯,朕为亿兆人父母,唯欲躬务俭约,必不辄为奢侈。朕常欲赐天下之人,皆使富贵。今省徭赋,不夺其时,使比屋之人恣其耕稼,此则富矣。敦行礼让,使乡闾之间,少敬长,妻敬夫,此则贵矣。但令天下皆然,朕不听管弦,不从畋猎,乐在其中矣!"②宋代朱熹在给《孟子》"民为贵,社稷次之"作注时进一步发挥说:"国以民为本,社稷亦为民而立。"③南宋吕祖谦说:"国以民为本,无民安得有国乎?重社稷必爱百姓也。"④元中书右丞陈天祥指出:"国家之与百姓,上下如同一身。民乃国之血气,国乃民之肤体。血气充实则肤体康强,血气损伤则肤体羸弱,未有耗其血气能使肤体丰荣者。是故民富则国富,民贫则国贫,民安则国安,民困则国困,其理然也。"⑤"民"作为"国"之本,不仅国家的财富都由人民创造,而且国家必须满足老百姓的生活需要,才能永葆安宁稳定。宋代包拯说:"民者,国之本也。财用所出,安危所系,当务安之为急。"⑥清人顾炎武主张"利不在官而在民"⑦。他批判说:"自三代以下,人主之于民,赋敛而已尔,役使之而已尔,凡所以为厚生正德之事,一切置之不理。"⑧而民利与官府之利其实是联系在一起的,"民生愈贫,国计亦愈窘","民得其利,则财源通,而有益于官;官专其利,则财源塞,而必损于民。"⑨最值得注意的是唐甄指出:我们追求的富裕,应是"富在编户,而不在府库"。"府库"就是国库,"编户"是户口本上的老百姓。"若编户空虚,虽府库之财积如山丘,实为贫国,不可以为国矣。"⑩如果一个国家国库里富得流油,国防很强大,但是老百姓手中没钱,日子很难过,这样的国家是不是"富国"呢?不是,还是个"贫国",长此以往,国

---

① 《新书·大政》。
② 吴兢《贞观政要·务农》。
③ 朱熹《四书章句集注·孟子·尽心下》。
④ 吕祖谦《东莱别集·宗法》。
⑤ 《元史·陈天祥传》。
⑥ 《包拯集·请罢天下科律》。
⑦ 顾炎武《日知录·言利之臣》。
⑧ 顾炎武《亭林文集·郡县论六》。
⑨ 顾炎武《日知录·言利之臣》。
⑩ 唐甄《潜书·存言》。

将不国。正是这种"民为国本"的思想推动古代政治家实行轻赋薄敛的仁政。应当指出的是,这种民本思想与现代民权理念不无相通之处。富有西方现代民权意识的梁启超在《新民说》中揭示:"国者,积民而成,舍民之外则无有国。以一国之民,治一国之事,定一国之法,谋一国之利,捍一国之患,其民不可得而侮,其国不可得而亡,是之谓'国民'。"

三、君以民为本:"民本君末"、"民贵君轻"

一国之中,看起来君王权力最大,地位最高,其实他的命运和地位是由人民决定的。关于"君"与"民"的相反相成关系,古有舟、水之喻。《荀子》记载:"传曰:'君者,舟也;庶人者,水也。水则载舟,水则覆舟。'此之谓也。故君人者,欲安,则莫若平政爱民矣。"①在荀子以前的古书中,就有"君舟民水"、"载舟覆舟"的比喻。《孔子家语》重申:"君者舟也,庶人者水也。水所以载舟,亦所以覆舟。"②后来,这个思想被唐代的魏徵所强调:"闻古语曰:君,舟也;人,水也。水能载舟,亦能覆舟。"③"怨不在大,可畏唯人;载舟覆舟,所宜深慎。"④唐太宗深以为然,他告诫太子诸王:"舟所以比人君,水所以比黎庶,水能载舟,亦能覆舟。尔方为人主,可不畏惧?"⑤他还饱含自己的切身体会发挥说:"为君之道必须先存百姓,若损百姓以奉其身,犹割股以啖腹,腹饱而身毙。"⑥"天子者,有道则人推而为主,无道则人弃而不用,诚可畏也。"⑦

因此,不是君主的地位最高贵,而是人民的地位最高贵。这就叫"民贵君轻"。春秋战国时期,这已成为人们的普遍共识。孔子说:"民以君为心,君以民为体。心庄则体舒,心肃则容敬。心好之,身必安之;君好之,民必欲之。心以体全,亦以体伤。君以民存,亦以民亡。"⑧所以《左传》说:"民者,君之

---

① 《荀子·王制》。
② 《孔子家语·五仪解》。
③ 《贞观政要·政体》。
④ 《贞观政要·君道》。
⑤ 《贞观政要·教戒太子诸王》。
⑥ 《贞观政要·君道》。《资治通鉴》卷一九二《唐纪》八:"君依于国,国依于民,克民以奉君,犹割肉以充腹,腹饱而身毙,君富而国亡。"
⑦ 《贞观政要·政体》。
⑧ 《礼记·缁衣》。同样的意思,另见董仲舒《春秋繁露·为人者天》。

本也。"①《春秋穀梁传》说:"民为君之本。"②孟子明确宣称:"民为贵,君为轻。"③孟子的推理过程是:"得乎天子为诸侯,得乎诸侯为大夫,得乎丘民而为天子。"得到天子的赏识,只能封个诸侯;得到诸侯赏识,只能封个大夫;得到广大人民的拥戴,才可以成为天子。墨子指出:"君,臣萌(通氓)通约也。"④君主既然是天下臣民共同推选出来的,臣民也可以罢免君主。所以荀子说:"天之生民,非为君也,天之立君以为民也。"⑤"有社稷者而不能爱民,不能利民,而求民之亲爱己,不可得也。民之不亲不爱,而求其为己用,为己死,不可得也……故人主欲强固安乐,则莫若反之民。"⑥战国时期齐宣王对田过说:"吾闻儒者丧亲三年,丧君三年,君与父孰重?"田过回答:"殆不如父重。"王愤然曰:"然则何为去亲而事君?"田过对曰:"非君之土地,无以处吾亲;非君之禄,无以养吾亲;非君之爵位,无以尊显吾亲。受之君,致之亲。凡事君,所以为亲也。"宣王郁郁而无以应。⑦吕不韦指出:"人主有能以民为务,则天下归之矣。"⑧"凡君之所以立,出乎众也。立已定而舍其众,是得其末而失其本。得其末而失其本,不闻安居。故以众勇无畏乎孟贲矣,以众力无畏乎乌获矣,以众视无畏乎离娄矣,以众知无畏乎尧舜矣。夫以众者,此君人之大宝也。""夫取于众,此三皇、五帝之所以大立功名也。"⑨战国时期赵国的赵威后明确声称"民为本,君为末"⑩;齐国高士颜斶公然宣称"士贵耳,王者不贵"⑪。

到了汉代,贾谊举例说明:"尧舜禹汤之治天下也,所谓明君也,士民乐之,皆即位百年然后崩,士民犹以为大数也。桀纣,所谓暴乱之君也,士民苦之,皆即位数十年而灭,士民犹以为太久也。故夫诸侯者,士民皆爱之,则其国必兴矣;士民皆苦之,则国必亡矣。"⑫董仲舒重申:"天之生民,非为王也,

---

① 《左传·僖公二十六年》。
② 《春秋穀梁传·桓公十四年》。
③ 《孟子·尽心下》。
④ 《墨子·经上》。
⑤ 《荀子·大略》。
⑥ 《荀子·君道》。
⑦ 刘向《说苑·修文》。按:此段辑自《韩诗外传》卷七。
⑧ 《吕氏春秋·爱类》。
⑨ 《吕氏春秋·用众》。
⑩⑪ 《战国策·齐策》。
⑫ 《新书·大政》。大数:太速。

而天立王以为民也。故德足以安乐民者,天予之;其恶足以贼害民者,天夺之。"①"'王'者,民之所往;'君'者,不失其群者也。"②《文子·上仁》要求君主:"以天下之目视,以天下之耳听,以天下之心虑,以天下之力争。"《白虎通·爵》曾将"天子"视为天下最高的爵位。"'天子'者,爵称也。爵所以称'天子'者何?王者父天母地,为天之子也。"清初顾炎武则从"民本"思想出发坚决否定了这个说法:"为民而立之君,故班爵之意,天子与公、侯、伯、子、男一也,而非绝世之贵。代耕而赋之禄,故班禄之意,君、卿、大夫、士与庶人,在官一也,而非无事之食。"③王夫之强调:"高以下为基,鸿以纤为积,君以民为依。"④康有为说:"一画贯三才谓之'王',天下归往谓之'王'……夫'王'不'王',专视民之聚散向背名之,非谓其黄屋左纛、威权无上也。"⑤谭嗣同从君主由人民推举产生的历史角度说明"君末民本":"生民之初,本无所谓君臣,则皆民也。民不能相治,亦不暇治,于是共举一民为君。夫曰'共举之',则非君择民,而民择君也。……夫曰'共举之',则因先有民而后有君,君末也,民本也。"⑥从"君末民本"的角度出发,唐甄要求统治者爱民如身:"民之于君,他物不足以喻之,请以身喻民。身有疾,则心岂得安?身无疾,则心岂得不安?有戕其身而心在者乎?是故君之爱民,当如心之爱身也。"⑦可以说,深刻认识到"民为君本",是君主专制之下启发、调动最高统治者克己为民道德自觉的最为有效的途径,具有积极的现实意义。

四、吏以民为本:"凡吏于土者,盖民之役"

君主的地位是由广大人民的拥戴决定的,必须爱民惠民才能长治久安;官吏是由君主任命的,必须服从君主爱民惠民的大业,帮助君主打理天下。贾谊在《新书·大政》中指出:"夫民者,唯君者有之;为人臣者,助君理之。故夫为人臣者,以富乐民为功,以贫苦民为罪。故君以知贤为明,吏以爱民为

---

① 《春秋繁露·尧舜不擅移,汤武不专杀》。
② 《春秋繁露·灭国》。
③ 顾炎武《日知录·周室班爵禄》。
④ 王夫之《诗广传》卷三。
⑤ 刘梦溪主编《康有为卷》,河北教育出版社1996年版,第519页。
⑥ 《谭嗣同全集·仁学》。
⑦ 唐甄《潜书·明鉴》。

忠。"明代海瑞《政序》指出:"爵位者,所托以为民之器也。"清代陈宏谋指出:"朝廷设官,原以为民,官必爱民,乃为尽职,固府州县官以'知'为名,又名之曰'地方官',谓地方之事,府州县当无所不知也。"①设置官吏既然是为了管理人民,所以辨别人才、任用官吏还必须听取人民的意见。战国时,齐宣王问孟子:我怎样辨别、使用人才? 孟子回答:"左右皆曰贤,未可也;诸大夫皆曰贤,未可也;国人皆曰贤,然后察之;见贤焉,然后用之。左右皆曰不可,勿听;诸大夫皆曰不可,勿听;国人皆曰不可,然后察之;见不可焉,然后去之。左右皆曰可杀,勿听;诸大夫皆曰可杀,勿听;国人皆曰可杀,然后察之;见可杀焉,然后杀之。故曰,国人杀之也。如此,然后可以为民父母。"②要看到,官吏本质上是由人民供养的,人民供养官吏,目的是要官吏公平地为自己办事。在这个意义上,官吏扮演的是人民公仆的角色,不能反过来凌驾于人民之上奴役人民、鱼肉人民。"凡吏于土者,若知其职乎? 盖民之役,非以役民而已也。凡民之食于土者,出其什一佣乎吏,使司平于我也。今我受其值怠其事者,天下皆然。岂惟怠之,又从而盗之。向使佣一夫于家,受若值,怠若事,又盗若货器,则必甚怒而黜罚之矣。"③做官的只有好好报答养育他的人民、勤勤恳恳为百姓服务,才可以问心无愧。"夫为吏者,人役也。役于人而食其力,可无报耶? 今吾将致其慈爱礼节,而去其欺伪凌暴,以惠斯人,而后有其禄,庶可平吾心而不愧于色。"④

关于"民"为"国"之本、为"君"之本、为"官"之本,贾谊在《新书·大政》中概括为"民无不为本",堪称精辟。"闻之于政也,民无不为本也:国以为本,君以为本,吏以为本。故国以民为安危,君以民为威侮,吏以民为贵贱,此之谓民无不为本也。"此外,他还以"民无不为命"、"民无不为功"、"民无不为力"加以补充:"闻之于政也,民无不为命也:国以为命,君以为命,吏以为命;故国以民为存亡,君以民为盲明,吏以民为贤不肖,此之谓民无不为命也。闻之于政也,民无不为功也:故国以为功,君以为功,吏以为功;国以民为兴坏,君以民为强弱,吏以民为能不能,此之谓民无不为功也。闻之于政也,民

---

① 《清经世文编》卷二十一《吏政》陈宏谋《申饬官箴檄》。
② 《孟子·梁惠王下》。
③ 柳宗元《柳河东集·送薛存义序》。
④ 柳宗元《柳河东集·送宁国范明府诗序》。

无不为力也：故国以为力，君以为力，吏以为力。"①

五、古代"民本"思想的现代意义

中国古代以儒家为代表的"民本"思想是一项宝贵的政治财富，它与西方现代政治文明并无不可逾越的鸿沟。梁启超曾经指出：典型的民主政治包含"政为民政，政以为民，政由民出"，这在中国古代已包含萌芽。"国为人民公共之国（如'民为邦本'、'天下者天下人之天下'——原注），为人民共同利益故乃有政治（如'天立君以为民，天非生民以为君'、'庶民、富民、教民'——原注），此二义者，我先民见之甚明，信之甚笃。"②然而，儒家极富人民性、具有积极意义的"民本"思想在"五四"新文化运动"打倒孔家店"的激进主义狂飙中却被一锅端。新中国成立后直到"文化大革命"时期，"民本"被当作"封建文化"受到了更加猛烈的批判。改革开放翻开了历史的新的一页，传统的"民为邦本"思想焕发出新的生机，"执政为民"成为中央政府的新的政治理念。邓小平同志号召："全党要始终把人民拥护不拥护、人民赞成不赞成、人民高兴不高兴、人民答应不答应作为党的一切工作的出发点和归宿点。"他提出"三个有利于"，将改善人民生活水平与增强综合国力联系起来，作为发展生产力的最终落脚点，改变了过去三十年只注重国家利益、不顾及人民生活水平和个人利益的基本国策。胡锦涛总书记曾经对各级管理者提出要求："情为民所系，权为民所用，利为民所谋。""要时刻关注民生、了解民意、集中民智、珍惜民力。"中组部曾多次组织"问政于民、问计于民、问需于民"的民意调查。党的"十六大"报告指出："要深入了解民情，充分反映民意，广泛集中民智，切实珍惜民力。""十七大"报告重申："必须坚持以人为本，尊重人民主体地位，发挥人民首创精神，保障人民各项权益，促进人的全面发展。"从这些理念、口号、政策的调整变化中，我们可以清晰地看到古代民为国本、民为君本、民为官本的思想痕迹。这说明：古代国学中的"民本"

---

① 贾谊《新书·大政》。
② 《饮冰室合集·专集》卷五十。在梁启超看来，如果说古代"民本"思想有何欠缺，是尚未落实到人民参政的操作层面："惟一切政治当由人民实施，则我先民非惟未尝研究其方法，抑似并未承认此理论。夫徒言民为邦本，政在养民，而政之所从出，其权利乃在人民之外。此种无参政之权民本主义，为效几何？"

思想是有现代活力的。

思 考 题

1. "民本"的出处及其本义是什么？古代"民本"思想有哪些要点？
2. 古代"民本"思想在今天中国的政治生活中主要有哪些表现？

案 例 分 析

1. "三个有利于"凝聚着"民为国本"的政治进步

新中国成立后三十年，我们的宣传机器一直强调在处理国家、集体与个人三者之间的关系时，要先国家、集体利益，后个人利益，甚至为了国家、集体利益应当牺牲个人利益。于是我国的国防强大了，国力增强了，但人民的工资一直不长，百姓的衣食住行迄无改善。我们曾经习以为常，认为这是天经地义的。现在看来，其实这是不符合"国以民为本"精神的。"民为贵，社稷次之。""重社稷必爱百姓。"正是在这一点上，邓小平同志提出的"三个有利于"具有划时代的积极意义。所谓"三个有利于"，是指衡量社会主义的三条标准：一是看是否有利于发展生产力；二是看是否有利于增强综合国力；三是看是否有利于提高人民生活水平。发展生产力的目的和归宿不仅是增强国力，而且包括提高人民生活水平。于是人民的工资改变了过去几十年铁板一块的格局，每过一段时间就加薪成为常态，人们的收入比起改革开放前上涨了数十倍甚至几百倍。这种变化凝聚着"民为国本"的巨大政治进步。

2. "民为君本"的三个历史故事

第一个故事出自《左传·文公十三年》，是关于春秋时期诸侯国国君邾文公的。邾文公晚年，健康状况欠佳，但迁都也成为邾国存亡攸关的大事。占卜的结果是迁都"利于民而不利于君"。左右大臣们都不赞成迁都。文公得知原委后对大臣们说：上天生育百姓，为他们树立君主，是为了让君主为百姓谋利益。只要对人民有利，也就是我国君的最大利益。应当迁都。大臣们再劝：不迁都，您的身体可逃过一劫，寿命能够延长，您为什么要迁呢？邾文公仍然不为所动。他的回答是："命在养民。死之短长，时也。民苟利矣，迁也，吉莫如之！"最终邾国的国都从地势低洼、常受涝灾的邾瑕迁到了峄山之阳的绎城。巧合的是,迁都后不久,文公果然病死。邾文公以民为君之本,为了民利牺牲君利、视死如归的精神,令人肃然起敬。

第二个故事出自《战国策·齐策》,是关于战国时期赵威后的。齐王派使者到赵国看望摄政的赵威后。国书还没打开,赵威后就问使者说:你们齐国这几年的收成还好吗?老百姓的日子还好吗?齐王的身体还好吧?齐国的使者很不高兴地说:我奉齐王一片好意来拜访您,现在您不先关心我们大王的情况,而先问什么年成和百姓,岂不是尊重低贱者,贬低尊贵者吗?赵威后不动声色地回答:"不然。苟无岁,何以有民?苟无民,何以有君?故有舍本而问末者邪?"这里明确以民为"本"、以君为"末"。

第三个故事是关于战国时期齐国知识分子颜斶的,也出自《战国策·齐策》。齐宣王是齐国有名的爱才若渴的仁君。他曾用重金打造稷下学宫,招揽天下英才,达一时之盛,促进了百家争鸣。孟轲曾长住稷下30多年,为齐宣王的座上宾;荀子15岁就来齐国,是稷下学宫中资格最老的一位导师,曾三为祭酒,充任学宫最高领导。齐宣王听说颜斶是有名的高士,就举行隆重的礼节召见他。见颜斶从门外进来,便有点急不可耐地召唤:"颜斶,你到我跟前来!"没想到他这种态度使自尊心很强的颜斶觉得人格受到冒犯,便回敬一句:"大王,您到我跟前来吧!"齐宣王碰了个钉子,颇为不悦。群臣纷纷说:"大王是人之君主,你不过是人臣罢了。大王叫你过来,你也叫大王过来,像话吗?"颜斶回答:"我到大王跟前,属趋炎附势;大王主动走到我跟前,是礼贤下士。"齐宣王虽然一向很尊重人才,也不乏雅量,但从没遇到过这种场面,脸都气得变色了。他问:"王者贵乎?士贵乎?"颜斶回答:"士贵,王者不贵。"宣王说:"你凭什么这么说?"颜斶说:"从前秦国攻打齐国,秦王曾下过一道命令:有谁敢在高士柳下季墓地五十步以内砍柴,格杀勿论!他还下了一道命令:有谁能砍下齐王的脑袋,就封他为万户侯,赏千镒金。可见,一个活着的君主的头颅,实际上还抵不上死去的高士的坟墓。"齐王一时语塞。颜斶不依不饶,乘势而下,历数古来圣王无不是得到众多士人辅佐才成就伟大功业的,所以都自称"孤"、"寡"、"不穀",说明君王的地位不如士人高贵。宣王招架不住,连连说:是我错了,愿拜你为师,成为你的弟子。"士"是古代臣民的一部分。颜斶敢于在拥有万乘之尊的国王面前宣称"士贵王者不贵",并身体力行,不仅为知识分子,也为广大下层人民赢得了人格尊严。

第五章
国学中的"革命"论

提要:"革命"一词,源出《尚书》和《易传》,与汤武革命紧密相连。它有三个特点:一是臣民推翻君主;二是诉诸暴力手段;三是"诛无道",为民请命。"革命"作为维护"民本"、捍卫"民权"的一种手段,对君主专制下的暴君暴政构成了一种威慑,具有积极、进步的法理意义。不过后来历朝历代的某些"革命",或借"诛无道"目标放纵诛杀,或将"革命"变成对革命者的同室操戈和对无辜平民的错杀滥杀,或将革命变成掠夺个人利益、实现个人目的的手段,或将"革命"的神圣价值孤立起来,当作必须永远为之奋斗的崇高目标,在推翻暴政后"继续革命",在人民群众中制造出大量"假想敌",演变为人人自危的"红色恐怖"。这是值得引以为戒的惨痛教训。衡量"革命"正义与否、合法与否的试金石是看其对人民是否有益。有益,这种"革命"就值得赞赏肯定;无益而有害,那么,这种"革命"就值得警惕防范。

既然"民为邦本",当统治者残暴无道,欺压人民,逼得人民走投无路时,人民就有权利走向"诛无道"的"革命"。"革命"是"民本"思想在民不聊生情况下的特殊表现形态。

"革命"一词,曾经是一个极为常见的字眼。20世纪的中国乃至世界大地上,曾涌现过各种各样的"革命"。我们有过"革命"的成功经验,也有过"革命"的惨痛教训。盘点一下"革命"的历史,剖析反思其中的经验教训,对于我们正确地认识革命、面对革命、从事革命或防范革命,具有重要的现实意义。

一、"革命"本义的三个特点

"革命"一词,源出《尚书》和《易传》。《尚书》收录的《周书》中有一篇《多士》,其中提到"殷革夏命",这是我们看到的"革命"一词的最早出处。《易经》"革"卦中的《彖》传提到"汤、武革命","革命"联言,由此开端。国学中的"革命"源头,与殷汤革除夏桀王命、周武王推翻殷纣王的两场革命密切相关。它有三个特点:

一是臣民推翻君主。殷汤原是夏朝属国商国的诸侯,周武王之父周文王在商纣时为"西伯",即西方诸侯之长,曾任商纣王三公之一,后来被纣王拘禁到羑里,而夏桀、商纣则是夏朝、商朝的君主。

二是诉诸暴力手段。夏桀、商纣作为高高在上的君主,拥有至高无上的权力。他们为所欲为,作恶多端,大臣们劝谏不仅无济于事,反而一个个遭到冤杀,所以,要推翻他们的统治,必须通过暴力手段。相传殷汤曾动用战车70辆,组织敢死队6 000人,联合各诸侯国军队,组成一支大军,与夏桀决战于山西的鸣条。夏桀兵败被俘,放逐到安徽的南巢,最后饿死。周武王继承文王的未竟事业,联合各诸侯国义师,组成了一支规模更大的军队,拥有战车300乘,猛士3 000人、士兵45 000人,在牧野与商纣展开决战,最终商纣王的军队倒戈,众叛亲离的商纣王自焚而死。

三是"诛无道",为民请命。臣民为什么运用暴力手段推翻作为最高统治者的君主?因为君主太"无道",逼得人民没有活路。夏桀原名叫癸,因为残暴凶狠,所以殷汤给他取了个谥号叫"桀"。据《竹书纪年》记载,他"筑倾宫、饰瑶台、作琼室、立玉门"。据说所造酒池大得出奇,可以航船,醉而溺死的事情时常发生。还从各地搜寻美女,藏于后宫,日夜与妹喜及宫女饮酒作乐。他荒淫奢侈,勒索百姓,危机丛生。相传伊尹、太史令终古都用仁政的道理劝说过他,但都不为采纳,一个个离他而去。关龙逢进谏,立而不去,为他囚拘而杀。夏桀如此荒淫暴虐,人民被压榨得活不下去了,发出了绝望的呼喊:"时日曷丧,予及女偕亡!""时日",这个太阳,影射以"太阳"自喻的夏桀。意思是说:你这个太阳什么时候消亡?我愿与你一起去死!所以,殷汤在讨伐夏桀的誓词中说:"非台小子,敢行称乱;有夏多罪,天命殛之。""夏氏有罪,予畏上帝,不敢不正。"①

　　商纣王本名叫"辛",《尚书》、《史记》中称"受"。因为坏事做绝,所以,"天下谓之纣",后人给他起了个外号叫"纣",也就是"坏蛋"的意思。他是怎样荒淫呢?据说因为宠妃妲己喜欢听撕帛的声音,为了取乐妲己,博妲己一笑,他下令每天送来绸帛百匹,让力气大的宫娥撕碎给妲己听;他大搞"酒池肉林",在池子里注酒,把烤熟的肉悬挂起来做树林,让男女赤身裸体在其间喝酒吃肉,追逐戏闹,寻欢作乐,通宵达旦。至于他的残暴更是骇人听闻。他设置炮格酷刑,在铜柱上涂满油,下面用炭火烧烤,让反叛他的人在滚烫的铜柱上走,最后掉在炭火里活活烧死。② 他任用九侯、鄂侯为三公。九侯有一个漂亮的女儿,为表示忠心,献给纣王,因为不能满足纣王的淫欲,纣王竟杀了她,同时怪罪九侯,用醢刑将他剁成肉酱。鄂侯极力谏阻,结果遭脯刑,被切成肉干。从小辅佐纣王的两朝老臣比干强谏不已,苦口婆心说了三天三夜。纣王问:你何以如此?比干说:我凭的是忠臣的一颗忠心。商纣王说:我听说忠臣的心有七个孔,我倒是要看看是什么样!于是下令处死比干,把他的心脏挖出来。③ 所以,周武王在讨伐商纣王的誓词中说:天地是万物的父母,人类是万物中的神灵。商王纣不敬上天,残害百姓,天怨人怒,是天意民心要我去诛杀这个独夫民贼。"今商王受,弗敬上天,降灾下民,沉湎冒色,敢行暴虐,罪人以族,官人以世,惟宫室、台榭、陂池、侈服以残害于尔万姓。焚炙忠良,刳剔孕妇。……商罪贯盈,天命诛之。"④贾谊《新书·连语》记载纣王被杀的情景:纣王与武王交战,卫兵纷纷倒戈。纣王只身格斗而死。死了之后,尸体丢弃在玉门之外,老百姓纷纷跑进来,"蹈其腹,蹴其肾,践其肺,履其肝",尽管周武王使人"帱而守之",但"民之观者搴帱而入,提石之人犹未肯止"。司马迁《史记·殷本纪》将纣王永远钉在了历史的耻辱柱上:"好酒淫乐,嬖于妇人。爱妲己,妲己之言是从。于是使师涓作新淫声,北里之舞,靡靡之乐。厚赋税以实鹿台之钱,而盈巨桥之粟。益收狗马奇物,充仞宫室。益广沙丘苑台,多取野兽蜚鸟置其中。慢于鬼神。大聚乐戏于沙丘,以酒为池,悬肉为林,使男女倮相逐其间,为长夜之饮。百姓怨望

---

① 《尚书·汤誓》。台:音移,我。称,举也。殛:音急,杀戮。正:正桀之罪而诛之。
② 《史论·殷本纪》:"百姓怨望而诸侯有畔(叛)者,于是纣乃重刑辟(法),有炮格之法。"《列女传》:"膏铜柱,下加之炭,令有罪者行焉,辄堕炭中,妲己笑,名曰炮格之法。"
③ 参见《史论·殷本纪》。
④ 《尚书·周书·泰誓中》。

而诸侯有畔者,于是纣乃重刑辟,有炮格之法。以西伯昌、九侯、鄂侯为三公。九侯有好女,入之纣。九侯女不喜淫,纣怒,杀之,而醢九侯。鄂侯争之强,辩之疾,并脯鄂侯。西伯昌闻之,窃叹。崇侯虎知之,以告纣,纣囚西伯羑里。""纣愈淫乱不止。微子数谏不听,乃与太师、少师谋去。比干曰:为人臣者,不得不以死争。乃强谏纣。纣怒曰:吾闻圣人心有七窍。剖比干,观其心。箕子惧,乃详狂为奴,纣又囚之。""周武王于是遂率诸侯伐纣。纣亦发兵距之牧野。甲子日,纣兵败。纣走,入登鹿台,衣其宝玉衣,赴火而死。周武王遂斩纣头,县之白旗。"

二、汤、武"革命"的争议与评价

由于汤、武革命属于臣民推翻君主的暴力斗争,所以不仅在起事前会招来非议,而且在后世也饱受质疑。比如汉景帝时期就发生过一场论战。黄生质疑说:"夫主有失行,臣不正言匡过以尊天子,反因过而诛之,代立南面,非杀而何?""汤武非受命,乃弑也。"辕固按照同样的逻辑反驳说:"必若云,是高皇帝代秦即天子之位,非邪?"①事实上,由于汤、武革命推翻的君主是众叛亲离的孤家寡人、残暴无道的独夫民贼,不仅顺应民心,合符民意,而且可为后世改换门庭的新朝统治者提供合法性依据,所以在后世得到了朝野上下更多的肯定。《易经》"革"卦《彖》传高度肯定:"汤、武革命,顺乎天而应乎人。"孟子从"民本"思想出发为"汤武革命"辩护:"齐宣王问曰:'汤放桀,武王伐纣,有诸?'孟子对曰:'于传有之。'曰:'臣弑其君,可乎?'曰:'贼仁者谓之贼,贼义者谓之残;残贼之人,谓之一夫。闻诛一夫纣矣,未闻弑君也。'"②他不承认夏桀和商纣是天子、是国君,因为他们的所作所为已经完全背离了"天子"、"国君"这样的名号,所以汤、武诛杀的不是国君,而是独夫民贼。荀子驳斥"汤武革命"是"篡位"的说法:"世俗之为说者曰:'桀、纣有天下,汤、武篡而夺之。'是不然……汤、武非取天下也,修其道,行其义,兴天下之同利,除天下之同害,而天下归之也。桀、纣非去天下也,反禹、汤之德,乱礼义之分,禽兽之行,积其凶,全其恶,而天下去之也。天下归之之谓'王',天下去之之谓'亡'。故桀、纣无天

---

① 《汉书·儒林传·辕固》。
② 《孟子·梁惠王下》。

下而汤、武不弑君,由此效之也。汤、武者,民之父母也;桀、纣者,民之怨贼也。今世俗之为说者,以桀、纣为君,而以汤、武为弑,然则是诛民之父母,而师民之怨贼也,不祥莫大焉。"①汉代董仲舒驳斥时人对"汤武革命"的怀疑:"且天之生民,非为王也;而天立王,以为民也。故其德足以安乐民者,天予之;其恶足以贼害民者,天夺之。""'王'者,天之所予也;其所伐,皆天之所夺也。""夫非汤武之伐桀纣者……非徒不知天理,又不明人礼。"②

同理,《尚书》肯定大禹对"民弃不保"的有苗国的讨伐③。《国语》用赞赏笔调记录鲁国太史里革"臣杀其君君之过"的惊人之语:"晋人杀厉公,边人以告。(鲁)成公在朝。公曰:'臣杀其君,谁之过也?'大夫莫对。里革曰:'君之过也。夫君人者,其威大矣,失威而至于杀,其过多矣。且夫君也者,将牧民而正其邪者也。若君纵私回而弃民事,民旁有慝无由省之,益邪多矣。若以邪临民,陷而不振,用善不肯专,则不能使,至于殄灭而莫之恤也,将安用之?桀奔南巢,纣踣于京,厉流于彘,幽灭于戏,皆是术也。'"④

透过汤伐夏桀、武王伐纣、晋人杀晋厉公、周厉王被国人放逐、周幽王被戎兵诛杀等活生生的事件,国学中"诛独夫民贼"、"有道伐无道"的"革命"逻辑逐渐形成。管子声称:"君不君则臣不臣。"⑤孟子强调:"君有大过则谏,反复之而不听,则易位。"⑥"君之视臣如土芥,则臣视君如寇仇。"⑦成书于战国时期的《黄帝四经》揭示:"顺天者昌,逆天者亡。""苛而不已,人将杀之。"出于汉人之手的《文子》指出:"所以立君者,以禁暴乱也。今乘万民之力,反为残贼,是以虎附翼,何谓不除?夫畜鱼者,必去其蝙獭;养禽兽者,必除其豺狼;又况牧民乎!是故兵革之所为起也。"⑧董仲舒说:"故夏无道而殷伐之,殷无道而周伐之,周无道而秦伐之,秦无道而汉伐之。有道伐无道,此天理也,所从来久矣,宁能至汤武而然耶?夫非汤武之伐桀纣者,亦将非秦之伐周,汉之伐秦。非徒不

---

① 《荀子·正论》。
② 《春秋繁露·尧舜不擅移,汤武不专杀》。
③ 《尚书·虞夏书·大禹谟》。
④ 《国语·鲁语》。桀:夏桀。南巢:地名,地在扬州。纣:商纣王。踣:音脖,倒毙、败亡。京:殷之京城。厉:周厉王。彘:音置,晋地,在今山西霍县。幽:周幽王。戏:戏山。
⑤ 《管子·形势》。
⑥ 《孟子·万章下》。
⑦ 《孟子·离娄下》。
⑧ 《文子·上义》。

知天理,又不明人礼。"①

先秦两汉"诛独夫民贼"、"有道伐无道"的"革命"学说发展到明末清初思想家手中,就演变为对独裁暴君振聋发聩的尖锐批判。黄宗羲《原君》揭露批判说:"古者以天下为主,君为客。凡君之所毕世而经营者,为天下也。今也以君为主,天下为客。凡天下之无地而得安宁者,为君也。是以其未得之也,屠毒天下之肝脑,离散天下之子女,以博我一人之产业……其既得之也,敲剥天下之子女,以奉我一人之淫乐……然则为天下之大害者,君而已矣。"唐甄《潜书》指出:在君权独裁的专制下,"治天下者唯君,乱天下者唯君。""小人乱天下,用小人者谁也?女子、寺人乱天下,宠女子、寺人者谁也?"秦朝以来,君主"非暴即喑,非喑即辟,非辟即懦","懦君蓄乱,喑君召乱,暴君激乱",总之"乱天下唯君","自秦汉以来,凡为帝王者皆贼也"!他还提醒人们擒贼先擒王:"大将杀人,非大将杀之,天子实杀之";"卒伍杀人,非卒伍杀之,天子实杀之;官吏杀人,非官吏杀之,天子实杀之。杀人者众手,实天子为大手。""杀一人而取其布匹斗粟,犹谓之'贼'",君主"杀天下之人而尽有其布粟之富,而反不谓之'贼'乎"?依据杀人偿命的"天理",唐甄指出:"匹夫无故而杀人,以其一身抵其杀一身之罪,斯足矣;有天下者无故而杀人,虽百其身不足以抵其杀众人之罪。"谭嗣同《仁学》中号召人们:对于"竭天下之身命膏血供其盘乐怠傲,骄奢淫杀"的暴君,国民应当学习法国人,"杀尽天下君主","以泄万民之恨"。

要之,只要统治者残暴无道,草菅人命,老百姓民不聊生,走投无路,人民就有权利起来"替天行道",发动暴力"革命",推翻统治者的王命,诛杀统治者的生命。"有道伐无道","诛独夫民贼",是古代肯定、赞美"革命"的法理依据,也是对专制政体下暴君暴政的一种威慑与约束。

三、"革命"的现代意义及其教训反思

中国古代从"民本"思想出发高度肯定臣民的"革命"权利,与西方民主政治从"天赋人权"出发,用宪法赋予人民的"革命权"有不谋而合之处。现代宪政专家罗隆基高度肯定孟子的"诛独夫"思想:"孟子所谓'闻诛一夫纣,未闻弑

---

① 《春秋繁露·尧舜不擅移,汤武不专杀》。

君也'，这就是承认革命权的先例。"①

在西方民主政治中，宪法基于天赋人权观念，赋予公民在生存权得不到保证的情况下拥有推翻专制政府的"革命权"。1776年美利坚合众国《独立宣言》宣称：人人生而平等，造物主赋予了人"生命、自由与追求幸福"之"不可剥夺的权利"，"当政府长期倒行逆施，一意孤行地把人民压制在绝对的君主专制统治之下的时候，人民就有权利、有义务推翻这样的政府，并为其未来的安全建立新的保障。"②1789年法国《人权宣言》说："一切政治结合的目的都在于保存自然的、不可消灭的人权；这些权利是自由、财产、安全和反抗压迫。""反抗压迫"的另一种说法就是"革命"。恩格斯指出："须知革命权总是唯一的真正'历史权利'——是所有现代国家一无例外都以它为基础建立起来的唯一权利。"③当人民被专制统治剥夺得一无所有的时候，他们还剩最后一项权利是剥夺不了的，这就是不惜用生命推翻这种统治的"革命"权。正如罗隆基在批判国民党独裁统治时指出的那样："一切的人权，都可以被人侵略，被人蹂躏，被人剥夺，只有革命的人权是永远在人民手里。这自然是人民最后的生机。"④禁止人民抗暴的革命权，意味着默认和放纵统治者肆无忌惮的暴虐统治。

正是在这个意义上，人们肯定、赞颂"革命"。中外近现代历史上，人们称颂得最多最多的"革命"是美国独立战争、法国大革命、中国辛亥革命以及中国共产党领导的"反帝反封建"的新民主主义革命。

"革命"从它诞生的最初一刻起，曾经以保护人权、顺应民心获得了神圣的价值。不过后来历朝历代的某些"革命"，或借目标的崇高掩盖手段的残忍，以暴易暴，滥杀无辜，将"革命"变成了由残忍和血腥堆积起的恐怖形式；或借"诛无道"之名，将"革命"当成排除异己、争夺宝座、篡位夺权、改朝换代的手段；或将"革命"的神圣价值加以无限夸大和绝对化，使"革命"从实现民权的"手段"异化为伤害民权的"目标"，在推翻"无道"的"革命"结束后"继续革命"，将无辜的人民甚至先前的革命者作为假想敌加以清剿，造成了许多惨绝人寰的冤假错案。诸如此类的问题，不仅存在于太平天国革命、苏联大清洗运动、中国的文

---

① 罗隆基《论人权》，《新月》第2卷第5号，1929年7月。
② 《美国法典·宪法行政卷》，中国社会科学出版社1993年版，第5页。
③ 恩格斯《〈1848年至1851年法兰西阶级斗争〉导言》，《马克思恩格斯全集》第二十二卷，人民出版社1965年版，第608页。
④ 罗隆基《论人权》，《新月》第2卷第5号，1929年7月。

化大革命、柬埔寨红色高棉的所谓共产主义运动中,甚至在过去饱受赞誉的法国大革命、俄国十月革命中也暴露得相当严重。当尘埃落定,我们应当对中外历史上"革命"的教训作出清醒的反思。

首先,我们看到,"革命"经常依仗"诛无道"目的、理想的崇高,放纵诛杀手段的残忍和血腥。太平天国革命爆发后,颁布天条十条、禁律数十条。数十条禁律中,对违反者大多数是"斩首不留";更严重的是五马分尸;最严重的是点天灯,就是将"罪犯"从头到脚缠上浸过麻油的棉纸或麻皮,用松脂白蜡堆在脚上,然后从下面点火燃烧。史载有燃至小腿即死者,有燃至小膝盖或小腹即死者,"呼号之声,惨不忍闻"。在新中国的历史上,"有一种看起来也很冠冕堂皇的理论叫'杀反革命'。凡敌人皆该杀、可杀。……革命是正义的、光明的,杀反革命也是合理的、正义的、光明的。即使把不该杀的杀了,也不过犯一点小错误,是可以原谅、可以理解的,因为是出于'革命义愤'。""1967年12月26日,中央文革小组陈伯达在唐山一次讲话时宣布,解放前我们党的冀东党组织可能有一个国共合作的党,可能是一个叛徒党。他这一句话就在全国范围内大抓'叛徒',结果受到迫害的达84 000余人,其中2 955人死亡,763人致残。""在湖南道县,从1967年8月13日到10月17日,历时66天大杀人。""这是在'杀反革命合理'的理论指导下,有组织、有领导、有计划地进行的。参与杀人者的多数也是怀着神圣的、崇高的'革命'的激情与幻觉,以及'革命'的恐怖感。这样的革命的施虐狂、嗜血狂是罕见的。"①歌德不赞成法国大革命,"因为它的恐怖行为离得太近,每日每时都引起我的震惊"②。他坦言:"我当然不是革命暴徒的朋友,他们干的是劫掠和杀人放火,在为公共谋福利的幌子下干着最卑鄙的勾当。"③鉴于暴力"革命"在手段、方式上的非人道或反人道,所以现代"革命"倾向于"不以暴力抗恶"的"改良",或者在无法避免使用暴力时将暴力的程度和范围努力限制到最低,从而体现"革命"的"人道"精神。

其次,我们必须承认:要革命,不仅革命者会有牺牲,而且无辜的平民也不可避免地会有牺牲;但当"革命"无视这种牺牲,甚至鼓励、扩大这种牺牲时,"革命"就变成了对革命者的同室操戈和对无辜平民的错杀滥杀,这是值得警

---

① 《钱理群文选·说"食人"》,汕头大学出版社1999年版。
②③ 《歌德谈话录》,朱光潜译,人民文学出版社1982年版,第23、82页。

惕的。十月革命的领袖曾经主张:"为了俄国人民的幸福,可以杀死一百万人。"①在 1958 年中国社会主义"大跃进"的"革命"中,一向多灾多难的河南省提出惊人口号:一年之内要成为"四无省"、"绿化省",消灭文盲,实现水利化,小麦亩产 7 332 斤,钢铁日产 120 万吨,达到世界之最。这一年,该省上报粮食产量 702 亿斤,而实际产量只有 281 亿斤。上交粮食数量不够,就翻箱倒柜抢夺农民粮食,捆、吊、打、抓。从 1959 年 11 月到 1960 年 2 月 7 日,河南信阳地区为追逼粮食,由公安部门逮捕 1 774 人,其中 36 人死在监狱中;拘留 2 720 人,其中 667 人死在拘留所。②"革命"本来正如鲁迅所说,是"并非教人死,而是教人活"的,可是这些"革命"却不仅要敌人的命,而且要自己人的命、要广大无辜百姓的命。这是今天要从"革命"反思中吸取的另一教训。

再次,我们要防止革命者将革命变成掠夺个人利益、实现个人目的的手段。在某些情况下,对于革命领袖而言,"革命"不过是为了争夺一把"龙椅"。他发动和领导革命的目的,不过是为了将旧的统治者赶下"龙椅",自己坐上去,成为"龙椅"的拥有者。为了争夺这把"龙椅","革命的被杀于反革命的,反革命的被杀于革命的,不革命的被当做革命的而被杀于反革命的,或被当做反革命的而被杀于革命的,或并不当做什么而被杀于革命的或反革命的。革命、革革命、革革革命、革革……"③相互厮杀,没完没了。而"革命"过后,不仅人民的状况没有改善,甚至更糟,因为坐上"龙椅"的胜利者是饥肠辘辘的新的吸血鬼。对于参加革命的人民大众而言,也不要过高估计他们动机的神圣、觉悟的崇高。高尔基以他亲眼见到的俄国"十月革命"为例提醒人们注意:"不要以为只因人民受过折磨,他们就是神圣和道德高尚的了。"④"在我们独特的革命中喊得最响亮、被人们由衷地热烈接受的口号之一就是:'去抢那些抢来的东西!'人们在掠夺,而且令人吃惊,极其出色。……人们在掠夺和出卖教堂、军事博物馆的东西,出卖大炮和步枪,肆意盗窃后勤贮备,掠夺过去的大公们的宫殿,偷盗一切可以窃走的东西,出卖一切可以卖的东西。在菲奥陀西亚,士兵们甚至在贩卖人口:他们从高加索运来土耳其女人、亚美尼亚女人、库尔德女人,将她们以

---

① 高尔基《不合时宜的思想》,朱希渝译,江苏人民出版社 1998 年版,第 103 页。
② 《钱理群文选》,汕头大学出版社 1999 年版,第 77 页。
③ 《鲁迅全集》第三卷,人民文学出版社 1981 年版,第 532 页。
④ 高尔基《不合时宜的思想》,朱希渝译,江苏人民出版社 1998 年版,第 154 页。

25卢布一个人的价格卖掉。"①高尔基的这个提醒和揭露极为重要,它戳破了过去笼罩在基层革命者——工人农民、人民大众身上的神圣光环。

最后,"革命"的泛化或滥用也是特别值得警惕和防范的。"革命"的本义是人民推翻暴政、维护基本生存权的武装斗争和道义活动。因为顺应民心,符合民意,代表民利,实现民权,所以具有了正义性和进步性。但是,如果将"革命"的神圣价值剥离出来加以绝对化,等同于"正义"、"进步"的同义语,当作必须永远为之奋斗的神圣目标和崇高理想,就会在推翻暴政的"革命"成功后"继续革命",从而在人民中制造出大量莫须有的"假想敌"和人间冤狱,演变为新的"无道",走向"革命"的初衷"民本"的反面,成为人民新一轮革命的对象。比如新中国成立后坚持"无产阶级专政下继续革命"的年代所发动的种种"革命",如"反右"、"文化大革命"等,历史证明大多是自摆乌龙。"反右"涉及55万人,最后除5人外都得到了平反。关于"文化大革命",中共中央决议已说明是一场"民族灾难"。"无产阶级专政下继续革命"年代所打成的若干"反革命"分子,历史证明也多属子虚乌有,比如"胡风反革命集团"、"彭德怀反党军事俱乐部"等。然而,"革命"对这些"反革命分子"的斗争却是非常残酷的。比如发生在20世纪60年代的《刘志丹》事件。《刘志丹》是一部小说。发表后许多中央领导同志叫好。落入康生手中后风云突变。康生认为这是一起"利用小说反党"的严重反革命事件。他的理由是:刘志丹是陕北革命根据地的创始人。歌颂刘志丹,就是贬低毛泽东在江西建立根据地的作用,就是为曾在陕北根据地工作的高岗翻案。从此开始了对《刘志丹》一案漫长的审查和处理。习仲勋被撤销国务院副总理职务,受审16年,关押8年。国家经委副主任贾拓夫受株连关押6年。一机部副部长由于为作者提供素材,被打成"反党集团"成员,在"文革"中受尽侮辱,批斗至死。受株连的湖南省劳动局一位副局长,在"文革"中被不分昼夜地批斗,含冤致死。出版该书的工人出版社社长被捕,用车轮战术折磨致死。责任编辑何家栋全家被赶到农村,每人每月只发5元生活费。母亲及儿子生病时求助无门,在病困中死去。刘锦华等两位普通群众因作家采访时好心地给他们带过路,就惹下大祸,迫害致死。习仲勋吃过饭的一家饭店经理被定为反革命集团的"地下交通员",由这个经理株连到烤鸭店经理、湖南饭店经理,整个饮食行业被株连者达59户,逮捕19人,被折磨致死的5

---

① 高尔基《不合时宜的思想》,朱希渝译,江苏人民出版社1998年版,第125—126页。

人。《刘志丹》案从1962年到1979年长达17年中,陕甘宁边区被诬为"彭德怀、习仲勋、高岗黑爪"而遭迫害的达万人之多。如此等等。不妨设想,如果不是邓小平以极大的勇气、非凡的气魄扭转乾坤,果断停止"无产阶级专政下的继续革命",将工作中心转移到发展生产力、改善人民生活水平上来,我们国家现在的状况会是怎样?历史的事实是,苏联在斯大林统治时期开展对人民大清洗式的"社会主义革命",导致世界上第一个社会主义国家最终被"革命"推翻;柬埔寨共产党在1975年4月至1979年1月执政期间实行纯而又纯的"共产主义革命",造成了全国约五分之一人口的非正常死亡,导致了"红色高棉"政权三年零八个月的短命结局。

由于"革命"曾经被异化为"红色恐怖",时至今日,人们恐惧"革命"、害怕"革命",甚至抵制"革命"、排斥"革命",主张"告别革命"。然而,"革命"事实上是"告别"不了的。"革命"作为一项基本人权,只要有民不聊生的暴政,迟早会爆发为民请命的"革命"。问题的关键在于"革命"成功后要及时结束"革命",而不能继续"革命",沦为新的暴政。衡量"革命"正义与否、合法与否的试金石是看其对人民是否有益。有益,这种"革命"就是值得赞赏、肯定的;无益而有害,那么,这种"革命"就是"革命"的冒牌货,就是值得警惕和防范的"假革命"、"伪革命"。

思 考 题

1. "革命"的出处及其本义是什么?"革命"的神圣性、合法性在哪里?衡量"革命"正义与否、合法与否的试金石是什么?
2. 汤、武革命是怎么一回事?有什么特点?究竟应当如何评价?
3. "革命"的现代意义如何?有哪些教训值得反思?

案 例 分 析

1. 苏联大饥荒及顿巴斯煤矿工程师案件、工业党案件

苏联在斯大林统治时期,为了证明社会主义革命具有非凡的创造力,斯大林定下了一个雄心勃勃的目标——尽快实行全面的集体化和工业化。为了调动广大农民实现集体化的积极性,苏联官方把所有富农都赶出自己的庄园和土地,迁徙到最偏僻最贫穷的地方去。在强制实行了集体化后,官方大肆收缴农民的粮食。农民尽了最大的努力,生产了足够多的粮食,却无法养活自己和子女,而是成批成批地死于大饥荒之中。在20世纪30年代初期,苏联总共饿死了大约500万至800万人。可在大量饿死人的同时,官方却将强行收缴来的粮食大量出口到欧洲各国。1930年,苏联出口了4 800万普特粮食,1931年出口了5 100万普特。即使是饥荒最为严重的1933年还出口了1 000万普特粮食。斯大林以这些粮食换取外汇,以便推进工业化进程,建造他的"革命"通天塔。500万屈死的冤魂,相当于当时苏联人口的5%。明明是斯大林政权对农民的掠夺和粮食出口导致了饿殍遍野,而他们却指控一批食品工业干部造成了全国饥荒,48人被无辜枪决。俄国历史学家拉津斯基在《斯大林秘闻》中这样总结斯大林对列宁主义的理解:"一天不搞恐怖危险,两天不搞恐怖党灭亡。"在斯大林看来,革命与恐怖几乎是同一概念,革命就是恐怖,恐怖就是革命。既然革命是神圣的,恐怖也就自然具有神圣性。既然革命时代要求人民付出血肉和自由是天经地义的,那么现在要求人民为恐怖贡献自由、权利和生命也就同样是天经地义的、神圣光荣的。这种恐怖理论,可以说是革命逻辑在斯大林时代的新发展。一系列恐怖事件,在这种理论背景下频频出现。顿巴斯煤矿工程师案件和迫害知识分子的工业党案件,即是其中两个著名的案件。

1928年,苏联当局突然逮捕了顿巴斯煤矿的53名工程师。在逮捕之前,契卡人员已经经过了长达两年的策划。他们对被捕者说,对他们的指控是国家的需要,含有崇高的政治目的和革命意义。目前全国正在搞社会主义建设,如果他们承认自己蓄意破坏建设,就会激起人民对于资产阶级和资本主义的义愤,提高人民对敌人的警惕,焕发起人民内在的革命热情,并提高劳动生产率。当局向他们保证决不判他们死刑。这些无辜的被指控者只好配合官方完成这一幕双簧剧。在有许多外国记者光临旁听的法庭上,被起诉者全都起劲地痛斥自己,甚至还请求撤掉辩护人,因为他们认为辩护人为他们所作的辩护太过头了。他们好像有意在同检察长比赛,看谁提出的罪名更重,似乎定罪越重,对革命就贡献越大。检察长假戏真做,越审越进入角色,带着满腔的革命义愤要求对其中的22人判处死刑,最后为了感谢他们认罪态度好,下令只处死了5人。斯大林像检察长一样进入角色,他给苏联人民作了如下告诫:"阶级斗争显然在加剧……不用说,这类案子还会发生……"他先是亲自制造一次恐怖事件,然后以这次恐怖事件作为制造无数其他恐怖事件的理由。在这个意义上,历史才成为一个具有因果联系的整体。

两年以后,斯大林政权对知识分子的迫害全面展开。他们突然宣布查出了一个庞大的恐怖分子组织。这个组织有大约20万成员。他们将这个组织命名为秘密的工业党,指控工业党恐怖分子怀着对社会主义的刻骨仇恨,正在勾结境外帝国主义,企图促成帝国主义对苏联进行武装干涉,并在他们的帮助下篡夺政权。一位著名的科技专家、莫斯科工艺研究所所长拉姆津被指控为这个组织的领袖之一。斯大林亲自设计了对拉姆津的审讯,同时还为拉姆津设计好了供词。对于拉姆津初审时供词中不完善之处,斯大林还亲自补充了细节。秉承斯大林的旨意,办案人员开诚布公地对拉姆津说:如果被告承认自己参与了帝国主义国家武装干涉苏维埃政权的准备工作,就是抢先粉碎了帝国主义的干涉,就是拯救了祖国,拯救了社会主义政权。他们要拉姆津等人带着真正的爱国主义热情给自己栽赃国家所指控的一切罪行。拉姆津忠实地配合了斯大林导演的这出戏,承认了官方指控的一切。甚至比官方的要求做得更多,供述了自己在策动外国武装干涉时,还成立了一个未来政府。拉姆津本人被判死刑,但后来改为有期徒刑。由于认罪有功,不久获释,官复原职,还获得了斯大林奖金。可是由于他的认罪招供,斯大林政权对知识分子的迫害就有了更多的理由。就在审判工业党的同时,对各个经济领域的知识分子的审判紧锣密鼓地全面铺开。几名细菌学家被指控造成牲畜死亡,审判后枪决。[①]

2. "红色高棉"的自我屠杀

"红色高棉"是对早期称"柬埔寨共产党"、后期称"柬埔寨民主党"的称呼。该党是一共产主义组织,曾于1975年4月至1979年1月成为柬埔寨的执政党,建立民主柬埔寨政权。"红色高棉"在三年零八个月的管治期间,应用从当时中国输入的社会主义革命理论,进行"最纯洁"的共产主义"革命",实际操作比20世纪六七十年代的中国更加激进。"红色高棉"试图将柬埔寨改造为不分任何阶级的社会,推行的政策包括:消灭城市,关闭工厂,将市民送入农村,建立集体农场;取消私有制和商品经济,实行公有的供给制、分配制,拆散家庭,没收私有财产;废除货币,关闭银行,杀害商人;片面抬高体力劳动和体力劳动者的地位,贬低、否定知识和知识分子,禁用书籍和印刷品,严禁西方文化传播,关闭学校、医院,杀害教师、医生;废除宗教,关闭寺院,杀害僧侣;只唱革命

---

① 摩罗《耻辱者手记》,内蒙古教育出版社1998年版,第26—31页。

歌，跳革命舞，穿革命服装。如此等等，加上强制迁徙、强迫劳动、清除异己，以及对前政权军政人员的政治清剿，造成了大约200万人的非正常死亡，占全国人口的五分之一。如果按这个比例来计算，堪称20世纪最为血腥暴力的人为大灾难。据柬埔寨历史资料收集中心报告，他们在全柬170个县中的81个县进行了勘察，发现埋人坑超过2万个，在9138个坑葬点，发掘出近150万具骸髅。法国学者吉恩·拉古特将红色高棉实施的新政称为"自我屠杀"。它给人类提供了"红色恐怖"的反面标本。

2009年2月18日，由联合国与柬埔寨共同组建的柬埔寨法院特别法庭拉开了审判前红色高棉成员及主要领导人的序幕。2010年7月26日，特别法庭以战争罪、反人类罪、酷刑和谋杀罪判处红色高棉统治期间S-21集中营的监狱长35年监禁。

红色高棉虽然早已垮台，其领导人虽然死的死、逮捕的逮捕，受到了历史的审判，但红色高棉的所谓"革命"教训仍留给后人永远的反思。

第六章
国学中的"民主"论

提要：古代的"民主"主张由英明的执政者代民做主，肯定君主专制的必要性与合法性，剥夺了民众自主抉择的权利，与现代意义上的"民主"有所不同；但它要求充当"民主"的执政者像民众的"父母"一样"养民"、"教民"，重视民众的基本权益，这却是与现代"民主"呼唤的人民权益存有交叉面的，不可一概否定。现代"民主"肯定"公民自主"的平等人权，确立了民主决策的多数原则，但必须注意到：多数人的决定也可能形成"多数的暴政"；事事全民参与的"直接民主"难于实施，易于落空，而代为反映民意的"间接民主"也可能会发生"议员变猪仔"、"总统变皇帝"的猫腻。近百年来，中外历史上曾发生过将"民主"的"民"从全体"公民"缩小到部分"人民"，从而剥夺国家中另一部分非"人民"的"公民"的"民主"权利的沉痛教训。今天谈论的"民主"是对全体公民而言的"公民自主"，因而就不应再分什么姓资姓无、新旧东西。

"革命"成功后，革命的最高领袖成为万民之主。他应该如何当好这个"民主"、为民做主呢？这就形成了国学中的"民主"论。它有独特的形成机制、内涵要求和利弊得失，与现代西方"民主"相映成趣。

一、古代"民主"的内涵及其产生依据

"民主"一词，中国古代早已有之，不过有自己独特的内涵。今天我们常说

的从西方移译过来的"民主"是一个主谓结构的名词,指公民自己做主,人民按自己的自由意志决定自己的事情。而中国古代所说的"民主"则是一个偏正结构的名词,是"民之主"的简称或异称,指"民之主宰"。如《国语·晋语四》:"事君不贰是谓臣,好恶不易是谓君。君君臣臣,是谓明训。明训能终,民之主也。……今君之德宇,何不宽裕也?恶其所好,其能久矣?君实不能明训,而弃民主。"①这是勃鞮对晋文公说的一段话。他称君主为"民主"或"民之主"。勃鞮原是晋献公的小臣。曾多次为晋献公和晋惠公效劳,追杀过公子重耳。后来重耳当上国君、成为晋文公后,他主动求见,愿意效忠。晋文公举而不见,让他反省旧恶。他辩说忠于一主是为臣之道。现在你憎恶愿意效忠你的人,君位不能长久,也抛弃了担当民主之道。作为民之主宰,"民主"既可指君主,也可指大臣。如《左传·宣公十五年》:"君能制命为义,臣能承命为信,信载义而行之为利。谋不失利,以卫社稷,民之主也。"这里的"民之主"就是如此兼有二义。

因此,作为民之主宰,"民主"可指"民之君主",即天子、帝王、国君。《尚书·周书·多方》说:"乃惟成汤,克以尔多方简,代夏作民主。"②这是说成汤由于各诸侯国的选择,代替夏桀做了万民之主。又说:"天惟五年须暇之子孙,诞作民主。"③这是说虽然商王骄纵淫逸,但上天仍然等待其子孙悔改,再宽暇五年的时间,让他继续做民之君主。《左传·文公十七年》:"齐君之语偷,臧文仲有言曰:民主偷,必死。"这里的"民主"指齐懿公。《国语·晋语一》:"民之主也,纵惑不疚,肆侈不违,流志而行,无所不疚,是以及亡而不获追鉴。"这是郭偃对晋献公的一番进谏,"民之主"指晋献公。所以宋濂说:"君者民主。"④

作为民之主宰,"民主"也可指握有很大权力、为民做主的大臣官员。《左传·襄公二十二年》:"国卿,君之贰也,民之主也。"郑国游贩夺人之妻,被人杀死,游氏商议立族长,当时执政的子展认为"卿"乃"民之主",不能让游贩之子继承,而立其弟游吉。这里的"民之主"指权力仅次于国君的"卿",即朝廷重臣。《左传·襄公三十一年》:"赵孟将死矣。其语偷,不似民主。且年未盈五十,而谆谆焉如八九十者,弗能久矣。"赵孟,史书多称为赵简子,春秋时曾任晋

---

① 薛安勤、王连生《国语译注》,吉林文史出版社 1991 年版,第 437 页。
② 克:能够。多方:各国。简:选择。
③ 诞:延续、延长。
④ 《宋文宪公全集》卷三十七。

国执政卿22年。《左传·宣公二年》:"宣子骤谏,公患之,使锄麑贼之。晨往,寝门辟矣,盛服将朝。尚早,坐而假寐。麑退,叹而言曰:不忘恭敬,民之主也。贼民之主,不忠;弃君之命,不信。有一于此,不如死也。触槐而死。"赵宣子,春秋中前期晋国卿大夫,与晋灵公矛盾势同水火,彼此寻机欲杀对方。晋灵公派锄麑去行刺,锄麑看到赵宣子勤勉为国操劳,不忍下手,但君命又不能不执行,两难之下,只能选择自杀。这里"民之主"指赵宣子。《左传·昭公五年》:"郑罕虎如齐,娶于子尾氏。晏子骤见之。陈桓子问其故,对曰:能用善人,民之主也。"这里的"民之主"指郑国执政大臣罕虎。

"民主"作为"民之主宰",有代民做主、为民做主的特权。为什么呢?在古人看来,"民"者"瞑"也①,"萌"也②,"氓"也③,人民大众尚未觉醒,比较愚昧,是糊涂的群氓,需要英明的人充当君主来领导他们,为他们做主,代他们做出明智的决策。《尚书》一再强调:老百姓"惟惠是怀"④,只追求实际利益,"无主乃乱"⑤,如果没有给他们做主的君主,就会相互争夺,变成一群乌合之众,所以上天委派"聪明"的人来做他们的君主治理他们:"惟天生民有欲,无主乃乱,惟天生聪明时乂。"⑥"亶聪明,作元后。"⑦《孟子·梁惠王上》指出:"无恒产而有恒心者,惟士为能。若民,则无恒产,因无恒心。苟无恒心,放僻邪侈,无不为已。"董仲舒《春秋繁露·深察名号》揭示:"民之号,取之'瞑'也。使性而已善,则何故以'瞑'为号?……今万民之性……譬如'瞑'者待觉,教之而后善。""瞑"者待谁而后觉?谁"教之而后善"呢?就是"聪明"的"民之君主"。正是在这点上,古代的"民主"思想赋予了君主专制、为民做主的合理性。这是与现代"民主"概念最大的不同,也是受现代"民主"论者指责最多的地方。然而我们应当看到:现代"民主"是以"民粹主义"为前提的。也就是把普通的人民大众设想得太高明,因此,"人民自主"的"民主"才是合理可行、值得肯定的。其实,由于自身所处的地位及其天性弱点的限制,人民大众的自主选择往往并不

---

① 《春秋繁露·深察名号》:"民之号,取之'瞑'也。"
② 《说文解字》:"民,众萌也。"段玉裁注:"萌犹懵懵无知貌也。"
③ 《广雅·释言》:"民,氓也。"
④ 《尚书·周书·蔡仲之命》。
⑤ 《尚书·商书·仲虺之诰》。
⑥ 《尚书·商书·仲虺之诰》。主:君主。聪明:《尚书·大禹谟》:"无稽之言勿听,弗询之谋勿庸。"时:是。乂:治。
⑦ 《尚书·周书·泰誓上》。

是最高明、最有利的,而这恰恰是现代"民主"的软肋。常见的情况是:听从高明的领导者为我们决策,比我们的自由选择和自主决定对我们自己更加有利。

为了很好地承担起为民做主的使命,古代对"民之君主"的素质提出了很高的要求。在上古禅让制时代,"民主"是人民共同推选出来的杰出人才,比如唐尧、虞舜、夏禹。相传尧父帝喾卒后,由尧之异母兄挚继位。挚在位九年,为政不善,不得不将帝位禅让于尧。尧的品质和才智非凡绝伦,《史记》说他"其仁如天,共智如神,就之如日,望之如云",在位70年,深受人民的拥戴。尧的儿子丹朱并不出色,而舜则很有贤名。舜曾经受到父亲的虐待和弟弟的迫害,但奉行孝悌,逆来顺受,赢得了广泛的好口碑,获得了各路诸侯的推荐。如果将天下"授舜,则天下得其利而丹朱病;授丹朱,则天下病而丹朱得其利",尧说"终不以天下之病而利一人"①,最后将天子之位传授给舜。舜在位33年时,也不传子商均而传贤,将帝位禅让给治水有功的夏禹。夏禹死前,本来将帝位传给协助他治水有功的伯益。因为"禹子启贤,天下属意焉",夏禹死后不久,"诸侯皆去益而朝启",伯益只好将帝位"让帝禹之子启",自己则"避居于箕山之阳"②。由此可见,尽管夏禹传启,开"天下为家"的先河,但这是因为夏禹的儿子启更有能力、更加杰出。启担任"民主",不是他的一厢情愿,而是人民的共同选择。在王位世袭制实行之后,"民主"不再是由人民推选的,不排斥为"家天下"服务的动机,但要获得人民的拥护和上天的保佑,仍然必须具备良好的品德和杰出的才能。《尚书·周书·多方》说:"天惟时求民主,乃大降显休命于成汤。"这是说上天在夏桀残暴无道之时寻求万民之主,下达美好的天命给成汤充当"民主"。贾谊《新书·连语》分析商纣王"身斗而死,左右弗肯助"、百姓在他死后还踩踏他的尸体的原因:"夫势为民主,直与民为仇,殃忿若此。"商纣王身为"民主",但所作所为与民为敌,背离了"民主"的起码要求,所以没有好下场。在中国古代君主专制的社会中,虽然君位是世袭的,君主的资秉是天定的,但朝廷还是自觉选择饱学的道德先生充当太傅,从小培养和提高太子的道德素养与领袖能力,以适应未来担任"万民之主"的要求。

---

① 《史记·五帝本纪》。
② 《史记·夏本纪》。

二、"民主"充当"民之父母"的积极意义

无论是禅让制时代,还是世袭制时期,帝王、君主作为替民做主的"民主",既是一份专制特权,也是一份重大使命。作为一种使命,"民主"必须以"民之父母"为努力目标和自我要求的标准。"民之父母"是中国古代君主专制体制下对"民主"的角色要求。"民之父母"不仅拥有为子民做主的权利,而且承担着"爱民如子"[1]的责任。所以古代皇帝登位,以"民之父母"自命,战战兢兢,深感责任重大。东汉光武帝刘秀即位时在祝文中说:"皇天上帝,后土神祇,眷顾降命,属秀黎元,为人父母。"[2]为什么充当"民之父母"会战战兢兢、如履薄冰呢?因为"民之父母"对自身赋予了高度的道德要求,对子民负担着巨大的养育责任。

首先,作为"民之父母",君主本身必须成为克己爱民的道德君子。《尚书》说:"亶聪明,作元后,元后作民父母。"[3]只有道德清明的圣人才可以成为伟大的君主、人民的父母。又说:"天子作民父母,以为天下王。"[4]班固对此的解释是:"谓君为'父母',明仁爱德让,王道之本也。"[5]《诗经·小雅·节南山》云:"乐只君子,民之父母。"《大学》解释说:"民之所好好之,民之所恶恶之",只有这种给人民带来快乐的"君子",才能叫"民之父母"。《诗经·大雅·泂酌》云:"恺悌君子,民之父母。"这句诗反复被人引述阐释。最早是孔子。《礼记·孔子闲居》记载:

> 孔子闲居,子夏侍。子夏曰:"敢问《诗》云'恺悌君子,民之父母',何如斯可谓民之父母矣?"孔子曰:"夫民之父母乎,必达于礼乐之原,以致五至,而行三无,以横于天下,四方有败,必先知之。此之谓民之父母矣。"[6]

《大戴礼记·卫将军文子》记载孔子关于"民之父母"的要求:

---

[1] 荀悦《申鉴·杂言上》。又为朱熹《大学章句》注"民之父母"语。
[2] 《后汉书》卷一《光武帝纪》。
[3] 《尚书·周书·泰誓上》。
[4] 《尚书·周书·洪范》。
[5] 班固《汉书·刑法志》。
[6] 据《礼记·孔子闲居》孔子语,"五至"即"志之所至,诗亦至焉;诗之所至,礼亦至焉;礼之所至,乐亦至焉;乐之所至,哀亦至焉"。"三无"即"无声之乐,无体之礼,无服之丧"。

业功不伐,贵位不善,不侮可侮,不佚可佚,不敖无告,是颛顼之行也。孔子言之曰:"其不伐则犹可能也,其不弊百姓者则仁也。《诗》云:'恺悌君子,民之父母。'"夫子以其仁为大也。

孔子引用"恺悌君子,民之父母"的诗句称赞五帝之一的颛顼。在孔子看来,"业功不伐"还有做到的可能,而"不弊百姓"则难能可贵,符合"仁"的标准。颛顼之所以成为"民之父母",是因为有"大仁"。《大戴礼记·小辨》记载孔子说:"政善则民说,民说则归之如流水,亲之如父母。"汉代刘向《说苑·政理》记载,孔子提出"使民富且寿"是"民之父母"的执政目标:

鲁哀公问政于孔子,对曰:"政有使民富且寿。"哀公曰:"何谓也?"孔子曰:"薄赋敛则民富,无事则远罪,远罪则民寿。"公曰:"若是则寡人贫矣。"孔子曰:"《诗》云:'恺悌君子,民之父母',未见其子富而父母贫者也。"

孔子从"未见其子富而父母贫者"的角度来打消鲁哀公的疑虑,鼓励他采取"使民富且寿"的措施。

孔子之后,曾子说:"《诗》云:'恺悌君子,民之父母。'非至德,其孰能顺民如此?其大者乎!"[1]《吕氏春秋·不屈》记载惠子之言:"《诗》曰:'恺悌君子,民之父母'。恺者,大也;悌者,长也。君子之德,长且大者,则为民父母。"

此外,其他一些经典也反复引述《诗经》中的这两句诗,通过对"恺悌"的不同解释,说明作为"民之父母"的人道德要求是极高的。《礼记·表记》:"君子之所谓'仁'者,其难乎!《诗》云:'恺悌君子,民之父母。''恺',以强教之;'悌',以说安之。乐而毋荒,有礼而亲,威庄而安,孝慈而敬。使民有父之尊,有母之亲,如此而后可以为民父母矣。非至德其孰能如此乎?"《白虎通·君道》:"《诗》曰:'恺悌君子,民之父母。'言圣王之德也。……夫射而不中者,不求之鹄,而反修之于己。君国子民者,反求之己,而君道备矣。"《韩诗外传》卷六引"恺悌君子,民之父母",提出"君子为民父母何如"的问题,随后对为民父母的"君子"提出了更高的道德要求:"'君子'者,貌恭而行肆,身俭而施博,故不肖者不能逮也……笃爱而不夺,厚施而不伐;见人有善,欣然乐之;见人不善,惕然掩之,有其过而兼包之;授衣以最,授食以多;法下易由,事寡易为;是以中

---

[1] 《孝经·广至德》。

立而为人父母也。筑城而居之,别田而养之,立学以教之,使人知亲尊……为民父母之谓也。"

其次,"民之父母"的责任体现为君主要像对待自己的孩子一样去爱民、养民、教民,这种责任是重大的。姜太公对周武王说:"善为国者,遇民如父母之爱子,兄之爱弟,闻其饥寒为之哀,见其劳苦为之悲。"① 荀子说:"上之于下,如保赤子。""上莫不致爱其下,而致之以礼。"②"《诗》云:'恺悌君子,民之父母。'彼君子者,固有为民父母之说焉。父能生之,不能养之;母能食之,不能教诲之。君者,已能食之矣,又能教诲之者也。"③ 约成书于战国时期、托名姜太公吕望的《太公六韬》说:"善为国者,驭民如父母之爱子,如兄之爱弟。见其饥寒则为之忧,见其劳苦则为之悲,赏罚如加于身,敛赋如取己物。此爱民之道也。"④ 西汉伏生指出:"圣人者,民之父母也。母能生之、能食之,父能教之、能诲之也。圣王曲备之者,为之城郭以居之,为之公室以处之,为之庠序以教诲之,列地制亩以饮食之。"⑤ 刘向说:"圣人之于天下百姓也,其犹赤子乎!饥者则食之,寒者则衣之,将之养之,育之长之,唯恐其不至于大也。"⑥《白虎通·春秋》记载邹穆公的话:"夫君者,民之父母也。取仓之粟,移之与民,此非吾粟乎?……粟之在仓,与其在民,于吾何择?"

再次,"民之父母"的最高境界是"重民轻身"、舍己为民。东汉荀悦《申鉴·杂言上》载:"或曰:'爱民如子,仁之至乎?'曰:'未也。'曰:'爱民如身,仁之至乎?'曰:'未也。汤祷桑林,邠迁于绎,景祠于旱,可谓爱民矣。'曰:'何重民而轻身也?'曰:'人主承天命以养民者也。民存则社稷存,民亡则社稷亡。故重民者,所以重社稷而承天命也。'"在荀悦看来,只有像"汤祷桑林"、"邠迁于绎"、"景祠于旱"那样"重民轻身"、舍己为民,才称得上真正的"仁君"、真正的"民之父母"。"汤祷桑林"的故事,《吕氏春秋》、《荀子》、《淮南子》、《尸子》等均有记载。说的是殷汤即位不久,发生了一场干旱,持续七年。旱灾使河干井枯,草木枯死,禾苗不生,庄稼无收,白骨遍野。殷汤王在郊外设立祭坛,天天派人举行祭礼,祈求天帝除旱下雨。七年过去了,大旱依旧。殷汤王就命史官

---

① 刘向《说苑·政理》。
② 《荀子·王霸》。
③ 《荀子·礼论》。
④ 《太公六韬·文韬·国务》。
⑤ 伏生《尚书·大传·周传》。
⑥ 刘向《说苑·贵德》。

占卜。史官占卜后说:"应以人为祭品。"殷汤王说:"我是为民请雨,如果必须以人为祭祀的话,就请用我的身躯来祭天吧。"于是殷汤沐浴、斋戒、剪发断爪,赶着素车白马,身着大麻布衣,在桑林设立祭坛,向上天祷告自责:"天不下雨,是我的政事无节制、没有法度吗?是老百姓有疾苦,我对百姓失职吗?是官吏贪污收贿之风盛行吗?是大修宫殿劳民伤财了吗?是女人干扰政事了吗?是小人横行,我听信谗言了吗?"殷汤王的行为感动了上帝,大雨骤然而至,覆盖数千里。"邾迁于绎"讲的是邾文公为了民利不避个人凶险迁都的故事。"景祠于旱"的故事见诸《晏子春秋·内篇谏上》,说的是齐国大旱,齐景公打算祭祀求雨,被晏子一一否定。晏子提出的方法是请齐王"野居暴露",与民同苦,表达对上天的诚意。据说这一招果然感动了上天,大雨倾盆,旱灾遂解。

如此看来,不管人民死活、只顾自己享乐的君主是配不上"民之父母"称号的。孟子说:"为民父母,使民盻盻然,将终岁勤动,不得以养其父母,又称贷而益之,使老稚转乎沟壑,恶在其为民父母也?"①草菅人命、滥杀无辜的暴君不仅不是"民之父母",只能叫做"民之怨贼",应当被其他符合"民之父母"标准的君子取代。如荀子说:"天下归之之谓王,天下去之之谓亡。故桀纣无天下,汤武不弑君,由此效之也。汤武者,民之父母也;桀纣者,民之怨贼也。"②真正称得上"民之父母"的"民主"是颛顼、尧、舜、禹、汤、周文王、周武王这样的爱民如子、舍己为民的"仁君"、"圣王"。

一国有一国之"父母",一方有一方之"父母"。府州县官员作为一方百姓之"主",也应当成为当地人民的"父母官"。清陈宏谋《申饬官箴檄》说:"百姓称官曰'父母',自称曰'子民',为民间苦乐,府州县当无所不关切如一家矣。"③这种官员,也就是历史上我们常常赞美的"清官"、"循吏"。

"民主"成为"圣王"、"仁君"、"清官",爱民子民、惠民教民,最后就能获得人民的归附拥戴。《礼记·缁衣》说:"故君民者,子以爱之,则民亲之。""长民者,章志、贞教、尊仁,以子爱百姓,民致行己,以说其上矣。"《白虎通·君道》说:"《诗》曰:'恺悌君子,民之父母。'言圣王之德也。《易》曰:'鸣鹤在阴,其子和之。'言士民之报也。"

---

① 《孟子·滕文公上》。盻:xì,怒视。勤动:劳苦。
② 《荀子·正论》。
③ 《清经世文编》卷二十一《吏政》。

不难看出：古代"民主"思想是考量君利与民利相反相成关系后作出的政治选择。它虽然肯定君主专制、代民做主的特权，也赋予了君主爱民如子的道德要求和养民教民的重大责任，客观上发挥了照顾民生、教化民心、承认民权的作用，与现代"民主"的追求并无不可逾越的鸿沟。在这个意义上，我们可以理解英国学者阿克顿（1834—1902）的断语：现代"民主制并非必然仇视君主制或贵族制"①。局限于中国古代"民主"肯定君主代民做主的特权，对它加以一概否定是肤浅偏激的。当然，"子民""爱民"、"养民""教民"的"民主"模式只是一种理想，在"民主"赋予君主拥有最高权力的专制体制下是无法约束君主这么去做的，所以在实践中往往大相径庭。这是令人遗憾的，也是现代"民主"应当抨击的要害。

三、现代西方"民主"的意义与局限

近代以来，随着国门的打开、资产阶级改良运动和"五四"新文化运动的兴起，西方人文主义理念传入中国，逐渐为中国的改良派、革命家以及人民大众所接受，"民主"就是其中重要的概念之一。"五四"新文化运动高举两面大旗，一面就是"德先生"，即 democracy。中文以"民主"译之，但已不同于古代汉语中的偏正结构，而是主谓结构，其涵义为人民自主，主权在民，用以指人民有权决定自己命运及其所属团体的意志和所属国家的意志。

"民主"既是一种价值范畴，又是一种政治概念。作为政治概念，"民主"指在一定范围内按照多数人的意愿共同管理团体或国家事务的行政制度。

关于现代民主的产生机制，美国公共事务评论员尼布尔有一段精辟的论断："人的公正能力使民主成为可能；然而人的不公正倾向使民主成为必需。"②李慎之说："民主的价值归根到底是个人的价值，所以民主主义者必须以自由主义和个人主义为出发点。"③

关于民主的实质，美国学者阿克顿说："民主的实质"是"像尊重自己的权

---

① 阿克顿《自由与权力》"民主"章，侯建译，商务印书馆 2001 年版。
② 这段话在尼布尔《光明之子与黑暗之子》赵秀福译本第一版前言中译为："人类趋向正义的潜力，使得民主成为可能；但人类堕入非正义的倾向，则使得民主成为必需。"北京大学出版社 2011 年版，第 16 页。
③ 李慎之《革命压倒民主——〈历史的先声〉序》，《历史的先声》，香港博思出版集团 2002 年版。

利一样尊重他人的权利"①。1789年法国大革命通过的《人权宣言》第三条规定:"主权属于国民。任何团体、任何个人都不得行使主权所未明白授予的权力。"②1789年9月21日,法国资产阶级大革命领导人罗伯斯庇尔在国民议会上关于反对国王否决权的发言中说:"任何政府都是由人民,而且是为人民建立的;一切统治者,自然包括国王在内,都不过是人民的代理人和人民的使者;一切的官职,自然也包括王位在内,都是公民义务,绝非个人权利,更不是什么私产。"1991年7月14日,法国大革命两周年之际,罗伯斯庇尔说:"国王是不可侵犯的!但是,难道人民不也是不可侵犯的吗?国王的不可侵犯性是虚构的,而人民的不可侵犯性却是自然的神圣权利所规定的。"③"主权在民"还是"主权在君"是现代西方民主与古代中国民主的根本区别。

"主权在民"的"民"指全体国民。全体国民的意志不可能是一致的。在意见不一致的情况下,本着人人平等的精神,最终决策只能听多数人的意见。这便是民主的多数原则、公意原则。尽管少数人的意愿没有得到尊重,但两者权衡弊取其轻,这是遗憾的但也是更好的选择。试想,如果反过来,以少数人的意愿否定多数人的意愿,那么结果将更不合理。所以丘吉尔有一句名言:"民主并不是一个好的制度,但是今天还没有比它更好的制度。"

"民主"尊重多数人的共同意愿,也保护少数人的不同观点及其权益。由于自私自利、愚昧盲目的劣根性的作用,多数人的意愿并不总是正确的,由多数人作出的决定也可能给荒谬悖理、行凶作恶的行为披上合理的外衣,比如苏格拉底就是古希腊人根据民主程序表决处死的,古罗马竞技场上以多数观众拇指向上或向下来决定人的生死,等等。这时,多数人构成了一个利益共同体,尽管他们的决策是无理的、甚至有罪的,却无法改变。对此,我们只有保持道义上的批判。以多数人的意志否定少数人的观点,不允许少数人保留不同意见,甚至扼杀少数人的生命存在,还会导致一种集体主义的专制暴政。王元化先生指出:"民主制度在希腊罗马时代并不代表进步力量,只代表一种多数的暴政。"④"一些倡导自由平等的人,往往会从他们以幻想绝对的集体主义为终极目标的主张中,导致出专制主义。……古希腊斯巴达的集体主义,卢梭契约中的集体

---

① 阿克顿《自由与权力》"民主"章,侯建译,商务印书馆2001年版。
② 吴绪、杨人楩选译《十八世纪末法国资产阶级革命》,商务印书馆1989年版,第48页。
③ 均转引自邢贲思《欧洲哲学史上的人道主义》,上海人民出版社1979年版,第44页。
④ 王元化《关于近年的反思答问》,《清园近思录》,中国社会科学出版社1998年版,第68页。

主义,以及乌托邦社会主义的集体主义等等……都是自以为播下了龙种,而长出来的却是怪兽。"①因此,英国剑桥大学历史系教授阿克顿警示:"民主制容易蜕化为专制主义。"美国学者拉蒙特指出:"真正的民主欢迎差异和分歧,并且珍视少数人对现存制度和盛行的思想方式所作的批评,认为这是社会中的创造性力量。……想入非非者可能转而成为开拓者;天才通常是作为见解独到的异端少数派而开始他的事业;许多作领导人的政治家是在监狱或囚犯集中营度过了他们较早时期的大部分生活。"②因此,民主绝不扼杀少数人的观点及其发表观点的权利,更不会从肉体上消灭持有不同观点的少数人乃至个别人。

"民主"的决策方式大体分"直接民主"与"间接民主"。"直接民主"是全民直接表达自己意愿管理所属团体和国家事务的一种方式,所以通常称为"全民民主"。"直接民主"要求每一个公民直接参与团体或国家的所有决策,方法是全民公决。不过,大至国家、小至团体,面对的事件很多,要做出的决策很多,事事征求全体成员的意见,不仅不可行,而且没必要。因此,大多数民主国家通常采取的决策方式是"间接民主"。

值得警惕的是,"直接民主"追求一种"不受制约的民主"(阿克顿),一种"绝对民主"(王元化),最后往往流于"假民主"(顾准)、流于"乌托邦式"的"高调民主"(王元化)。在实践操作中,"全民作主"最终常常转化为"我为全民当家作主"式的专制主义。如苏联倡导的苏维埃民主最终蜕变成斯大林的个人独裁就是典型的一例。顾准反思这个教训时指出:"直接民主的口号是人民当家作主……'人民当家作主'其实是一句空话。""我们实际上不可能做到人民当家作主,那一定是无政府。"③"直接民主,不久就会被假民主所代替。"④王元化先生指出:"我们把全民当家作主之类的口号当作民主的精髓,实际上这只是一种高调民主,一种乌托邦式的幻想。"⑤

"间接民主"是公民选举一定数量的代表,由他们代表全民来管理团体与国家事务的决策方式。国家的"间接民主"又表现为"代议制民主",以议会、人民代表大会作为集中民意的机关。"间接民主"在反映民意渠道上的代议制,使得现代民主制也存在着蜕变为专制体制的风险。如果议会议员、人大代表不

---

① 王元化《关于五四的再认识答客问》,《文汇读书周报》1998年5月1日。
② 拉蒙特《人道主义哲学》,贾高建等译,华夏出版社1990年版,第250页。
③④ 《顾准文集》,贵州人民出版社1994年版,第364、370页。
⑤ 王元化《关于近年的反思答问》,《清园近思录》,中国社会科学出版社1998年版,第69页。

能充分、真正反映民意,而变成最高行政领导意志的传声筒,现代民主国家就会变成实际上的君主专制国家,民主国家体制中为选民服务的"总统"就会蜕变为实际上的独裁君主。"议员变猪仔"、"总统变皇帝"的教训,是历史上早已有之的。直至17、18世纪,英国议员依然是买卖品,与可以买卖的"猪仔"无异。至于"总统变皇帝",法国拿破仑第三即是如此。民国元年至1927年,中华民国号称"民主共和"的"宪政",其实有名无实。① 至于伊拉克前"总统"萨达姆实际上是专制体制下暴君的典型。

"间接民主"的通常标志是选举。在民主体制下,人民既有选举的权利,又有被选举的权利。行使"民主"的过程说到底就是人民通过选举选择政治领袖贯彻自己意志的过程。美国学者约瑟夫·熊彼特在1942年出版的《资本主义、社会主义和民主》一书中指出:"民主的方法是为了做出政治决定而做的制度上的安排。在这种制度下,想获得决策权的人要在人民的选举中通过竞争而产生。"民主国家定期举行由全体公民参与的自由、公正选举。最高执政者从人民的选举中产生,并由其组阁,最终由民意调查决定其继续掌权还是辞职罢黜,从而保证最高执政者成为按照民意行事的人民的代理人。如果选举被操纵,成为结果已经设定的表演程式,失去了真正的自由与公正,最高执政者就不可能成为人民的代理人,民意就无法贯彻到底,"民主"就会名存实亡。这时,民主体制下的"总统"就会异化为专制体制下的"君主"。因此,评价民主体制,不能仅仅着眼于它表面上贴的标签。

不仅如此,现代"民主"在实际推行过程中,由于"民"的内涵是人为解释、不断变化的,当它的外延从全体国民——也就是国家中每一个"公民"缩小到"人民"——国家中的部分阶级成员时,就使得"民主"背离其"公民自主"、"全民作主"的本义。在"民主"作为欧洲资产阶级革命反对封建专制的口号提出时,"民"指国家中每一个享有天赋人权的"公民"。然而,在20世纪国际共产主义运动中,全民"民主"被当作资产阶级的"专有物"和资本主义的"护身符"加以批判,"民主"从"公民自主"缩小为无产阶级人民大众的"人民自主",对于被排除在"人民"之外的那部分公民而言,只讲"专政",不讲"民主"。1949年6月30日,毛泽东在《论人民民主专政》中宣称:"中国人民在几十年中积累起来的一切经验,都叫我们实行人民民主专政,或曰人民民主独裁,总之是一

---

① 参见罗隆基《期成宪政的我见》,《今日评论》第2卷第22期,1939年11月。

样,就是剥夺反动派的发言权,只让人民有发言权。""人民是什么? 在中国,在现阶段,是工人阶级、农民阶级、城市小资产阶级和民族资产阶级。"①在中华人民共和国成立后最初几年"各革命阶级联合专政"时期,"人民"仍然指"工人阶级、农民阶级、城市小资产阶级和民族资产阶级"②。1956年基本完成对农业、手工业和资本主义工商业的社会主义改造、生产资料私有制转变为社会主义公有制、新民主主义社会跨入社会主义社会后,"人民民主专政"一变而为"无产阶级专政","人民"的外延缩小了,只局限在昔日的"无产阶级"工农大众范围内。过去的"革命阶级"民族资产阶级、城市小资产阶级,包括部分知识分子一下子失去了享有"民主"的权利,而沦为被剥夺和压制的"专政"对象。发展到后来的"文化大革命"中,对不属于"人民"的公民的迫害更是登峰造极。

邓小平开创的"改革开放"的新时期以来,"民主"之"民"的外延逐渐扩大,"民主"逐步回归到它的本义上来。1979年3月30日,邓小平提出的必须坚持的"四项基本原则"中,"人民民主专政"取代了"无产阶级专政"。1982年12月,中华人民共和国宪法以法律的形式确认了"坚持人民民主专政"。"人民"不仅包括工人、农民等体力劳动者,而且包括靠脑力劳动谋生的知识分子。享有"民主专政"权利的"人民"远远超出了解放以后实际上已经不存在的"无产阶级"范围。2004年3月14日修正通过的中华人民共和国第四部宪法明确规定"公民的基本权利和义务":"凡具有中华人民共和国国籍的人都是中华人民共和国公民。""任何公民享有宪法和法律规定的权利。"至此,"民主"之"民"重新扩展到国家的全体公民。"民主"既然是对全体公民而言的,所以就不应当再分什么新旧东西、姓资姓无。正如李慎之强调的那样:"根本就没有什么资产阶级民主和无产阶级民主的不同,也没有什么旧民主与新民主的不同,民主就是(全民——引者)民主。"③

回顾、比较中国古代的"民主"和现代以来从西方引进的"民主"的内涵及其走过的历程,我们可以做出如下归纳:

古代的"民主"着眼于人民大众的弱点,主张由高明的执政者尤其是最高君主为民做主、代民做主,肯定君主拥有无上权力的君主专制的合理合法性,剥

---

① 《毛泽东选集》第四卷,人民出版社1991年版,第1475页。
② 《毛泽东选集》第二卷,人民出版社1991年版,第677页。
③ 李慎之《回归五四,学习民主》,《书屋》2001年第5期。

夺了人民自主抉择的权利,这是与现代"民主"的根本分野,也是最富于争议、最值得讨论的地方;但它要求充当"民主"的执政者像人民的"父母"一样,不仅从道德情感上"子民""爱民",而且从责任上"养民""教民",保证了君主专制下人民的最大权益,这却是与现代"民主"所呼唤的人民权益存有交叉面的,值得肯定和弘扬;它正视人民大众自身的劣根性,指出人民大众无法作出正确的决定,虽有绝对化之嫌,却也道出了某种实情,耐人寻思。

现代"民主"基于对人民大众平等人权的确认和理性智慧的高估,肯定"公民自主"的权利及其合理合法性,并确立了民主决策的多数原则,但必须注意到:多数人的决定并不是万能的和绝对正确的,也可能形成"多数的暴政";根据多数人意愿的"民主"决策方式分"直接民主"与"间接民主",事事全民公决的"直接民主"难于实施,易于落空;而由议员、人大代表代为反映民意的"间接民主"也会发生"议员变猪仔"、"总统变皇帝"的猫腻;在国际共产主义运动的历史中,曾发生过将"民主"的"民"从国家"公民"缩小到部分阶级的"人民",从而剥夺国家中另一部分"非人民"的"公民"的"民主"权利的沉痛教训。今天谈论"民主",既然是对全体公民而言的"公民自主",就不应当再分什么姓资姓无、新旧东西。

思 考 题

1. 古代"民主"的产生依据、内涵特点及其利弊得失是什么?
2. 如何理解古代"父母官"、"子民"思想的积极意义?
3. 如何理解现代"民主"的来源、涵义及其得失?它与中国古代所说的"民主"有什么异同?

案 例 分 析

中国古代君主专制的现代遗存

中国古代,夏商周的社会可以说是封建制社会;由秦至清的社会是郡县制社会。郡县制社会是典型的皇权专制社会;封建制社会虽然各诸侯国拥有较大的自主权,但太子、帝王仍然拥有至高无上的特权,所以并不能改变专制社会的基本特色。尽管古代的"民主"思想要求君主"子民"、"爱民"、"养民"、"教民",但"民主"认可的君主专制特权抵消了君主作为"民主"所应当承担的责任,留下了我为民做主、我拥有无上权力的专制主义思想的深重遗存。所以,当孙中山领导的资产阶级民主革命推翻了两千多年的皇权专制和几千年的君主专制,但无法幸免的是,"专制主义思想在他身上也一样根深蒂固"。"首先,孙中山以先知先觉自况,以天生的革命家自居,摆脱不了古来圣王明君的格局。1914年国民党改组为中华革命党之际,就规定了'誓言'。党员必须发誓:'愿牺牲一己之生命自由权利。服从孙先生……如有二心,甘受极刑。'1914年孙中山就任国民党总理以后,党章公然规定'总理对于中央执行委员会之决议有最后之决定权'。这些都给中国以后的独裁不绝、民主难成,留下了极其恶劣的榜样。""同时,孙中山革命依靠的力量基本上是游民组成的会党。辛亥革命以前的十次革命,实际上不过是少数敢死队攻打官衙的'举事',大似今天所谓恐怖主义行动。事实上,1904年1月孙中山自己在檀香山加入洪门致公党时,就在五祖像前发三十六誓。这就决定了他在以后领导革命的时候不能不把这种会党的习气带到革命内部。"[①]"蒋介石率领国民革命军北伐,统一了中国,但是不久就暴露出其法西斯独裁的本质。"[②]"他利用民族主义来转化人民的自由要求,做得尤其巧妙,以'国家至上、民族至上;力量集中、意志集中'和'为国家尽大忠,为民族尽大孝'的口号,作为排斥异己实行独裁的理论基础。"[③]"国民党只讲党权,不讲人权,决不考虑如何培养人民的民主精神和法治习惯,而只是在'一个主义、一个政党、一个领袖'的口号下独霸政权,直到失尽民心,自己被逐出大陆,为中国政治开了极坏的恶例。"[④]"1949年中华人民共和国成立,结果却迎来了1957年到1976年的二十年极'左'路线。"[⑤]"到了二十世纪下半期还发生了历史上空前野蛮黑暗的,以'文化大革命'为顶点的当代专制主义。"[⑥]顾准指出:"科学和民主我们还是太少。"[⑦]1978年12月中国共产党十一届三中全会的召开,启动了中国民主政治改革的历史进程。从那以来,我国政治民主化的进程逐步推进,公民的民主状况得到改善。当前,如何结合我国现有国

---

① 均见李慎之《和平奋斗兴中国——辛亥革命九十周年祭》,《战略与管理》2001年第5期。
② 李慎之《中国文化传统与现代化——兼论中国的专制主义》,《战略与管理》2000年第4期。
③ 李慎之《重新点燃启蒙的火炬——"五四"运动八十年祭》,《开放时代》1999年年11、12月号。
④ 李慎之《和平奋斗兴中国——辛亥革命九十周年祭》,《战略与管理》2001年第5期。
⑤ 李慎之《中国文化传统与现代化——兼论中国的专制主义》,《战略与管理》2000年第4期。
⑥ 李慎之《与杜维明先生的对话》,《国际儒学联合会简报》1998年。
⑦ 《顾准文集》,贵州人民出版社1994年版,第398页。

情,应用马克思主义"实事求是"的立场和方法,继承中国古代"民主""爱民如子"的情怀和"养民教民"的责任,吸收西方"民主"通过健全体制确保公民自主权益的思想成果,乃是摆在我们面前的艰巨任务。

第七章
国学中的"仁政"论

提要:"仁政"是"民本"思想的特殊表现形态,是"民本"理念在推翻暴政的"革命"胜利后的必然政治诉求。"仁政"的本义是君主从维护自己政权的长治久安出发,将"爱人"之心推行到政治中,实施"保民"、"恤民"的政策措施,并为人民的利益克制自己的欲望,修养个人的道德。所以,"仁政"不仅是"爱人"、"恤民"之政,而且是"克己"、"修德"之政。在诛杀暴君、推翻暴政的"革命"结束后,必须及时进行政治之道的攻守转换,告别"革命",实行"仁政";否则原先革命的胜利者就可能成为被革命的对象,像秦王朝那样走向迅速灭亡。

"革命"是从"民本"出发维护民权、推翻"无道"暴政的手段。"革命"胜利后,剥夺民权的暴政已被推翻,继续革命失去了对象,因此,暴力"革命"的活动应当停止,以民为本、爱民利民的"仁政"应当立即实行。"仁政"是"民本"理念在推翻暴政的"革命"胜利后的必然政治诉求。

一、"仁政"是"爱人"、"恤民"之政

何谓"仁"?孔子说:"仁"的涵义是"爱人"[①],"仁"的极致是"博施于民而能济众"[②]。所谓"仁政",即"爱人"的政治、"博施于民而能济众"的政治。这

[①] 《论语·颜渊》。
[②] 《论语·雍也》。

是一个与虐民的"暴政"相对的政治形态。墨子早年"学儒者之业,受孔子之术"①,属于"仁义而流者也"②。墨子将孔子的"仁"扩展为无差等的博爱,作为对统治者的政治要求提出来:"古之明王圣人所以王天下、正诸侯者,彼其爱民谨忠,利民谨厚。"③"仁之事者,必务求兴天下之利,除天下之害……利人乎即为,不利人乎即止。"④"视人之国若视其国,视人之家若视其家,视人之身若视其身……凡天下祸篡怨恨可使毋起者,以相爱生也,是以仁者誉之。"⑤作为儒、墨流脉的晏子春秋后期在齐国做官时⑥,始终向齐庄公、齐景公灌输"爱民"为本的仁政策略:"意莫高于爱民,行莫厚于爱民。""意莫下于刻民,行莫贱于害身也。"⑦到了战国时期,孟子明确提出"发政施仁"、"保民而王"的"仁政"概念,并对此作了丰富的论述。他指出:身居高位的君主应当成为具有"不忍之心"的"仁者",能够将这种"于心不忍"的"仁爱"之心扩展到普天之下的老百姓身上:"惟仁者宜在高位。不仁而在高位,是播其恶于众也。"⑧"先王有不忍人之心,斯有不忍人之政矣。以不忍人之心,行不忍人之政,治天下可运之掌上。"⑨齐宣王向他请教:"德如何,则可以王矣?"孟子回答:"保民而王,莫之能御也。""老吾老以及人之老,幼吾幼以及人之幼,天下可运于掌。""今王发政施仁,使天下仕者皆欲立于王之朝,耕者皆欲耕于王之野,商贾皆欲藏于王之市,行旅皆欲出于王之涂,天下之欲疾其君者皆欲赴诉于王。其若是,孰能御之?"⑩历史经验表明:"三代之得天下也以仁,其失天下也以不仁。""桀纣之失天下也,失其民也;失其民者,失其心也。得天下有道:得其民,斯得天下矣。得其民有道:得其心,斯得民矣。得其心有道:所欲与之聚之,所恶勿施尔也。"⑪"乐民之乐者,民亦乐其乐;忧民之忧者,民亦忧其忧。乐以天下,

---

① 《淮南子·要略》。
② 《河南程氏遗书》卷六。
③ 《墨子·节用中》。
④ 《墨子·非乐上》。
⑤ 《墨子·兼爱中》。
⑥ 东汉班固《汉书·艺文志》将《晏子》列为儒家著作。唐柳宗元根据《晏子春秋》中兼爱、节用等主张,将其视为墨家后学之作。
⑦ 《晏子春秋·内篇·问下》。身:当为"民"之衍。
⑧ 《孟子·离娄上》。
⑨ 《孟子·公孙丑上》。
⑩ 《孟子·梁惠王上》。
⑪ 《孟子·离娄上》。

忧以天下,然而不王者,未之有也。"①"暴其民甚,则身弑国亡;不甚,则身危国削。"②推而广之,"天子不仁,不保四海;诸侯不仁,不保社稷;卿大夫不仁,不保宗庙;士庶人不仁,不保四体。"③"仁政"的社会理想是:"制民之产,必使仰足以事父母,俯足以畜妻子,乐岁终身饱,凶年免于死亡。然后驱而之善,故民之从之也轻。……五亩之宅,树之以桑,五十者可以衣帛矣;鸡豚狗彘之畜,无失其时,七十者可以食肉矣;百亩之田,勿夺其时,八口之家可以无饥矣;谨庠序之教,申之以孝悌之义,颁白者不负戴于道路矣。七十者衣帛食肉,黎民不饥不寒,然而不王者,未之有也。"④《国语·周语》重申:"仁,所以保民也。"

　　作为"民本"思想的特殊表现形态,与"民本"一样,"仁政"的出发点也是出于君主称王天下、长治久安的考虑。然而,君主的这种个人利益的考虑不仅不应受到过度指责,相反,恰恰是君主的这种个人利益,成为推动君主实行惠民的"仁政"的内在自觉。荀子说:"君者何也?曰:能群也。能群者何也?曰:善生养人者也。""君人者,爱民而安,好士而荣,两者无一焉而亡。"⑤"用国者,得百姓之力者富,得百姓之死者强,得百姓之誉者荣。三得者具而天下顺之,三得者亡而天下去之。天下归之谓王,天下去之谓亡。"⑥吕不韦说:"人主有能以民为务者,则天下归之矣。"⑦"先王先顺民心,故功名成。夫以德得民心以立大功名者,上世多有之矣,失民心而立功名者,未之曾有也。"⑧贾谊说:"人主仁而境内和矣,故其士民莫弗亲也;人主义而境内理矣,故其士民莫弗顺也。"⑨董仲舒说:"王者,民之所往;君者,不失其群者也。故能使万民往之,而得天下群者,无敌于天下。"⑩班固说:"上圣卓然先行敬让博爱之德者,众心说而从之。从之成群,是为君也;归而往之,是为王矣。"⑪苏轼说:"人主之所恃者,人心而已。人心之于人主也,如木之有根,如灯之有膏,如鱼之有水,如农夫之有田,如商贾之有财。木无根则槁,灯无膏则灭,鱼无水则死,农夫无田则饥,商贾无财

---

① 《孟子·梁惠王下》。
②③ 《孟子·离娄上》。
④ 《孟子·梁惠王上》。
⑤ 均见《荀子·君道》。
⑥ 《荀子·王霸》。
⑦ 《吕氏春秋》卷二十一《开春论第一·爱类》。
⑧ 《吕氏春秋》卷九《季秋纪第九·顺民》。
⑨ 贾谊《新书·道术》。
⑩ 《春秋繁露·灭国》。
⑪ 班固《汉书·刑法志》。

则贫,人主失人心则亡。此必然之理,不可遁之灾也。其为可畏,从古以然。"①正因为"君"与"民"相反相成,"取民之所悦而民取矣"②,"忧民之忧者,民必忧其忧;乐民之乐者,民亦乐其乐"③,所以英明的政治家走向了爱人恤民、造福于民的"仁政"。

"仁政"要求从培养统治者爱人恤民的仁爱之心做起。"为政者,当体天地生万物之心与父母保赤子之心。有一毫之残刻,非仁也;有一毫之愤疾,非仁也。"④"自古有道之主,以百姓之心为心。故君处台榭,则欲民有栋宇之安;食膏粱,则欲民无饥寒之患;顾嫔御,则欲民有室家之欢。"⑤

"仁政"还要求将这种仁爱之心落实为"恤民"的举动和措施。朱熹反复强调:"天下之务莫大于恤民。"⑥"天下之大务,莫过于恤民。"⑦包拯说:"国家富有天下,当以恤民为本。"⑧明太祖将"恤民"与"事天"联系起来:"天以子民之任付于君,为君者欲求事天,必先恤民。恤民者,事天之实也。"⑨

如何"恤民"呢?

"恤民"体现在民生问题上,要求关心人民的基本生活,体谅老百姓的疾苦安危:"且夫民者,国之本也,财用所出,安危所系,当务安之为急。"⑩"致理之要,惟在于安民;安民之道,在察其疾苦而已。"⑪"恤民之实在于省赋。"⑫"轻赋薄敛,以宽民氓;布德施惠,以振穷困;吊死问疾,以养孤孀。"⑬

"恤民"体现在处理"德治"与"刑罚"的关系上,要求"尚其德而希其刑"⑭,"尊德礼而卑刑罚"⑮,"先德教而后刑罚"。

"恤民"体现在处理战争的问题上,以尊重和珍惜人民的生命为上,所谓

---

① 《苏轼文集》卷二十五《上神宗皇帝》。
② 《吕氏春秋》卷九《季秋纪第九·顺民》。
③ 贾谊《新书·礼》。
④ 真德秀《政经·帅长沙咨目呈两通判及职曹官》。
⑤ 魏徵谏语,见《贞观政要·纳谏》。
⑥ 朱熹《四书章句集注》。
⑦ 《朱子大全·文十一·庚子应诏封》。
⑧ 《包拯集·言陕西盐法》。
⑨ 张廷玉等《明史·本纪第三·太祖三》。
⑩ 《包拯集·请罢天下科率》。
⑪ 张居正《张太岳集》卷四六《请蠲积逋以安民生疏》。
⑫ 朱熹《答范伯崇》。
⑬ 《淮南子·修务训》。
⑭ 刘向《说苑·政理》。
⑮ 王符《潜夫论·德化》。

"如有不嗜杀人者,则天下之民引领而望之矣"①;用兵以顺应民心为准则,如春秋末期军事家司马穰苴揭示:"古者,以仁为本、以义治之谓正。……是故杀人安人,杀之可也;攻其国,爱其民,攻之可也;以战止战,虽战可也。""战道,不违时,不历民病,所以爱吾民也;不加丧,不因凶,所以爱夫其民也;冬夏不兴师,所以兼爱民也。"②孟子指出:在"天时"、"地利"、"人和"这战争胜利的三要素中,"人和"最为重要:"得道者多助,失道者寡助";"多助之至,天下顺之"、"寡助之至,亲戚畔之"③。战争的依据是"民悦","取之而民悦,则取之;取之而民不悦,则勿取"④。发动对敌对国家或地区的战争只有得到当地人民的广泛欢迎,才有正义的法理,才属有道的正义战争,而这也是战争取胜的根本之道。荀子举"士民不亲附,则汤武不能以必胜也"为例,说明:"故善附民者,实乃善用兵者也。"⑤贾谊揭示:"率民而攻,民不欲得,则莫能以得矣;故率民而战,民不欲胜,则莫能以胜矣。"⑥民心是决定战争成败的关键。

二、"仁政"是"克己"、"修德"之政

由于"仁政"的本质是爱人、恤民之政,而人民的利益与君主的利益常常处于一种矛盾状态,这就要求君主克制自己的欲望,修养个人的道德,所以"仁政"又表现为以"克己复礼"、"敬修己德"为特征的德治。《淮南子》指出:"能得人心者,必自得者也……故自养得其节,则养民得其心矣。"⑦"君人之道,处静以修身,俭约以率下。静则下不扰矣,俭则民不怨矣。"⑧"故有仁君明王,其取下有节,自养有度,则得承受于天地,而不罹饥寒之患矣。若贪主暴君,挠于其下,侵渔其民,以适无穷之欲,则百姓无以被天和而履地德矣。""人主之居也,如日月之明也,天下之所同侧目而视、侧耳而听、延颈举踵而望也。是故非淡薄无以明德,非宁静无以致远,非宽大无以兼覆,非慈厚无以怀众,非平正无

---

① 《孟子·梁惠王上》。
② 司马穰苴《司马法·仁本》。
③ 《孟子·公孙丑上》。
④ 《孟子·梁惠王下》。
⑤ 《荀子·用兵》。
⑥ 《新书·大政》。
⑦ 《淮南子·泰族训》。
⑧ 《淮南子·主术训》。

以制断。"①陆贾《新语·道基》总结说："虐行则怨积,德布则功兴,百姓以德附,骨肉以仁亲。"

"仁政"又被解释为"仁义"之政。董仲舒剖析："仁之法,在爱人,不在爱我;义之法,在正我,不在正人。我不自正,虽能正人,弗予为义;人不被其爱,虽厚自爱,不予为仁……君子求仁、义之别,以纪人、我之间,然后辨乎内、外之分,而著于顺、逆之处也。是故内治反理以正身,据礼以劝福;外治推恩以广施,宽制以容众。"②"仁政"对统治者有着"正我"的道德修养要求。君主必须通过自我反省修身养性,以人民的利益克制自己的个人利益。"明王有过则反之于身,有善则归之于民。有过而反之于身则身惧,有善而归之于民则民喜。"③历史上,殷汤、盘庚、周武王就是君主中勤于道德反省、勇于自我解剖的楷模。殷汤常对臣民们说："尔有善,朕弗敢蔽;罪当朕躬,弗敢自赦。""尔万方有罪,在予一人;予一人有罪,无以尔万方。"④盘庚说："邦之臧,惟汝众;邦之不臧,惟予一人有佚罚。"⑤周武王的道德修养座右铭是："百姓有过,在予一人。"⑥"过",动词,责难。老百姓有什么抱怨,责任都在我君主一个人。为什么呢? 王安石说："盖以其身任天下之责,不如是不足以为天吏也。"于是,"德治"成为"仁政"的异名。"德治"的涵义不仅在于以德治民,在人民大众中推行道德教化,而且在于"敬德安民"⑦,"以德济民"⑧,以统治者约束、克制自己欲望的道德修养树立榜样,感化人民。

三、政治之道的攻守转换

诛无道的"革命"与行有道的"仁政"是"民本"思想的不同政治形态,究其实都是为了顺应民意、赢得民心。因此,在诛杀暴君、推翻暴政的"革命"结束后,不再有什么"与民为仇"的"王命"、"君命"需要革除了,必须"告别革命",

---

① 《淮南子·主术训》。
② 《春秋繁露·仁义法》。
③ 《管子·小称》。
④ 《尚书·商书·汤诰》。
⑤ 《尚书·商书·盘庚上》。佚:逸,过错。
⑥ 《尚书·周书·泰誓中》。
⑦ 《尚书·周书·康诰》。
⑧ 《宋书列传第五·刘粹》。

实行仁政,及时进行政治之道的攻守转换。如果将"革命"、"斗争"当做某种崇高的目的,延续"革命"、"斗争"的思维定势,在"革命"成功后"继续革命",必然导致在人民中制造出莫须有的假想敌,最终失去人民的拥护,甚至可能使自己异化为新的被革命的对象。

传说中的"三皇五帝"虽然不是通过"革命",而是通过"禅让"的手段登上帝位的,不存在"革命"前后的攻守转换问题,但他们称王天下后都不约而同地采取了爱民利民的"仁政"。董仲舒指出:"五帝三皇之治天下,不敢有君民之心。什一而税,教以爱,使以忠,敬长老,亲亲而尊尊,不夺民时,使民不过岁三日。民家给人足,无怨望忿怒之患、强弱之难,无谗贼妒嫉之人。"①舜是五帝之一。舜的大臣皋陶虽然掌管刑法,却向舜帝推销"慎身"、"安民"的德治主张:"安民则惠,利民怀之。"②大禹是五帝之后有文字记载的最早的一位仁君。相传他为治理天下水患,婚后四天便出家奔走,凿山疏流,引水入海,十三年中"三过家门而不入"。皮肤晒黑了,手上长满了老茧,脚底布满了血泡,腿上的毫毛都磨光了,连束发的簪子和帽子掉了也顾不上收拾。登上帝位后,大力推行"养民"的"善政"。他留下过这样的名言:"民可近,不可下;民惟邦本,本固邦宁。"③"德惟善政,政在养民。"④的确,只有以"仁义"治天下,才能"亲近致远"、万众归之,成为天下景仰、万事传颂的千古圣王。

商初、周初的政治家在推翻夏桀、商纣的"革命"成功后及时转换为爱民利民的"仁政",制礼作乐,推行德治,发展生产,减轻征赋,所以带来了长治久安。商朝前后存在了555年,周朝存在了791年,是中国有文字记载的历史上最长的两个朝代。殷汤之"仁",早在推翻夏桀的革命前就传为美谈。相传一天汤在野外散步,看见一人四面张开大网,口中祷告:"从天上飞来的,从地上飞来的,从四方飞来的,所有的鸟儿都飞到我的网里来吧!"汤上前劝阻说:"你这种方法将会把鸟儿捕尽杀绝,只有夏桀这样的人才干得出来!"随即取刀砍去网之三面,呼唤说:"鸟儿们,喜欢向左飞的就向左飞,喜欢向右飞的就向右飞,喜

---

① 《春秋繁露》卷四《王道》。什一而税:《春秋公羊传》宣公十五年何休注:"圣人治井田之法而口分之,一夫一妇受田百亩,以养父母妻子。五口为一家,公田十亩,即所谓'什一而税'也。"使民:使用民力。
② 《尚书·虞夏书·皋陶谟》。
③ 《尚书·虞夏书·五子之歌》。
④ 《尚书·虞夏书·大禹谟》。

欢向上飞的就向上飞,喜欢向下飞的就向下飞,不要命的就飞到网里来吧。"①汤爱及禽兽的故事传开后,人们被他的宽厚仁慈所感动,汉南四十国主动归附,汤的势力进一步壮大,最终帮助他取得了推翻夏桀的革命胜利。建立商朝后,殷汤克己自律,减轻征敛,安抚民心,声誉远播黄河上游,氐、羌部落都来纳贡归服。盘庚继承殷汤的仁政,注重道德反省,"施实德于民"②,创造了商朝中兴。周武王顺应民意,替天行道,率领诸侯和人民推翻了殷纣王的暴政,从此马放南山,偃武修文。③ 周公摄政后,制礼作乐④,明德慎罚。等到成王成年周公把天下交给他的时候,给成王留下的告诫是"敬德"、"无逸"、"保民"。在周人看来,"德,国家之基也。"⑤"德之不建,民之无援,哀哉。"⑥

秦朝的统治者不明白这个道理,统一六国、推翻周朝后继续实行严刑峻法的霸道,大造宫室,民不聊生;"焚书坑儒",人为树敌;"偶语者弃市",堵塞言路。结果官逼民反,15年而亡。贾谊《过秦论》分析其间原因:为什么强大的秦王朝会迅速灭亡在一个地位极低、智谋平平的陈胜手里呢?就在于秦皇不懂得"取与守不同术","攻守之势异"而"仁义不施"也。贾谊总结的政治取守之道是:取天下贵"诈力",守天下贵"顺权"。贾谊力图从秦朝覆亡的史实中总结经验教训,为汉初的最高统治者及时进行政治转换提供借鉴。无独有偶,陆贾总结的政治取守之道是:"逆取"而"顺守","马上得之"不可以"马上治之"。史载:汉代秦而立后,陆贾屡屡在汉高祖面前"说称"讲述仁政的《诗》、《书》。高祖批评他:"乃公居马上而得之,安事《诗》《书》!"陆贾见缝插针提出告诫:"居马上得之,宁可以马上治之乎?且汤武逆取而以顺守之,文武并用,长久之术也……乡使秦已并天下,行仁义,法先圣,陛下安得而有之?"高祖深受震撼,命陆贾"著秦所以失天下,吾所以得之者何,及古成败之国"详细道来。陆贾于

---

① 《吕氏春秋·孟冬纪·异用篇》:"汤见祝网者置四面,其祝曰:'从天堕者,从地出者,从四方来者,皆罹吾网。'汤曰:'嘻!尽之矣。非桀其孰为此也?'汤收其三面,置其一面,更教祝曰:'……欲左者左,欲右者右,欲高者高,欲下者下,吾取其犯命者。'汉南之国闻之曰:'汤之德及禽兽矣!'四十国归之。"《史记·殷本纪》:"汤出,见野张网四面,祝曰:'自天下四方,皆入吾网。'汤曰:'嘻,尽之矣!'乃去其三面。"
② 《尚书·商书·盘庚上》。
③ 《尚书·周书·武成》:"王来自商,至于丰,乃偃武修文,归马于华山之阳,放牛于桃林之野,示天下弗服(用)。"
④ 三礼:《周礼》、《仪礼》、《礼记》。
⑤ 《左传·襄公二四年》。
⑥ 《左传·文公五年》。

是作《新语》,"粗述存亡之征",献给高祖,"高帝未尝不称善"①。原来打算继续用马上打天下的一套治理天下的刘邦虚心接受了陆贾和贾谊的建议,及时进行了攻守转换,"治以道德为上,行以仁义为本"②,开辟了将近400年的大汉帝国。

北魏初年,天下初定,道武帝指出:"天下可马上取之,不可以马上临之。"③于是复兴儒学,推行仁政,至孝文帝时达到一时之盛。孝文帝本身就是个极仁慈的皇帝,史载"进食者曾以热羹覆帝手,又曾于食中得虫秽物,并笑而恕之"④。在戎马倥偬、朝代更迭像走马灯一样的北朝乱世,北魏前后生存了170年,堪称奇迹,这与它实施的仁政密切相关。

隋文帝崇尚仁厚,躬行节俭,史称"良主"⑤,但他辛苦经营的仁政不久就毁在不孝之子隋炀帝为所欲为的暴政中。这就给唐初的政治家提供了"隋鉴"。唐太宗深以为戒:"夫安人宁国,惟在于君。君无为则人乐,君多欲则人苦。朕所以抑情损欲,克己自励耳。"⑥由唐太宗进一步奠定的仁政,后来成为历朝英明君主的自觉选择。据传宋初宰相赵普一生只读《论语》,用一部《论语》分别辅佐了太祖、太宗,故有"半部《论语》治天下"⑦一说。虽为戏谈,却道出了一个真理:治理天下虽然千头万绪,但概括起来也简单,即用《论语》说的一个"仁"字去赢得人心民意。一句话:"仁义者,帝王之宝也。"⑧

新中国建立后最初三十年沿袭了"革命"时期的战争思维,坚持"阶级斗争为纲"和"无产阶级专政下的继续革命",结果无事生非,人与人之间窝里斗,搞得人人自危、民不聊生。改革开放以来,党中央果断停止了"阶级斗争"和"无产阶级专政下的继续革命",将政治之道转换到发展生产力、提高人民生活水平的"和谐社会"建设上来。所谓"和谐社会",实际上就是用求同存异的方式,而不是用"革命"、"斗争"的方式来解决社会矛盾,实现人与人之间的共生共荣。从"斗争"到"和谐"的转化,包含着中国古代政治学中从"革命"向"仁政"

---

① 《史记·郦生陆贾列传》。
② 陆贾《新语·本行》。
③ 《北史·列传·儒林》。
④ 《北史·魏本纪》。
⑤ 《隋书·高祖下》。
⑥ 《贞观政要·务农》。
⑦ 罗大经《鹤林玉露》卷七:宋初宰相赵普,人言所读仅只《论语》而已。太宗赵光义因此问他。他说:"臣平生所知,诚不出此,昔以其半辅太祖(赵匡胤)定天下,今欲以其半辅陛下致太平。"
⑧ 《新五代史·冯道传》。

转换的深刻智慧。

思 考 题

1. "仁政"的基本涵义是什么？如何理解仁政"爱人"与"正己"的特点？
2. "革命"成功后，为什么必须告别"革命"，实行"仁政"？
3. 如何理解"仁政"与"民本"的关系？

案 例 分 析

秦朝短命的根本原因

《过秦论》是贾谊政论文的代表作，分上、中、下三篇，从多方面分析秦王朝的过失，旨在总结秦速亡的历史教训，为汉初帝王长治久安采取合适的政治方略提供借鉴。秦国自孝公以来，发挥地理优势、实行变法图强的主张和正确的战争策略，经过几代人的苦心经营逐渐强大。"及至始皇，奋六世之余烈，振长策而御宇内，吞二周而亡诸侯，履至尊而制六合，执敲扑①而鞭笞天下，威震四海。"所有的这一切，都是做得不错的。问题出在夺取江山之后，攻守之势已经发生了根本变化，但政治策略仍然沿袭打天下的一套，没有采取相应变化。你看，秦始皇"怀贪鄙之心，行自奋之智，不信功臣，不亲士民，废王道而立私爱，焚文书而酷刑法，先诈力而后仁义，以暴虐为天下始"；秦二世胡亥"重以无道"，"坏宗庙与民，更始作阿房之宫；繁刑严诛，吏治刻深；赏罚不当，赋敛无度"，"百姓困穷，而主不收恤"，"蒙罪者众，刑戮相望于道，而天下苦之"。于是，"陈涉不用汤、武之贤，不借公侯之尊，奋臂于大泽，而天下响应"。贾谊总结说："且夫天下非小弱也，雍州之地，崤函之固，自若也。陈涉之位，非尊于齐、楚、燕、赵、韩、魏、宋、卫、中山之君也；锄櫌棘矜②，非铦于钩戟长铩也；谪戍之众，非抗于九国之师也；深谋远虑、行军用兵之道，非及向时之士也。然而成败异变，功业相反，何也？……一夫作难而七庙隳，身死人手，为天下笑者，何也？仁义不施而攻守之势异也。""夫兼并者高诈力，安危者贵顺权，此言取与

---

① 敲扑：定义古代鞭打犯人的刑具，短曰敲（木杖），长曰扑。
② 櫌：yōu，同耰，古代的一种农具，弄碎土块，平整土地用。

守不同术也。秦离战国而王天下,其道不易,其政不改,是其所以取之守之者无异也。孤独而有之,故其亡可立而待也。"贾谊甚至作了个假设:"借使秦王论上世之事,并殷、周之迹①,以制御其政,后虽有淫骄之主,犹未有倾危之患也。""是以君子为国,观之上古,验之当世,参之人事,察盛衰之理,审权势之宜,去就有序,变化因时,故旷日长久而社稷安矣。"可见,秦朝短命最根本的原因,是不懂得政治之道的攻守转换。这是《过秦论》立论的中心,也是贾谊留给后世政治家的最宝贵的思想贡献。

---

① 殷、周之迹:指殷汤、周武王等仁政事迹。

第八章
国学中的"民生"论

提要："民生"即民众的生计。保障民生，是以民为本的"仁政"的一项基本要求，也是古代政治文明的一项宝贵遗产。中国古代的政治家、思想家从民为国本、食为民本出发强调"贵民生"、"厚民生"，主张"惠民"、"利民"、"养民"、"安民"、"宁民"、"富民"，提出了重视农业发展经济、扶本抑末开源节流、轻赋薄敛减轻负担、通过"民利"实现"君利"等具体措施。然而，"厚民生"这样一项政治遗产，在谈"富"色变、"有产等于罪恶"的年代却遭到遗弃。其实，只有通过剥削占有的财富才是邪恶的；如果财富是通过合法劳动得来的，成为有产者，不仅不该否定，反而应加赞赏。"贫穷不是社会主义。""社会主义要消灭贫穷。"通过劳动达到全民富裕，使全体人民变成有产者，正是社会主义追求的目标。

"凡治天下，必因人情。"（韩非）"明于性情而后可论为政。"（董仲舒）根据人性治理天下，是中国古代政治学的一个基本思想。人性具有物质属性与精神属性二重性，所以顺应人性治理天下的首要问题，是尊重民生，保证民利，满足人民基本的物质生活需求，而这也恰恰是打下天下后实行"仁政"的一项基本要求。

一、"民生"的涵义及其产生依据

"民生"一词最早出现于《左传·宣公十二年》："民生在勤，勤则不匮。"

"民生"即人民的生计。保障民生即满足人民的物质需求,解决人民的生计问题。

作为立国的基础,保障民生是中国古代政治的一项基本国策。在中国古代,尊重民生叫"贵民生"或"厚民生"。从正面说,"圣人所甚贵者,民之生也。"①"法天之大者,莫过于厚民生。"②从反面看,"民无生业,极困则虑生,不渐善教,思利而志功,乘间隙则萌奸宄,逼冻馁则为盗贼……设或遇大饥馑,有大劳役,奸雄一呼,所在必应。以今无事之时,尚恐力不能制,况劳扰多事之际乎?"③

"贵民生"或"厚民生",在中国古代有不同形态的表述。比如说"惠民"。《荀子·王制》打了个比喻,说明"惠民"的重要性:"马骇舆,则君子不安舆;庶人骇政,则君子不安位。马骇舆,则莫若静之;庶人骇政,则莫若惠之。"《元史·世祖本纪》记载元世祖忽必烈语:"应天者惟以至诚,拯民者莫如实惠。"又比如说"利民"。《战国策·赵策二》:"夫治国有常,而利民为本。"《韩非子·心度》:"圣人之治民,度于本,不从其欲,期于利民而已。"又叫做"养民"。《尚书·大禹谟》:"德惟善政,政在养民。"《墨子·七患》:"五谷者,民之所仰也,君之所以为养也。故民无仰,则君无养;民无食,则不可事。"海瑞《四书讲义》:"养民于先,教民于后,有养而后教行矣焉。"或者叫"安民"。贾谊《新书·过秦论》:"牧民之道,务在安之而已。"张说《请置屯田表》:"求安人者,莫过于足食;求国富者,莫过于疾耕。"或者叫"宁民"。《淮南子·泰族训》:"为治之本,务在宁民;宁民之本,在于足用。"或者明确地叫"富民"。孔子到卫国,给卫国出的主意是"庶之"、"富之"④。《管子·治国》:"凡治国之道,必先富民。民富则易治也,民贫则难治也……故治国常富,而乱国常贫。是以善为国者,必先富民,而后治之。"汉代王符《潜夫论》:"夫为国者,以富民为本。""富民乃可教。"明人王廷相《慎言》:"天下顺治在民富。"

为什么要"惠民"、"利民"、"养民"、"安民"、"宁民"、"富民"呢?因为"民"是国家赖以构成的根基,根基不牢靠,国家就无法生存。"国以民为本,民

---

① 王夫之《读通鉴论》卷十九。
② 《黄宗羲全集·子刘子行状》。
③ 程颐《为家君应诏上英宗皇帝书》,《二程文集》卷五。
④ 《论语·子路》:"子适卫,冉有仆。子曰:'庶矣哉。'冉有曰:'既庶矣,又何加焉?'曰:'富之。'"

以谷为命。"①"国以人为本,人以衣食为本。"②"夫民者,国之根也,诚宜重其食,爱其命。民安则君安,民乐则君乐。"③"民"有衣食住行之类的物质欲求,这些基本欲求得不到满足,人民就不可能安宁,国家的基础也就不可能稳定。《尚书》指出:"民心无常,惟惠是怀。"④墨子指出:"民有三患:饥者不得食,寒者不得衣,劳者不得息。"⑤西周大夫芮良夫指出:"夫王人者,将导利而布之上下者也,使神人百物无不得其极,而犹日怵惕惧怨之来也。"⑥孟子指出:"民之为道也,有恒产者有恒心,无恒产者无恒心。"⑦清人解释说:"孟子以制民恒产为王道之本。然则民产不制,纵有善治,皆无本之政也。"⑧所以古人强调:"生民之本,足食为先。""惟民生之本在食,足食之本在农,此自然之理也。"⑨"众为邦本,土为邦基,财用为生民之命。"⑩"腹饥不得食,肤寒不得衣,虽慈父不能保其子,君安能以有其民哉!"⑪"民非足也而可治之者,自古及今未之尝闻。"⑫

二、保障民生的具体措施

那么,如何保障"民生","利民"、"富民"、"宁民"呢?

首先要确立爱民、保民的仁政理念,这是实行保障民生措施的前提。只有真正认识到"保民而王,莫之能御",才能在"制民之产"时"仰足以事父母,俯足以畜妻子,乐岁终身饱,凶年免于死亡",并以"七十者衣帛食肉,黎民不饥不寒"⑬为仁政之"本"。

其次是重视农业,发展经济。《国语·周语上》指出:"民乏财用,不亡何待?"《汉书·景帝纪》揭示:"农,天下之本也。黄金珠玉,饥不可食,寒不可衣,

---

① 范晔《后汉书·张奋传》。
② 《贞观政要·务农》。
③ 陈寿《三国志·陆凯传》。
④ 《尚书·周书·蔡仲之命》。
⑤ 《墨子·非乐上》。
⑥ 《国语·周语上》。
⑦ 《孟子·滕文公上》。
⑧ 王源《平书订·分民》。
⑨ 朱熹《四书章句集注》。
⑩ 唐甄《潜书·卿牧》。
⑪ 晁错《论贵粟疏》。
⑫ 贾谊《新书·无畜》。
⑬ 《孟子·梁惠王上》。

以为币用，不识其终始。"《汉书·食货志》说："财者，治国安民之本也。"《魏书·高祖纪》说："务农重谷，王政所先；劝率田畴，君人常事。"唐杜佑《通典·食货·田制》强调："谷者，人之司命也；地者，谷之所生也；人者，君之所治也。"李觏《富国策》强调："民之大命，谷米也。""生民之道，食为大。"

再次是扶本抑末、开源节流。贾谊指出："一夫不耕，或为之饥；一妇不织，或为之寒。生之有时，而用之无节，则物力必屈。古之为天下者至悉也，故其蓄积足恃。今背本而以末食者甚众，是天下之大残也。"①

复次是轻赋薄敛，减轻负担。《孟子·尽心上》指出："易其田畴，薄其税敛，民可使富也。"刘向《说苑·政理》指出："薄赋敛则民富。"黄宗羲《子刘子行状》指出："厚民生则赋敛皆宜缓宜轻。"

此外还要处理好"君利"与"民利"的关系，不与民争利，通过"民利"实现"君利"，切忌以"君利"牺牲"民利"。孔子说："百姓足，君孰与不足？百姓不足，君孰与足？"②《国语·楚语上》："民实瘠矣，君安得肥？"《国语·周语下》："民若匮，王用将有所乏。"《晏子春秋·谏下》："君屈民财者不得其利，穷民力者不得其乐。"朱熹说："民富，则君不至于独贫；民贫，则君不能独富。"③"宁过于予民，不可过于取民。"④明太祖说："保国之道，藏富于民。民富则亲，民贫则离。民之贫富，国家休戚系焉。"⑤明代吕坤《忧危疏》："君欲富则天下必贫，天下贫则君岂独富？"海瑞《四书讲义》："利天下，言民也。利国之道于利民得之。"清代唐甄《潜书》强调："夫富在编户，不在府库。若编户空虚，虽府库之财积如山丘，实为贫国，不可以为国矣。"

三、古代"民生"思想的现代意义

尊重民利、保障民生，使人民有饭吃、有衣穿、有房住，有坚强充分的生活保证，不仅是中国古代"仁政"的一个首要组成部分，也是一切政权得以巩固的基本国策。关于后面这一点，可以说是一种常识。然而，这样一种政治常识，却在

---

① 贾谊《新书·无畜》。
② 《论语·颜渊》。
③ 《四书集注·论语》。
④ 《朱子语类》卷十六。
⑤ 《明太祖实录》洪武十八年十一月甲子。

中华人民共和国建立后的前三十年被抛弃了。"富民"这样一项政治遗产,在坚持"无产阶级专政"的新中国三十年中不断遭到批判。为什么?因为一讲"富民","无产阶级"就会变成"资产阶级","无产阶级"政权就会变色。结果是放下经济不去搞,丢下生产不去抓,而整天搞什么"阶级斗争",批判什么"资产阶级思想",甚至提出"宁要社会主义的草,不要资产阶级的苗"。永远过穷日子,哪怕吞糠咽菜,才是"社会主义"的;如果过上富日子,就是"资产阶级"的。回顾这段历程,邓小平指出:"'四人帮'叫嚷要搞'穷社会主义'、'穷共产主义',胡说共产主义主要是精神方面的。""搞社会主义三十多年,截至一九七八年,工人的月平均工资只有四五十元,农村的大多数地区仍处于贫困状态。"[①]新中国历史上走过的这段弯路,在思想输出的年代,曾经被"红色高棉"加以片面发展。1975年4月"红色高棉"上台后,在"财富等于罪恶"的极端思想的指导下,"红色高棉"不仅对柬埔寨现有的有产阶级进行肉体消灭,而且通过取消货币和市场、消灭城市、集体化等社会运动,禁止私人拥有财产,防止新的有产阶级的诞生。首都金边的居民刚刚庆幸战争结束,还没来得及享受胜利的成果,就接到新政权紧急疏散到农村的命令。三天后,200万人的金边成了"居民不足三万,只有一家商店"、"没有小汽车,人人都靠步行"的空城。

值得指出的是:财富并不等于罪恶。如果财富是通过合法劳动得来的,那么不仅不应该否定,相反应该大加赞赏。实现全民富裕,正是社会主义追求的目标。改革开放伊始,邓小平就强调:"贫穷不是社会主义。"[②]"社会主义必须大力发展生产力,逐步消灭贫穷,不断提高人民的生活水平。"[③]"在此基础上,社会主义阶段的最根本的任务就是发展生产力,社会主义的优越性归根到底要体现在它的生产力比资本主义发展得更快一些、更高一些,并且在发展生产力的基础上不断改善人民的物质文化生活。"[④]"……姓'资'姓'社'的问题,判断的标准,应该主要看是否有利于发展社会主义社会的生产力,是否有利于增强社会主义国家的综合国力,是否有利于提高人民的生活水平。"[⑤]"社会主义经济政策对不对,归根到底要看生产力是否发展,人民收入是否增加。这是压倒一切的标准。空讲社会主义不行,人民不相信。"[⑥]从对社会主义的这种基本认识出发,邓小平提出了富民方针,确定了富民目标:"从一九八一年开始到本世纪末,花二十年的时间,翻两番,达到小康水平,就是国民生产总值人均八百到

[①][②][③][④][⑤][⑥] 《邓小平文选》第三卷,人民出版社1993年版,第10、64、10、63、372、314页。

一千美元。在这个基础上,再花五十年的时间,再翻两番,达到人均四千美元。……如果那时十五亿人口,人均达到四千美元,年国民生产总值就达到六万亿美元,属于世界前列。"[①]为了达到富民强国的目标,邓小平一方面反对平均主义大锅饭,鼓励人们勤劳致富,允许一部分人先富起来;另一方面又反对两极分化,主张最终实现共同富裕。"社会主义与资本主义不同的特点就是共同富裕,不搞两极分化。创造的财富,第一归国家,第二归人民。"[②]"社会主义原则,第一是发展生产,第二是共同致富。我们允许一部分人先富起来,一部分地区已先富起来,目的是更快地实现共同富裕。"[③]经过邓小平对"社会主义"与"富裕"关系的正本清源、拨乱反正,保障民生、全民富裕作为一项基本国策,目前已经成为全国上下普遍认可的常识,再没有人谈"富"色变。不过年轻人应当记住:在新中国社会主义革命的历史上,在国际共产主义运动中,曾发生过为了某种"主义"无视"民生"、不允许"富民"、诛杀"富人"的悲剧。今天我们能在"社会主义"旗帜下谈富致富,是来之不易的,值得我们倍加珍惜。

思 考 题

1. 古代"民生"思想的具体涵义是什么?
2. 古代保障"民生"的具体途径有哪些?
3. 如何理解古代"民生"思想的现代意义?

案 例 分 析

如何解读"更加注重保障和改善民生"的十二五目标

改革开放以来,中央将全国工作中心转移到发展经济上来,社会生产力大大提高,综合国力大大增强,人民生活水平显著改善。这是每个国人都有切身体会的。在此基础上,2011年初发布的国家第十二个五年发展规划纲要将"更加注重保障和改善民生"作为一项重要目标提出来,要求把"保障和改善民生"作为加快转变经济发展方式的根本出发点和落脚点,对"民生"的重视达到了前所未有的高度。这是令人鼓舞和期待的。

[①][②][③] 《邓小平文选》第三卷,人民出版社1993年版,第224—225、123、172页。

"就业是民生之本"。十二五期间,将大力解决下岗职工再就业,引导农村富余劳动力向非农产业转移,抓好高校毕业生、复转军人、新增劳动力的就业问题,实行"劳动者自主择业,市场调节就业,政府促进就业"的方针,使人人有活干,有饭吃。

"教育是民生之基"。"教育"是提高国民素质、实现国家富强的基础。十二五期间,将进一步加大投入,加强农村义务教育,实行"两免一补",解决进城务工子弟上学难等问题,让适学儿童都能无忧无虑地进入学校读书。

"分配是民生之源"。本着"改革发展成果让人民共享"的原则,推进分配制度改革,完善以按劳分配为主、多种分配形式并存的分配制度,建立正常的工资增长机制,通过"扩中、提低、限高",缩小贫富差距,形成"两头小、中间大"的分配格局,让广大人民群众都过上好日子,实现共同富裕。

"社保是民生之依"。健全养老、失业、医疗等社会保障机制,落实城镇居民最低生活保障;探索建立农村养老、医疗保险和最低生活保障制度;大力加强对特殊困难群众的救助,确保弱势群体的生活底线,使人民群众老有所养,病有所医,居有其屋,衣食无忧。一方面,只有将过去缺乏社会保障的各类人群逐步纳入社保体系,让人人都享有社会保障,才能共享经济社会发展所带来的社会财富;另一方面,政府健全社会保障体系的过程,必然是一个不断加大公共财政投入的过程,这也会使各类社会群体从中受益,使财富分配更加公平。

第九章
国学中的"民心"论

提要：在中国古代专制之下，民意能否得到关注，最终决定权掌握在君主手中。不过，历史经验证明：得民心者得天下，失民心者失天下。于是，打通言路，开放言禁，倾听民意，顺应民心，从而集思广益，补偏救弊，成为中国古代"仁政"的一个重要传统。这个传统，最早由尧舜、殷汤、周公、邵公相继奠定，春秋战国时期的诸子们联手打造，汉以后的谏议制度加以落实，而汉文帝、唐太宗在实践"言者无罪"、"闻者足戒"方面堪称典范。近代欧美资产阶级民主革命成功后，公民的思想言论自由作为基本人权受到各国宪法和国际人权公约的确认。受此影响，19世纪末20世纪初，中国古代君主集权的谏议制度开始向近代君民共主的君主立宪制和全民共和的议会民主制转变，民心表达的自由获得了宪法的保障。然而，这种保障不久就被蒋介石独裁专制破坏；中华人民共和国成立后，又遭到极"左"路线的压制。直到"解放思想"的新时期到来之后，古代的"民心"论才去其局限、扬其精华，焕发出新的生命活力。

人不仅有物质欲求，而且有精神欲求。如果人民的物质欲求满足了，但精神欲求得不到满足，那么这个政权还是不会巩固，这个社会还是不能长治久安。所以，以民为本的"仁政"在保障民生、实现民富之外，还有一个基本点，就是尊重民意，顺应民心。

一、"言路者,国之命也"

中国古代是君主专制社会,民意能否得到重视,最终决定权掌握在君主手中,人民心声的表达自由并无法律的保障。不过,在明君执政的时候,君主从维护自己统治的根本利益和长远利益出发,恰恰希望了解民意,顺应民心。为什么呢?因为"政之所兴,在顺民心;政之所废,在逆民心。"[①]所以,顺应民心,体察民情,倾听民意,让臣民真实、自由地表达心中的意见,从中了解政治得失,从而补偏救弊,成为中国古代"仁政"的一个重要组成部分。主张"仁政"的儒家代表孟子指出:"得天下有道,得其民,斯得天下矣。得其民有道,得其心,斯得民矣。"[②]庄子说赵文王:"中和民意,以安四乡。"[③]《东周列国志》第八十七回有言:"帝王之道,在顺民情。"政治的关键是赢得民心,得民心者得天下。如果说有什么"天心"、"神意",那就是"民心"、"民意"。因此,周武王总结出一条政治规律:"天视自我民视,天听自我民听。"[④]"民之所欲,天必从之。"[⑤]东汉史家班固纵览历代兴亡,总结的规律与周武王不谋而合:君主只要"动缘民情",就"则天象地"[⑥];"顺天心,悦民意"[⑦]是一体的;"推诚行善,民心说而天意得矣"[⑧]。汉末王符揭示:"天以民为心:民安乐则天心顺,民愁苦则天心逆。"[⑨]南朝史家范晔记载:"民所怨者,天所去也;民所思者,天所与也。"[⑩]只有"下合民心",才能"上合天意"[⑪]。反过来说,失民心者失天下:"民心不一……胡可常也?"[⑫]

由于民心、民意是决定国家安定、政权稳固的关键,所以倾听民意、了解民情、集中民智成为上古圣王奉行的政治传统。相传"帝尧之求谏","不简鄙讷,

---

① 《管子·牧民》。
② 《孟子·离娄上》。
③ 《庄子·说剑》。
④ 《尚书·周书·泰誓中》。
⑤ 《尚书·周书·泰誓上》。
⑥ 班固《汉书·刑法志》。
⑦ 班固《汉书·杜周传》。
⑧ 班固《汉书·息夫躬传》。
⑨ 王符《潜夫论·本政》。
⑩⑪ 范晔《后汉书·王常传》。
⑫ 《左传·昭公七年》。

无弃刍荛","虚心受纳"①。尧时在朝廷外立"谏鼓",供人击鼓鸣冤;舜时在大路口立"谤木",供人们书写意见。② 殷汤告诫说:"人视水见形,视民知治否。"③君主从人民的意见中了解政治得失,就像人们从水面中打量自己的形象一样自然、重要。商朝老臣箕子在周灭商后向周武王传授治国大法,其中一条是政治决策要充分听取民意:"汝则有大疑,谋及乃心,谋及卿士,谋及庶人。"④周公引用古语告诫卫国的统治者:"人无于水监,当于民监。"⑤应以人民的反应作为了解自己过失的镜子。周代在朝堂外设红色的"肺石",让平民百姓站在"肺石"上诉说冤屈⑥;又设采诗官制度,派采诗官到各诸侯国采集民歌,通过民歌反映的真实民情了解政治得失。西周末期邵公主张:"为川者决之使导,为民者宣之使言。"治理人民的人要像治理河水的人善于疏导一样,鼓励人民畅所欲言。所以他提出:"天子听政,使公卿至于列士献诗,百工谏,庶人传语,近臣尽规,亲戚补察,而后王斟酌焉",只有这样才能"事行而不悖"。简单采取堵塞的方法,恰恰于事无补、适得其反。"夫民虑之于心而宣之于口","胡可壅也"?"若壅其口,其与能几何?"⑦春秋初期孔子指出:"君子和而不同,小人同而不和。"⑧什么是"和"? 晏子解释:"和"不是意见统一苟同,而是不同意见的彼此共存。他举臣民对君主的"和"为例,说明"和"不是"同",不是大臣事事附和赞同君主,而是"君所谓可而有否焉,臣献其否以成其可;君所谓否而有可焉,臣献其可以去其否"⑨——君主认为对的,实际上有错误之处,作为君子的大臣应当指出错误的地方,帮助君主作出正确的决策;君主认为错的,实际上有正确的一面,作为君子的大臣应当指出其合理之处,帮助君主避免错误的决策。《管子》还指出:对于人民的意见,偏听则愚,兼听则圣,应综合择取:"夫民,别而听之则愚,合而听之则圣。虽有汤武之德,复合于市人之言。"⑩英明的

---

① 吴兢《贞观政要·论封建》李百药奏论。
② 《淮南子·主术训》:"尧置敢谏之鼓,舜立诽谤之木。"《后汉书·杨震传》:"尧舜之时,谏鼓谤木,立之于朝。""谤木",又称"诽谤木",大约是提批评意见的木板。
③ 《尚书·周书·酒诰》:"古人有言曰:'人无于水监,当于民监。'"《史记·殷本纪》引《汤征》:"汤曰:人视水见形,视民知治否。"
④ 《尚书·周书·洪范》。
⑤ 《尚书·酒诰》。
⑥ 《周礼·秋官·大司寇》。
⑦ 均见《国语·周语上》。
⑧ 《论语·学而》。
⑨ 《左传·昭公二十年》。
⑩ 《管子·君臣上》。

君主总是希望通过集中民智赢得民心。春秋战国时代,周天子逐渐被架空,分封的诸侯国利用自己拥有的自主权不断相互兼并、发展壮大。适应诸侯国君称霸天下的要求,以谋士为主体的各种政治智囊团如雨后春笋应运而生,诸子蜂起,百家争鸣,论辩霸王之道,书写了中国历史上思想最自由、最灿烂的一页。李慎之指出:"历览前史,中国的封建时代恰恰是人性之花开得最美的时代,是中国人的个性最为高扬的时代。"①冯天瑜指出:"从思想文化的自由度、人文精神的昂扬而言,封建的春秋战国自有优胜处,作为诸子百家竞放宏议的时代,创造了堪与古希腊东西辉映的又一个'轴心文明'。"②

然而,夏、商、周虽然实行的是封建分权制,但上至朝廷、下至诸侯国,又是通行的君主专制,天子、国君拥有至高无上的统治权。如果君主认识不到民心的向背决定政治的兴衰,刚愎自用,生性暴虐,不仅会导致言路闭塞,而且会给自由言说者带来杀身之祸。夏桀杀关龙逄;商纣王诛比干;周厉王派特务暗中监视非议朝政者,一旦发现格杀勿论。③ 这些是上古时期人们没有思想自由的典型例证。秦始皇取消分封制、实行郡县制之后,皇权的专制特性进一步加强,先秦体察民情、倾听民意、尊重民心的仁政传统遭到彻底破坏。秦始皇不仅在政治上实行皇权独裁,"天下之事无大小皆决于上",而且在思想上"别黑白而定一尊","以古非今者族","有敢偶语《诗》《书》者弃市"。最著名的例子是在咸阳坑杀持不同意见的儒生460余人。秦二世继之,偏信赵高,听不进其他人半点不同意见,"群臣谏者以为诽谤"④。汉代至清,以郡县制为主,以封建制为辅,秦始皇开创的皇权专制进一步巩固,禁言拒谏的君主和以言招祸的臣民代不乏人。然而,禁言拒谏的结果恰恰适得其反。"桀、纣失天下也,失其民也;失其民者,失其心也。"⑤商纣王灭亡的教训可从多方面分析,其中重要的一条,是"知足以距谏,言足以饰非;矜人臣以能,高天下以声,以为皆出己之下"⑥,不仅拒不接受臣民的意见,甚至用酷刑诛杀提批评意见的臣民。周厉王禁言,最后引发国人暴动,被推翻流放。秦始皇实行思想统一、言论一律,导致"忠臣不

---

① 李慎之《"封建"二字不可滥用》,李慎之、何家栋《中国的道路》,南方日报出版社2000年版,第208页。
② 冯天瑜《"封建"考论》,武汉大学出版社2006年版,第227页。
③ 《国语》卷一《周语上》。
④ 均见《史记·秦始皇本纪》。
⑤ 《孟子·离娄上》。
⑥ 《史记·殷本纪》。

敢谏,智士不敢谋",天下之士"拑口而不言","上不闻过而日骄,下慴伏谩欺以取容"①。秦二世禁言,导致身处险境而无由得知。史载丞相赵高派人诛杀秦二世时,二世命卫兵前往应战。但左右卫兵都"惶扰不斗"作鸟兽散,只有一位宦官"侍不敢去"紧随其后。得知宦官了解内情,二世问他:"公何不早告我?"宦者的回答非常耐人寻味:"臣不敢言,故得全。使臣早言,皆已诛,安得至今?"②秦朝之后,堪与秦始皇相比者当属隋炀帝。隋炀帝像秦始皇一样是统一帝国的皇帝,也像秦始皇一样是暴虐无道、穷奢极欲、自以为是、禁言拒谏的皇帝。其结果是病入膏肓而不自知,葬送了隋朝江山。正如唐太宗李世民总结的那样:"隋炀帝暴虐,臣下钳口,卒令不闻其过,遂至灭亡。"③古往今来的这些反面的教训恰恰告诫统治者:"言路者,国之命也!"④

为了确保言路的畅通、民心的反映、民意的表达,孔子的弟子子夏通过给《诗经》首篇《关雎》作《序》提出一条原则:"言之者无罪,闻之者足以戒。"⑤《左传·襄公三十一年》记载了"子产不毁乡校"的故事,是对"言者无罪,闻者足戒"的生动注脚:"郑人游于乡校,以论执政。然明谓子产曰:'毁乡校,何如?'子产曰:'何为?夫人朝夕退而游焉,以议执政之善否。其所善者,吾则行之;其所恶者,吾则改之。是吾师也,若之何毁之?我闻忠善以损怨,不闻作威以防怨,岂不遽止?然犹防川,大决所犯,伤人必多,吾不克救也。不如小决使道,不如吾闻而药之也。'"汉文帝则堪称古代皇帝中实践"言者无罪,闻者足戒"的表率。他告诫左右大臣:"古之治天下,朝有进善之旌、诽谤之木,所以通治道而来谏者。今法有诽谤妖言之罪,是使众臣不敢尽情,而上无由闻过失也,将何以来远方之贤良?其除之!"⑥

汉朝在实行皇权专制的同时,将秦朝形同虚设的谏议制度落到实处,武帝元狩五年设谏大夫数人,东汉改设谏议大夫数人,专门负责向君主献言进谏。魏晋南北朝至隋朝,谏议大夫有不同称谓,属不同部门,一般位在从四品。隋炀帝拒绝听取不同意见,上台后第三年即废除谏议大夫一职。唐太宗目睹隋炀帝

① 贾谊《新书·过秦论》。
② 《史记·秦始皇本纪》。
③ 吴兢《贞观政要·君臣鉴戒》。
④ 王夫之《读通鉴论》。
⑤ 《毛诗正义》卷一,《十三经注疏》上册,上海古籍出版社1997年版,第271页。
⑥ 《史记·孝文本纪》。

暴虐,"臣下钳口,卒令不闻其过,遂至灭亡"①的教训,恢复并完善了谏议制度。他全心全意地求谏、虚怀若谷地容谏、知行合一地纳谏、出人意表地奖谏,令人为之动容。在鼓励臣民放言无忌、听取人民不同心声方面,唐太宗堪称典范。魏徵原来是辅佐太子与李世民作对的仇人,成为他手下的谏议大夫后,每每抗颜直谏,其间"凡二百余奏,无不剀切"。太宗不但不介意,反而倍加器重他:"魏徵往者实我所仇,但其尽心所事,有足嘉者……征每犯颜切谏,不许我为非,我所以重之也。""朕方自比于金,以卿为良工。""夫以铜为镜,可以正衣冠;以古为镜,可以知兴替;以人为镜,可以明得失。朕常保此三镜,以防己过。今魏徵殂逝,遂亡一镜矣!"②王珪原来也是辅佐太子的仇人。太宗诛杀太子即位后,任命王珪为谏议大夫。王珪与魏徵一样,凡遇太宗失误,必上书切谏。太宗待之甚厚:"卿若常居谏官,朕必永无过失。""卿所论皆中朕之失,自古人君莫不欲社稷永安,然而不得者,只为不闻己过,或闻而不能改故也。今朕有所失,卿能直言,朕复闻过能改,何虑社稷之不安乎?"③虞世南容貌懦弱而志性抗烈,每与太宗论及为政得失,必存规讽;甚至在高祖晏驾、太宗执丧期间上朝进谏,太宗不仅接待,而且甚为嘉许。太宗感叹说:"朕因暇日,每与虞世南商榷古今。朕有一言之善,世南未尝不悦;有一言之失,未尝不怅恨。其恳诚若此,朕用嘉焉。""虞世南于我,犹一体也。拾遗补阙,无日暂忘,实当代名臣,人伦准的。"④由于唐太宗虚怀若谷,所以周围集聚了一大批敢于进谏的诤臣。这些诤臣所提批评的激烈程度如何呢?试举一例。贞观四年,太宗下诏修造隋炀帝在洛阳留下的乾元殿以备巡狩。给事中张玄素上书谏阻:值此之时,"承凋残之后,役疮痍之人,费亿万之功",修造乾元殿的危害"恐甚于炀帝远矣",与夏桀、商纣大兴土木一样,结果会"同归于乱"。唐太宗向来不齿于夏桀、商纣和隋炀帝。现在张玄素将唐太宗修建乾元殿作行宫的举动比作隋炀帝还不够,还比作夏桀、商纣,不可谓不尖锐。但唐太宗不以为意,反思自责:"我不思量,遂至于此。"便下令停止修造洛阳行宫,甚至表示:"后必事理须行,露坐亦复何苦?"如果以后必须到洛阳巡视办事,哪怕坐在露天也没什么!不仅如此,他还认为:"以卑干尊,古来不易,非其忠直,安能如此?且众人之唯唯,不如一士之谔

---

① 吴兢《贞观政要·君臣鉴戒》。
②③④ 吴兢《贞观政要·任贤》。

谔。"命赐绢二百匹给张玄素。① 太宗不仅要求左右大臣"尽情极谏",而且要求进谏的官员自己也能听取不同批评意见:"自古帝王,多任情喜怒。喜则滥赏无功,怒则滥杀无罪。是以天下丧乱,莫不由此。朕今夙夜未尝不以此为心,恒欲公等尽情极谏。公等亦须受人谏语。岂得以人言不同己意,便即护短不纳?若不能受谏,安能谏人?"② 唐太宗倡导的言论自由创造了良好的思想氛围,促进了贞观盛世的形成。

唐代建立的中央言谏机构有门下省与中书省,主要的谏官有谏议大夫、给事中、拾遗、补阙。左、右谏议大夫各四人,分属门下省与中书省;左补阙、左拾遗属门下省,右补阙、右拾遗属中书省。唐代谏官有权驳回皇帝不合理的诏书,即古书所说的"封驳"。宋代《册府元龟》收入古代至五代的379道谏书,其中唐代谏书占有很大比重。宋初沿唐制,后置谏院,以左、右谏议大夫为之长;又改左、右拾遗为左右正言。南宋儒家大师朱熹通过对《论语·学而》曾子"吾日三省吾身"一语的注释,提出"有则改之,无则加勉"③,成为后人对待不同意见奉行的准则。辽代的门下省和中书省分别设左谏院和右谏院,沿置谏议大夫等职。金代有谏院,设左右谏议大夫、司谏等官职。元朝一代,谏院搁置不设。

随着皇帝集权的加强,明清逐步取消了专职谏官,谏官组织日益监察化,谏议的职能由监察御史兼任。明初洪武期间置谏议大夫及左右司谏,不久废除;明初又设左右正言,不久即罢。惠宗设拾遗,成祖即位后罢。明初承前代制度,统设给事中,洪武六年分吏、户、礼、兵、刑、工六科,各设都给事中、给事中及左右给事中,不仅辅助皇帝处理奏章,监察六部事务,而且负责向皇帝规谏、拾遗、补阙,由此形成了一个十分独特的言官群体。明代从明初朱元璋开始,便从制度上赋予了言官规谏皇帝、纠察百官的重大职权。明代皇帝几乎无一不受到言官的规谏。如嘉靖皇帝沉溺斋醮青词,不理政事,御史杨爵痛心疾首,上书极谏,被下诏狱,备受酷刑,数次昏死,仍泰然处之。其他言官冒死声援,虽然付出了血的代价,但终使嘉靖顾忌退让。在明代二百多年的历史中,多次出现言官集体跪谏、不畏死难或前赴后继、持续极谏的惊心动魄场面。明代历史上,刘基、于谦、王守仁、王世贞、唐顺之、海瑞等,都曾担任过言官,他们代民立言,以死相谏,留下了铮铮英名。

---

①② 吴兢《贞观政要·论纳谏》。
③ 朱熹《论语集注·学而》。

清初,洋溢着民主启蒙精神的顾炎武提出:"政教风俗苟非尽善,即许庶人之议。"①公然为人民议论政教、批评现实、倾吐心声寻找依据。努尔哈赤作为满清的奠基者,在女真族原有的军事民主制基础上创建了旗主贝勒议事制度,不断重申求言纳谏的重要性。皇太极统治后期,设立都察院,规定都察院官员为朝廷谏诤之官,可以谏诤君主,监督诸王贝勒大臣。入关后,清承明制,不设谏议大夫,设立都察院和六科,六科各设掌印给事中和给事中,负责谏诤封驳。雍正元年取消相对独立的谏议机构,六科给事中并入都察院,与各道监察御史合称"科道",御史兼负监察和谏诤双重职责。为了避免谏议机构的萎缩带来言路堵塞,清帝推行奏折制度拓宽言路。奏折最初是告密文书,是清帝指定的少数人才有的特权。雍正帝开始放宽具折人的范围,乾隆帝进一步将奏折制度推广到全国。随着使用范围的扩大,官员也可以附录自己对某些政事的意见,君主可以借此了解吏治民生,密折遂发展成为有效的广开言路之法。

由此可见,即便是在中国古代君主专制之下,也客观存在着尊重民心、打通言路、开放言禁、了解民意的传统。这是古代"仁政"而不是"暴政"的一部分,是中国古代富有积极意义和现代活力的一项政治遗产。

二、古代"民心"论的现代观照

在近代世界上民主国家中,"民主"作为"公民自主",公民的自由意志自然受到高度肯定,公民思想、言论的自由作为基本人权受到确认。1789年法国《人权宣言》第10条规定:"意见的发表只要不扰乱法律所规定的公共秩序,任何人都不得因其意见、甚至是信教的意见而遭受干涉。"这是最早规定意见自由、思想自由的法律文件。自此以后,世界上不少国家纷纷将思想自由作为本国公民的一项基本权利写入宪法。如1947年日本国宪法第19条规定:"思想及良心之自由不得侵犯。"1947年德意志联邦共和国基本法第4条规定:"信仰自由、良心自由、世界观自由不受侵犯。"随着国际交往的日益频繁,人权的保障形式逐渐走向国际化。第二次世界大战后,联合国及有关国际人权组织制定了一系列的人权文件,主要有1948年12月10日联合国大会通过的《世界人权宣言》、1966年12月16日联合国大会通过的《经济、

---

① 顾炎武《日知录·直言》。

社会和文化权利国际公约》和《公民权利和政治权利国际公约》。《世界人权宣言》第18条规定:"人人有思想、良心与宗教自由之权。"《公民权利和政治权利国际公约》第18条规定:"人人有权享有思想、良心和宗教自由。"第19条规定:"人人有权持有主张,不受干涉。"作为国际人权公约规定的一项基本人权——公民的思想自由后来成为各国宪法确认和保护的本国公民的一项基本权利。如法国宪法规定:"自由表达思想和意见是人类最宝贵的权利之一。"美国纽约州宪法规定:"每一公民对于任何问题,均有写作、口述或出版其意见的自由。"伊利诺伊州宪法规定:"每个公民均能自由写作、口述或出版各种问题之文字。"1978年西班牙宪法第16条规定:"保障个人和团体的意识形态、宗教信仰自由;任何人不得被迫将其意识形态、宗教或信仰自由公之于世。"智利宪法第10条第3款规定:"拥护和宣传任何政治观点不构成犯罪和滥用权利。"巴西宪法规定:"思想、政治或哲学见解可以自由表达,以及提供信息不受检查。"1982年土耳其宪法第25条规定:"每个人都有思想和意见的自由。无论出于何种理由和目的,任何人都不得被强迫公开其思想和意见;不得因其思想和意见而受到谴责和起诉。"埃及宪法规定:"每个公民的思想和言论自由必须得到保障,在法律规定的范围内有权表达自己的意见。"喀麦隆宪法序言规定:"在尊重公共秩序的条件下,任何人不得因出身、观点或宗教信仰、哲学或政治的观点而受迫害。"在宪法赋予公民思想自由表达权的同时,西方民主社会设立相应的议会制度,从而保证公民更充分地反映心声、政府更好地了解和集中民意。

中国自鸦片战争后,以康有为为代表的一批有识之士为了救亡图存,探求强国之道,终于认识到清朝衰败的症结之一在于政治体制上实行君民阻隔的君主专制,使下层的民意不能充分上达,解决的途径在于设议院、开国会,实行君民共主的君主立宪,以群治代替专制。经过数十年的奔走奋斗、呼吁请命,清廷最终不得不接受设议院、开国会的主张,实行预备立宪。咨议局、资政院的设置,标志着中国古代君主集权之下的谏议制度向近代全民共和的议会民主制度转变的开始。孙中山领导的辛亥革命,彻底推翻了几千年的君主专制,也打破了康有为等维新派追求"君民共主"、"君主立宪"的改良梦想,最终建立了全民共主的人民共和国。继之而起的"五四"新文化运动,亦以通下情、达民意、顺民心为启蒙目标。不幸的是,蒋介石篡夺了北伐革命的成果,在"意志集中"、"一个领袖"、"一个主义"等口号下排斥异己,走向独裁。中国共产党率领全国人民推翻了蒋介石独裁政府,建立了中华人民共和国,并设立了人民代表大会和政治协商会议这两个反映、集中民意的机构,结果却"迎来了1957年到1976年的二十年极'左'路线"和"专制主义"①。在"最高领袖""最高指示"对全民思想的"统一"中,万马齐喑,具有个性的真实思想一片肃杀。其实,"统一思想"不仅不是国家长治久安的基础,恰恰是亡党亡国的根源。只有解放思想,让人民畅所欲言,从而体察民意,集思广益,了解政治得失,制定和调整合符民心向背的方针政策,才能实现国家的真正安康。解放思想的倡导者邓小平指出:"一个革命政党,就怕听不到人民的声音,最可怕的是鸦雀无声。"②"一个党,一个国家,一个民族,如果一切从本本出发,思想僵化,迷信盛行,那它就不能前进,它的生机就停止了,就要亡党亡国。"③

改革开放以来,中央政府在体察民情、集中民智、顺应民心方面作了重大转变。不断完善的两会制度,日益从政府意志的表决器转变为表达民意、集中民智、参政议政的重要平台。2002年11月,胡锦涛总书记在中共十六大报告中提出:要深入了解民情、充分反映民意、广泛集中民智。2004年3月14日全国人大十届二次会议通过的中华人民共和国宪法修正案第二章第三十五条规定:"中华人民共和国公民有言论、出版、集会、结社、游行、示威的自由。"第三十六条规定:"中华人民共和国公民有宗教信仰自由。"2004年9月19日中国共产党第十六届中央委员会第四次全体会议通过的《中共中央关于加强党的执政能力建设的决定》提出:要"完善重大决策的规则和程序,通过多种渠道和形式广泛集中民智,使决策真正建立在科学、民主的基础之上"。2006年3月,全国人大委员长吴邦国在天津考察时强调:"要坚持以人为本,切实体察民情、充分反映民意、广泛集中民智,做到权为民所用、情为民所系、利为民所谋。"从这些表述中,我们既可以看到对中国古代"民心"思想精华的继承,也可以看到对西方政治文明的吸收以及对中国古代"民心"论局限的超越。

"言路者,国之命也";"得民心者得天下,失民心者失天下";"言者无罪,闻者足戒";"有则改之,无则加勉"。国学中"民心"论的这些要义,放之四海而皆准,永远不会过时,正在当下的政治生活中焕发出新的生命活力。

---

① 李慎之《中国文化传统与现代化——兼论中国的专制主义》,《战略与管理》2000年第4期。
②③ 《邓小平文选》第二卷,人民出版社1994年版,第145、143页。

思 考 题

1. 如何理解古代"民心"论的思想内涵？
2. 如何理解古代"民心"论的现代意义？

案 例 分 析

1. 如何确保人民拥有真正的思想言论自由权

如何确保人民拥有真正的思想言论自由权，这是国际社会主义运动历史上值得好好反思的大问题。其实，社会主义学说的创始人马克思是极力主张思想言论自由的。在《评普鲁士最近的书报检查令》中，马克思质问普鲁士当局："你们赞美大自然愉悦人心的千变万化和无穷无尽的丰富宝藏，你们不苛求胡桃与李子有同样的味道，你们也不要求玫瑰与紫罗兰有同样的芬芳，可你们为什么要求世界上最丰富多彩的人的思想完全一致呢？""每一滴露水在太阳的照耀下都闪耀着无穷无尽的色彩。但是精神的太阳，无论它照耀着多少个体，无论它照耀着什么事物，却只准产生一种色彩，就是官方色彩！"不过，当列宁把马克思的社会主义学说变为现实的时候，情况却悄然发生了异化。1905年11月，列宁在《党的组织与党的文学》(后译为《党的组织与党的出版物》)中指出："文学应该成为党的事业……打倒无党性的文学家！打倒超人的文学家！文学事业应当成为无产阶级总的事业的一部分，成为一部统一的、伟大的、由整个工人阶级的整个觉悟的先锋队所开动的社会民主主义机器的'齿轮和螺丝钉'。文学事业应当成为有组织的、有计划的、统一的社会民主党的工作的一个组成部分。"他还要求："文学家一定要参加党的组织。出版社和书库、书店和阅览室、图书馆和各种书报贩卖所，这一切应当成为党的机构，都应该请示汇报。""一切报纸、杂志、出版社等等都应该立即进行改组工作，以便造成这样的情况，使它们根据这些或那些原则完全加入这些或那些党组织。"于是我们就不难理解：为什么苏联严密控制各大新闻媒体，只允许宣传一种声音；为什么苏联文化事业一片萧条、思想界噤若寒蝉；为什么苏联会有那么多作家和知识分子被迫害、被流放、被处死。于是，那些掌握权力的人便为所欲为，完全走到了民心的反面。这就是苏联等社会主义政权最终为什么垮台的原因。

2. 专制时代流行话语的虚谎特征

思想自由的一个基本前提,是允许人们讲真话。然而在谎话盛行的专制时代,讲真话的人成了《皇帝穿新装》中的小孩,不是被嘲笑就是被扼杀。于是虚谎瞒骗,成为专制时代流行话语的一大特征。对此,钱理群在《论"演戏"》一文中有深刻剖析。在中国想、说与做三者是完全分裂的,说的人在"演戏",听的人是"看客",整个中国就是一个"大戏场"。"中国人总是扮演两个角色,或自己做戏,演给别人看,或看别人做戏。演戏与看戏构成中国人的基本生存方式。"在这种情况下,如果你真的相信他所说,你就永远不合时宜,尤其是当你按他所说的去做的话,就会处处碰壁。"大家都不相信,说的人固然不信,听的人也不信,大家都清醒地知道语言的虚伪性,却仍要继续维持这个虚伪性,因为已经形成了游戏的规则。""如果其中有一个人说出真话,指出它的假的,这人就是蠢物,就破坏了游戏规则",反过来就要把他扑灭。专制时代的话语总是与权力结合在一起。统治者总是要"创造出一种证明统治权力合法性的官方意识形态,并建立与之相适应的语言秩序",这便是"官话",即权力话语。权力话语的最大特点是指鹿为马、名不符实,于是权力话语变成了宣传话语。"中国民族是最会做宣传的……而且中国宣传的特点是,缺什么就讲什么。"所以看报纸上的宣传文章有一个办法:"正面文章反面看。""如果报上登了一个消息说某地打假取得伟大胜利,就知道这个地方假已严重到不管不行的地步了。""问题是,宣传中也有真,但所有人看报都正面文章反面看,以后真话也变成假话,最后就分不清真话与假话了。"所以虚假的宣传有时也有帮倒忙的效果。专制社会不仅剥夺人们说话的权利,也剥夺人沉默的权利,强迫每个人都必须"表态",这时人们唯一的生存办法就是"迎合"。作为"奉旨表演"的"被迫迎合","必须带有表演特点",把"假话"说得像真话一样。"当被压迫者被迫也说官话时,他们是不相信官话的。他们完全是为取得生存权利。官话就成为他们取得生存权利的艺术。于是就出现'借名'现象,即通常所的'拉大旗作虎皮'。"这种言不由衷的被迫迎合,既"有自我保存、自我求生存的性质,也未尝不是一种愚君政策,因为君有时也会被各种宣誓忠君所蒙蔽而昏昏然。所以这是一种互相欺骗"。比如1958年的"大跃进"就是官与民"互相欺骗"的一幕笑剧。[①]

[①] 钱理群《论"演戏"》,《钱理群文选》,汕头大学出版社1999年版。

第十章
国学中的"法治"论

提要：以法治国，不仅是解决现实问题、维护社会稳定的要求，也是根据人性好恶治理天下的需要。即便"贵仁贱刑"，也不可废除法制。因此，"法治"成为中国古代"德治"的一种辅助手段。从唐虞时期的"象刑"、夏朝的《禹刑》、商朝的《汤刑》、周朝的《吕刑》，到汉、隋、唐、宋、明、清的刑法，或轻或重，时起时伏，构成了中国古代君主专制之下有刑法无宪法的独特法律体系。作为"仁政"的一个组成部分，古代的"法治"论要求在立法、执法实践中坚持"德主刑辅"的基本原则，"先德后刑"、"尚德希刑"、以德立法、以德司法，"法令欲其难犯而易避"、"刑不厌轻"、"罚不患薄"，"疑罪从去"、"疑功从予"，反对以法谋私，故意"伺民短而诛过误"，主张法律面前官民平等、君臣平等，把公平的法律落到实处。这些思想，对完善我们今天的法律体系仍然具有极大的参考价值和借鉴意义。

治理天下应以保障"民生"、尊重"民心"的"仁政"、"德治"为主，但同时还必须兼行"法治"。道德与法律共同构成人类社会的规范机制和秩序体系。道德主"内"，法律主"外"；道德治"本"，法律治"标"；道德扬"善"，法律惩"恶"。德治与法治犹如车之两轮，鸟之两翼，在一个健康运行的社会中，二者相辅相成、不可偏废。社会的道德建设不应反对和排斥法治建设，法治建设也不能代替道德建设，德治与法治齐抓共管，相互协调配合，才能真正实现社会和谐。依法治国，这就是中国古代政治文明留给我们的又一项思想遗产。

一、"法制"产生依据及历代刑法简况

"法治"的依据是"法制"。中国古代"法制"的产生不仅源于现实的社会问题,也基于对人性的客观评判。人与生俱来地具有自私自利的情欲,而德治教化不是万能的。当自私自利的情欲冲决道德规范的堤防、胡作非为、危害社会的时候,国家就必须设立刑法给予惩罚、加以防范。葛洪指出:"莫不贵仁,而无能纯仁以致治也;莫不贱刑,而无能废刑以整民也。"①即便"贵仁""贱刑",也不可完全废除刑法,否则天下百姓就无法治理。法家先驱管子从人性好恶出发指出:"凡民莫不恶罚畏罪,是以人君严教以示之,明刑罚以致之。"②法家代表韩非子也从人性"喜利畏罪"揭示:"矫上之失,诘下之邪,治乱决缪……莫如法;属官威民,退淫殆,止诈伪,莫如刑。"③要之,治理天下必须德法兼用、宽猛相济。孔子指出:"政宽则民慢……猛则民残……宽以济严,猛以济宽,政是以和。"④孟子告诫政治家:"徒善不足以为政,徒法不足以自行。"⑤荀子提出:"治之经,礼与刑。"⑥因而主张"隆礼重法"⑦。这种礼法并行、刑德相济的思想,在汉代又被进一步丰富发展。贾谊指出:"夫礼者禁于将然之前,而法者禁于已然之后。"⑧礼教道德"禁于未然之前",可以预防犯罪,刑罚法律"禁于已然之后",可以制裁犯罪,二者不可偏废。刘安揭示:"无法不可以为治也,不知礼仪不可以行法也。"⑨董仲舒强调:"教,政之本也;狱,政之末也。其事异域,其用一也,不可以不相顺。"⑩刘向指出:"治国有二机:刑、德是也。"⑪桓谭指出:"夫王道之治,先除人害,而足其衣食,然后教以礼仪,而威以刑诛,使知好恶去就。"⑫自班固《汉书》起,历代官修史书均在《礼乐志》之外并列《刑

---

① 葛洪《抱朴子·外篇·用刑》。
② 《管子·版法解》。
③ 《韩非子·有度》。
④ 《左传·昭公二十年》。
⑤ 《孟子·离娄上》。
⑥ 《荀子·成相》。
⑦ 《荀子·天论》。
⑧ 《汉书·贾谊传》。
⑨ 《淮南子·泰族训》。
⑩ 《春秋繁露·精华》。
⑪ 《说苑·政理》。
⑫ 《新论·王霸》。

法志》,阐述每个朝代的礼教与法制情况,充分说明"德治"与"法治"如车之两轮,缺一不可。正如西晋傅玄所说:"夫威德者,相须而济者也。故独任威刑而无惠,则民不乐生;独任德惠而无威刑,则民不畏死。……有国立政,能使其民可教可制者,其唯威、德足以相济者乎?"①

那么,中国古代惩罚犯罪的刑法大体是怎样的状况呢?

传说尧舜时期实行"象刑"②,即用"画衣冠、异章服"的办法代表肉刑和死刑,以羞辱性的服饰来制裁犯罪人。这是比较仁慈的刑罚措施。

"禹承尧舜之后,自以德衰而制肉刑。"③据《左传·昭公六年》记载:"夏有乱政,而作《禹刑》。"《禹刑》的具体内容已经无从考证。东汉郑玄说:"夏刑,大辟二百,膑辟三百,宫辟五百,劓、墨各千。"说明夏朝已有"五刑"。据文献记载,夏禹看见罪人被处罚时,曾自责痛哭:"禹出见罪人,下车,问而泣之。左右曰:'夫罪人不顺道,故使然焉,君王何为痛之至于此也?'禹曰:'尧舜之人皆以尧舜之心为心,今寡人为君也,百姓各自以其心为心,是以痛之。'"④又据说夏禹对司法部门审判的案件"大小必察,枉直咸举",甚至"以断趾之法,代大辟之刑","仁心恻隐,贯彻幽显"⑤。说明夏朝自大禹起虽然有了严厉的刑法,但还是保留着尧舜时期的仁德遗风。

《左传·昭公六年》又说:"商有乱政,而作《汤刑》。"祖甲在位时,曾对《汤刑》进行修订,成为商朝通行的刑法律条。《汤刑》现已失传,内容无法确考。据古代文献引述,商朝刑事立法更加完备,刑法名目更多,刑罚手段更加残酷,多为后世采用,所以荀子说:"刑名从商。"商代在五刑之外增加了许多酷刑。死刑的名目有:斩,即杀头;戮,即在执行死刑前履行一定的程序,使被戮罪犯先蒙受耻辱,然后再斩;醢,杀死后将尸体捣成肉酱;脯,杀死后将尸体剁成肉干;烹,把人放在器物里煮死;剖心,即把人的心肝挖出;炮格,让有罪之人在底下烧火的铜格上行走,活活烫死烧死;孥戮,不仅杀其本人,而且祸及子女;劓殄,即族诛。"肉刑"是与死刑相对的生刑,对罪犯肉体上加以处罚,名目有:墨

---

① 《傅子·治体》。
② 《尚书舜典》:"象以典刑。"《史记·文帝纪》十三年诏说,古代有虞氏之时,以"画衣冠、异章服"作为处罚。《史记·武帝纪》元光元年诏:"朕闻昔在唐虞,画象而民不犯。""象"是服饰、象征。唐、虞:唐尧、虞舜。
③ 班固《汉书·刑法志》。
④ 刘向《说苑·君道》。
⑤ 吴兢《贞观政要·论封建》李百药奏论。

刑,在罪犯面部或额上刺刻后,涂以墨色,终身留下犯罪印记;劓刑,即割掉鼻子;荆刑,也叫刖刑,一说是用刀锯断足,一说是挖去膝盖骨,后来这一刑罚发展为斩左、右趾;断手,如《韩非子·内储说上》云:"殷之法,弃灰于公道者断其手。"宫刑,即割掉男子生殖器,破坏女子生殖机能。"徒刑"也开始出现,即拘系犯罪者,强迫其参加劳役。

西周继续实行墨、劓、宫、刖、杀五刑。战国时期,韩用申不害,秦用商鞅,实行连坐法,一人犯法,夷灭三族,还增加了凿颠(凿头颅)、抽胁(抽掉腋下肋骨)、镬烹(投入油锅)之刑。

秦始皇吞并六国后,废除德治,专用刑罚,采取严刑峻法,导致"赭衣塞路,囹圄成市"。

刘邦入关,与民约法三章,尽除秦朝苛法。吕后"除三族罪、妖言令"。文帝废除连坐法及黥、劓、刖刑、宫刑等肉刑,黥刑用髡(剃去头发)、钳(用铁圈束住颈项)、劳役代替,劓刑用鞭打三百下的笞刑代替,刖刑或用鞭打五百下的笞刑代替,或改为死刑。① 武帝时恢复了"连坐法"、"宫刑"等重刑,但宣帝以后,又重新恢复了轻刑。②

三国两晋南北朝时期,刑罚体系渐趋宽缓,"割裂肌肤,残害肢体"的刑罚手段逐渐减少。北朝西魏、北齐均下诏废止宫刑。北魏、北齐、北周规定了鞭刑与杖刑。北周把流刑作为死刑的一种宽待措施。《梁律》创从坐妇女免处死刑的先例。

隋代《开皇律》删除不少残酷的生刑,对流刑、鞭刑作了人性化的修改,禁止"残剥肤体"的鞭刑,并废除"枭首"示众、"轘身"车裂之类的酷刑,把死刑限定为绞、斩两种。

唐代死刑、流刑大为减少。死刑只有绞斩两种;徒刑仅一年至三年;笞杖数目也大为降低;适用刑罚以从轻为度,比以前各代均为轻。唐律被认为是中国

---

① 文帝废除肉刑,无疑是一种进步,受到后人高度评价,但他改判笞刑的犯人,常常是还没有打够300下或者500下,就被活活打死。因此,班固批评文帝"外有轻刑之名,内实杀人"。"除肉刑者,本欲以全民也,今去髡钳一等,转而入于大辟",造成"死者岁以万数","以死罔民,失本惠矣"。鉴于上述弊端,景帝即位以后,两次下诏"减笞法",先将笞500下降为300下,笞300下降为200下,接着又将笞300下降为笞200下,笞200下降为100下。同时,规定笞刑的刑具一律为竹制的棰杖,长5尺,执刑者手持部厚度为1寸,用来打人的部分薄半寸,并要削平其竹节;又规定笞刑只能打臀部,行刑者不得更换。"自是笞者得全"。

② 班固《汉书·刑法志》。

古代社会"得古今之平"的刑法典范。

宋代创设了一些新的刑罚制度。如凌迟刑,起初时适用于以妖术杀人祭鬼的罪犯,后来适用范围渐广;刺配刑,刺面、配流放且杖脊,本来是对免死人犯的一种代用刑,后来则成了常用刑;折杖法,宋太祖时期作为重刑的代用刑出现,但因"良民偶有抵冒,致伤肢体,为终身之辱;愚顽之徒,虽一时创痛,而终无愧耻",所以徽宗时又对折杖刑数重作调整,减少对轻刑犯的伤害。

元朝保留了蒙古族人的许多习惯法,蒙古人、僧侣在刑罚处置中享有某种特权。元法死刑中无绞刑,凌迟为法定死刑。

明清时期复活了大量肉刑,刑罚手段日趋残酷。明、清两朝恢复了枭首示众之刑,并将适用范围逐步扩大,在死刑执行方面还发明出一些更加残酷的方式,如"剥皮实草"、"灭十族"、戮尸等。明代还发展了廷杖制度,这是在殿廷前对违抗皇命的大臣直接施以杖刑的酷刑。明代往往由厂卫执行,行刑之酷,许多被杖者当场毙命。明代还并创立了一些新的刑种,为清朝沿用。如"枷号"。这是明朝首创的耻辱刑,清代沿用,一般用于有伤风化的伦理犯罪。枷是一种方形木质项圈,用以套住脖子,有时还套住双手。强制罪犯戴枷于监狱外或官府衙门前示众,以示羞辱。刑期为一月、二月、三月、六月、永远五种。枷的重量从二三十斤到一百五十斤不等。戴上最重枷的囚犯往往几天内就会毙命,所以从耻辱刑演变成致命的酷刑。"充军刑",罚犯人到边远地区从事强迫性的屯种劳役或充实军伍,是轻于死刑、重于流刑的一种刑罚。"发遣刑",流放刑罚的一种,指将罪犯发往边地终生当差、为奴、种地。这是一种比充军更重的刑罚。《清朝续文献通考》指出:"军罪虽发极边烟瘴,仍在内地;遣罪则发于边外极苦之地,所谓屏诸四夷不与同中国者。此军与遣之分别也。"明代时只限军官和士兵,清时则包括徒罪以上的文武官员。

从唐虞时期的"象刑"、夏朝的《禹刑》、商朝的《汤刑》、周朝的《吕刑》,到汉、隋、唐、宋、明、清的刑法,或轻或重,时起时伏,构成了中国古代法律在君主专制之下只有惩罚人民犯罪的刑法,而无保证人民权利的宪法的独特体系。

二、"德主刑辅"、"尚德希刑"

作为"仁政"的一个组成部分,古代的"法治"论要求在立法、执法实践中坚持"德主刑辅"的基本原则。早在《尚书·周书》的《康诰》、《多方》等篇中,我们就看到周人反复强调"明德慎罚"。孔子为代表的儒家把这发展为"德主刑辅"。汉代以降,通过儒学的"法典化"与法律的"儒学化",德法兼用、德主刑辅的政治模式逐渐固定下来。为什么要坚持"德主刑辅"？《淮南子·泰族训》说:"民无廉耻,不可治也。""民不知礼仪,法弗能正也。"《盐铁论·申韩》指出:"法能刑人而不能使人廉,能杀人而不能使人仁。"刘向说:"教化,所恃以为治也,刑法,所以助治也。今废所恃而独立其所助,非所以致太平也。"①班固认为,在国家政治中,刑法虽然是不可以缺少的,但必须摆到合适的位置。"文德者,帝王之利器;威武者,文德之辅助也。"刑法虽为治理社会所必须,但只能治标,不能治本,决不能以法治为主,单纯依赖刑法,秦朝"专任刑罚"导致迅速灭亡就是惨痛的历史教训。要从根本上解决问题,必须立足于德治,坚持"德主刑辅"。

"德主刑辅"要求"先德后刑"、"先教后杀",避免"不教而杀"。周公认为在"教"与"刑"并用的情况下,应当教化先行,给犯罪者改过自新机会。如经过教化仍然再犯,则再施以刑罚。比如酗酒成风,是商人遗留给周初的一个普遍而严重的社会问题。周公认为,商人酗酒以至于丧国,周人应以此为戒,反复教育而仍"群饮"者,则"尽执拘以归于周,予其杀"。朱熹将这种"先德后刑"、"先教后杀"的做法解释为"教之不从,刑以督之"②。关于这样做的道理,刘向指出:"至于刑者,则非王者之所贵也,是以圣王先德教而后刑罚。"③

"德主刑辅"还要求"尊德卑刑"、"尚德希刑"、"大德小刑"。管子指出:刑法之威在守信,守信之道在禁少,"未有能多禁而多止者也"④。荀子提出:"明德慎刑,国家既治四海平。"⑤刘向主张:"尚其德而希其刑。"⑥王符提出:"圣人甚尊德礼而卑刑罚。"⑦南朝梁沈约撰《宋书》,研判历代兴废,他总结出来的治国之术是"刑务简阔"。魏徵总结道:"御之良者,不在于烦策;政之善者,无取于严刑。故虽宽猛相资,德刑互设,然不严而化,前哲所重。"⑧《隋书·刑法志》指出:"夫刑者,制死生之命,评善恶之源,剪乱诛暴,禁人为非者也。""上有道,

---

① 转引自班固《汉书·刑法志》。
② 《朱子语录》卷七十八。
③ 《说苑·政理》。
④ 《管子·任法》。
⑤ 《荀子·成相》。
⑥ 《说苑·政理》。
⑦ 《潜夫论·德化》。
⑧ 《隋书》卷七十四《列传第三十九·酷吏》。

刑之而无刑;上无道,杀之而不胜也。"

三、"以德立法"、"以德司法"

在立法环节,"德主刑辅"要求"以德立法",保证立法的公正性。所谓"以德立法",包含两层意思。一是反对立法者从私利出发制定、修改法律,从源头上堵住漏洞。周武王曾请教姜太公:"为国而数更法令者,何也?"姜太公说:"为国而数更法令者,不法法,以其所善为法者也。故令出而乱,乱则更为法,是以其法令数更也。"①黄宗羲指出:"夫非法之法,前王不胜其利欲之私以创之,后王或不胜其利欲之私以坏之。坏之者固足以害天下,其创之者亦未始非害天下者也。"②确保法律的公正不仅有助于老百姓守法,而且有助于防止立法者和执法者犯法。刘安指出:法不仅是用来"禁民使不得自恣"的,也是用来"禁君使无擅断"的,"人主之立法,先自为检式仪表,故令行于天下"。③黄宗羲指出:如果有一套公正的法律,对于执法者而言,"其人是也,则可以无不行之意;其人非也,亦不至深刻罗网,反害天下"。这就叫"有治法而后有治人"。④

二是主张从防患于未然的仁德动机出发制定刑罚,努力使刑罚"难犯而易避",而不是动辄得咎。汉元帝目睹当时"生刑易犯"、"死刑过制"、法令"烦而不约"、令人防不胜防的状况,即位后便加以删减。他提出立法的动机和原则:"夫法令者,所以抑暴扶弱,欲其难犯而易避也。"⑤汉末王符进一步加以诠释:"凡立法者,非以司民短而诛过误,乃以防奸恶而救祸败,检淫邪而内正道尔。"⑥立法的本意是让人"难犯而易避",而不是为了"司民短而诛过误",正如设立死刑的目的不是"求民之死",而是"求民之生"一样,否则立法就失去公正性、合法性了。所以,《宋史·刑法志》说:"先王有刑罚以纠其民,则必以温慈惠和以行之。盖裁之以义,推之以仁,则震悚杀戮之威,非求民之死,所以求其生也……刑以弼教,使之畏威远罪,导以之善尔。"魏源指出:"强人之所不能,

---

① 刘向《说苑·政理》。
② 黄宗羲《明夷待访录·原法》。
③ 刘安《淮南子·主术训》。
④ 黄宗羲《明夷待访录·原法》。
⑤ 《汉书》卷二十三《刑法志》。
⑥ 王符《潜夫论·德化》。

法必不立;禁人之所必犯,法必不行。"①强迫人们去做办不到的事,这样的法令一定不能成立;禁止人们去做必定会触犯的事,这样的法令肯定不能实行。

在执法环节,"德主刑辅"要求"以德司法",将仁德的思想贯彻到执法实践中,"刑不厌轻","罚不患薄"。"以宽仁为治,故立法之制严,而用法之情恕。"②比如西汉司法实践中,特别注意减轻对老人、小孩、残疾及孕妇的处罚。惠帝即位时,曾下令"民年七十以上若(及)不满十岁有罪当刑者,皆完(不加肉刑,仅剃去脸颊上的胡须和鬓发)之"。景帝时又规定,"年八十以上,八岁以下,及孕者未乳"等涉罪者,宽容拘禁,不加桎梏等刑具。宣帝时下诏"念夫耆老之人,发齿堕落,血气衰微,亦无暴逆之心,今或罹于文法,执于囹圄,不得终其年命……自今以来,诸年八十非诬告杀伤人,它皆勿坐"。成帝时又规定,"年未满七岁,贼斗杀人及犯殊死者,上请廷尉以闻,得减死"。这些规定,体现了刑罚中的仁德精神,为后世各朝所吸取。

量刑时是以宽大为主,还是为防止漏网而重罚误判,是衡量是否"以德司法"的试金石。"明德慎罚"的周人主张:凡是有疑问的罪行,可以从轻发落和赦免。"五刑之疑有赦,五罚之疑有赦。""墨辟疑赦。""劓辟疑赦。""剕辟疑赦。""宫辟疑赦。""大辟疑赦。"③孔子曾经比较古今执法的不同:"古之知法者能省刑,本也;今之知法者不失有罪,末矣。""今之听狱者,求所以杀之;古之听狱者,求所以生之。"④贾谊在此基础上提出"疑罪从去"、"疑功从予"的司法原则:"与其杀不辜也,宁失于有罪也。故夫罪也者,疑则附之去已;夫功也者,疑则附之与已。则此毋有无罪而见诛、毋有有功而无赏者矣。""故古之立刑也,以禁不肖,以起怠惰之民也。是以一罪疑则弗遂诛也,故不肖得改也;故一功疑则必弗倍(背)也,故愚民可劝也。是以上有仁誉而下有治名。疑罪从去,仁也;疑功从予,信也。"⑤这里最值得警惕的是执法者利用自身的便利,故意设套坑害百姓。汉元帝批评当时执法界:"今之狱吏,上下相驱,以刻为明,深者获功名,平者多后患。谚曰:'鬻棺者欲岁之疫。'非憎人欲杀之,利在于人死。今治狱吏欲陷害人,亦犹此也。"⑥

---

① 魏源《默觚下·治篇三》。
② 《宋史·刑法志》。
③ 《尚书·周书·吕刑》。
④ 转引自《汉书·刑法志》汉元帝诏。听狱:断案。
⑤ 《新书·大政》。
⑥ 《汉书·刑法志》汉元帝诏。

执法者也有私利,这不仅会导致司法不公,而且会导致法律形同虚设,使国家有"法制"而无"法治"。"有法者而不用,与无法等。"①"世不患无法,而患无必行之法。"②制定法令是容易的,难的是把法令公正地落到实处。为此,商鞅、韩非要求除君主拥有特权之外执法时官民平等。"所谓一刑者,刑无等级,自卿相、将军以至大夫、庶人,有不从王令、犯国禁、乱上制者,罪死不赦。"③"法不阿贵,绳不绕曲,法之所加,智者弗能辞,勇者弗敢争,刑过不避大夫,赏善不遗匹夫。"④而管子、刘安则更进一步,要求君主专制之下君主带头执法。"君臣上下贵贱皆从法,此谓为大治。"⑤"法律度量者,人主之所以执下。释之而不用,是犹无辔衔而驰也,群臣百姓反弄其上。"⑥为了防止执法者以私干法,古代早就设立了监察机构。不过监察人员也有一个违法犯法、需要别人再监察的问题,这就使得司法公正陷入了难以彻底解决的怪圈。"夫置丞立监者,且以禁人之为利也;而丞、监亦欲为利,则何以相禁?"⑦而且,下级官员犯法往往导源于上级官员的徇私枉法,"严下吏之贪,而不问上官,法益峻,贪益甚,政益乱,民益死,国乃以亡。"⑧执法公正要从上级官员抓起。

中国古代的"法治"思想最终是为维护君主专制、巩固君主统治的目的服务的,这就注定了它本身具有不同于现代民主法律体系的局限性;然而,维护君主专制、巩固君主统治的长远利益必然与人民的利益存有若干交叉之处,这就使得它同时包含许多具有普适意义的价值,值得在我们今天的立法、司法实践中参考借鉴。

思 考 题

1. 古代法制产生的依据是什么?
2. 如何认识古代法治思想中的儒家道德情怀?

---

① 刘安《淮南子·主术训》。
② 桓宽《盐铁论·申韩》。
③ 《商君书·赏刑》。
④ 《韩非子·有度》。
⑤ 《管子·任法》。
⑥ 刘安《淮南子·主术训》。
⑦ 《商君书·禁使》。
⑧ 王夫之《读通鉴论》卷二十八。

3. 有一种说法,中国古代只有法制思想,没有法治思想,你认为这种说法符合事实吗？试作阐述。

4. 如何理解古代法治理论中立法公正、司法公正的思想？

案例分析

1. 北京菜贩杜宝良的巨额罚单

1994年,安徽杜宝良和妻子来到北京,在复兴商业城的小区入口卖菜为生,每月约有1000元左右的收入。2003年7月,杜宝良拿到驾照后买了一辆小客货运菜。一年后,在西城区真武庙路头条,杜宝良第一次违章逆行,被电子眼记录在案,但没有人告知他。在这个地方,杜宝良不止一次看到过一个交通标志：小汽车下面画着一道横线。他的理解是,小车可以通过。在后来不到一年的时间里,他的105起交通违法行为都发生在这一地点。2005年5月,在105次违章之后,终于有交警告诉杜宝良,那是禁止通行的标志。西城区交管部门向他开具了10 500元的罚单,那是他将近一年的收入。他因此成了焦点人物,有人戏称他为"违章大王",引起舆论的强烈同情,而天价罚单也成为千夫所指。

"杜宝良事件"发生不久,重庆籍司机田华,因在9个月的时间内非现场交通违法87次,被北京海淀交通支队中关村队处以18 200元的违法罚款。在广东东莞,一辆车半年被电子眼拍摄交通违章18次,车主知道时罚款已达3 600元；另一车主到年检时才被告知已被电子眼拍摄交通违章上百次,罚款累计2万元。与杜宝良一样,这些违章者自始至终没有收到违章通知。

为什么不能及时告知呢？来自交警的一种解释是：电子眼是由政府和民营企业共同投资和管理的,违章记录和通知都不由交警部门负责。

但这种解释是站不住脚的。人们宁愿相信：这是交警部门与民营企业合谋设局,有意造成天价违章罚款,从中牟取利益提成。

如若不信,请看2005年6月7日《文汇报》的一则报道：自2004年加大处罚力度的新交通法实施以来,"一些地方的交警将'暗中执法'当作罚款、创收的手段,应当标明的交通规则和标识不注明、不标明,应当出现警察的地方不出现警察,而是千方百计地将司机当作'羔羊','出其不意''突现奇兵',抓住他的违规行为,以此收取大笔罚款款",甚至"开着警车,找个僻静的路边或拐弯处停下,不是去现场指挥交通车辆,而躲在树后拿出数码相机偷偷地拍摄违章车辆,然后输入电脑,开出罚单"(《交警暗处偷拍惹争议》)。

诸如此类的执法者以法蒙民、坑民现象,在我国目前的司法界还可以举出好多。"立法者,非以司民短而诛过误。""夫法令者,所以抑暴扶弱,欲其难犯而易避也。""以宽仁为治,故立法之制严,而用法之情恕。""罚不患薄","刑不厌轻"。重温古人的这些告诫,今天那些以法谋利、蒙骗百姓、坑害弱者的执法者应感到汗颜。

2. 山西交警乱罚款收黑钱被曝光处理

2011年11月21日央视《朝闻天下》节目播出了"记者暗访公路乱罚款,交警拦车伸手要钱"的报道,披露了山西岚县、盂县交警在没有罚款理由、没有收据、没有罚单的情况下,对通过境内国道的车辆乱罚款、收黑钱和高速公路交警执法不规范等问题。执法者披着公正的外衣堂皇之以法谋私的行径暴露无遗。

事件发生后,山西省公安厅组成联合调查组迅速进行核实,严肃追究有关单位和人员的责任。两县公安交警部门包括县公安局局长、交警大队大队长、交警大队教导员和交警大队副大队长共8人被免职。岚县公安局交警大队界河口中队中队长郭新君、指导员郭青海被撤职,肇事的5名协勤人员被辞退;盂县公安局交警大队七中队中队长李玉忠和6名肇事协勤人员全部被辞退。省公安厅党委专门召开电视电话会议,提出抓住七类重点问题,在各级公安机关扎实进行整改。这七类问题包括:一、管理混乱、纪律松弛,单位"脏乱差"、民警"稀拉松"的问题;二、违反省纪委"五个不准",在岗不在位、出勤不出力,上班时间聊天、玩游戏、炒股、到娱乐场所活动的问题;三、宗旨意识淡薄,办事拖拉、推诿扯皮、冷硬横推、吃拿卡要的问题;四、滥用职权谋取不正当利益,以权谋私、权钱交易、贪赃枉法、胡作非为的问题;五、少数领导干部作风不实、情趣低下,官僚主义、奢侈浪费和形式主义严重的问题;六、少数民警不听管劝,违反公安部"五条禁令"和省厅"六条警规"等警令条规的问题;七、涉赌涉黄涉毒、涉黑涉恶以及充当"保护伞"的问题。

执法者的公正廉洁,关系到党和政府的生死存亡。2011年10月,党的十七届六中全会闭幕后,中央政法委提出政法干警核心价值观为"忠诚、为民、公正、廉洁",并部署在全国政法机关组织开展政法干警核心价值观的教育实践活动。山西交警暴露出来的执法者违法牟利的冰山一角,从一个侧面证明了中央政法委开展这种核心价值观教育实践活动的必要性和迫切性。

第十一章
国学中的"人才"论

提要：人才问题是中国古代政治学中的一个基本问题。为什么要重视人才？因为"为国之要，在于进贤退不肖。"如何发现人才？要兼顾德能，用全面、发展变化的观点考察人才。如何尊重人才？不能"叶公好龙"，做表面文章；不能专挑好话听，拒绝听取批评意见；不能居高临下、颐指气使，而应礼贤下士，包容人才；要给予人才必要的权位、俸禄和荣誉，使人才有用武之地。如何任用人才？要不论贵贱，不避亲疏，不计恩怨，任人唯贤；要用人之长，不责其短，不求其全；要知人善任，用得其所；要懂得"王道知人、臣道知事"，不自以为是，不刚愎自用，不妒贤嫉能，不越俎代庖，注重发挥人才的积极性。

政治的本质是最高当政者通过任用层层级级的官员对基层人民实施有效管理。如果没有德才兼备的人才充当各层各级的管理者，最高当政者再好的政治理念和理想也会在实施中变形甚至落空。因此，国学中的另一个重要话题是"尚贤"和"用才"。"贤"，不仅指有道德，而且指有才能。《说文解字》："贤，多才也。""尚贤"、"用才"作为中国古代的基本人才观，集中讨论的是对人才的尊重和使用问题。其中有许多可供我们借鉴的经验和启示，值得我们进行一次系统的盘点和总结。

一、"为国之要，在于进贤退不肖"

在社会管理中，只有让有德者管理无德者、有才者管理无才者，才能天下太平；如果黄钟毁弃，瓦釜雷鸣，不肖者在上，德厚者居下，才能平庸者管理能力杰出者，必然天下大乱。春秋时期管子出任齐相时最早提出人才对于强国的重要性。"夫争天下者，必先争人。"①"论材量能，谋德而奉之，上之道也。"②在他的辅佐下，齐桓公成为春秋霸主，他自己也成为"春秋第一相"。当时，"为政于国家者皆欲国家之富，人民之众，刑政之治"，然而大多事与愿违，什么缘故呢？关键是因为"不能以尚贤事能为政"③。因此，墨子揭示："自贵且智者为政乎愚且贱者，则治；自愚贱者为政乎贵且智者，则乱。"④"夫尚贤者，政之本也。"⑤"大人之务，将在于众贤而已。"⑥李斯在其名文《谏逐客书》中总结说："太山不让土壤，故能成其大；河海不择细流，故能就其深；王者不却众庶，故能明其德。"不分国籍、地域地广罗天下人才为自己服务，是"五帝三王之所以无敌"的法宝。西汉成书的《文子》指出：按照常理，"小不能制大，弱不能使强，天地之性也"⑦。如果"使不肖临贤，虽严刑不能禁其奸"⑧。在理想社会的用人机制中，应当"无德不尊，无能不官"⑨；只有"英俊豪杰各以大小之材处其位，由本流末，以重制轻"，才能达到"上唱下和，四海之内，一心同归，背贪鄙，向仁义，其于化民，若风之靡草"⑩的政治效果。唐太宗结合自己的亲身体验说："舟航之绝海也，必假桡楫之功；鸿鹄之凌云也，必因羽翮之用；帝王之为国也，必藉匡辅之资。""夫国之匡辅，必待忠良，任使得其人，天下自治。"⑪"为国之要，在于进贤退不肖。"⑫柳宗元说得好："夫天下之道，理安，斯得人者也。使贤者居上，不肖者居下，而后可以理安。"⑬"天下之恶，莫有甚于恶天下之贤而喜其不肖者也。"⑭

---

① 《管子·霸言》。
② 《管子·君臣》。
③ 《墨子·尚贤上》。
④ 《墨子·尚贤中》。
⑤ 均见《墨子·尚贤上》。"众"，使之众也。"众贤"，就是积聚人才、吸纳人才的意思。
⑥ 《墨子·尚贤上》。
⑦⑧ 《文子·上礼》。李定生、徐慧君校注《文子要诠》，复旦大学出版社1988年版，下同。
⑨ 《文子·上仁》。
⑩ 均引自《文子·上礼》。
⑪ 《帝范》卷一《求贤第三》。
⑫ 《资治通鉴》卷一九七，唐太宗贞观十九年。
⑬ 《柳先生集》卷三《封建论》。理：治也。
⑭ 王夫之《读通鉴论》卷一九。

二、人才的考察和培养

重视人才的前提是辨别人才。晏子曾提醒齐景公注意"国有三不祥",其中之一便是"有贤而不知"①。这就把人才的考察问题最早提了出来。

什么是"人才"?就是人们通常说的"英俊豪杰"。什么是"英俊豪杰"?《文子》有一段分析非常值得注意:"智过万人者谓之'英',千人者谓之'俊',百人者谓之'杰',十人者谓之'豪'。明于天地之道,通于人情之理,大足以容众,惠足以怀远,智足以知权,'人英'也。德足以教化,行足以隐义,信足以得众,明足以照下,'人俊'也。行可以为仪表,智足以决嫌疑,信可以守约,廉可以使分财,作事可法,出言可道,'人杰'也。守职不废,处义不比,见难不苟免,见利不苟得,'人豪'也。"②由此可见,作为"英"、"俊"、"豪"、"杰"的"人才"不仅是一个能力的概念,而且是一个品行的概念。

因此,考察人才就不能仅仅从能力方面着眼,而必须兼顾德能两方面,且要用动态的观点去辨别人才。《文子》指出:"论人之道,贵即观其所举,富即观其所施,穷即观其所受,贱即观其所为;视其所患难,以知其所勇;动以喜乐,以观其守;委以财货,以观其仁;振以恐惧,以观其节。如此,则人情可得矣。"③三国时魏国的刘劭对这一观点加以发展,提出用全面的、发展变化的观点考察人才的原则:"居视其所安,达视其所举,富视其所与,穷视其所为,贫视其所取"④;"夫人材不同,成有早晚,有早智而速成者,有晚智而晚成者,有少无智而终无所成者,有少有材而遂为隽器者"⑤。他同时指出:辨别人才不能"以耳败目",道听途说,应当"以目正耳",眼见为实⑥;不能被表面现象所迷惑,"或以貌少为不足,或以瑰姿为巨伟,或以直露为虚华,或以巧饰为真实";要学会透过现象看本质,注意到"尤虚之人,硕言瑰姿,内实乖反","尤妙之人,含精于内,外无饰姿"⑦;要防止从个人的好恶出发评价人物,"虽非尤有所是",或"以其所是,

---

① 《晏子春秋·内篇·谏下》。
② 《文子·上礼》。
③ 《文子·上义》。
④ 刘劭《人物志·效难》。
⑤ 刘劭《人物志·八观》。
⑥⑦ 刘劭《人物志·七缪》。

顺己所长","情通意亲,忽忘其恶"①。唐太宗感叹:"用人之道,尤为未易。己之所谓贤,未必尽善;众之所谓毁,未必全恶。知能不举,则为失材;知恶不黜,则为祸始。"②"有轻才者不可委以重任,有小力者不可赖以成职。"③

人才的考察不仅应在任用之前,而且应在任用之后。王安石说:在任职一段时间以后,人才的真伪得以体现出来。"贤者则其功可以至于成,不肖者则其罪可以至于著"。这就需要建立相应的"考绩之法",保证"智能才力之士则得尽其智以赴功","无能之人固知辞避而去","不胜任之罪不可以幸而免"④。

此外,不能满足于被动地对社会中自由成长的人才的辨别考察,而且要注重对人才主动的有计划、有意识的培养。管子指出:"一年之际,莫如树谷;十年之际,莫如树木;终身之计,莫如树人。一树一获者,谷也;一树十获者,木也;一树百获者,人也。"⑤人才培养的最有效的途径就是办好教育。中国古代早先的学校主要是道德教化的场所。"古之王者,建国君民,教学为先。"⑥隋朝创立了科举制之后,学校成为培养社会管理人才的专门单位,于是人才培养就与办好学校合二为一。不过即便是科举制实行之后的中国古代学校仍与现代学校承载的使命有所不同。王安石指出:"苟可以为天下国家之用者,则无不在于学",学校的使命就是学好"朝廷礼乐刑政之事"⑦。可见,隋唐至明清的学校培养的人才是政治管理人才。

三、怎样尊重人才

懂得了人才强国的重要性,也能够发现人才,但是不是一定会尊重人才呢?未必。大凡人才,都是有思想、有尊严、有个性的。要将尊重人才落到实处,并非易事。在这个问题上,有如下几点值得注意:

1. 尊重人才不是作秀,爱才不要徒有虚名,"叶公好龙"式的爱才要不得。

---

① 刘劭《人物志·七缪》。
② 《全唐文》卷十《金镜》。
③ 《帝范》卷二《审官第四》。
④ 王安石《王文公文集》卷一《上皇帝万言书》。
⑤ 《管子·权修》。
⑥ 《礼记·学记》。
⑦ 王安石《王文公文集》卷一《上皇帝万言书》。

"叶公"是春秋时楚国叶县县令沈诸梁,名子高,封于叶。据刘向《新序》记载:"叶公子高好龙,钩以写龙,凿以写龙,屋室雕文以写龙。于是天龙闻而下之,窥头于牖,施尾于堂。叶公见之,弃而还走,失其魂魄,五色无主。是叶公非好龙也,好夫似龙而非龙者也。"①这虽是一则寓言,却有现实的针砭意义。一些用人者虽然思想上懂得人才的重要,但一旦人才来了,冲撞了他的权威,抢了他的风头,他又受不了,往往避之惟恐不及,使尊重人才流于作秀,有爱才之名,无用才之实。比如唐代宗就是这样的有"有容下之名,无听谏之实"的例子。独孤及上书说:"陛下屡发德音,使左右侍臣得直言极谏……然顷者陛下虽容其直,而不录其言,所上封皆寝不报。有容下之名,无听谏之实,遂使谏者稍稍自钳口,饱食相招为禄仕,此忠鲠之人所以窃叹,而臣亦耻之。"②

2. 切忌只爱听美誉的好话,不爱听批评的坏话,有爱才之名而无爱才之实。周武王曾问姜太公:"举贤而以危亡者,何也?"太公回答:"举贤而不用,是有举贤之名而不得其贤之实也。"武王问:"其失安在?"太公说:"其失在君好用小善而已,不得真贤也。"武王问:"好用小善者,何如?"太公说:"君好听誉而不恶谗也,以非贤为贤,以非善为善,以非忠为忠,以非信为信。其君以誉为功,以毁为罪;有功者不赏,有罪者不罚;多党者进,少党者退。是以群臣比周而蔽贤,百吏群党而多奸,忠臣以诽死于无罪,邪臣以誉赏于无功,其国见于危亡。"③

3. 礼贤下士,把人才当作"朋友"甚至"师傅"对待,发自内心地尊重人才、包容人才。人才虽然值得尊重,但在用才者面前,社会地位是低下的。用才者如果高高在上,颐指气使,就不可能真正赢得人才的效力。大凡才能卓著者,往往恃才傲物,有股骄气,甚至有这样那样的缺点。用才者必须有包容人才的雅量和心胸。不仅要像"朋友"一样平等对待人才,而且要像"师傅"一样礼贤下士。老子说:"善用人者为之下。"而真正做到了礼贤下士,就会让人才心甘情愿地为你效力。正如《吕氏春秋·下贤》所揭示:"士虽骄之,而己愈礼之,士安得不规制?"刘向通过一段历史故事的记载揭示:君主如果用"仆人"、"俘虏"的态度对待人才,就会危及社稷;如果用"朋友"、"师傅"的态度对待人才,就会

---

① 刘向《新序·杂事五》。
② 《新唐书·列传·独孤及·独孤及上代宗书》。
③ 《说苑·君道》。

带来国家的强大。"燕昭王问于郭隗曰：寡人地狭人寡,齐人取蓟八城,匈奴驱驰楼烦之下。以孤之不肖,得承宗庙,恐危社稷,存之有道乎？郭隗曰：有,然恐王之不能用也。昭王避席,愿请闻之。郭隗曰：帝者之臣,其名臣也,其实师也；王者之臣,其名臣也,其实友也；霸者之臣,其名臣也,其实仆也；危国之臣,其名臣也,其实虏也。今王将东面,目指气使以求臣,则厮役之材至矣；南面听朝,不失揖让之礼以求臣,则人臣之材至矣；西面等礼相亢,下之以色,不乘势以求臣,则朋友之材至矣；北面拘指逡巡而退以求臣,则师傅之材至矣。如此则上可以王,下可以霸。唯王择焉。燕王曰：寡人愿学而无师。郭隗曰：王诚欲兴道,隗请为天下士开路。于是燕王常置郭隗上坐南面。居三年,苏子闻之,从周归燕；邹衍闻之,从齐归燕；乐毅闻之,从赵归燕；屈景闻之,从楚归燕。四子毕至,果以弱燕并强齐。夫燕、齐非均权敌战之国也,所以然者,四子之力也。"①

4. 尊重人才不能仅停留于口头上,而且要落实在行动上,给予人才必要的权位、俸禄和荣誉。墨子指出：尊重人才的基本方法是"富之贵之,敬之誉之"。"列德而尚贤,虽在农与工肆之人,有能则举之,高予之爵,重予之禄,任之以事,断予之令。"为什么呢？因为"爵位不高则民弗敬,蓄禄不厚则民不信,政令不断则民不畏。""举三者授之贤者,非为贤赐也,欲其事之成。"②把高官厚禄、决断政令的权力交给能人贤士,不是对他的特别恩赐,而是为他建功立业提供必要的条件。因此,用才者不要总是期待对方知恩图报,要明白人才享有你给予的地位和待遇,只是为了更好地践行你交给他的使命。

四、如何使用人才

发现了人才,真正地尊重人才,授予人才合适的职权,那么,在具体使用人才的环节,应当注意哪些问题呢？

1. 不论贵贱,不避亲疏,不计恩怨,任人唯贤

在任用人才之初,人才地位的贵贱及其与自己的亲疏、利害关系是重要的

---

① 《说苑·君道》。亢：高。相亢：相高,以之为高。拘指：拱手,两手合抱致敬。逡巡：退让。
② 均见《墨子·尚贤上》。

掣肘因素。春秋时期,面对爵位世袭制度,墨子提出"举公义,辟私怨","有能则举之,无能则下之","以德就列,以官服事,以劳殿赏,量功而分禄",打破世袭制度,使"官无常贵,而民无终贱"①。他以上古"圣王甚尊尚贤而任使能"为据,提出"进贤"、"事能"的要求:"不党父兄,不偏贵富,不嬖颜色,贤者举而上之,富而贵之,以为官长;不肖者抑而废之,贫而贱之,以为徒役。""可使治国者,使治国;可使长官者,使长官;可使治邑者,使治邑。凡所使治国家、官府、邑里,此皆国之贤者也。"②晏子告诫齐景公:"明王之任人,谄谀不迩乎左右,阿党不治乎本朝。"③战国时期,人才争夺伴随着诸侯国兼并进一步加剧。荀子要求打破以往的世卿世禄制度,坚持"任人唯贤"原则,"论德而定次,量能而授官"④,保证"无德不贵,无能不官"⑤,使"德必称位,位必称禄,禄必称用"⑥。《文子》提出:"使言之而是,虽商夫刍荛,犹不可弃也;言之而非,虽在人君卿相,犹不可用也。是非之处,不可以贵贱尊卑论也。其计可用,不差其位;其言可行,不贵其辩。""故贤者尽其智,不肖者竭其力,近者安其性,远者怀其德,得用人之道也。"⑦在不计个人恩怨、放手任用人才方面,齐桓公、唐太宗堪称典范。管仲原来是射伤过齐桓公的仇人,魏徵、王珪原来是辅佐建成太子的死党,但齐桓公、唐太宗最终赦免了他们,任用他们为朝廷重臣,造就了一代大业,成为千古传诵的佳话。

2. 用人之长,不责其短,不求其全

金无足赤,人无完人。如果求全责备,则无才可用。周公早就说过:"故旧无大过,则不弃也。无求备于一人。"⑧孔子指出:"赦小过,举贤才。"⑨孔子后学子思发挥:"夫圣人之官人,犹匠之用木也,取其所长,弃其所短。"⑩晏子指出:"任人之长,不强其短;任人之工,不强其拙。此任人之大略也。""地不同生

---

① 均见《墨子·尚贤上》。
② 《墨子·尚贤中》。
③ 《晏子春秋·内篇·问上》。
④ 《荀子·君道》。
⑤ 《荀子·王制》。
⑥ 《荀子·富国》。
⑦ 《文子·上仁》。
⑧ 转引自《论语·微子》。
⑨ 《论语·子路》。
⑩ 《资治通鉴》卷第一。

(性),而任之以一种,责其俱生不可得;人不同能,而任之以一事,不可责遍成。责焉无已,智者有不能给;求焉无厌,天地有不能赡也。"①《文子》指出:"人有厚德,无间其小节;人有大誉,无疵其小故。夫人情莫不有所短,成其大略是也。虽有小过,不以为累也。"②"自古及今,未有能全其行者也,故君子不责备于一人……夫夏后氏之璜,不能无瑕;明月之珠,不能无秽。然天下宝之者,不以小恶妨大美。"他批评当时"志人之所短,忘人之所长"的用人状况,告诫如此这般"欲求贤于天下,即难矣"③。东方朔告诫:"明有所不见,聪有所不闻。举大德,赦小过,无求备于一人。"④唐太宗深知用人之道在"舍短取长":"人才有长短,不必兼通……舍短取长,然后为美。"⑤"人之行能,不能兼备,朕常弃其所短,取其所长。"⑥"智者取其谋,愚者取其力,勇者取其威,怯者取其慎,无智愚勇怯,兼而用之。故良匠无弃材,明主无弃士。不以一恶忘其善,勿以小瑕掩其功……委任责成,不劳而化,此设官之当也。"⑦刘知幾指出:"五常异禀,百行殊轨,能有兼偏,知有长短。苟随才而任使,则片善不遗;必求备而后用,则举世莫可。"⑧朱元璋自述:"朕之用人,用人所长,不强其所不能。"⑨晚明刘宗周上疏崇祯帝云:用人之道,不可"求之太备"、"责之太苛";如果"以短废长"、"因过成误",则天下人皆不可用矣。⑩

3. 知人善任,用得其所

"人之才德,高下厚薄不同,其所任,有宜有不宜。"用人者应知能授任,"量材而授官,录德而定位"⑪;"知农者以为后稷,知工者以为共工;其德厚而才高者以为之长,德薄而才下者以为之佐属"⑫。"因能任官,则分职治。""有德者

---

① 《晏子春秋·内篇·问上》。
②③ 《文子·上义》。
④ 《汉书·东方朔传》。
⑤ 《全唐文》卷十《金镜》。
⑥ 《资治通鉴》卷一九八,唐太宗贞观二十一年。
⑦ 《帝范》卷二《审官第四》。
⑧ 刘知幾《史通·自序》。
⑨ 《明太祖实录》卷二七。
⑩ 《明史》卷二百五十五《列传·刘宗周》。
⑪ 均见《汉书》卷五六《董仲舒传》董仲舒传语。
⑫ 均见王安石《王文公文集》卷一《上皇帝万言书》。后稷:唐尧时管农政的人名,这里借称管农政的官。共工:虞舜时管百工的人名,这里借称管百工的官。

进,无德者退,则朝廷尊;有功者上,无功者下,则群臣逡。"①三国魏人刘劭在《人物志》中详细论述了授予的官职必须与人才的素质、个性、能力相"合"相"宜",更加全面。一是"质与理合"。所谓"理",分自然之理、法制之理、礼义之理、人情之理,人才的素质也相应地分为道理之家、事理之家、义理之家、情理之家。"质性平淡,思心玄微"的人宜于研究自然之理,成为道理之家;"质性警彻。权略机捷,能理烦速"的人适宜研究法则制度,成为事理之家;"质性平和,能论礼教,辨其得失"的人适宜研究伦理道德和教育,成为义理之家;"质性机解,推情原意,能适其变"的人,适宜研究众人情理,成为情理之家,从事文学艺术等工作。二是"任以性择"。担任的工作一定要与其个性相符:"强毅之人……可以立法,难以入微;柔顺之人……可与循寻,难与权疑;雄悍之人……可与涉难,难与居约;惧慎之人……可与保全,难与立节"②。三是"能与任宜","材与政合"。"夫人材不同,能各有异"③,人才的任用一定要与其能力相称。如清节之材,有自任之能,宜于做老师;法家之材,有立法之能,宜于做法官。如此等等。

4. 懂得"王道知人、臣道知事",注重发挥人才的积极性

用才者与被用者之间的关系,好比"君王"与"大臣"的关系。用才之道作为"王道"、"君道",与为才之道的"臣道"是不同的。一方面,用人的君王必须具备过人之明,能够在被其所用的人才提出的各种意见面前果断作出独立判断,而不能在别人的各种意见面前迷失方向。周武王曾经问姜太公:"得贤敬士,或不能以为治者,何也?"太公回答:"不能独断,以人言断者,殃也。"武王问:"何为以人言断?"太公对曰:"不能定所去,以人言去;不能定所取,以人言取;不能定所为,以人言为;不能定所罚,以人言罚;不能定所赏,以人言赏;贤者不必用,不肖者不必退,而士不必敬。"④人云亦云,缺少决断的智慧,是君王的大忌。另一方面,用人的君王又切忌目空一切,自以为是,甚至妒贤嫉能,越俎代庖,事必躬亲。商纣王、秦始皇、隋炀帝等亡国之君所以痛失天下,不是因为他们不聪明,而是因为他们自以为太"聪明",因而刚愎自用,拒不听取臣下任

---

① 《汉书》卷五八《公孙弘传》西汉公孙弘语。逡:退让。
② 刘劭《人物志·材理》。
③ 刘劭《人物志·材能》。
④ 《说苑·君道》。

何不同意见,造成天下钳口而不言,病入膏肓而不自知。在君主专制社会中,君主拥有至高无上的权力,如果不注意尊重人才,听取臣下的不同意见,就会重蹈商纣王、秦始皇的覆辙。有鉴于此,历代思想家、政治家对不同于"臣道"的"王道"、"君道"屡屡提出告诫。韩非子指出:"明君之道,使智者尽其虑,而君因以断事,故君不穷于智;贤者效其材,君因而任之,故君不穷于能;有功则君有其贤,有过则臣任其罪,故君不穷于名。"①《吕氏春秋》提醒君主治国用才,千万不可自高自大,以为自己无所不知、无所不能,从而越俎代庖,事必亲为,而应当善于识人用人,分级管理,通过百官去治理天下事,达到无为而天下治,否则就会贻害无穷。"绝江者托于船,致远者托于骥,霸王者托于贤。""有道之主,因而不为,责而不诏,去想去意,静虚以待,不伐之言,不夺之事,督名审实,官使自司,以不知为道,以奈何为实。""人主之患,必在任人而不能用之,用之而与不知者议之也。""人主自智而愚人,自巧而拙人,若此则愚拙者请矣,巧智者诏矣。诏多,则请者愈多矣。请者愈多,且无不请也。主虽巧智,未无不知也,以未无不知应无不请,其道固穷。为人主数穷于其下,将何以君人乎?""明君者,非遍见万物也,明于人主之所执也。有术之主者,非一自行之也,知百官之要也。知百官之要,故事省而国治也。"②"通乎君道,则令智者谋矣,能令勇者怒矣,能令辩者语矣。"③对于君王来说,最重要的才能就是"用非其有如己有之",自己"无智无能无为",而让下级管理人员展示智慧、施展才能、有所作为。"处虚素服而无智,故使众智也;智反无能,故能使众能也;能执无为,故能使众为也。"④如果自逞其能,"以其智强智,以其能强能,以其为强为",就把自己降低到了一个大臣的地位⑤。《文子》据此总结出"君臣异道即治,同道即乱"⑥的精辟命题,主张君臣"各德其宜,处有其当"⑦,告诫君主切忌"与臣争事"。"人君舍其所守,而与臣争事,则制于有司。以自为恃位,守职者以听从取容,臣下藏智而不用,反以事专其上。人君者,不任能而好自为,则智日困而自负责;数穷于下,则不能申理;行堕于位,则不能持制。智不足以为治,威不足以行刑,则无以与天下交矣。"⑧刘向把知人善任作为"君道"、"王道"提出来加

---

① 《韩非子·主道篇》。
② 均见《吕氏春秋》卷十七《审分览第五·知度》。
③④⑤ 《吕氏春秋·分职》。
⑥⑦ 《文子·上义》。
⑧ 《文子·上仁》。

以讨论:"当尧之时,舜为司徒,契为司马,禹为司空,后稷为田畴,夔为乐工,倕为工师,伯夷为秩宗,皋陶为大理,益掌驱禽。尧体力便巧,不能为一焉。尧为君而九子为臣,其何故也?尧知九职之事,使九子者各受其事,皆胜其任,以成九功,尧遂成厥功以王天下。"由此他总结出一条更加精彩的命题:"知人者,王道也;知事者,臣道也。王道知人,臣道知事。"君王通过"知事"的有一技之长的大臣去做事,就能自己无为而事无不为,垂衣裳而天下治。"王者得贤材以自辅,然后治也。虽有尧舜之明,而股肱不备,则主恩不流,化泽不行。故明君在上,慎于择士,务于求贤,设四佐以自辅,有英俊以治官,尊其爵,重其禄,贤者进以显荣,罢者退而劳力,是以主无遗忧,下无邪慝,百官能治,臣下乐职,恩流群生,润泽草木。昔者虞舜左禹右皋陶,不下堂而天下治,此使能之效也。"①刘劭则将这种"君臣不同道"的分工提炼为"君无为而臣有事"。他指出:人臣是有一技之长、有所作为的偏才,君主是无一技之长、无所作为却能包容众长、无所不为的兼才或全才;人臣好比是五味中的一味,君主好比能够调和五味的无味之味、平淡之味。"凡偏材之人,皆一味之美,故长于办一官,而短于为一国。"这样的人就是人臣。"凡人之质,中和为最。中和之质必平淡无味,故能调和五味,变化应节。"这样的人就是君主。群臣百官之间的关系是"以一味协五味",各尽其职,协作互补;君主与百官的关系是"以无味和五味",无味而兼百味。"故臣以自任为能,竭力致功,以取爵位;君以用人为能,任贤使能,国家自理。臣以能言为能,各言其能,而受其官;君以能听为能,听言观行,而授其官。臣以能行为能,必行其所言。君以能赏罚为能,必当其功过也。所能不同,君无为而臣有事,故能君众材也。若君以有为,代大匠斫,则众能失巧,功不成矣。"②晚明刘宗周上书崇祯帝说:"陛下所以劳心焦思于上者,以未得贤人君子之用也。"不善用人,事必躬亲,结果反而吃力不讨好。"夫恃一人之聪明,而使臣下不得尽其忠,则耳目有时壅;凭一人之英断,而使诸大夫国人不得衷其是,则意见有时移。"③古代探讨的这些"王道"、"君道",具有普遍的人才管理学意义,值得我们各层各级的最高管理者借鉴。

---

① 均见《说苑·君道》。秩宗:官名,后世用为礼部的习称。
② 刘劭《人物志·材能》。
③ 《明史》卷二百五十五《列传·刘宗周》。

五、中国历代选用人才的政治实践和制度建设

《礼记·礼运》说:"大道之行也,天下为公,选贤与能,讲信修睦。故人不独亲其亲,不独子其子……"在原始公有制社会,"天下为公","人不独亲其亲,不独子其子",而是"选贤与能",实行禅让制,将德才优异的人才推选到管理岗位上来。天子、帝王本身就是人们推举出来的天下最为杰出的人才,比如唐尧、虞舜、夏禹。相传尧父帝喾卒后由尧之异母兄挚继位,挚在位九年,为政不善,不得不将帝位禅让于尧。尧的品质和才智非凡绝伦,"其仁如天,其智如神。就之如日,望之如云。富而不骄,贵而不舒"①。尧在位70年,有18个儿子,但不传子而传贤,最终将天子之位禅让于舜。舜年轻时受到父亲瞽瞍和同父异母弟象的迫害与虐待,但逆来顺受,孝悌有加,口碑甚佳。各路诸侯都把舜推荐给唐尧。在尧对他的三年考察期间,总理百官,应对诸侯,推行德教、非常出色。唐尧传位给虞舜的时候,尧的儿子丹朱与舜争位,但是,各路诸侯都拥戴舜,舜因而成为天下的首领。帝舜在位33年时,有9个儿子,也不传子而传贤,将帝位禅让给治水有功的夏禹。在管理天下的政治实践中,唐尧、虞舜、夏禹是能够礼贤下士、知人善任的一代圣王。据说尧有"九佐"——舜、契、禹、后稷、夔、倕、伯夷、皋陶、益;舜有"七友"——雄陶、方回、续牙、伯阳、东不訾、秦不虚、灵甫;禹有"五丞"——益、稷、皋陶、倕、契。三位圣王放手地任用辅佐他们的贤才,成就了一代大业。

夏禹传子,本来是由于启更加贤能、更受人拥戴,但从此改变了"天下为公"的公有制,开辟了"天下为家"的世袭封建制。② 从此以后直至春秋以前,爵位的分封、官吏的任用主要通过世袭的"世卿世禄"制度产生,从而形成对人才的压抑。唐代柳宗元说:"今夫封建者,继世而理。继世而理者,上果贤乎?下

---

① 《史记·五帝本纪》。
② 禹王去世前,想找一个贤能的人来接替自己。最初人们推举在帝舜时就掌管刑法的皋陶,但是没等接任,皋陶就病死了。后来经过商议,又一致推举伯益。伯益是大禹治水的主要助手,发明过一种凿井的新方法。他擅长畜牧和狩猎,曾教会人们用火烧的办法来驱赶林中的野兽。在当时人们的心目中,伯益是仅次于大禹的一位英雄。同时,禹也让儿子启参与治理国事。启把国事处理得很好。禹王死后,多数部族的首领都表示效忠于启,夏启果真行使起王权来。伯益召集东夷部族率军向启杀来。启打败了伯益的军队,成为夏朝第二代国君。从此,父亡子继的家天下制度便取代了任人唯贤的公天下制度。

果不肖乎？……圣贤生于其时,亦无以立于天下,封建者为之也。"①就是分析的这种情况。然而尽管如此,出于现实的需要,改朝换代的开国君主总不免要依靠人才辅佐。殷汤在伊尹之外还有"三辅"——谊伯、仲伯、咎单;周文王"举闳夭、泰颠于置罔之中",从猎户渔人中提拔闳夭、泰颠,授之以政②;周公"一沐三捉发,一饭三吐哺,起以待士"③,都是礼贤下士的典范。

战国时期,在人才选拔和官吏任用上,"世卿世禄"制度逐渐废除,"仕进之途,唯辟田与胜敌而已"。适应诸侯争霸的需要,招贤纳士成为社会风气。"战国四公子"魏国的信陵君、齐国的孟尝君、赵国的平原君、楚国的春申君就是其中的杰出代表。而秦国则通过历代君主对异域人才的争夺使用,逐渐由小变大、由弱变强,最终统一六国,成就帝业。正如李斯在《谏逐客书》中回顾总结的那样:"昔缪公求士,西取由余于戎,东得百里奚于宛,迎蹇叔于宋,求邳豹、公孙支于晋。此五子者,不产于秦,而缪公用之,并国二十,遂霸西戎。孝公用(卫国)商鞅之法,移风易俗,民以殷盛,国以富强,百姓乐用,诸侯亲服,获楚、魏之师,举地千里,至今治强。惠王用(魏国)张仪之计,拔三川之地,西并巴、蜀,北收上郡,南取汉中,包九夷,制鄢、郢,东据成皋之险,割膏腴之壤,遂散六国之众,使之西面事秦,功施到今。昭王得(魏国)范雎,废穰侯,逐华阳,强公室,杜私门,蚕食诸侯,使秦成帝业。此四君者,皆以客之功。""向使四君却客而不内,疏士而不用,是使国无富利之实,而秦无强大之名也。"这里值得一提的是齐宣王。为了争夺人才,招揽贤士,齐宣王耗费巨资建立稷下学宫,吸引集聚了儒、墨、道、法、兵、刑、阴阳、农、杂各学派的人才,畅所欲言,建言献策,形成了前所未有的百家争鸣,创造了灿烂的"先秦文化"。

汉初,高祖刘邦以自己的亲身经历,说明"知人善用",就能"无敌于天下"。适应皇帝集权专制的需要,汉代建立和发展了一套选举管理人才的选官制度。这套制度包括地方察举、皇帝征召、公府与州郡辟除、大臣举荐等多种方式。汉代的"察举"标准,史称"四科取士":"一曰德行高妙,志节清白;二曰学通行修,经中博士;三曰明达法令,足以决疑,能按章覆问,文中御史;四曰刚毅多略,遭事不惑,明足以决,才任三辅令,皆有孝弟廉公之行。"④四科取士大约起于西

---

① 柳宗元《柳宗元集·封建论》,中华书局1979年版。
② 《墨子·尚贤上》。
③ 司马迁《史记·鲁周公世家》。
④ 范晔《后汉书·百官志》注引,中华书局1965年版。

汉,下迄东汉未改。察举的标准仅有四科,察举的具体科目很多,有孝廉、茂才、贤良方正、文学(指经学)以及明经、明法、兵法、阴阳灾异等临时规定的特殊科目。察举诸科方式分为岁举和特举。岁举是常制,特举由诏令临时规定,都是以"乡举里选"为依据的由下向上的人才推选制度。"征辟"是一种自上而下的选拔官吏制度,主要有皇帝征聘与公府州郡辟除两种方式。皇帝征聘采取聘召的方式,选拔某些有名望的品学兼优的人士,或备顾问,或委任政事。辟除官吏有两种情况。一种是公府辟除,由公府或公卿试用之后荐举,可出补朝廷官员或州郡长官。一种是州郡辟除,由州郡长官试用之后荐举,可升任朝廷官吏或地方长吏。公府与州郡的公卿牧守可以自行选官,一方面给人才的选拔开辟了通道,另一方面也为他们发展个人势力提供了可乘之机。西汉时被辟除者尚为国家官吏,到东汉则实际上成了主官的私属。于是朝廷集权力量遭到分割,地方割据势力得到发展。东汉末年,天下大乱,群雄割据,天下三分。

为了逐鹿中原,称霸天下,各国之间都开始了人才的争夺。刘备三顾茅庐,屈身造访具有雄才大略的一介布衣诸葛亮,礼贤下士传为美谈。刘备的这种态度,恰好契合了诸葛亮的期待:"亲贤臣,远小人,此先汉所以兴隆也;亲小人,远贤臣,此后汉所以倾颓也。"[①]而刘备的礼贤下士也获得了超值回报:诸葛亮向他提出了占据荆、益两州,谋取西南各族统治者的支持,联合孙权、对抗曹操统一天下的谋略,即"隆中对",蜀国迎来了中兴。与此相映成趣的是,曹操的求贤若渴也天下闻名,其人才思想更值得注意。曹操认为:"天地间,人为贵。""为国失贤则亡。"为了实现统一天下的雄心,曹操在掌握朝政大权后,三次下令广求贤才。曹操深知金无足赤,人无完人,如果求全责备,就无人可用。所以他三次求贤令都表达了一个共同思想,即全面地看待人才、以宽容的胸怀对待人才、不拘一格地选拔人才。建安十五年,他发布第一道《求贤令》,突破当时选人唯凭家世门第的藩篱,提出"唯才是举"的选人原则,呼唤"今天下得无有被褐怀玉而钓于渭滨者乎?又得无盗嫂受金而未遇无知者乎?"建安十九年,他发布第二道求贤令,即《敕有司取士毋废偏短令》,强调:"夫有行之士,未必能进取,进取之士,未必能有行也。陈平岂笃行,苏秦岂守信邪?而陈平定汉业,苏秦济弱燕。由此言之,庸可废乎!有司明思其意,则士无遗滞,官无废业矣。"建安二十三年,又发布第三道求贤令,即《举贤勿拘品行令》,列举出伊尹、

[①] 诸葛亮《前出师表》,陈寿《三国志·蜀志·诸葛亮传》,中华书局1959年版。

傅说、管仲、萧何、曹参、韩信、陈平、吴起等人,说他们虽然"负污辱之名,有见笑之耻",却"卒能成王业,声著千载"。为此,曹操下令:"今天下得无有至德之人放在民间……或不仁不孝而有治国用兵之术,其各举所知,勿有所遗。"尤其难能可贵的是,曹操对那些曾经反对过他,但后来改悔的,也能不计前嫌,不念旧恶,一如既往地加以重用。像在袁绍手下的陈琳,曾为袁绍著文骂曹操及其父祖,后归曹操,曹操"爱其才而不咎",仍予以重任,让他起草军中文书。曹操不拘一格,唯才是举,所以在他的周围,谋臣似雨,猛将如云。

在汉末军阀混战的冲击之下,乡里组织遭到破坏,"乡举里选"的传统做法难以为继。而汉代由公府、州郡长官征辟人才的做法后来逐渐发展为官员积聚个人势力、与皇权抗衡的方便法门。在这种情况下,三国时曹魏御史大夫陈群制定和推行了"九品中正制"。在朝官中推选有声望的人担任各州郡的"中正官",负责察访本地士人,按其才德声望评定为上上、上中、上下、中上、中中、中下、下上、下中、下下九个等级,然后根据士人的品级,向吏部举荐。吏部依据中正的报告,按品级授官。起初,这一制度致力于解决乡里清议和朝廷选官的统一问题,是对汉代选官传统的改良,也是对曹操用人政策的继承。但到魏晋之交,因中正官均被各个州郡的名门望族垄断,他们在评定品级时偏袒士族人物,使九品的划分不断背离"不计门第"的原则。此后三百年间,出现了"上品无寒门,下品无势族"、门阀士族垄断政权的局面,而九品中正制也异化为保护士族世袭政治特权的人才—官僚选拔制度。隋朝实现了南北统一。为了振兴国家,改革人才选拔的不合理制度,隋文帝废除维护门阀贵族地位的九品中正制,于开皇七年设"志行修谨"、"清平干济"两科。隋炀帝时置进士科,用公开考试的方法来甄别人才高下,量才录用。这就是中国历史上"科举"选拔人才制度的开始。

唐初,太宗以其雄才大略开辟了盛唐气象。在唐太宗看来,"为国之要,在于进贤退不肖"[1]。因此,他下令求贤:"士之居世,贤之立身,莫不戢翼隐鳞,待风云之运,怀奇蕴异,思会遇之秋。是以明君旁求俊乂,博访英才,搜扬侧陋,不以卑而不用,不以辱而不尊。……此乃求贤之贵也。"[2]对于贤才的不同意见,尤其是批评意见,他都能充分尊重,虚心接受。他感叹说:"夫王者高居深视,

---

[1] 司马光《资治通鉴·唐太宗贞观十九年》。
[2] 李世民《帝范·求贤第三》。

亏聪阻明，恐有过而不闻，惧有阙而莫补。所以设鞀树木，思献替之谋；倾耳虚心，伫忠正之说。言之而是，虽在仆隶刍荛，犹不可弃；言之而非，虽在王侯卿相，未必可容。其议可观，不责其辩；其理可用，不责其文。……故忠者沥其心，智者尽其策。臣无隔情于上，君能遍照于下。"①提到唐太宗的纳谏，人们都会想到他和魏徵的千古佳话。除了魏徵之外，贞观名臣王珪、高士廉、房玄龄、张玄素等，甚至一些地方官吏也多有直言进谏的。因为唐太宗能纳谏，所以裴矩每朝必谏。司马光说，裴矩佞于隋而忠于唐，非其性有变也，而是"君恶闻其过，则诤化为佞"，"君乐闻其过，则佞化为忠"。

　　与太宗对人才的高度重视相应，唐代继续实行隋代创立不久的科举取士制度，并加以发展与巩固。唐代科举有常举和制举两类。"常举"每年举行。进士科外，复置秀才、明经、明法、明字、明算等多种。学馆的生员可以直接报考，不在学馆的生员可自行向州、县报考，合格后再由州县送中央参加考试，应试者以进士、明经两科为最多。考试的内容，进士着重于诗赋和时务对策，明经则着重于儒家经典的记诵。考试及格者称为"及第"。考生投送履历表，叫做"投状"，因此，进士第一名称"状元"。"制举"由皇帝临时立定名目，有贤良方正直言极谏科、文辞清丽科、博学通艺科、武足安边科、才高未达沉迹下僚科等百十余种。士人和官吏都可以参加考试。考中以后，原是官吏的立即升迁；原来不是官吏的，也立即由吏部给予官职。此后，这套科举取士的人才选拔制度一直延续到清末。

　　明清以降，启蒙主义思潮悄然兴起，李贽是其代表人物。科举制度虽然有助于选拔人才，但发展到明清时期，专重"四书""五经"、以八股文取士形成的种种清规戒律，禁锢了人才的思想，极大地束缚了士人的创造性，造成了许多知行不一的冬烘先生、口是心非的伪君子以及对人才个性的扼杀；而且，科举制度本质上是为皇权专制、君主独裁服务的，这就注定了整个社会对不羁之才的压抑束缚。有感于此，李贽犀利地揭露当时的许多道德之士因为"无才"而后"讲道学以为取富贵之资"的虚伪面目："夫唯无才无学，若不以讲圣人道学之名要之，则终身贫且贱焉，耻矣。此所以必讲道学以为取富贵之资也。"②并以自己饱受君主专制压抑的切身感受，呼唤"惜才者"的出现和社会对不拘小节、颇多

---

① 李世民《帝范·纳谏第五》。鞀(táo)：拨浪鼓。
② 李贽《续焚书·三教归儒说》。

瑕疵的"大才"的宽容:"才难,不其然乎! 今人尽知才难,尽能言才难,然竟不知才之难,才到面前竟不知爱……惜才者难也。""夫凡有大才者,其可以小知处必寡,其瑕疵处必多,非真具眼者,与之言必不信。当此数者,则虽有大才,又安所施乎?故非自己德望过人,才学冠世,为当事者所倚信,未易使人信而用之也。"①专制社会其实是不容许有个性的人才存在的。两百多年后,晚清龚自珍再次呼唤:"我劝天公重抖擞,不拘一格降人才!"

辛亥革命,推翻了几千年的君主专制;五四运动,吹来平等自由的新风;新中国成立,人民当家做主。所有这些,给人才的成长和脱颖而出提供了合适的社会氛围。然而,新中国成立后长时间的闭门锁国和思想一律政策,以及死板的计划经济模式和僵化的人事户籍制度,事实上造成了对人才的压抑。改革开放,国门打开,我们终于发现,世界上头号强国美国的强大源于其民主制度下海纳百川的,不分肤色、种族、国度、出身的人才吸引政策。2004年12月,美国竞争力委员会发布《创新美国:在竞争与变化的世界中繁荣》报告,提出80余项强化创新的政策建议,其中人才在三个创新关键行动中列为第一,人才被视为国家创新的重要资本。于是,人才问题从来没有像今天这样备受重视,成为新时期以来我国强国战略的一部分,也成为各层各级地方政府和企事业单位发展战略的一部分。

总括而言,1978年以来,我国的人才观大致经历了两个阶段。第一个阶段大力提倡"尊重知识、尊重人才",在人才测评中建立了以学历和职称为主要内涵的人才观,培养、造就了大批优秀人才,为经济的起飞、社会的发展输送了生力军。第二个阶段是2002年以后,根据十六大确定的"尊重劳动、尊重知识、尊重人才、尊重创造"的重大方针,建立了判别人才的标准不唯学历职称、主要看实际能力和贡献大小的"大人才观",鼓励人人都作贡献,人人竞相成才。2003年12月19日至20日,我国召开第一次全国人才工作会议,科学人才观思想得到进一步发展。胡锦涛总书记在十七大报告中再次强调:要更好地实施人才强国战略,建设人才资源强国。这种科学人才观为我国实现科技创新和经济腾飞,成为世界一流强国注入了极大活力。

要之,大至一个国家、一个民族,小至一个地区、一个单位,要取得事业的强盛,就离不开人才的积聚。"太山不让土壤,故能成其大;河海不择细流,故能

---

① 李贽《焚书·寄答京友》。

就其深;王者不却众庶,故能明其德。"①让我们始终牢记两千多年前李斯总结的至理名言,加深认识广罗人才是在竞争中胜出的根本途径,将人才的培养、发现、尊重、使用工作做得更好。

思 考 题

1. 如何理解"夫争天下者,必先争人"?
2. 如何理解"王道知人,臣道知事"?
3. 如何理解"用人之长,不责其短"?

案 例 分 析

1. 刘邦统一天下的奥秘

汉初,刘邦战胜项羽、平定天下后,置酒洛阳南宫,让群臣畅所欲言,总结"吾所以有天下者何,项氏之所以失天下者何"?高起、王陵回答说:"陛下嫚而侮人,项羽仁而敬人。然陛下使人攻城略地,所降下者,因以与之,与天下同利也。项羽妒贤妒能,有功者害之,贤者疑之,战胜而不与人功,得地而不与人利,此其所以失天下也。"高祖说:你们只知其一,不知其二。"夫运筹帷幄之中,决胜千里之外,吾不如子房;镇国家,抚百姓,给饷馈,不绝粮道,吾不如萧何;连百万之众,战必胜,攻必取,吾不如韩信。三者皆人杰,吾能用之,此吾所以取天下者也。项羽有一范增而不能用,此所以为我擒也。"②群臣皆服。的确,刘邦出身并不高贵,也没有什么天大的能耐,他"不修文学",甚至"嫚而侮人",并非十全十美,但他有一个可贵的特点,即"明达能听"、知人善任。正是这个特点,使他拥有了天下。刘邦以自己的亲身经历,说明只有"知人善用",才能"无敌于天下"。

2. 齐桓公用人的大度

春秋时期齐国国君齐襄公被杀。襄公有两个弟弟,一个叫公子纠,一个叫公子小白。子纠的师傅叫管仲,公子小白的师傅叫鲍叔牙。听到齐襄公被杀的

---

① 李斯《谏逐客书》。
② 《汉书》卷一《高帝纪》。

消息，身在国外的两个公子都急着赶回齐国争夺君位。

在公子小白回齐国的路上，管仲早就派好人马拦截他。管仲拈弓搭箭，对准小白射去。只见小白大叫一声，倒在车里。

管仲以为小白已死，便护送公子纠回到齐国。怎知公子小白是诈死，等到公子纠和管仲进入齐国国境，小白和鲍叔牙早已抄小道抢先回到了国都临淄，小白当上了齐国国君，即齐桓公。

齐桓公即位以后，发令要杀公子纠，并要求鲁庄公将逃到鲁国的管仲送回齐国办罪。

与此同时，新即位的齐桓公急需找到有才干的人来辅佐，便请鲍叔牙出任齐相。鲍叔牙说：若论治国，我不行，得请管仲。齐桓公吃惊地问："你不知道他是我的仇人吗？"鲍叔牙说："那回他是公子纠的师傅，他用箭射您，正是他对公子纠的忠心。论本领，他比我强得多。主公如果要干一番大事业，管仲可是个用得着的人。"于是他向齐桓公详细介绍了管仲治国安邦的才能。

大敌当前，治国要紧。豁达大度的齐桓公最终采纳了鲍叔牙的建议，不但没有办管仲的罪，还任命他为齐相管理国政。

后来，齐桓公果然在管仲的辅佐下成为"春秋第一霸主"，管仲也因此成为"春秋第一相"。

第十二章
国学中的"人道"论

  提要:"人道"是人应当遵守的道德法则。中国古代认为:"外王"本于"内圣";"内圣"来自人的道德修养。"立人之道,曰仁与义。"人的道德修养,首先要从践行包含"仁"与"义"的"礼"教规范做起;其次要培养善良的品质,"与人为善"、"成人之美",损人利己的事坚决不做;再次要培养自强不息、百折不挠的素质,这是成为有用之才的内驱力;要保持"泰而不骄"、"为而不恃"的谦虚品质,这是永葆成功的基础;要学会"迁善改过",勇于承认自己的不足,这是不断完善自我的条件;要待己以诚,待人以信,这是修身、齐家、交友、经商、为政不可或缺的美德。人类的道德具有超越历史的继承性。中国古代"人道"论论及的这些道德修养内容,对于我们今人的人格修养仍然具有指导、借鉴意义。

  "人道"的"道",本是道路、法则的意思。"人道者,人之所由。"[①]"人道"是"人之所以道"[②]。"人道"也就是人应当遵守的道德法则。汉语中的"人道",最早见于《礼记》、《易传》、《孟子》、《荀子》。它与"天道"、"地道"并列,具有如天、地一样高贵的地位。《易·系辞传》说:"《易》之为书也,广大悉备。有天道焉,有人道焉,有地道焉。"它既是一种政治之道,也是一种做人之道。作为政治之道,《礼记·大传》说:"圣人南面而治天下,必自人道始矣。"作为做人之

[①] 董仲舒《春秋繁露·天道施》。
[②] 《荀子·儒效》。

道,荀子说:"道者,非天之道,非地之道,人之所以道也,君子之所道也。"①《礼记·中庸》说:"诚者,天之道也;诚之者,人之道也。""诚之者,择善而固执之也。"《孟子·离娄上》说:"诚者,天之道也;思诚者,人之道也。"按照善的道德规范修养身心,就是最基本的"人道"。中国古代认为:"外王"本于"内圣",而"内圣"就应从人的道德修养做起。

一、"立人之道,曰仁与义"

关于"人道",《易·说卦传》有一段名言:"立天之道,曰阴与阳;立地之道,曰柔与刚;立人之道,曰仁与义。"按照"仁义"的原则立身行事,是"人道"的基本要求。

作为动物界一个特殊的物种,人类与其他动物的最大不同,就在于人有道德。"凡人之所以贵于禽兽者,以有礼也。"②"礼者,人道之极也。"③"学数有终,若其义则不可须臾舍也。为之,人也;舍之,禽兽也。"④在中国古代人看来,道德的核心就是包含"仁"与"义"的"礼"。因此说:"学至乎礼而止矣,夫是之谓道德之极。"⑤"不学礼无以立。"⑥"人无礼则不生。"⑦"礼"是"道德之极",人如果不进行礼教修养,就没法做人。做人的根本途径是修"仁"求"义"。周敦颐《太极图说》:"圣人定之以中正仁义而主静,立人极焉。"王夫之《思问录·内篇》:"天道不遗于禽兽,而人道则为人之独。"《读四书大全说》卷七:"夫人之所以异于禽兽者……人则有天道而抑有人道,去天道远,而人道始持权也。"因此,《左传》要求:"动则思礼,行则思义。"⑧孔子要求:"非礼勿视,非礼勿听,非礼勿言,非礼勿动。"⑨董仲舒指出:"天道施,地道化,人道义。……故君子非礼而不言,非礼而不动……见善者不能无好,见不善者不能无恶,好恶去就,不能坚守,故有人道。"⑩所以他强调:"身之养重于义。"道德修养是做人的根本。

---

① 《荀子·儒效》。
② 《晏子春秋·内篇谏上二》。
③ 《荀子·礼论》。
④⑤ 《荀子·劝学篇》。
⑥ 《论语·季氏》。
⑦ 《荀子·修身》。
⑧ 《左传·昭公三十一年》。
⑨ 《论语·颜渊》。
⑩ 董仲舒《春秋繁露·天道施》。

只有在这个根本上立脚站稳了，人才是名副其实的"人"。所以，孔子弟子有子说："君子务本，本立而道生。"①

道德修养作为人所以为人的根本，还表现为注重人格的内涵修养。人的修养体现在各方面，其中包括仪表的整洁、语言的华美、举止的文明等外在形式。"君子务本"要求将人格修养的重点放在内在品德的修养方面。老子主张："大丈夫处其厚，不居其薄；处其实，不居其华。"②孔子指出："巧言、令色、足恭，左丘明耻之，丘亦耻之。"③"君子敏于行而讷于言。"④《礼记》提出："君子耻服其服而无其容，耻有其容而无其辞，耻有其辞而无其德，耻有其德而无其行。"⑤荀子进而提出"相形不如论心"："形相虽恶，而心术善，无害为君子也；形相虽善，而心术恶，无害为小人也。"⑥董仲舒根据人们"好恶去就，不能坚守"的实际提出"人之所由"的"人道"⑦，进而从人们必须遵守的"人道"出发，提出心灵的修养比身体的满足重要："义者，心之养也；利者，体之养也。体莫贵于心，故养莫重于义。义之养生人大于利矣。"⑧所以，唐代的韩愈教导弟子："养其根而俟其实，加其膏而希其光。根之茂者其实遂，膏之沃者其光晔。"⑨内心的道德修养好比是植物的根、灯火的油，外在的形式之美好比是植物的果、灯火的光。根肥沃了，才可以期待丰硕的果实；油加多了，才可以希求明亮的灯光。

个人道德修养作为立足之本，还体现为它是走向兼济天下的"外王"之路的出发点。孟子告诫说："士穷不失义，达不离道。穷不失义，故士得己焉；达不离道，故民不失望焉。古之人，得志，泽加于民；不得志，修身见于世。穷则独善其身，达则兼善天下。"⑩"居天下之广居，立天下之正位，行天下之大道，得志与民由之，不得志独行其道，富贵不能淫，贫贱不能移，威武不能屈，此之谓'大丈夫'。"⑪"穷不失义"是"达不离道"的基础，"独善其身"是"兼善天下"的保证，"得志与民由之"是"不得志独行其道"的放大。"外王"是与"内圣"紧密联

---

① 《论语·学而》。
② 《老子》第三十八章。
③ 《论语·公冶长》。
④ 《论语·里仁》。
⑤ 《礼记》卷五十二《表记第三十二》。
⑥ 《荀子·非相》。
⑦ 《春秋繁露·天道施》。
⑧ 《春秋繁露·身之养重于义》。
⑨ 韩愈《韩昌黎集·答李翊书》。
⑩ 《孟子·尽心上》。
⑪ 《孟子·滕文公下》。广居：仁也。大道：义也。由：随从。之：民也。淫：荡其心。移：变其节。

系在一起的,"正人"必须先从"正己"开始。只有"修己",而后才能"安人";只有先"正心诚意",而后才能"治国平天下"。尧、舜、禹、汤、文、武、周公、汉高祖、唐太宗等所以成为一代圣王,是因为他们本身就是克己修身、深受人民拥戴的道德君子。而夏桀、商纣、隋炀帝所以丧失天下,沦为亡国之君,关键原因在于他们不注重个人的道德修养,为所欲为,最后成为众叛亲离的孤家寡人。国学中"外王"本于"内圣"的经验之谈为大量的史实所印证,启发心怀天下的人必须更加注重私德的修养。大至治理国家是如此,小至管理一个单位、一个部门,不也如此吗?

二、"成人之美"、"与人为善"

在人类的美德中,善良是至可宝贵的一种素质。荀子说:"积善成德,而神明自得,圣心备焉。"①"大学之道,在明明德……在止于至善。"②

善良是人类出自天性的一种良知。孟子以"孩提之童,无不知爱其亲者,及其长也,无不知敬其兄也"为例,说明"人之所不学而能者,其良能也;所不虑而知者,其良知也"③,仁爱是人"不虑而知"、"不学而能"的"良知"、"良能"。又以人们看到小孩子掉到井里都会情不自禁地去援救,既不是因为"内交于孺子之父母",也不是为了"要誉于乡党朋友",说明"人皆有不忍人之心"④。并指出:"恻隐之心,人皆有之"⑤,"非由外铄我也,我固有之也"⑥。董仲舒指出:人"见善者不能无好,见不善者不能无恶"⑦。喜好善良,讨厌不善,就像人们喜好美色、厌恶臭味一样出自自然。

善良是一种自我的牺牲、利他的奉献。孔子说:"君子成人之美,不成人之恶,小人反是。"⑧所谓"成人之美",是指成全别人的好事,帮助别人实现愿望,而不是落井下石。孟子说:"君子莫大乎与人为善。"⑨无论是孔子的"成人之

---

① 《荀子·劝学》。
② 《礼记·大学》。
③ 《孟子·尽心上》。
④ 《孟子·公孙丑上》。
⑤⑥ 《孟子·告子上》。
⑦ 《春秋繁露·天道施》。
⑧ 《论语·颜渊》。
⑨ 《孟子·公孙丑上》。

美",还是孟子的"与人为善",都源于以善良、利他的态度对待别人。为人着想,助人为乐,是"善良"涵义的基本注脚。

善良是一种忠厚。善良的人心地单纯,把别人想象得跟他一样的善,很少设防,更不斤斤计较,内外透明,表里如一,"崇人之德,扬人之美,非诌谀也;正义直指,举人之过,非毁疵也"①。

善良是一种博爱。中国古代,墨家的"兼爱"主张"爱无差等",是一种博爱;儒家的"仁爱"主张"老吾老以及人之老,幼吾幼以及人之幼"、"己所不欲,勿施于人"、"己欲立而立人,己欲达而达人",虽然不排除自爱,但最后走向"爱人",也是一种博爱。因此韩愈《原道》说:"博爱之为仁。"道家推崇超越"仁"与"不仁"差别计较的"大仁"和天地日月惠及众生、为而弗恃的"大爱"。杜甫生活的年代遭遇安史之乱,目睹生灵涂炭、百姓流离失所,他从悲天悯人的博爱精神出发呼唤:"安得壮士挽天河,净洗甲兵长不用!"②"安得务农息战斗,普天无吏横索钱!"③晚年,他居住的茅屋为秋风所破,由此想起了天下受冻挨饿的寒士,于是慨叹:"安得广厦千万间,大庇天下寒士俱欢颜,风雨不动安如山?""何时眼前突兀见此屋,吾庐独破受冻死亦足!"④多少年后,王安石面对杜甫画像想起这句诗,咀嚼"宁令吾庐独破受冻死,不忍四海寒飕飗",感慨涕零,誓死效仿。⑤ 白居易穿上新做好的布裘和绫袄,想到的是洛阳城和普天之下的"寒人":"百姓多寒无可救,一身独暖亦何情。心中为念农桑苦,耳里如闻饥冻声。争得大裘长万丈,与君都盖洛阳城?"⑥"安得万里裘,盖裹周四垠?稳暖皆如我,天下无寒人?"⑦苏轼读史,有感于"一骑红尘妃子笑,无人知是荔枝来",唐玄宗为了满足杨贵妃吃鲜荔枝的喜好而劳民伤财,发出"我愿天公怜赤子,莫生尤物为疮痏"⑧的呼号。中国古代"人道"学说所宣扬的善良,还推己及物,爱及一切生类。杜甫对于鸡、储光羲对于蚯蚓的同情与怜悯,就闪耀着善良的人性光辉。"小奴缚鸡向市卖,鸡被缚急相喧争。家中厌鸡食虫蚁,不知鸡卖还

---

① 《荀子·不苟》。
② 杜甫《洗兵马》。
③ 杜甫《昼梦》。
④ 杜甫《茅屋为秋风所破歌》。
⑤ 王安石《杜甫画像》。
⑥ 白居易《新制绫袄成,感而有咏》。
⑦ 白居易《新制布裘》。
⑧ 苏轼《荔枝叹》。痏(wěi):疮疡。

遭烹。虫鸡于人何厚薄,我斥奴人解其缚。"①"迎晨起饭牛,双驾耕东菑。蚯蚓土中出,田乌随我飞。群合乱啄噪,嗷嗷如道饥。我心多恻隐,顾此两伤悲。拨食与田乌,日暮空筐归。亲戚更相诮,我心终不移。"②

善良的品质既然如此宝贵,于是为善的修养就显得十分重要。孔子教导人们:"见善如不及,见不善如探汤。"③"勿以恶小而为之,勿以善小而不为。"④"善不积,不足以成名;恶不积,不足以灭身。小人以小善为无益而弗为也,以小恶为无伤而弗去也。"⑤道不远人,善良品德的修养就在日常生活的举手投足之中。寒风中送上一束火把、失意时送上一句安慰、痛苦中送去一丝爱抚、无助时送去一点支援、成功时送上一份祝福,都属于善良品德的日积月累。

三、积极进取,坚韧不拔

"天行健,君子以自强不息。"⑥如果说"善良"是人的一种宝贵品德,"自强"则是人的一种宝贵素质。

所谓"自强",即通过自身不折不挠的努力,向着美好、崇高的人生目标奋斗进取的积极的人生姿态和人格品质。它不仅是我们品德上铸就善良、成为道德君子的基础,也是我们事业上有所作为、成为有用之才的保证。一个人来到人世,如果不思进取,自暴自弃,最终既不能成为道德上的好人,也不能成为有用的人,不仅对社会来说是一种累赘,而且也辜负了自己的生命。

"自强"是不甘凡庸的好胜心的表现。自甘平庸,自己不想优秀和强大,无论别人怎么激励,终究是"扶不起来的阿斗"。所以古人说:"自胜者强。"⑦"自胜之外,无胜人之术;自强之外,无上人之术。"⑧自己求胜,才是真正的强大。

"自强"的基础是"自信"。"人皆可以为尧舜"。"以修身自强,则名配尧禹。"⑨人与人之间的差别毕竟是有限的。别人能做到的,自己未必做不到。

---

① 杜甫《缚鸡行》。
② 储光羲《田家即事》。
③ 《论语·季氏》。
④ 《三国志·蜀书·先主传》裴松之注引。
⑤ 《周易·系辞下》。
⑥ 《周易·乾·象》。
⑦ 《老子》第三十三章。
⑧ 《格言联璧·持躬类》。
⑨ 《荀子·修身》。

"天生我材必有用。""将相本无种,男儿当自强。"根据对自己资禀特质的自我分析,扬长避短,抓住一点,锲而不舍,终究能够有所成就,在社会中找到属于自己的一席之地。

"志当存高远"。在"自信"的基础上产生的远大"理想"是"自强"的原动力。人是有潜能的,这种潜能有时并不为自己知晓。崇高的理想会给这种潜能某种心理暗示,从而极大地唤醒、开发沉睡在心底的潜能,创造巨大的成就,收获意外的成功。心有多大,人生的舞台就有多大。在多数情况下,成功来自进取心。人最大的资产是希望,最大的破产是绝望。

梦想自己强大是容易的,最终变得强大却是不容易的。在追求强大、实现理想的过程中,总会遇到种种挫折。如何面对逆境?古代的智者教导我们:"不怨天,不尤人。"①"藏器于身,待时而动。"②"诸生业患不能精,无患有司之不明;行患不能成,无患有司之不公。"③面对困难,怨天尤人是没有用的;在承受苦难的时候,不能丧失信心和斗志。没有永远的失败和背运,正如没有永恒的成功和胜利。山重水复疑无路,柳暗花明又一村。三十年河东,三十年河西。成与败是相互转化的,得与失是此消彼长的。不要计较一时的成败。笑到最后的才是笑得最美的。越王勾践卧薪尝胆,十年生聚,十年教训,最终打败吴王夫差。这是历史上有名的成败祸福相互转化的例子。"咬定青山不放松,任尔东西南北风。""自强"是一场持久战,贵在百折不挠的努力和坚持。

苦难和挫折,不仅是磨炼意志的最好砺石,也是人生的最好老师。在失败中总结教训,找出战胜困难的途径,逆境就有了一种特殊的科学价值。这就叫"阳光总在风雨后","无限风光在险峰";"艰难困苦,玉汝于成";"沉舟侧畔千帆过,病树前头万木春"。于是,苦难和挫折成为老天对成就大事业者的一种变相的馈赠、一笔特殊的财富。历史上,"舜发于畎亩之中;傅说举于版筑之间,胶鬲举于鱼盐之中,管夷吾举于士,孙叔敖举于海,百里奚举于市"④,"西伯拘而演《周易》;仲尼厄而作《春秋》;屈原放逐,乃赋《离骚》;左丘失明,厥有《国语》;孙子膑脚,《兵法》修列;不韦迁蜀,世传《吕览》;韩非囚秦,《说难》、

---

① 《论语·宪问》。
② 《周易·系辞下》。
③ 韩愈《进学解》。
④ 《孟子·告子下》。

《孤愤》》①,司马迁在遭受宫刑的奇耻大辱后,发愤著书,写下了《史记》这部"究天人之际,通古今之变"的历史巨著。许多例子印证着孟子的一段至理名言:"天将降大任于斯人也,必先苦其心志,劳其筋骨,饿其体肤,空乏其身,行拂乱其所为,所以动心忍性,曾益其所不能……然后知生于忧患而死于安乐也。"②

四、泰而不骄、功成弗居

通过辛勤努力、艰苦拼搏取得了辉煌的成就,这时候最重要的是保持一种谦虚的品质。

如果在成功时不能保持谦虚的品质,就会招致种种不利的后果。老子说:"富贵而骄,自遗其咎。"③孔子说:"如有周公之才之美,使骄且吝,其余不足观也已。"④周公是周初的摄政王,他在武王死后辅佐年幼的成王打理天下,制礼作乐,功成身退,流芳后世。即便这样的人如果傲慢无理,也不会有好结果,其他功劳不如他的人就更不用说了。王守仁历数中国古代做人之"傲"的危害:"为子而傲必不孝,为臣而傲必不忠,为父而傲必不慈,为友而傲必不信。故象与丹朱俱不肖,亦只是一'傲'字,便结果了此生。"所以他告诫说:"人生大病,只是一'傲'字。""谦者众善之基,傲者众恶之魁。"⑤"傲",内不能安家,外不能服人。因为"人情皆欲求胜,故悦人之谦"⑥,自己的傲慢会伤害别人的自尊心、好胜心,所以傲慢的结果必然损害与别人的社会关系,给自己带来种种阻力,拖累自己前进的步伐,抵消自己获得的成功,甚至使自己身陷险境,成为众矢之的。

不仅如此,骄傲自满势必使人放松努力,而谦虚谨慎则可使人加强修养,不断完善。《尚书·大禹谟》告诫:"满招损,谦受益。"所以,孔子指出:"君子

---

① 司马迁《报任安书》。
② 《孟子·告子下》。曾:通增。
③ 《老子》第九章。
④ 《论语·泰伯》。
⑤ 《传习录》卷下《黄以方录》。象:舜的弟弟,为人狂傲,常怀杀舜之心。丹朱:尧的儿子,傲慢荒淫,故尧将王位禅让给舜而不传丹朱。
⑥ 刘劭《人物志·八观》。

泰而不骄，小人骄而不泰。"①是"泰而不骄"还是"骄而不泰"，这是"君子"与"小人"人格修养的不同境界。荀子指出："君子能亦好，不能亦好；小人能亦丑，不能亦丑。君子能则宽容易直以开道人，不能则恭敬繜绌以畏事人；小人能则倨傲僻违以骄溢人，不能则妒嫉怨诽以倾覆人。故曰：君子能则人荣学焉，不能则人乐告之；小人能则人贱学焉，不能则人羞告之。是君子、小人之分也。"②

谦虚是君子道德修养的一个重要组成部分。如何进行谦虚修养呢？

一是怀柔守下，以退为进。这是老子式的智慧。"不自见，故明；不自是，故彰；不自伐，故有功；不自矜，故长。夫唯不争，故天下莫能与之争。"③"圣人去甚、去奢、去泰。"④"圣人欲上民，必以言下之；欲先民，必以身后之。是以圣人处上而民不重，处前而民不害，是以天下乐推而不厌。以其不争，故天下莫能与之争。"⑤"圣人不积。既以为人己愈有，既以与人己愈多。天之道，利而不害；圣人之道，为而不争。"⑥"将欲歙之，必固张之；将欲弱之，必固强之；将欲废之，必固兴之；将欲取之，必固与之。是谓微明。柔弱胜刚强。"⑦"图难于其易，为大于其细。天下难事必作于易，天下大事必作于细。是以圣人终不为大，故能成其大。"⑧"圣人后其身而身先，外其身而身存。"⑨"圣人方而不割，廉而不刿，直而不肆、光而不耀。"⑩"果而勿矜，果而勿伐，果而勿骄，果而不得已，果而勿强。"⑪"祸莫大于不知足，咎莫大于欲得，故知足之足，常足矣。"⑫"夫道，退故能先，守柔弱故能矜，自卑下故能高人，自损弊故实坚，自亏缺故盛全，处浊辱故新鲜，见不足故能贤，道无为而无不为也。"⑬诸葛亮说："贵而不骄，胜而不悖，贤而能下，刚而能忍。"⑭

---

① 《论语·子路》。泰：安舒。
② 《荀子·不苟》。
③ 《老子》二十二章。
④ 《老子》二十九章。泰：太，过甚。
⑤ 《老子》六十六章。
⑥ 《老子》八十一章。
⑦ 《老子》三十六章。
⑧ 《老子》六十三章。
⑨ 《老子》七章。
⑩ 《老子》五十八章。泰：太，过甚。
⑪ 《老子》三十章。
⑫ 《老子》四十六章。
⑬ 《文子·上仁》。
⑭ 《诸葛亮集·将林》。

二是不自我炫耀,不居功自傲,不盛气凌人,不咄咄逼人,功成弗居,厚德载物,温厚谦让,低调做人。这是儒家和道家的共同主张。老子说:"圣人……生而不有,为而不恃,功成而弗居。夫唯弗居,是以不去。"①"大丈夫处其厚,不居其薄;处其实,不居其华。"②孔子说:"劳而不伐,有功而不德,厚之至也,语以其功下人者也。德言盛,礼言恭,谦也者,致恭以存其位者也。"③"君子不自大其事,不自尚其功,以求处情;过行弗率,以求处厚;彰人之善,而美人之功,以求下贤。是故君子虽自卑而民敬尊之。"④"君子宽而不慢,廉而不刿,辩而不争,察而不激,寡立而不胜,坚强而不暴,柔从而不流,恭敬谨慎而容,夫是之谓至文。《诗》曰:'温温恭人,惟德是基。'此之谓矣。"⑤《礼记》说:"君子尊让则不争,洁敬则不慢。不慢不争,则远于斗辨矣。不斗辨,则无暴乱之祸矣。斯君子所以免于人祸也。"⑥

三是居安思危,保持谨慎。"谦虚"与"谨慎"往往是联系在一起的。谨慎从事,是谦虚的另一种表现形态。为什么要谨慎呢?因为顺境与逆境之间可以相互转化。所以孔子告诫说:"君子安而不忘危,存而不忘亡,治而不忘乱,是以身安而国家可保也。"⑦《周易》说:"君子终日乾乾(行事不息),夕惕若厉(至于夕而忧惧若危)"(《乾》),"君子以恐惧修省"(《震·象》),"君子以思患而豫(通预)防之"(《既济·象》),这是要求君子在充满信心、积极进取的同时,充分考虑各种困难和不可预测的意外,居安思危,谨慎小心。

四是居敬持敬,不放纵、不懈怠。谦虚之人,常怀虚心,所以以"敬"克己事人。"敬"是儒家礼教的核心范畴。《周易·系辞》说:"敬以直内。"指用"敬"修养心性。《孟子·离娄下》说:"有礼者敬人。"指用"敬"尊重他人。汉代《孝经》主张"广敬":"敬亲者,不敢慢于人。"并强调不仅要"以敬事长",而且要"居上敬下"。"礼者,敬而已矣。""敬一人而千万人悦。"到宋儒那里,"敬"作为对抗佛家万事皆忘的"静"的修养概念提出来。二程强调:

---

① 《老子》第二章。去:去除、消失。
② 《老子》第三十八章。
③ 《周易·系辞上》。
④ 《礼记·表记》。
⑤ 《荀子·不苟》。
⑥ 《礼记·乡饮酒义》。
⑦ 《周易·系辞下》。

"涵养须用敬。"①朱熹指出:"'敬'非是块然兀坐,耳无所闻,目无所见,心无所思,而后谓之'敬'。只是有所畏谨,不敢放纵,如此则身心收敛,如有所畏,常常如此,气象自别。""'敬'不是万事休置之谓,只是随事专一谨畏,不放逸耳。""大凡学者须先理会'敬'字,'敬'是立脚去处。"②"敬"包括"内无妄思,外无妄动"两方面。从外在行为方面说,"敬"要求"坐如尸(神象),立如齐(无偏颇),头容直,目容端,足容重,手容恭,口容止,气容肃"③,不随意,不苟且,"整齐严肃"④,言行必谨,容貌必恭。从内在心性修养方面看,"敬"要求"有所畏谨,不敢放纵"⑤,"收敛此心,莫令走作闲思虑",⑥也就是孟子所谓的"收其放心"之谓:"收者,便于邪思妄念处,截断不续。"⑦"学者不必远求,近取诸身,只明天理,敬而已矣。""敬而无失。"⑧内通过"敬"完善自己,外通过"敬"取悦他人,就能立于不败之地。

谦虚还意味着虚怀若谷,善于向别人的优点和长处学习。"三人行,必有我师焉,择其善者而从之,其不善者而改之。"⑨要学会取人之长,补己之短,成就众善。"江海之所以能为百谷王者,以其善下之"⑩。气吞万里的江海所以浩瀚壮阔,成为百谷之王,是源于它总是把自己放得很低,因而能容纳百川的水流。荀子说:"积土而为山,乘之而后高,积水而为海,积之而后深。故圣者众之所积也。"道德圣人说到底是积累众善的结果。

值得说明的是,谦虚与诚实并不矛盾。在荀子看来,"君子"也可以承认自己的优点,指出别人的缺点,只要实事求是:"君子……正义直指,举人之过,非毁疵也;言己之光美,拟于舜禹,参于天地,非夸诞也……刚强猛毅,靡所不信,非骄暴也。"⑪谦虚守敬也不是与谈笑风生势不两立,"大德不逾闲,小德出入,可也。"⑫在大的道德原则坚持守敬修养的前提下,小的行为细节方面宽松豁达、潇洒风趣点,也未尝不可。

---

① 《二程遗书》卷十五。
②③ 《朱子语类》卷十二。
④ 《二程遗书》卷十五。
⑤⑥ 《朱子语类》卷十二。
⑦ 《朱子语类》卷十七。
⑧ 《二程遗书》卷二。
⑨ 《论语·学而》。
⑩ 《老子》六十六章。
⑪ 《荀子·不苟》。
⑫ 《论语·子张》。

五、"过而能改,善莫大焉"

承认自己有过错,发现过错及时改正,是道德修养的一个重要组成部分,也是健全人格应当具有的宝贵品质。

金无足赤,人无完人。即便如孔子,自己也承认:"吾非生而知之者。"他所以成为道德上的"圣人",不过是由于善改过而已。春秋之际晋国大夫士季对晋灵公说:"人谁无过,过而能改,善莫大焉。"①什么叫过错?孔子说:"过而不改,是谓过矣。"②有过错而不知悔改,才叫过错。"德之不修,学之不讲,闻义不能徙,不善不能改,是吾忧也。"③所以孔子主张"毋意、毋必、毋固、毋我"。④不要固执己见,不要自以为是,不要刚愎自用。《周易》指出:什么叫"无咎"?"无咎者,善补过也。"⑤所以,"君子以见善则迁,有过则改。"⑥"君子以遏恶扬善,顺天休命。"⑦明代道德学家王守仁《改过》一文说:"不贵于无过,而贵于能改过。"清代学者颜元指出:所谓"修身",即是"改过"。"改身之过,迁身之善,谓之'修身'。"⑧

如何对待自己的过错,在古人看来,是君子与小人的重要区别之一。《论语·子张》记载子夏的话:"小人之过也必文。"朱熹《论语集注》解释说:"小人惮于改过,而不惮于自欺,故必文以重其过。"邵雍指出:"君子改过,小人饰非;改过终悟,饰非终迷;终悟福至,终迷祸归。"⑨李觏揭示:"过而不能知,是不智也;知而不能改,是不勇也。"⑩清人申居郧说:"小人全是饰非,君子惟能改过。"⑪

具体说来,作为道德君子,究竟应当怎样对待自己的过错呢?宋代道德学

---

① 《左传·宣公二年》。
② 《论语·卫灵公》。
③ 《论语·述而》。
④ 《论语·子罕》。朱熹:意,私意也。必,期必也。固,执滞也。我,私己也。
⑤ 《周易·系辞上》。
⑥ 《周易·益·象》。
⑦ 《周易·大有·象》。
⑧ 颜元《颜习斋先生言行录》。
⑨ 邵雍《迷悟吟》。
⑩ 李觏《易论第九》。
⑪ 申居郧《西岩赘语》。

家陆九渊要求:"闻过则喜,知过不讳,改过不惮。"①可谓精要。

首先是"闻过则喜"。一般不谦虚的、缺乏反省意识的人听到别人提意见,就会为自己辩护,与别人争论,甚至迁怒于人,拒不认错,我行我素。这实际上是不明智的。"君子之过也,如日月之食焉。过也,人皆见之。"②"今之君子,过则顺之……岂徒顺之? 又从为之辞。"③一个人的缺点就像日食月食一样,别人都看得很清楚,自己不承认是无济于事的,百般狡辩反而更加坏事。而道德君子的态度恰恰相反。大禹、子路就是虚心接受别人意见的楷模。孟子说:"子路,人告之以有过,则喜。禹闻善言则拜。"④荀子谈修身:"非我而当者,吾师也;是我而当者,吾友也;谄谀我者,吾贼也。故君子隆师而亲友,以致恶其贼。好善无厌,受谏而能诫,虽欲无进,得乎哉? 小人反是,致乱而恶人之非己也,致不肖而欲人之贤己也;心如虎狼、行如禽兽,而又恶人之贼己也;谄谀者亲,谏争者疏,修正为笑,至忠为贼,虽欲无灭亡,得乎哉?"⑤魏徵指出:"以铜为镜,可以正衣冠;以古为镜,可以知兴替;以人为镜,可以明得失。"⑥韩愈认为:"告我以吾过者,吾之师也。"⑦申居郧强调:"人生至愚是恶闻己过。""自知己短便是长。"⑧常言道:忠言逆耳利于行,良药苦口利于病。尽管批评意见听起来不自在,但有益于自己的道德完善,只要别人不是出于恶意,都要尽量去倾听。当然,别人的批评意见并不一定都正确,因此合适的态度是"言者无罪,闻者足戒"⑨;"有则改之,无则加勉"⑩。

其次是"知过不讳"。"知过"的主要途径是"内省"。内省知过的渠道之一是"见贤而思齐焉,见不贤而内自省也"⑪,"见善,修然必以自存也;见不善,愀然必以自省也"⑫。对照别人的长处,想想自己有没有这样的长处,如果没

---

① 陆九渊《与傅全美》。
② 《论语·子张》,子贡语。《孟子·公孙丑下》载孟子语:"……古之君子,过则改之;今之君子,过则顺之……岂徒顺之? 又从为之辞。"
③ 《孟子·公孙丑下》。
④ 《孟子·公孙丑上》。
⑤ 《荀子·修身》。
⑥ 《旧唐书·魏徵列传》。
⑦ 韩愈《答冯宿书》。
⑧ 申居郧《西岩赘语》。
⑨ 《毛诗序》。
⑩ 朱熹《论语集注》卷一。
⑪ 《论语·里仁》,孔子语。
⑫ 《荀子·修身》。愀(qiǎo)然:忧惧貌。

有,就尽力学习保存;对照别人的短处,反省自己有没有这样的短处,如果有,就尽力加以避免。内省知过的渠道之二是反思自己的所作所为有无有失检点之处。孔子弟子曾参说:"吾日三省吾身:为人谋而不忠乎?与朋友交而不信乎?传不习乎?"①"三省"的内容虽然可以有所变化,但"三省"作为一种反思自身缺点不足的方法,为中国的道德君子所共同遵守。孟子说:"反身而诚,乐莫大焉。"②返身自观,自我解剖,诚实地迁善改过,人生的快乐莫大于此。历史上,殷汤、盘庚、周武王都是自我反省、克己改过,严以律己、宽以待人的典范。殷汤说:"尔有善,朕弗敢蔽;罪当朕躬,弗敢自赦。""尔万方有罪,在予一人;予一人有罪,无以尔万方。"③商朝中兴之主盘庚也这样检讨自己:"邦之臧(善),惟汝众;邦之不臧,惟予一人有佚(失)罚。"④周武王说:"百姓有过,在予一人。"⑤当自己受到不公的待遇时,孔子主张不怨天尤人,更加严格地反省和要求自己:"不患无位,患所以立。"⑥"不患人之不己知,患其不能也。"⑦"君子病无能焉,不病人之不己知也。"⑧"君子求诸己,小人求诸人。"⑨"躬自厚而薄责于人,则远怨矣。"⑩"不怨天,不尤人,下学而上达,知我者,其天乎?"⑪

  再次是"改过不惮"。能"闻过"、"知过",最终是为了"改过"。改正错误是痛苦的。所以孔子强调:"过则勿惮改。"⑫同时,改正错误也是有回报的。"善在身,介然必以自好也;不善在身,灾然必以自恶也。"⑬"古之君子,过则改之……及其更也,民皆仰之。"⑭知过能改,有错必纠,反而会赢得人们的敬仰。因此,《尚书·伊训》教导人们:"与人不求备,检身若不及。"《尚书·仲虺之诰》要求:"改过不吝。"孔子告诫人们:"见善如见不及,见不善如探汤。"⑮古训说:"迁善如风之迅,改过如雷之烈。"

---

① 《论语·学而》。
② 《孟子·尽心上》。
③ 《尚书·商书·汤诰》。
④ 《尚书·商书·盘庚上》。
⑤ 《尚书·泰誓中》。
⑥ 《论语·里仁》。
⑦ 《论语·宪问》。
⑧⑨⑩ 《论语·卫灵公》。
⑪ 《论语·宪问》。
⑫ 《论语·学而》。
⑬ 《荀子·修身》。介然:坚固貌。
⑭ 《孟子·公孙丑下》。
⑮ 《论语·季氏》。

六、推诚不欺、守信不疑

虚心改过实际上是以诚实的道德评判为基础的,诚信又是一切道德素质的源头。在道德修养中,"诚信"是一项重要的考量指标。

什么是"诚"?"诚"是个合体字,指言之有成。《大学》说:对于主体而言,"所谓诚其意者,毋自欺也。"朱熹指出:"诚者,真实无妄之谓。"①现代思想家蔡元培先生也认为:"'诚'字之意,就是不欺人,亦不可为人所欺。"换句话说:"诚"是一种真实不欺的美德,要求人们立身行事,真实可信,反对欺诈、虚伪、说谎。在这个意义上,它与"信"相通。故《说文解字》解释说:"诚,信也。"

什么是"信"?"信"的本义指说话讲信用。《说文》说"人言为信",扬雄《法言·重黎》说"信"即"不食其言",泛指真实无伪。二程说:"信者,无伪而已。"②它来源于主体的真诚。班固《白虎通义·性情·论五性六情》说:"信者,诚也,专一不移也。"王通《中说·周公》说:"推之以诚,则不言而信。"因此,"信"与"诚"相通。许慎在《说文解字》说:"信,诚也。"程颐则将"诚"、"信"互训:"诚则信矣,信则诚矣。"③"信"不仅要求人们说话切忌大话、空话、假话,而且要求做事诚实可靠。"信"的基本内涵是信守诺言、言行一致、诚实不欺。

可见,"诚"与"信"在中国古代往往是同义词,基本涵义是诚实无欺,信守诺言,言行相符,表里如一。

为什么做人要讲究诚信?

首先,"信"是立身之本,"诚"是一切道德的原点。孔子说:"民无信不立。"④"人而无信,不知其可也。大车无輗,小车无軏,其何以行之哉?"⑤人如果没有"信",就不知道他有什么好的品德了。好比车子缺了关键的零部件,怎么行走?所以孔子以"四教"教导弟子:"文、行、忠、信。""信"是"四教"之一。⑥孟子将"诚"说成"天道",要求"人道"恪守"天道"而"思诚",向"诚"看齐:

---

① 朱熹《四书章句集注·中庸章句》。
② 程颢、程颐《河南程氏遗书》卷一。
③ 《河南程氏遗书》卷二十五。
④ 《论语·颜渊》。
⑤ 《论语·为政》。輗(ní)、軏(yuè):车辕前端横木上的活销,都是套牲口驾车必备的器件。
⑥ 《论语·述而》。

"'诚'者,天之道也;'思诚'者,人之道也。"①荀子则说:"君子养心莫善于诚。"②"耻不信,不耻不见信。"③道德修养要从"诚信"开始。君子最可耻的是不讲诚信,而不是不被人信任。《礼记》建构了"人道之极"的"礼",而"忠信,礼之本也"④;"儒有不宝金石,而忠信以为宝。"⑤"欲正其心者,先诚其意,意诚而后心正。"⑥《左传》指出:"无信患作。"⑦没有信用就会发生灾难。所以,"失信不立"⑧。先秦思想家关于诚信为立身之本的思想在后代得到巩固和发展。汉末王符要求:"夫高论而相欺,不若忠论而诚实。"⑨三国诸葛亮告诫:"勿恃功能而失信。"⑩魏晋之际傅玄指出:"言出乎口,结乎心,守以不移,以立其身,此君子之信也。讲信修义,而人道定矣。"⑪北齐颜之推强调:"巧伪不如拙诚。"⑫刘昼总结:"信者,行之基;行者,人之本。人非行无以成;行非信无以立,故信之行于人,譬济之须舟也;信之于行,犹舟之待楫也。"⑬宋代周敦颐指出:"圣,诚而已矣。诚,五常之本,百行之源也。"⑭"圣人"立足之本,不过一"诚"字。"诚"是仁、义、礼、智、信的基础,亦是人的各种善行的根源。苏轼论"道德","以至诚为道,以至仁为德。"⑮"诚"与"仁"具有同等重要的地位。明代理学家薛瑄总结说:"处己、事上、临下,皆当以诚为主。"⑯清代黄宗羲甚至将是否真诚提到"人"与"禽兽"的根本区别的高度:"诚则是人,伪则是禽兽。"⑰从诚信缺失对个人的危害来说,"人背信则名不达"(刘向),一个人经常失信,就会名誉扫地。"进学不诚则学杂,处事不诚则事败,自谋不诚则欺心而弃己,与人不诚

---

① 《孟子·离娄上》。
② 《荀子·不苟》。
③ 《荀子·非十二子》。
④ 《礼记·礼器》。
⑤ 《礼记·儒行》。
⑥ 《礼记·大学》。
⑦ 《左传·僖公十四年》。
⑧ 《左传·襄公二十二年》。
⑨ 王符《潜夫论·实贡》。
⑩ 诸葛亮《出师表》。
⑪ 《傅子·义信》。
⑫ 颜之推《颜氏家训·名实》。
⑬ 《刘子·履信》。
⑭ 周敦颐《通书·诚·下》。
⑮ 苏轼《道德》。
⑯ 薛瑄《读书录》。
⑰ 黄宗羲《孟子师说》卷七。

则丧德而增怨。"[1]正如傅玄所说："祸莫大于无信。"

诚信不仅是立身之本，也是齐家之道。傅玄指出：如果"父不信以教子，子不信以事父，夫不信以遇妇，妇不信以承夫"，就会"父子相疑于家，夫妇相疑于室"[2]。西晋哲学家杨泉指出："以信接人，天下信之；不以信待人，妻子疑之。"[3]唐代魏徵说："夫妇有恩矣，不诚则离。"[4]只要夫妻、父子和兄弟之间以诚相待，诚实守信，就能和睦相处，家和万事兴。反之，如果家人之间缺乏诚信、各怀疑心，夫妻之间同床异梦，互不信任，家庭迟早会分崩离析，走向解体。

诚信也是交友之基。人与人相处，最重要的是真诚相待，以心换心。庄子曾经说："真者，精诚之至也。不精不诚，不能动人。"[5]孟子指出："至诚而不动者，未之有也；不诚，未有能动者也。"[6]虚情假意感动不了人，真诚则可以产生打动人、感染人的力量。所谓"以诚感人者，人亦诚而应"（程颐），因此二程说："诚无不动者，修身则身正，治事则事理。"[7]反之，"无信人之言，人实不信。"[8]如果虚伪待人，必然不能获得别人的相信；"交接有分矣，不诚则绝"[9]，朋友之间很有交情了，如果不讲诚信，最终也会绝交；"推之以诚，则不言而信"[10]，待人以诚，不用漂亮的言辞，也能取信于人；只有"与朋友交，言而有信"[11]，才能达到"朋友信之"、推心置腹的友谊。"君子之言，信而有规，故怨远于其身；小人之言，僭而无征，故怨咎及之。"[12]人与人之间充满虚伪、欺骗，就决不会成为真正的朋友。"与人以实，虽疏必密；与人以虚，虽戚必疏。"[13]"以信待人，不信思信；不信待人，信思不信。"[14]以诚实的态度对人，不相信你的人久而久之也就相信了；以不诚实的态度对人，相信你的人久而久之也就不相信你了。

诚信还是经商之魂。著名徽商胡雪岩在杭州胡庆余堂药店中，挂了一块

---

[1] 程颢、程颐《二程集·论学篇》。
[2] 傅玄《傅子·义信》。
[3] 杨泉《物理论》卷一。
[4] 魏徵《群书治要·体论》。
[5] 《庄子·渔夫》。
[6] 《孟子·离娄上》。
[7] 《二程粹言·论道篇》。
[8] 《诗经·郑风·扬之水》。
[9] 魏徵《群书治要·体论》。
[10] 王通《中说·周公》。
[11] 《论语·学而》。
[12] 《左传·昭公八年》。
[13] 韩婴《韩诗外传》。
[14] 傅玄《傅子·义信》。

"戒欺"的牌匾。他在跋文中写道:"凡贸易均著不得欺字","余存心济世,誓不以劣品弋取厚利","采办务真,修制务精,不至欺余以欺世人。"胡庆余堂药店之所以能够蜚声于海内外,生意兴隆,其秘诀就在于"戒欺"二字。"戒欺"是企业的成功秘诀,诚信是企业的制胜法宝。"口惠而实不至,怨灾及其身。"①开空头支票,或以次充好,最终必遭其殃。

诚信也是为政的法宝。周成王向大臣询问执政的方法,大臣开列了几条措施,其中有一条就是政令要讲信用:"布令信而不食言。"②孔子在为政的三条措施"足食"、"足兵"、"民信"中,宁肯"去兵"、"去食",也要坚持保留"民信"。在孔子看来,如果人民不信任统治者,朝政就根本站不住脚。因此,管子强调:"诚信者,天下之结也。"③诚信是治理天下的关键。《左传》强调:"信,国之宝也。"诚信是治国的根本法宝。荀子强调:"诚者,君子所守也,而政事之本也。"④他从"古者禹汤本义务信而天下大治,桀纣弃义背信而天下大乱"的历史教训中总结:"故为人上者,必将慎礼义、务忠信然后可,此君人者之大本也。"⑤"政令信者强,政令不信者弱。"⑥韩非指出:"赏罚不信,则禁令不行。""小信成则大信立,故明主积于信。"⑦《吕氏春秋》探讨为政之道,著《贵信》篇:"凡人主必信。信而又信,谁人不亲?""信之所及,尽制之矣。"《国语·晋语四》记载了晋大夫箕郑以诚信救国家的故事。晋国发生饥荒,晋文公问大夫箕郑怎么办,箕郑给他出的主意不是赶紧到周边国家去筹集、调拨粮食,而是一个字:"信"。君心信,向国民坦陈困难,国民就会"贫而不惧",同心协力去共渡难关;名位信,官员就会各司其职,尽责尽力;法令信,人民就会努力劳作,争取奖赏;办事信,国民就会乐于拿出积蓄,不愁日后官府不偿还。如此,晋国何匮之有?不用借粮食,也能度过饥荒。李延寿《北史·于谨传》总结说:"为国之本,在乎忠信;古人去食去兵,信不可失。国家兴废,莫不由之。"司马光《资治通鉴·周纪》揭示:"夫信者,人君之大宝也。国保于民,民保于信。非信无以使民,非民无以守国。是故古之王者不欺四海,霸者不欺四邻。善为国者,不欺其民;善为

---

① 《礼记·表记》。
② 刘向《说苑·政理》。
③ 《管子·枢言》。
④ 《荀子·不苟》。
⑤ 《荀子·强国》。
⑥ 《荀子·议兵》。
⑦ 《韩非子·外储说左上》。

家者,不欺其亲。"

要之,"诚信"是修身、齐家、交友、经商、为政都不可或缺的美德。"夫可与为始,可与为终,可与尊通,可与卑穷者,其唯'信'乎!信而又信,重袭于身,乃通于天。以此治人,则膏雨甘露降矣,寒暑四时当矣。"① 从积极的一面说,"盖天地著信,而四时不悖;日月著信,而昏明有常;王者体信,而万国以安;诸侯秉信,而境内以和。"② 从反面说,"君臣不信,则百姓诽谤,社稷不宁;处官不信,则少不畏长,贵贱相轻;赏罚不信,则民易犯法,不可使令;交友不信,则离散郁怨,不能相亲;百工不信,则器械苦伪,丹漆染色不贞。"③

如何进行"诚信"修养呢?韩婴《韩诗外传》卷五说:"内不自诬,外不诬人。"宋代林逋《省心录》提出:"推诚而不欺,守信而不疑。"这可作为"诚信"修养的两个抓手。

首先是对自己"推诚而不欺"。《大学》说:"所谓诚其意者,毋自欺也。"孟子说:"反身而诚,乐莫大焉。"道德修养的关键,在培养内在真实无伪的诚信品质,不自我欺骗,不文过饰非,保持道德修养的"慎独"。东汉名臣杨震在赴任东莱郡太守的途中,经过昌邑县。昌邑县令王密是他过去推荐的秀才,王密深夜带十斤黄金私赠杨震。杨震说:"老朋友了解你,你却不了解老朋友,这是为什么呢?"王密说:"现在是深夜,没有人知道。"杨震回答说:"天知,神知,你知,我知,怎么说没有人知道呢?"此外,不自欺欺人,就会"知之为知之,不知为不知"④,不在能力问题上欺世盗名。因此,刘安《淮南子·说林训》开导人们:"马先驯而后求良,人先信而后求能。"

其次是对他人"守信而不疑"。孔子反复告诫人们:"君子耻其言而过其行。"⑤ "信近于义,言可复也。"⑥ "言必信,行必果。"⑦ "始吾于人也,听其言而信其行;今吾于人也,听其言而观其行。"⑧《礼记·表记》要求:"君子不失口于人,故言足信也。"《左传·昭公八年》强调:"君子之言,信而有征。"当然,孟子

---

① 《吕氏春秋·贵信》。
② 傅玄《傅子·义信》。
③ 《吕氏春秋·贵信》。
④ 《论语·为政》。
⑤ 《论语·宪问》。
⑥ 《论语·学而》。
⑦ 《论语·子路》。
⑧ 《论语·公冶长》。

也补充说明过:"大丈夫言不必行,行不必果,惟义所在。"①那是在发现承诺有违道义的特殊情况下作出的灵活变通,绝不是给人出尔反尔提供口实。就一般情况而言,信守承诺是儒家要求的做人底线。老子提醒人们注意:"信言不美,美言不信。"②"轻诺必寡信,多易必多难。"③据司马迁《史记·季布栾布列传》说:"得黄金百斤,不如得季布一诺。"季布是秦末汉初项羽的部下,以讲信义出名。只要承诺别人的事情,千方百计也要兑现。他曾几次率兵打得刘邦狼狈不堪,所以刘邦当上皇帝后悬赏千金追捕季布。刘邦的大臣中有人为季布的人格精神感动,出面向刘邦求情。刘邦最终采纳了大臣的谏议,赦免了季布,并任命季布做了汉朝的官吏。于是,"一诺千金"传为美谈。唐高祖李渊强调:"丈夫一言许人,千金不易。"④"诚信"是责任的体现,力量的象征,它显示着人格的尊严。我们平时做人,作出许诺前要谨慎;作出诺言后要尽量去兑现它;如果发现有问题,要向承诺的对象作出必要的说明,表示应有的歉意,从而树立自己的信誉,塑造自己的道德形象。

邓小平一生倡导:"做老实人,说老实话,干老实事。"在当下道德滑坡、诚信缺失、商业欺诈横行、学术腐败泛滥的情况下,倡导诚信修养,坚守做人底线,显得更有现实意义。

思 考 题

1. 为什么要进行道德修养?
2. 你认为人的道德修养主要应从哪几方面着手?

案 例 分 析

1. 信义兄弟接力还薪

湖北孙水林兄弟俩每年都会在年前给农民工结清工钱。2009年底哥哥孙水林为赶在年前给农民工结清工钱,在返乡途中遭遇车祸遇难。弟弟孙东林为

---

① 《孟子·离娄下》。
② 《老子》第八十一章。
③ 《老子》第六十三章。
④ 司马光《资治通鉴·唐纪》。

了完成哥哥的遗愿，在大年三十前一天，将工钱送到了农民工的手中。兄弟俩的诚信之举深深打动了全中国的人，他们被评为"2010年感动中国十大人物"。

时年50岁的孙水林是在北京做工程的湖北黄陂建筑商。2月9日，他从北京工地回到天津，原定与暂住在天津的家人和弟弟孙东林聚一天再回武汉。但他查看天气预报了解到，此后几天，天津至武汉沿线的高速公路，部分地区可能因雨雪封路。他决定赶在封路前，赶回武汉，给民工发放工钱。春节前发放工钱，是他对民工的承诺。而此时，先期回汉的民工也正渴盼着孙水林回来。

当晚，孙水林提取26万元现金，带着妻子和三个儿女出发了。次日凌晨，他驾车驶至南兰高速开封县陇海铁路桥段时，由于路面结冰，发生重大车祸，20多辆车追尾，孙水林一家五口遇难。

2月10日早上，孙东林打电话回家，发现哥哥仍未到家。预感不妙的孙东林开车沿途查找，在河南兰考县人民医院太平间发现了哥哥一家人的遗体。

由于哥哥的后事处理尚需时日，沉浸在巨大悲痛中的孙东林和家人商量决定，先替哥哥完成遗愿。除夕前一天，孙东林拿出哥哥遗留在事故车中的26万元，又从银行提取自己的6.6万元，加上母亲拿出的1万元养老钱，发放到了60多名民工手上。

"哥哥离世后，账单多已不在，我也不知道该给每个民工发多少钱。我们让民工们凭着良心领工钱，大家说多少钱，我们就给多少钱！"孙东林说。

20多年前，孙水林就开始到外地打工，现已成为家乡有名的建筑商，如今每年跟着他打工的民工，高峰时达200多人。工人们感叹："真没想到啊，老板遭遇车祸后，工钱还能照样结回来！"

如果不是赶着发工钱，意外就不会发生，孙家的春节一定是欢乐祥和的。如果事情到此为止，也仅仅只是一起令人唏嘘的车祸。哥哥的后事尚没办理，账单大多已不存在，弟弟毅然代哥哥发放33.6万元良心工钱。大义之举，一下子让尘世与天堂都变得无比光亮，让剧情在突起的高潮中深深打动世人。

这是对逝者最好的告慰最好的超度，这是对生者最好的庇佑最好的激励。

2. 汪晖事件的是是非非

3月的中国大地，莺飞草长；3月的中国学界，一篇揭短的学术批评如同一枚重磅炸弹，搅破了一池春水。揭短的是南京大学著名学者王彬彬教授，批评的对象是清华大学教授、当代中国思想界新左派的代表人物汪晖。批评文章逾17 000字，刊发在2010年3月10日出版的《文艺研究》上。批评的内容是汪晖的博士论文成名作、也是中国现代文学研究的经典之作《反抗绝望——鲁迅及其文学世界》一书的学风问题。问题主要集中在两方面。一是文理、文法不通,一是抄袭与剽窃。3月25日,《南方周末》刊载王彬彬文,继续就这两个问题穷追猛打。这是中国学界的一场重量级对决,注定会引来无数关注的目光。同一天,《京华时报》刊发《清华大学教授汪晖被指抄袭》报道,并被新浪网置于新闻首页转发。多家报纸及网络媒体不断跟进报道,刊发评论。与此同时,钟彪、舒炜等人撰写长文,对王彬彬举出的抄袭证据进行反驳。于是,王、汪之争演变成了挺王派与保汪派之争。挺王派认为王文以事实为证,言之凿凿,汪著涉嫌抄袭不容否认;保汪派据理力争,认为王文以自己的理解定义抄袭,言之过甚,对汪的指责难以成立。

王文是否无懈可击呢?的确不是。他对汪文"文理不通"的指责,有些地方就责之过严,给人自以为是的偏执感。比如汪晖说鲁迅"那种精神痛楚锐利得有如承受酷刑的感觉",王彬彬认为这句话"是有问题的":"'痛楚锐利',已经是一种比喻,即把痛楚比喻成某种尖锐锋利的东西,再说其'有如'某种'感觉',就很别扭。再说,'酷刑'有许多种,并非所有'酷刑'带来的都是'锐利'的痛楚。"其实,不言而喻,"锐利"在此比喻尖锐、撕心裂肺的感觉;"酷刑"前面即便没有加上"某些"的限定词,读者也知道是不周延的概念。全句以独特的感受比喻鲁迅的"精神痛楚"给人以承受某些酷刑产生的撕心裂肺的感觉,非但不能视为有问题,反而显示了汪著个性化的理论语言的魅力。有些地方则矫枉过正,言之不确。如王文批评汪文"作为民族智慧的中国文化……":"将'中国文化'等同于'民族智慧',就颇有问题。文化是极其丰富复杂的。'太监文化'、'小脚文化'、'拍马文化'等,都属于'中国文化'。要说这一切都表现为'民族智慧',恐怕很难让人认同。"其实这并无文理问题。作者已明确限定,这里的"中国文化"指"作为民族智慧"的那部分中国文化,而不是指所有中国文化。王氏是把属于不周延概念的"中国文化"误解为周延概念加以批判了。王氏将汪著的抄袭总结为"搅拌式"、"组装式"、"掩耳盗铃式"、"老老实实式"四种方式。除了"老老实实式"属于明显的抄袭外,其他三种似乎都可以进一步商讨。比如"搅拌式"抄袭即"将他人的话与自己的话搅拌在一起,你中有我,我中有你;或者将他人论述的次序做些调整,便作为自己的话登场"。其实搅拌中已包含了作者的劳动和创造。事实上,一切创新都是在对前人成果的综合、继承的基础上进行的。黄庭坚指出:"老杜作诗,退之作文,无一字无来处。"如杜甫诗云:"春水船如天上坐,老年花似雾中看。"语出沈佺期诗:"人如天上坐,鱼似镜中悬。"但这并未妨碍杜甫诗的独创性。如果将对前人思想和语言的搅拌完全视为"抄袭",那么一切文艺创作和理论创造也许将无法进行。诚如舒炜所说的那样:"强行要求学术论著进行'一岗一哨'式标注,要把任何的、所有的原书语词、直接引用的或间接引用的短语、句子及其含义都一一标注,这无疑是繁琐之极的学术镣铐。"

尽管王彬彬的批评文章存有某些缺失,但从总体上说王文是值得叫好的。

人人有表达意见的自由,只要持之有据、言之成理,这是宪法赋予每一个公民的权利。王氏文章立足于摆事实、讲道理,尽管讲得未必完全准确,但不必因此怀疑其动机的正义,也不能因此否定批评属于严肃的学术争论。如果他说错了,当事人也有反驳的权利。不过到目前为止当事人并未行使这个权利,而是局外人在越俎代庖。

王文的劳绩和贡献不容否认。与颂扬的文章相比,批评的文章不好写。颂扬言过其实,没人找你算账;批评稍有不慎,就会授人以柄,遭人反打一耙,何况是给名人名著挑刺! 无论是文理文法的指瑕,还是抄袭剽窃的捕捉,在王氏不厌其烦的举例分析批评中,凝聚了多少认真繁琐的劳动! 毫无疑问,这当中有许多是击中要害的、值得吸取改正的。所以陈村说:"汪晖首先应该感谢王彬彬,至少王彬彬作为读者认真读过他的作品。"

王氏批评所体现出来的勇气也令人钦佩。长期以来,为了拿项目和评奖,学术界形成了相互吹捧、彼此通融的一团和气,客观存在的问题被遮掩了,敢于指名道姓径直表达批评观点的少之又少,敢于挑战权威、向名人发难的更如凤毛麟角。王彬彬就属于稀缺的凤毛麟角。其勇可嘉,其义可敬,值得鼓励和保护。

汪晖先生作为清华名师,曾主办刊物倡导过学术规范,《反抗绝望》在20年中作为"经典名著"前后出了四个版本,书前冠以原版《题辞》、《新版序》、《原版序》、《新版导论》、《原版导论》等以壮声色。尽管不能一概否定作者的独创和贡献,但诚如王文所揭示,"经常地犯语法和逻辑错误",涉嫌抄袭的现象也凿凿在案,正所谓"盛名之下,其实难副"。即便王文的批评某些地方责之太严,言之过重,但对名人名著有更高的要求当不为过。庄子早就告诫:"名,天下之公器也,不可多取。"多取的迟早总要吐出来。也许现在是吐出来的时候了。[①]

[①] 《文汇读书周报》2010年5月7日。作者:祁志祥。

第十三章
国学中的人生论

提要："人生论"主要指对人生中各种矛盾关系的认识。国学中的人生论包含着对人生矛盾的深入思考和人生智慧的深切体悟，涉及人生意义的"有无"，人生目标的"高低"，如何认识和对待"生死"、"是非"、"真假"、"善恶"、"苦乐"、"理欲"、"义利"、"公私"、"荣辱"等人生的大问题，对启发我们生活得更加通达和智慧很有意义。

一、人生意义的"有无"观

人生有真实、永恒的意义吗？佛教从万物都是由各种因缘聚合产生的角度出发，推断"诸法皆空"，"人"的生命体也是空幻不实的。《金刚经》说："一切有为法，如梦幻泡影，如露亦如电。"《维摩诘所说经》以十种虚幻之事说明"人空"："是身如聚沫，不可撮摩；是身如泡，不得久立；是身如焰，从渴爱生；是身如芭蕉，中无有坚；是身如幻，从颠倒起；是身如梦，为虚妄见；是身如影，从业缘现；是身如响，属诸因缘；是身如浮云，须臾变灭；是身如电，念念不住。"因此，人生的一切意义追求，其实都是没有意义的。中国古代人受佛教"色空观"的影响，也对人生的意义持否定看法。清代戏剧家李调元在《剧话序》中用"戏之顷刻而散场"比喻人生的短暂虚幻："夫人生……攘攘百年，电光石火，离合悲欢，转眼而毕，此亦如戏之顷刻而散场也。"《红楼梦》第一回中，曹雪芹借甄士隐之口表达他的人生观："陋室空堂，当年笏满床；衰草枯杨，曾为歌舞场。蛛丝儿结满雕梁，绿纱今又糊在蓬窗上。说什么脂正浓，粉正香，如何两鬓又成霜？昨日黄土陇头埋白骨，今宵红灯帐底卧鸳鸯。金满箱，银满箱，转眼乞丐人皆谤。正叹他人命不长,那知自己归来丧!训有方,保不定日后作强梁。择膏粱,谁承望流落在烟花巷!因嫌纱帽小,致使锁枷杠,昨怜破袄寒,今嫌紫蟒长。乱哄哄你方唱罢我登场,反认他乡是故乡。甚荒唐,到头来都是为他人作嫁衣裳!"《红楼梦》第一回还有一首《好了歌》:

> 世人都晓神仙好,惟有功名忘不了!
> 古今将相在何方?荒冢一堆草没了!
> 世人都晓神仙好,只有金银忘不了!
> 终朝只恨聚无多,及到多时眼闭了。
> 世人都晓神仙好,只有娇妻忘不了!
> 君生日日说恩情,君死又随人去了。
> 世人都晓神仙好,只有儿孙忘不了!
> 痴心父母古来多,孝顺儿孙谁见了?

第五回《红楼梦曲》总收尾说:"为官的,家业凋零;富贵的,金银散尽;有恩的,死里逃生;无情的,分明报应;欠命的,命已还;欠泪的,泪已尽。冤冤相报实非轻,分离聚合皆前定。欲知命短问前生,老来富贵也真侥幸。看破的,遁入空门;痴迷的,枉送了性命。好一似食尽鸟投林,落了片白茫茫大地真干净。"

尽管上述言论有消极之嫌,然而认识到人的生命是有限的,死亡会解构人生的意义,对于人们避免用绝对化的观点看待人生的成功或挫折等意义坐标,防止钻牛角尖,走死胡同,是有积极的警示作用的。

人都会死,死亡会解构人生的意义,同时,死亡也会激发人们追求不朽的人生意义。如何"死而不朽"?这是个老话题。春秋时期,鲁国叔孙豹与晋国范宣子曾就此展开讨论。范宣子认为,他的祖先从虞、夏、商、周以来世代为贵族,家世显赫,香火不绝,这就是"不朽"。叔孙豹则认为,这只能叫做"世禄",而不能叫"不朽"。真正的不朽有三种:"太上有立德,其次有立功,其次有立言,虽久不废。此之谓三不朽。"[①]什么叫"立德"不朽、"立功"不朽、"立言"不朽呢?唐代孔颖达做了界定:"立德谓创制垂法,博施济众";"立功谓拯厄除难,功济于时";"立言谓言得其要,理足可传。"[②]在后人对"三不朽"的解读中,"立德"

[①] 《左传·襄公二十四年》。
[②] 《春秋左传正义·襄公二十四年》。

系指道德操守而言,"立功"乃指事功业绩,而"立言"指的是把真知灼见形诸语言文字,著书立说,传于后世。《左传》关于人生意义的"三不朽"说对后世影响深远。尽管生命有限,但通过道德文章、建功立业使自己声名远播,长存不朽,成为激励人们抓住有限人生、谱写人生辉煌的精神追求。

现代文化学者胡适改造了古代的"三不朽"说,提出"社会的不朽论":"我这个'小我'不是独立存在的,是和无量数小我有直接或间接的交互关系的;是和社会的全体和世界的全体都有互为影响的关系的;是和社会世界的过去和未来都有因果关系的。……种种过去的'小我',和种种现在的'小我',和种种将来无穷的'小我',一代传一代,一点加一滴;一线相传,连绵不断;一水奔流,滔滔不绝:——这便是一个'大我'。'小我'是会消灭的,'大我'是永远不灭的。'小我'是有死的,'大我'是永远不死,永远不朽的。'小我'虽然会死,但是每一个'小我'的一切作为,一切功德罪恶,一切语言行事,无论大小,无论是非,无论善恶,一一都永远留存在那个'大我'之中。……这个'大我'是永远不朽的,故一切'小我'的事业人格,一举一动,一言一笑,一个念头,一场功劳,一桩罪过,也都永远不朽。这便是社会的不朽,'大我'的不朽。"①人生前所作的善、恶,都将留在社会历史的记载中,人活着时要多做有价值的事,将人生的意义寄托于集体、民族、国家和人类社会的进步之中。

> 我到这个世上只有一次
>
> 能做的好事
>
> 现在就做
>
> 能给的帮助
>
> 现在就给
>
> ——无论是对谁
>
> 让我现在就做吧
>
> 不要拖延
>
> 也不要忽略
>
> 因为
>
> 我到这个世上只有一次②

---

① 胡适《不朽——我的宗教》。
② 曼狄诺编《羊皮卷》。

二、人生目标的"高低"观

人生只有一次,因而具有非同寻常的意义。人生的意义往往凝聚为人生追求的目标。

人生不可以没有目标。倘无目标,人生就失去了前进的方向,不仅精力才能白白浪费,而且浑浑噩噩不知所终。"志不立,如无舵之舟,无衔之马,漂荡奔逸,终亦何所底乎!"①正是心中设立的志向,使人生的活动变得有计划起来,从而区别于动物听命本能的无意识、无计划活动。所以王夫之说:"人之所以异于禽者,唯志而已矣!"鸟贵有翼,人贵有志。"三军可夺帅也,匹夫不可夺志也。"②"古之立大事者,不惟有超世之才,亦必有坚忍不拔之志。"③确立了人生目标,行动就有了方向,奋斗时就有了自觉性和主动性,潜能就会得到极大的激发和调动,才力就会得到集中的投置和超常的释放,精神就有了坚实的寄托和幸福的依靠,生命将会变得更加美丽绚烂。

一年之计在于春,一日之计在于晨。少年是人生的早晨,青年希望的春天。诸葛亮对年轻外甥的一段告诫,具有普遍意义:"夫志当存高远。慕先贤,绝情欲,弃疑滞,使庶几之志,揭然有所存,恻然有所感;忍屈伸,去细碎,广咨问,除嫌吝,虽有淹留,何损于美趣,何患于不济。若志不强毅,意气不慷慨,徒碌碌滞于俗,默默束于情,永窜伏于凡庸,不免于下流矣!"④人无远虑,必有近忧。立志须趁早。"少年心事当拿云。"⑤

人生好比一场马拉松,笑到最后的才是笑得最美的。不到人生的终点线,决不要轻言放弃。"老骥伏枥,志在千里;烈士暮年,壮心不已。"⑥古往今来,大器晚成者无数。对志向的坚守不能因老冉冉之将至而放松撒手。

人生的志向,在顺风顺水的时候不难坚持,在屡遭挫折的时候则面临考验。这时我们要做的就是发扬"咬定青山不放松"的精神,保持"穷且益坚,不坠青

---

① 王阳明《教条示龙场诸生》。
② 《论语·子罕》。
③ 苏轼《留侯论》。
④ 《诸葛亮集·诫外甥书》,中华书局1960年版。
⑤ 李贺《致酒行》。
⑥ 曹操《短歌行》。

云之志"①的韧劲,坚持与坚守。

  人生的目标有高低之分,但对于每个人来说,最高的目标是切合你个性和能力的目标。因此,设定人生目标的关键,是清醒合理地分析自己的素质,扬长避短,将天赋的潜能发挥到最大值。庄子指出:生命的最高境界,是"自适其适",而不是"适他之适"。郭象通过《庄子注》发挥说:"物任其性,事称其能,各当其分,逍遥一也。""理有至分,物有定极,各足称事,其济一也。"②"苟足于其性,则虽大鹏无以自贵于小鸟,小鸟无羡于天地,而荣愿有余矣。故小大虽殊,逍遥一也。""若各据其性分,物冥其极,则形大未为有余,形小不为不足。苟各足于其性,则秋毫不独小其小,而太山不独大其大矣。"③人的能力有大有小。不自量力是愚蠢可笑的。设定人生目标要量力而行。好比一块布料,通过设计和裁剪,能够派上最大的用场,就是最成功的人生。

  人生目标有阶段性特征。活了72岁的孔子在回顾起自己的一生历程时说:"吾十有五而志于学,三十而立,四十而不惑,五十而知天命,六十而耳顺,七十而从心所欲不逾矩。"④这段话具有普适意义,应当成为指导我们人生的座右铭。

  "十五而志于学"——"学"是学习、修养、奋斗。儿童时代懵懂无知。步入青少年时期,逐渐懂事了,就应以学习、奋斗、拼搏为目标。少小不努力,老大徒伤悲。青少年时期是人生打基础的时期,除了刻苦学习、奋力拼搏,别无选择。

  "三十而立"——经过青少年时期的奋斗和打拼,到了三十岁左右,不仅成家立业,而且事业有成。也许个别天才少年得志,少数人大器晚成,但就一般情况而言,三十岁前后是否事业有成,是衡量人生成功与否的重要指标。不过与此同时,也产生出对这种目标的痴迷和偏执,或自恃成功咄咄逼人,或拼搏无果痛不欲生。

  "四十不惑"——人到中年,功成名就,同时也看到了生命的彼岸,体认到死亡会注销过去奋斗取得的一切成果,领悟到过去看待成败得失的偏执和迷惑,对人世的是非荣辱多了一份"齐物"的达观与清醒,不再自恃成功睥睨落败,不再遭遇挫折抢天呼地。于是告别固执绝对,洞悉无可无不可,懂得与人方

---

① 王勃《滕王阁序》。
② 均见郭象《庄子·逍遥游注》,据《二十二子》本,上海古籍出版社1986年影印本。
③ 郭象《庄子·齐物论注》。
④ 《论语·为政》。

便、与己方便,就成为中年的特点,也应成为中年人修养的目标。尽管一个人很聪明,但如果到四十岁左右还看不透功名利禄的相对性,那就精明而不高明,是小聪明、大糊涂。

"五十而知天命"——"天命"是什么?是生命的周期,是人生的有限,是死亡结局的不可避免。在人生之河上,四十岁看到的彼岸到五十岁时更加临近了。五十岁是生理的多事之秋,没准什么时候会遭遇不测。彼岸不断靠近,五十岁的人应当好好考虑一下不可违背的"天命"问题,然后重新筹划一下愈来愈有限的余生,安详地品味和享受日后的生活。这也就是海德格尔所说的"向死而生"吧!于是你会活得更加睿智、更加洞明。最愚蠢、也最要命的就是人过五十,明明有条件安享晚年,却重新创业打拼,不知老之将至,来日无多。

"六十而耳顺"——何谓"耳顺"?朱熹注:"声入心通,无所违逆,知之至,不思而得也。"年纪大了,耳朵顺了,什么话都能听得进去,不再会与人理论争吵。如果说四十岁的时候已懂得是是非非的事无可无不可,但刚刚从偏执的是非观解脱出来,行动上还难免与不顺耳的话较真,那么经过后来"知天命"的进一步修炼,到六十岁时就什么不顺耳的话都能听进去了。尽管未必赞同,但绝不当面冲撞他人。这是一种很高的人生修养境界。

"七十而从心所欲不逾矩"——人心本具,欲望本有,心灵欲望的满足是生命存在之必须,但逾过道德规范就会变成小人、逾过法律规范就会沦为罪犯。完美的一生其实就是在特定时期社会道德和国家法律的"规矩"内实现心灵意志和肉体欲望最大程度的满足。这是一个从不习惯到逐渐习惯的过程,是一个从强制到自觉、被迫到自由的过程。一路走来,一生修炼,到了七十岁前后,该达到这个境界了。这是一种高尚的人生境界,也是感性与理性完美统一、双重实现的自由境界。

三、国学中的"生死"观

"生也死之途,死也生之始。"①天地如逆旅,"生者为过客,死者为归人"②。无数生命的生死轮回组成了大千世界。处理人生对立两极的矛盾,首先要做好

---

① 《庄子·知北游》。
② 李白《拟古》。

的生死的功课。

人虽然爱生,但生命的诞生却不是由自身决定的,而是男女构精、父母化育的自然产物。"人之生,气之聚也。聚则为生,散则为死。"①"人未生,在元气之中,既死,复归元气。""人之所以生者,精气也;死而精气灭。能为精气者,血脉也。人死血脉竭,竭而精气灭,灭而形体朽,朽而成灰土。"②

生命的诞生不仅是自然过程,而且充满了偶然性。"夫天地合气,人偶自生也,犹夫妇合气,子则自生也。夫妇合气,非当时欲得生子,情欲动而合,合而生子矣。"③生命的偶然性,不仅体现为"天地不故生人"、"夫妇不故生子"④,父母没想要孩子,孩子却意外地降生了,生命的有无具有不确定性,而且体现为生命的年龄、性别、形象、素质等成分都是不确定的。"作为个体,人的确是很偶然地被生下来,被抛掷在这个世界中。"⑤

当生命不以自己的意志为转移自然而偶然地来到世界后,自然界和人世间一切维持生命存在的东西便呈现出意义。它们给生命体带来满足,生命本能地爱生、贵生,并以极大的热情投入创造活动,扩大生命的欢乐。健康是金!活着多好!生命是美丽的!于是爱生、贵生发展为恋生、贪生。但生命并不会因此而漫无边际地延长。"物壮则老。"当生命蓬勃发展、不断取胜的时候,蛰伏在生命中的死亡因子也不断成长壮大起来。死亡终结了生的欢乐,带走了生的意义。"向之所欣,俯仰之间,已为陈迹。"⑥

生命本能地厌恶死亡、惧怕死亡、抗拒死亡,但这无法阻止死亡的到来。"气变而有形,形变而有生,今又变而之死。"⑦正如生一样,死也是不以人的意志为转移的自然过程。死是必然的,但又充满偶然的不确定性。这尤其表现在人什么原因死、什么时候死、什么地方死、什么方式死,是自己不知道的、无法控制的。人既没有任何生的权利,也"没有任何死掉的权利"⑧。"每个人都奔向自己的死亡:那无定的必然。"⑨

---

① 《庄子·知北游》。
② 王充《论衡·论死》。
③④ 王充《论衡·物势》。
⑤ 《李泽厚哲学文存》下编,安徽文艺出版社1999年版,第462页。
⑥ 王羲之《兰亭序》。《晋书》卷八十《列传第五十·王羲之》,中华书局1974年版。
⑦ 《庄子·至乐》。
⑧ 鲁迅《野草·死后》。
⑨ 《李泽厚哲学文存》下编,安徽文艺出版社1999年版,第505页。

由于生、死是我们无法左右的自然过程,所以,"死生,自命也"。"生生死死,非物非我,皆命也。"①"生死往来,犹如昼夜。"②生死是由每个生命体天赋的遗传基因和后天的际遇给定的,如同命中注定,日出日落,昼夜更替。面对命定的生死,我们能做些什么呢?唯一能做的就是用一种"知天命"的态度对待它,随顺自然,安之若素,既不恋生恶死,也能善待生死。这就是庄子所告诫我们的:"善始善终"③、"善生善死"④。

如何"善生"呢?

要学会珍惜生命。"天地之大德曰生。"⑤"天地之所贵曰生。"⑥"人所贵者,盖贵为生。"⑦生命只有一次,死而不可复生。因此,人不能无端地浪费生命、空耗生命,也不能无端地糟蹋生命、戕害生命。

珍惜生命还要求我们对"杀身成仁"的传统观念重新加以考量。人的精神生命确有比肉体生命高贵的价值,值得在不能两全其美时为之献身,但是轻易地为精神、理想牺牲肉体生命却不值得提倡。明代泰州学派代表王艮早就指出:"尊道不尊身,不谓之尊道。"⑧"须是道尊身尊才是至善"⑨。清代王夫之既肯定"义以立生,生可舍"⑩,又强调即便是圣人也应"珍生":"圣人者人之徒,人者生之徒,既已有是人也矣,则不得不珍其生。"⑪唐甄指出:做人必须"立身于必不死,设心于必死":"必死,以坚其志也","必不死,以善其用也"⑫。刘熙载主张在"超乎生死"之外,敬重生命而不"轻生":"不当死而死,是轻生也;生而不能存生之理,亦轻生也。不轻生,其在敬乎?"⑬不要轻易地为什么理念去献身,在为之献身前,首先要好好考虑一下这理念是不是值得为之献身。"明哲保身"不同于"贪生怕死",它体现的是一种以人为本、生命至上的现代人文情怀。

---

① 《列子·力命篇》。
② 王畿《龙溪集·留都会记》。
③④ 《庄子·大宗师》。
⑤ 《周易·系辞传》。
⑥ 扬雄《太玄·玄文》。
⑦ 陶弘景《养生延命录序》。
⑧ 《王心斋先生全集·答问补遗》。
⑨ 《王心斋先生全集·语录》。
⑩ 王夫之《尚书引义》卷五《大诰》。
⑪ 王夫之《周易外传》卷二。
⑫ 唐甄《潜书·利才》。
⑬ 刘熙载《古桐书屋札记》。

要学会享受生命。生命有限,抱怨也无济于事,不如抓住活着的时候,好好品味、享受人生的点点滴滴,保持快乐心境。一代书圣王羲之书法风流,做人亦潇洒。他深知"死生亦大",洞悉"后之视今,亦犹今之视昔",采取"修短随化"的态度,捕捉当下生活中的点滴之美,"欣于所遇,暂得于己,快然自足,不知老之将至"。一山一水,一觞一咏,"足以畅叙幽情";"仰观宇宙之大,俯察品类之盛,所以游目骋怀,足以极视听之娱"。据说他"性爱鹅","山阴有一道士,养好鹅,羲之往观焉,意甚悦,固求市之。道士云:'为写道德经,当举群相赠耳。'羲之欣然写毕,笼鹅而归,甚以为乐。"就这样,王羲之最后辞官而去,与东土人士尽山水之游,弋钓为娱,"卒当以乐死"①。"因为最终清楚地知道我们只有这一次生命,会使人们集中全部心思去享受在我们自己的太阳温暖光照之下的现世的人类幸福。"②

要善于养护生命。如果仅仅懂得"尊生"、"贵生",而不懂得"养生"、"全生","尊生"、"贵生"就会流于一种空话。《吕氏春秋》告诉人们:"所谓尊生者,全生之谓","全生为上"③。养生、全生之道,关键在于符合生命的本性欲求。满足不了生命的本性欲求,固然无法养生,但在满足了之后,还无尽地索求超出本性需要的东西,也会导致伤生。庄子告诫人们:"达生之情者,不务生之所无以为。"④真正洞达生命本性的人,不做无益于生命的事。利和名、富与贵,确实是维持人的生命存在的基本条件,但人的物质消费需求毕竟是有限的,过分奢侈的消费不仅无益生命,反而会伤害生命;为追求对生命多余无用的富贵名利而搭进身家性命,更加愚不可及,也非常可悲。庄子早已感叹:"今世之人居高官尊爵者,皆重失之,见利轻亡其身,岂不惑哉!""今世俗之君子,多危身弃生以殉物,岂不悲哉!"⑤《吕氏春秋》分析说:"贵富而不知道,适足以为患……出则以车,入则以辇,务以自佚,命之曰招蹶之机;肥肉厚酒,务以自强,命之曰烂肠之食;靡曼皓齿,郑卫之音,务以自乐,命之曰伐性之斧。三患者,贵富之所致也。"由于贫贱无法获得财富,即便奢望过度享受也没有办法,所以,从"重生"出发,"古之人有不肯贵富者"⑥。这不是出于迂腐或矫情,而是古代

---

① 以上引文均见《晋书》卷八十《列传第五十·王羲之》,中华书局1974年版。
② 拉蒙特《人道主义哲学》,贾高建等译,华夏出版社1990年版,第101页。
③ 《吕氏春秋·贵生》。
④ 《庄子·达生》。
⑤ 《庄子·让王》。
⑥ 《吕氏春秋·本生》。

智者注重养生之道的自觉选择。"能尊生者,虽贵富不以养伤身。"①"耳虽欲声,目虽欲色,鼻虽欲芬香,口虽欲滋味,害于生则止。"②在过度的物质消费主义膨胀蔓延的今天,这两句话应当成为指导人们养生的箴言。

"善生"不易,"善终"更难。如何"善终"呢?

要敢于直面死亡、正视死亡。人们一般惧怕死亡。通常的做法就是像鸵鸟一样不去想它,不去提它。其实,死亡是回避不了的,恐惧也无济于事。既然躲避不了,何不迎上前去?与其恐惧啜嚅,不如挺起胸膛!"怨夭折者,不知命者也。""当死不惧","知命安时也"③。"谁学会了死亡,谁就不再有被奴役的心灵。"④只有以唯物主义的科学态度,像医生面对即将解剖的尸体一样,勇敢地面对不可逃脱的死亡,才能摆脱恐惧的阴影,活出人生的轻松。

死亡是生命体的自然现象。它在生物进化中起着有益的和必不可少的作用。死借助生始能存在,生通过死得以确立。中国古代,庄子看待生死的自然观堪称通达。庄子认为"生"来自"无","死"复归"无","生死存亡"为"一体","无为首,生为脊,死为尻"⑤,"死生,命也","人之所不得与"⑥。悦生而恶死是徒劳的,"知其不可奈何而安之若命"⑦,视死如归,泰然处之,才是明智的态度:"古之真人,不知悦生,不知恶死,其出不欣,其入不拒,翛然而往、翛然而来而已矣。"⑧"夫大块载我以形,劳我以生,佚我以老,息我以死。故善吾生者,乃所以善吾死也。"⑨天下没有不散的宴席,人生没有不谢幕的戏。既然大幕拉开时表演那么完美,何不在谢幕时保持体面?

在另一些场合,死亡不是自然的产儿,而是为了保持精神尊严主动选择的结果。"生,我所欲也,义,亦我所欲也,二者不可得兼,舍生而取义者也"⑩;"宁屈而死,不肯幸生"⑪。古往今来的仁人志士,如文天祥、谭嗣同、李大钊,就是

---

① 《庄子·让王》。
② 《吕氏春秋·本生》。
③ 《列子·力命篇》。
④ 蒙田《蒙田随笔集·解放被死亡奴役的心灵》,潘丽珍等译,译林出版社1996年版。
⑤ 《庄子·大宗师》原文为:"以无为首,以生为脊,以死为尻。"
⑥ 《庄子·大宗师》。
⑦ 《庄子·人间世》。
⑧⑨ 《庄子·大宗师》。
⑩ 《孟子·告子上》。
⑪ 李贽《续焚书·与城老书》。

这样的英雄楷模。"人生自古谁无死,留取丹心照汗青。"①"人不能有生而无死。现世之幸福,临死而消灭。人而仅仅以临死消灭之幸福为鹄的,则所谓人生者有何等价值乎?"②"人生的目的,在发展自己的生命,可是也有为发展生命必须牺牲生命的时候。因为平凡的发展,有时不如壮烈的牺牲足以延长生命的音响和光华。绝美的风景,多在奇险的山川。绝壮的音乐,多是悲凉的韵调。高尚的生活,常在壮烈牺牲中。"③为大多数人的幸福事业而牺牲自己的现世幸福,可以使自己获得死后的清名和长远的幸福,实现人生的更高价值。正如臧克家所说:"有的人活着,他已经死了;有的人死了,他仍然活着。"

活着,要向死而生,方活得通达;死了,要向生而死,方死得不朽。

四、国学中的"是非"观

"明辨是非"是不容易的,因为是非具有相对性。

什么是"是"、什么是"非"呢?通常的情形是"是非之与利害一也"④,是非即利害。每个人立脚点不同,同一事物与自己的利害关系不同,对"是"、"非"的评价也就不同。庄子早已注意到这种现象:"可乎可,不可乎不可。"郭象注云:"可于己者,则谓之可;不可于己者,即谓之不可。""可"与"不可"都出于对"我"的利害关系,是非之标准就在"我"这个个体,有利于我的我就认为"是",有害于我的我就认为"非"。推而广之,"彼亦一是非,此亦一是非",人人各有一套是非观,如此形成的结果必然如庄子所揭示的那样:"方可方不可,方不可方可","因是因非,因非因是","果且有彼'是'乎哉"?既然没有共通的"是"的标准,那么,"是非之彰也,道之所以亏也"⑤。所以,《淮南子·齐俗训》据此提出了"孰是孰非无所定论"的是非观:"天下是非无所定。世各是其所是,而非其所非。所谓是与非各异,皆自是而非人。由此观之,事有合于己者,而未始有是也(引者按:从别人的角度看);有忤于心者,而未始有非也(引者按:从别人的角度看)。故求是者,非求道理也,求合于己者也;去非者,非批邪施也,去

---

① 文天祥《过零丁洋》。
② 蔡元培《对于教育方针之意见》。
③ 李大钊《牺牲》,《李大钊全集》第三卷,湖北教育出版社1999年版,第365页。
④ 魏源《默觚·学篇八》。
⑤ 以上庄子引文均见《庄子·齐物论》。

忤于心者也。忤于我，未必不合于人也；合于我，未必不非于俗也。""是非"具有因人而异的相对性，于是《淮南子》主张"一是非"，郭象《庄子注》提出"弥贯是非"。李贽不仅从空间的角度说明同一时代的人"此是而彼非，并育而不相害"，"是此非彼亦并行而不相悖"，而且从时间的角度揭示"昨日是而今日非矣，今日非而后日又是矣"，"是非之争也如岁时然，昼夜更迭，不相一也"①。

尽管是非不确定，但人生在世，又不能是非不分，黑白混淆，放弃对是非的分辨。

是非意识是人与动物的根本区别之一，是人所以为人的尊严所在。既然我们承认人的此生是有相对意义的，人应当善待此生，那么就应当树立正确的是非观。正确的是非观是我们引航一生旅途、拥有美好人生的指南针。人在离开父母的监护和告诫，独立地走上人生旅途后，重要的是树立是非意识，"慎思之，明辨之，笃行之"②，分清大是大非，从而活得清清白白、堂堂正正。

通常，人们往往将"是非"与"真假"、"善恶"、"美丑"并提，而忽略它们之间的差异。其实它们之间是有不同的。"是"、"非"意味着"对"与"错"、"正确"与"谬误"。我们对于"真假"、"善恶"、"美丑"的判断都可能正确或错误，所以"是非"覆盖、包含着"真假"、"善恶"、"美丑"。关于"真假"、"善恶"、"美丑"的正确判断都可叫作"是"，错误判断都可叫作"非"。同时我们看到，符合实际的"真善美"都可称为"是"，背离实际的"假恶丑"都可称为"非"。

在现实生活中，"是非"不仅因为本身具有相对性常被故意混淆，而且因为利益争斗常常被权势者肆意颠倒。于是，诽谤诬陷者有之、指鹿为马者有之、皇帝穿新装者有之。刘禹锡《浪淘沙》感叹："莫道谗言如浪深，莫言迁客似沙沉。千淘万漉虽辛苦，吹尽狂沙始到金。"明辨是非在黑白混淆的现实社会是一个十分艰难的历程，但也只有这样，才能尽显铮铮铁骨和君子本色。古往今来，许多坚持正道直行的耿介之士为人称颂。比如屈原。他一生经历楚威王、楚怀王、顷襄王三个时期，对内变法图强，对外联齐抗秦，终因小人诬陷，被怀王疏远，并两遭放逐。第一次被怀王流放到汉北；第二次被顷襄王流放到沅、湘一带。他可以选择泯灭是非，同流合污，这样可以优哉游哉，但此为他所不齿；"苟余心之所直兮，虽九死其犹未悔！"最后他以死明志，成就高风亮节。再如

---

① 李贽《藏书·世纪列传总目前论》。
② 《礼记·中庸》。

陶渊明。他为官十三年,因为看不惯官场混浊,辞官回乡,躬耕田亩,过起与荣华富贵有天壤之别的清贫生活。有好心的农夫劝他:"槛褛屋檐下,未足为高栖。一世皆尚同,愿君汩其泥。"他回答:"纡辔诚可学,违己讵非迷?"①他感谢农夫的好意,但不改是非取向,生命中最后的二十二年一直过着贫困的田园生活,固穷守节,老而弥坚。

明辨是非,不惜为坚持正道直行献身固然值得仰慕,然而由于世事凶险,在是非问题上采取口无臧否、大智若愚的方式,也不失为一种人生选项。清代书画家郑板桥题过几幅著名的匾额,其中最为脍炙人口的是"难得糊涂"。郑板桥写的"难得糊涂"字幅下,有他题的一行款跋:"聪明难,糊涂难,由聪明而转入糊涂更难。放一着,退一步,当下心安,非图后来福报也。"字幅写于乾隆十六年,当时郑板桥正在山东潍县当知县。一向率真正直、清正廉明的郑板桥在污浊的官场上很吃不开,常常受到恶势力的嘲讽刁难。他一面以嬉笑怒骂来抗争,一面又产生了避世思想。正是在这种心态下,他写下了"难得糊涂",不久便辞官归隐。他说的"糊涂"不是不明事理、做事没有原则、睁一只眼闭一只眼,与世俗同流合污的真糊涂,而是口无臧否而内心洞若观火的真聪明,凝聚着历经世事沧桑之后的老到,体现了大彻大悟之后的安宁。"难得糊涂"也是一种境界,心中有大目标的人,胸中装着全局、眼睛盯着大方向,自然能抓住大是大非,分清轻重缓急,处事举重若轻,对枝枝节节、鸡零狗碎之事搁置勿论,具有洒脱不羁、包容万象的胸襟和气度,也具有明哲保身、不做无谓牺牲的智慧。

我们既仰慕屈原、陶渊明等人以人生的代价捍卫是非,也欣赏郑板桥以难得的糊涂避世全生。不管选择怎样的处理方式,在兼顾是非相对性的同时,千万不能放弃对是非意识的拷问和对普适真理的求索。

五、国学中的"善恶"观

扬善去恶,是待人接物、安身立命的基本准则。如何辨别"善恶"?这个看似司空见惯的问题其实并不简单。

一种很容易产生的误解认为,"善恶"是人类生活中的客观品质。哪些品质是"善"、哪些品质是"恶"呢?主要有两种观点。

---

① 陶渊明《饮酒》其九。

一种认为,人的理性是善,本能欲望是恶。中国古代有"性善"、"性恶"论。二者所说的人性之"性"其实内涵不同。孟子所说的"性善"指人与生俱来的理性,荀子所说的"性恶"指人与生俱来的欲望。秉承先秦儒家的人性观,汉儒宣扬"性善情恶","性"即天赋理性,"情"泛指情欲。在孟子、汉儒那里,"善"的理性不是泛泛而谈的纯粹理性,而是"仁义礼智"的道德理性,这诚然与"善"保持着极大的一致性。到了三国时期魏国的刘劭那里,"善"就变成了纯粹的理性认知能力。刘劭《人物志·八观》认为,"智"是"德之帅":"夫智出于明,明之于人,犹昼之待白日,夜之待烛火。其明益盛者,所见及远。""故以明将仁,则无不怀,以明将义,则无不胜。""圣之为称,明智之极明也。"人的理性智慧具有认识、辨别仁义之善的独照之明,是善的道德意识的统帅和根本。王弼认为,理性的"神明"能够控制情欲,使之趋善。这些都属于理性为善的主张。道家主张"无情",佛家明确指出"情恶",这些都可归入情欲为恶的阵营。这种观点事实上经不起仔细推敲。

理性固然可以正确地辨别善恶,并能够控制自然情欲趋善离恶,从而具有一种善性,但理性也可能自以为是地误判善恶,当将这种错误理念付诸实施的时候,会造成可怕的灾难。宋明理学盛行时期,曾产生了许多触目惊心的"以理杀人"的事实。美国学者郑麒来根据《明史》和《古今图书集成》,统计出明代有619名女子割肉为丈夫或长辈疗伤,割肉的部位有大腿、上背、肝脏、手指、耳朵、乳房、肋骨、腰、膝、腹等,堪称人类理性异化的极端案例。所以清代启蒙思想家戴震在《与某书》中批判说:"酷吏以法杀人,后儒以理杀人。"

另一种观点认为,利人即善,自私即恶。汉代刘向《说苑·杂言》指出:"出于利人即善矣,出于害人即不善也。"宋儒宣扬"大公无私",也是利人即善、利己即恶思想的体现。这种观点是否正确呢?事实上也不可一概而论。父母对孩子的管教无疑是出于为孩子前途着想的利他动机,但对于处于青春期和成年期的子女来说恰恰受不了,也无助于他们的独立和成长,肯定不是一种善举,因此必须加以调整。爱上一个人,极尽殷勤之能事,但如果对方拒绝接受,继续示爱就绝不能算是善行,甚至会导致恶果。善良仁慈本来无可厚非,但对恶不抵抗,姑恶养奸,纵恶成患,恰恰会贻害无穷。乐善好施堪称义举,但毫无顾忌的施舍恰恰会助长人们不劳而获的奸恶。利他的善是建立在对他人有利或者说别人的利己基础上的。既然别人可以利己,为什么自己不可以利己呢?我们有什么理由一味肯定别人的利己,而反对自己的利己,要求我们自己一味无私奉献、承担对别人的义务呢？正如利他不能简单等同于善,利己也不能简单等同于恶。在现实社会中,只要不犯法,一切利己的行为都不应受到指责。

由此可见,那种把善、恶视为固定不变的理性或欲望、利他或利己的客观品质的观点是简单的、片面的、形而上学的,在实践上是行不通的。

如果说"真"是对外在客观规律的符合,那么"善"则是对主体生命目的的满足。主体的生命目的,通常叫"意志"、"意欲"。满足了生命"意欲",维持了生命存在,自然就被有意识的生命体判认是善,所以,"可欲之谓善"①。生命的最高意欲和终极目的是生存。"善之大者,莫善施生。"②满足生命存在意欲的对象是利益,所以说,"善者执利所在"③。从善恶的起源来看,"一个生命体的生存就是它的价值标准：凡是增进它的生存的就是善,威胁它的生存的就是恶。"④由此出发,满足个体生存目的(私欲)的私利既可能是一种善——当它不妨碍其他生命个体的生存目的实现的时候；也可能是一种恶——当它当它危害其他生命个体的生存目的实现的时候。为了保证人类社会每一个个体生命目的或生存意欲的实现,让每一个个体认可的善都得到确认并达成共识,个人的生存必须以不危害其他人利益为前提。于是,善就从私欲走向公意,从自利走向公利。这种包含并肯定着每个个体私欲的"公意"、包含并肯定着每个个体私利的"公益"便是善的本质。善即社会公意,说得通俗些即：善是社会普遍认可、约定俗成的行为规范。

在现实中,社会公意可以国家法律的形态出现。因此,安身立命,必须具有法制意识,不做违法乱纪的事,这是做人的底线。善作为社会公意,还体现为法律之外的道德习俗,因此做人还必须顾及大众的、流行的道德评价。道德习俗给人类行为规定的活动范围比法律要严格,不违法的行为未必符合道德善,所以,在守住法律底线之外,还要恪守社会道德。当然,这也许活得太沉重。孔子曾说："大德不逾闲(规矩),小德出入,可也。"⑤倒不失为我们对待社会道德规范的一种通达态度。常言说："三十年河东,三十年河西。"法律、道德会因时因

---

① 《孟子·尽心下》。
② 《周易正义》卷一《乾》孔颖达疏《文言》。《文言》说"元者,善之长也",孔颖达解释,这是因为"元为施生之宗"。
③ 《管子·禁藏》。原文为"势利所在","势"通"执"。
④ 兰德《客观主义的伦理学》,《自私的美德：利己主义的新概念》,纽约,新美国世界文学文库1964年版,第17页。
⑤ 《论语·子张》。

地而变化,善恶又一次呈现出可以相互转化的相对性。因此,人生万一走错路,不必绝望。时过境迁,就可以开辟人生的新天地。

六、国学中的"苦乐"观

尽管人生的终局是悲剧性的、本体是痛苦的,人生的表象和现实感受又是充满欢乐的。沐浴于灿烂的春晖,享受明媚的阳光,吃好穿好、交友恋爱、打牌玩乐、出外旅游、事业有成、亲人团聚等等,难道这些人生的常态不是其乐融融的吗?

求乐避苦是人的天性。到底应当追求什么样的快乐呢?这就需要明白快乐的性质及其分类。快乐从性质上可分为两类,一种是官能快乐,包括机体快感和感官快感,另一种是精神快乐,即中枢觉愉悦。这两种快乐分别对应着人的本质的二重属性——动物属性与超动物属性、物质属性与精神属性、形而下属性与形而上属性、感性与理性。它们在人所追求的快乐中的地位也如同二重属性在人性中的地位一样。人的动物属性及其产生的官能快感是人的生命存在的物质基础,固然不能否定;而人的超动物属性及其产生的精神快乐又是人区别于动物、成为"人"这一特殊物种的独到之处,因而更应受到重视。这两种快乐可以并行不悖,也可能发生相互背离的矛盾。当矛盾发生时,官能快乐应无条件地服从精神快乐。

这种主张,中国古代有若干论述。《庄子·至乐》篇集中讨论天下有无"至乐"的问题。庄子认为天下人趋之若鹜的"厚味、美服、好色、音声"之类的官能快乐乃至"富贵寿善"、"仁义礼智"之类的精神快乐不但不是真正的快乐,反而是痛苦的渊薮;而"俗之所大苦"的感官和心灵的"无为"之乐、"无乐"之乐才是"至乐"。所以说:"至乐无乐,至誉无誉。"《庄子·田子方》还假借老聃之口说:"游心于物之初",则"得至美而游乎至乐"。

佛家将情感快乐分为两类。一类是世俗的"身乐"、"欲乐"、"受乐"、"觉知乐",也就是官能快乐;一类是出世的"心乐"、"法乐"、"禅悦"、"涅槃乐"、"寂灭乐",也就是一种特殊的精神快乐。《大般涅槃经》卷二十三《光明遍照高贵德王菩萨品第十之三》指出:"乐有二种,一者凡夫,二者诸佛。凡夫之乐无常、败坏,是故无乐。诸佛常乐,无有变异,故名大乐。""觉知乐"不仅稍纵即逝、不可长久,而且会引起种种贪爱和对带来虚假快乐的外物的无尽索取,是人生痛苦的根源,因而佛典说:"五欲无乐,如狗啮枯骨。"①"虽是王侯将相、富贵受用,种种乐事,都是苦因。""美色淫声、滋味口体,一切皆是苦本。"②"一切烦恼,以乐欲为本,从乐欲生。"③"寂灭乐"虽然不可感觉,表面上"无乐",但也消灭了似乐实苦的"受乐"、"欲乐",所以是"大乐"、"极乐"、"上妙乐"、"第一最乐"。《大般涅槃经》卷二十五《光明遍照高贵德王菩萨品第十之五》指出:"涅槃虽乐,非是受乐,乃是上妙寂灭之乐。"④《大般涅槃经》反复阐述:"以大乐故名大涅槃。""涅槃名为大乐。"⑤"彼涅槃者,名为甘露,第一最乐。"⑥"譬如甜酥,八味具足,大般涅槃亦复如是,八味具足。"⑦道安《比丘大戒序》说:"淡乎无味,乃真道味也。"⑧又其《阴持入经序》指出:"大圣……以大寂为至乐,五音不聋其耳矣;以无为为滋味,五味不能爽其口矣。"⑨

兼融儒、道、佛的欧阳修将人间的快乐分为儒家追求的"富贵者之乐"与佛家、道家追求的"山林者之乐"。前者是"无不得其欲"的欲望之乐,后者是"不一动其心"的心灵之乐;二者人生旨趣不同,相互矛盾,不可同时兼得。他分析说:"夫穷天下之物、无不得其欲者,富贵者之乐也。至于荫长松、藉丰草、听山溜之潺湲、饮石泉之滴沥,此山林者之乐也。……其不能两得,亦其理与势之然欤!"⑩"夫举夫天下至美与其乐,有不得而兼者多矣。故穷山水登临之美者,必之乎宽闲之野、寂寞之乡而后得焉;览人物之盛丽、夸都邑之雄富者,必据乎四达之冲、舟车之会而后足焉。盖彼放心于物外,而此娱意于繁华,二者各有适焉。然其为乐,不得而兼也。"⑪欧阳修更偏爱、追慕的是"无累于心"、超脱物欲的"山林之乐"、"静中之乐":"无累于心然后山林泉石可以乐。"⑫"不寓心于物者,真所谓至人也;寓于有益者,君子也;寓于伐性汩情而为害者,愚惑之人也。学书不能不劳,

---

① 智顗《修习止观坐禅法要》卷上《呵欲第二》。
② 德清《答德王问》,《憨山老人梦游全集》卷十。
③ 《金光明最胜王经》卷一。
④ 《大正新修大藏经》卷十二,世桦印刷企业有限公司1990年版,第513页,中。以下简称《大正藏》。
⑤ 卷二十三《光明遍照高贵德王菩萨品第十之三》,《大正藏》卷十二,第503页,上一中。
⑥ 卷八《如来性品第四之五》,《大正藏》卷十二,第415页,下。
⑦ 《大正藏》卷十二,第385页,上。般涅槃:义为入灭,常略称为涅槃。
⑧⑨ 《中国佛教思想资料选编》第一卷,中华书局1981年版,第51、35页。
⑩ 欧阳修《浮槎山水记》,《欧阳文忠公文集》卷四十。
⑪ 欧阳修《有美堂记》,《欧阳文忠公文集》卷四十。
⑫ 欧阳修《答李大临学士书》,《欧阳文忠公文集》卷六十九。

独不害情性耳。要得静中之乐,惟此耳。"①"于静坐中自是一乐事。"②

由此可见,人作为动物,有权利追求动物的官能快乐,但如果仅此而已,放弃精神快乐的更高追求,或者在与精神快乐发生冲突时完全听从官能快感的召唤,那他活得不过就是头动物。人应当兼顾官能快感和精神快乐,并以精神快乐为更高追求,以此统帅官能快乐,从而使自己活成真正意义上的"人"。

七、国学中的"理欲"观

人具有情欲与理智的双重本性。如何看待情欲和理智的关系,处理两者的矛盾,是经常困扰我们人生的大问题。从中国历史上来看,汉代、宋代曾走过以"理"灭"欲"的弯路,六朝、明末曾深陷以"欲"灭"理"的泥淖。正如周作人所说:"大家都做着人,却几乎都不知道自己是个人;或者自以为是'万物之灵'的人,却忘记了自己仍是一个生物。"③"古人的思想,以为人性有灵肉二元,同时并存,永相冲突。肉的一面,是兽性的遗传。灵的一面,是神性的发端。人生的目的,便偏重于发展这种神性,其手段便在于灭了体质以救灵魂。所以古来宗教,大都厉行禁欲主义,有种种苦行,抵制人类的本能。一方面却有不顾灵魂的快乐派,只愿'死便埋我'。其实两者都是趋于极端,不能说是人的正当生活。"④

人首先是一种动物、一种生命。动物的生命欲求是人生活动的出发点和原动力。食、色是维持生命存在和繁衍的两大基本欲求。于是被欲望决定的人生活动就集中体现为追求食、色的活动。人的欲望是无止境的。人在追求欲望实现的过程中发现,无限地追求个人欲望,反而会妨碍和破坏个人欲望的实现。为了确保个人欲望的满足,人们之间逐渐形成了一种社会契约,对个体欲望实行一定的制约,这就是关于财富和婚姻的道德和法律。可见,道德、法律的规范是为最大限度地满足每一个人的基本欲望产生的,是为最大限度地实现每一个人的基本欲望服务的。理性法则虽然有了克制欲望的功能,同时又是实现欲望的工具。

因此,在"理"与"欲"的关系问题上,我们应把握两个基本点:

---

① 欧阳修《学书静中至乐说》,《欧阳文忠公文集》卷一百二十九。
② 欧阳修《作家要熟》,《欧阳文忠公文集》卷一百三十。
③ 周作人《妇女运动与常识》,写于1923年1月,周作人《谈虎集》,北新书局1928年版。
④ 周作人《人的文学》,《新青年》1918年12月。

一是理与欲的兼容性，"理"是实现欲望的约定俗成的基本法则，而不是扼杀欲望的软刀子。什么是"善"？管子说："善"就是"执利之所在"①。什么是"礼"？荀子指出："礼者养也"，"养人之欲、给人之求"也。②董仲舒虽然认为"性善情恶"，但又主张"圣人之制民……使之敦朴，不得无欲"③，因为"止之而乱"④。宋人李觏《礼论》说："礼之初，顺人之性欲而为之节文者也。"《原文》说："'欲'可言乎？曰：'欲'者人之情，曷为不可言？言而不以礼，是贪与淫，罪矣。不贪不淫而曰不可言，无乃贼人之生，反人之情？"陈亮《勉强行道大有功》指出："道"实即满足情欲的正当途径："夫道岂有他物哉？喜怒哀乐爱恶欲得其正而已。"朱熹指出："食色，天理也。"⑤人的基本的食色需求是符合天理的。明代思想家王艮指出："百姓日用即道。"⑥罗顺钦《困知记》指出：人欲"盖有必然而不容已，且有当然而不可易者"，"于其所不容已者而皆合乎当然之则，夫安往而非善乎"？王夫之总结："人欲之大公，即天理之至正。""天理人欲，元无二致。"⑦戴震揭示："理者，存于欲者也。""欲，其物；理，其则也。"他结合当时愈来愈背离人欲的大道理抨击说，这样的大道理不是把人变为"欺伪之人"，就是把人往死路上逼："今之言理也，离人之情欲求之"，"此理、欲之辩，适以穷天下之人尽转移为欺伪之人，为祸可胜言哉？""今既截然分理、欲为二……举凡民之饥寒愁怨、饮食男女、常情隐曲之感，咸视为人欲而甚轻之者矣"，"此理、欲之辩，适成忍而残杀之具。"⑧"其所谓理者，同于酷吏之所谓法，酷吏以法杀人，后儒以理杀人。浸浸然合法而论理，死矣，更无可救矣。"⑨"以理杀人"，是人类理性的异化。

二是理与欲的矛盾性，为了保证每一个个体生命欲求的实现，必须按照人们普遍认可的理性规范克制个体无限膨胀的欲望。扼杀基本欲望的理性固然面目可憎，完全抛弃理性规范的欲求也十分危险。在这个意义上，我们应对过去大加赞美的"越名教而任自然"的魏晋风度重新加以反思。汉代以来要求

---

① 《管子·禁藏》。
② 见《荀子》中的《正名》、《礼论》篇。
③ 《春秋繁露·保位权》。
④ 《春秋繁露·阳尊阴卑》。
⑤ 《朱子语类》卷一三。
⑥ 《王心斋先生全集·遗集·年谱》。
⑦ 《四书训义》卷三。
⑧ 均见戴震《孟子字义疏证》。
⑨ 戴震《与某书》，《孟子字义疏证》。

"忘情"、"无情"的道德名教固然值得反叛,魏晋玄学主张"越名教而任自然"自有积极意义;但一味追求"自然"情欲,"超越"一切理性规范,沉迷酒色,醉生梦死,放浪形骸,任诞而为,甚至发展到跟猪一块儿喝酒,却也有兽性放纵的教训值得吸取。《列子·杨朱篇》主张:做人就是要"恣耳之所欲听,恣目之所欲视,恣鼻之所欲向,恣口之所欲言,恣体之所欲安,恣意之所欲行",而不要顾及什么道德名誉,因为"仁圣亦死,凶愚亦死……腐骨一矣,孰知其异?且趣当生,奚遑死后?"此篇还写了公孙朝、公孙穆兄弟两人,一个好酒,一个好色:"朝好酒,穆好色。朝之室也聚酒千钟,积曲成封。望门百步,糟浆之气逆于人鼻。方其荒于酒也,不知世道之安危、人理之悔吝、室内之有亡、九族之亲疏、存亡之哀乐也。虽水火兵刃交于前,弗知也。穆之后庭,比房数十,皆择稚齿婑媠者以盈之。方其耽于色也,绝交游,逃于后庭,以昼足夜,三月一出,意犹未惬。乡有处子之姣者,必贿而招之,媒而挑之,弗获而后已。"他们的哥哥公孙侨,也就是郑国的执政官子产整天为他们担忧,好心好意用"礼义"、"名位"劝导兄弟俩稍加节制。兄弟俩非但没有领教,反而把哥哥狠狠奚落了一通:"吾知之久矣,择之亦久矣,岂等若言而后识之哉?凡生之难遇,而死之易及。以难遇之生,俟易及之死,可孰念哉?而欲尊礼义以夸人,矫情性以招名,吾以此为弗若死矣。为欲尽一生之欢,穷当年之乐,唯患腹溢而不得恣口之饮,力惫而不得肆情于色,不遑忧名声之丑、性命之危也。且若以治国之能夸物,欲以说辞乱我之心,荣辱喜我之意,不亦鄙而可怜哉?"《世说新语·任诞》中记载了许多任情而为的怪诞事迹。这种无视一切道德规范为所欲为的生活践履,既有人性解放的意义,又有兽性放纵的教训,决不能视为"人的觉醒"。

认识到为"欲"服务的"理"对"欲"是有节制作用的,我们就应以"理"导"欲",在合理的范围内实现人的基本欲望;认识到"理"最终是为"欲"服务的,我们就千万不要干以"理"灭"欲"的蠢事。这就是作为"理性动物"的"人"处理"理"、"欲"关系时应当坚持的基本人生法则。

八、国学中的"义利"观

"义者,天理之所宜;利者,人情之所欲。"[①]理性的产物是正义,欲望的对象

---

① 朱熹《论语集注·里仁》。

是利益。与"理欲"相联系的另一个人生问题是"义利"。正如"理欲"的关系一样,"义利"也处于对立统一的矛盾状态中。

"利"是满足人的生存欲求的必需品,是人的物质天性追逐的对象。追求"利",有天然的正义性。"凡人之情,见利莫能勿就,见害莫能勿避。"①"百姓无宝,以利为首。一上一下,唯利所处。"②人人都以个人利益为"善",所以说"善者执利之所在"③。"彼欲利,我利之,人谓我仁。"④于是,个人之"利"与"仁义"之"义"就具有了某种统一性。

"利"与"义"的统一性,还体现为"利"是"义"赖以实现的基础。管子说:"仓廪实则知礼节,衣食足则知荣辱。"⑤所以他主张先"利"后"义"。贾谊《论积贮疏》指出:"民不足而可治者,自古及今,未之尝闻。"晁错《论贵粟疏》说:"民贫则奸邪生。"王充说:"夫去信存食,虽不欲信,信自生矣;去食存信,虽欲为信,信不立矣。"⑥"夫饥寒并至,而能无为非者寡;然而温饱并至,而能不为善者希。""让生于有余,争起于不足。谷足食多,礼义心生。""礼义之行,在谷足也。"⑦王符说:"民贫则背善。"⑧"礼义生于富足,盗窃起于贫穷。"⑨"贫则厄而忘善,富则乐而可教。"⑩"国之所以为国者,以有民也;民之所以为民者,以有谷也。"⑪在"义利"中,"利"是比"义"更重要的人民立足之本。

然而,如果只看到个人利益的合理性和"利"与"义"的一致性,人人唯利是图,无节制地追求个人之"利",必然引起人与人之间相互的争斗和伤害,产生种种社会罪恶。墨子早已指出:人类从各自的个人利益出发设定"义"的标准是相对的,它们是产生纷争邪恶的根源:"一人则一义,二人则二义,十人则十义;其人兹众,其所谓'义'者亦兹众。是以人是其义以非人之义,故交相非也",因此造成"天下之乱,若禽兽然"⑫。由此可见,个人的"私利"并不等于"正义",只有符合每一个人私利的"公利"才是"正义"。为了制止相互伤害的

---

① 《管子·禁藏》。
② 《管子·侈靡》。
③ 《管子·禁藏》。
④ 《管子·枢言》。
⑤ 《管子·牧民》。
⑥ 《论衡·问孔》。
⑦ 均见《论衡·治期》。
⑧ 《潜夫论·务本》。
⑨⑩⑪ 《潜夫论·爱日》。
⑫ 《墨子·尚同上》。

犯罪行为,确保每个个体的利益,"义"的标准应运而生。"义"者,"宜"也,是人们追求利益的适宜、合适的行为。它约束、规范个人的逐利行为,要求以他人利益、公共利益克制个人利益。它是人类理性的产物,也是人区别于动物、所以为人的根本特质。

鉴于"利"与"义"矛盾的一面和"义"在人性中的根本地位,儒家主张重"义"轻"利",先"义"后"利"、为"义"舍"利"。孔子指出:"君子喻于义,小人喻于利"①,是唯"利"是图还是以"义"为重,是衡量"君子"与"小人"的根本分野。小人"放于利而行,多怨"②。"君子谋道不谋食……忧道不忧贫。"③"富与贵,是人之所欲也,不以其道得之,不处也;贫与贱,是人之所恶也,不以其道得之,不去也。"④他称道颜回这样的君子:"饭疏食饮水,曲肱而枕之,乐亦在其中矣。不义而富且贵,于我如浮云。"⑤当"义"与"利"不能两全的时候,"志士仁人,无求生以害仁,有杀身以成仁"⑥。孟子继承孔子的义利观。在孟子看来,同样是人,为什么会有"大人"与"小人"的差别呢?回答是:"从其大体为大人,从其小体为小人。""体有贵贱,有大小……养其小者为小人,养其大者为大人。"⑦"小体"是"耳目之官",也就是人的感官,它们喜欢的是"色声嗅味"之类的利益;"大体"是"心之官","心之官"喜好的对象是"理义"。"理义"是人区别于禽兽的关键。所以,当梁惠王问前来游说仁政主张的孟子有什么可"利吾国"的办法时,孟子回答:"王何必曰'利'?亦有'仁义'而已矣。"⑧孟子还举例说:"鸡鸣而起,孳孳为善者,舜之徒也;鸡鸣而起,孳孳为利者,跖之徒也。欲知舜与跖之分,无他,'利'与'善'之间也。"⑨孟子的这个思想,是孔子"君子喻于义,小人喻于利"思想的翻版。当"义"与"利"势不两立时,孔子主张"杀身以成仁",孟子主张"舍生而取义"⑩。鉴于理义是人所以为人的特质,荀子主张先"义"后"利"。"先义后利者荣,先利后义者辱。"⑪他将为利而死者称为"狗

---

①② 《论语·里仁》。放:通仿,依也。
③ 《论语·卫灵公》。
④ 《论语·里仁》。后一"得"字,当为"去"方可读通。
⑤ 《论语·述而》。饭:吃。疏食:粗食。
⑥ 《论语·卫灵公》。
⑦ 《孟子·告子上》。
⑧ 《孟子·梁惠王上》。
⑨ 《孟子·尽心上》。
⑩ 《孟子·告子下》。
⑪ 《荀子·荣辱》。

彘之勇"、"贾盗之勇"、"小人之勇",将"义之所在,不倾于权,不顾其利,举国而与之不为改视,重死持义而不挠"称为"士君子之勇"①。管子尽管肯定"利"与"义"统一的一面,但也没有将二者简单地等同起来。当"利"与"义"发生矛盾时,管子主张:"非吾仪,虽利不为;非吾当,虽利不行;非吾道,虽利不取。"②

先秦儒家尽管重"义"轻"利",但并没有以"义"灭"利",相反,它的"义"恰恰是符合每个人利益的"民利","义"与"利"又具有一定的统一性。孔子主张"惠民",要求"因民之利而利之"。孟子宣扬赢得民心的仁政,根本途径就是民之"所欲与之聚之,所恶勿施"③。墨子早年"学儒者之业,受孔子之术"④,孔子以"民利"为"义"的思想深深影响了他。目睹人们以私利为"义",从各自的利益出发相互争斗的现实,他提出:只有确立"交相利"的"仁义"标准,才能制止社会纷争。《墨子·贵义》说:"万事莫贵于义。"《兼爱下》指出:"利人"即"义"。《法仪》重申"相利"原则,《尚贤中》主张"爱利万民"。《兼爱中》指出:"仁人之所以为事者,必兴天下之利,除去天下之害,以此为事者也。"⑤《非乐上》指出:"仁之事者,必务求兴天下之利,除天下之害……利人乎即为,不利人乎即止。""义"从孔子的"民利"变成了"天下之利"。

先秦儒家的义利观在汉儒、宋儒手中被作了某种不适当的片面发展。董仲舒继承先秦儒家"重义轻利"、"大体小体"的思想,提出"身之养重于义"⑥,这是有道理的。但他据此提出"正其谊(通义)而不谋其利,明其道而不计其功。"⑦将"义"与"利"完全对立起来,要求治理国家只讲"义"不讲"利",只讲"道"不讲"功",这是相当偏颇的。宋儒二程继承汉儒思想,提出"圣人以义为利,义安处便为利","凡有利心,便不可"⑧。朱熹极重义利之辨。他说:"事无大小,皆有义利。""学无浅深,并要辨义利。"⑨"义者,天理之所宜。凡事只看道理之所宜为,不顾己私;利者,人情之所欲得。凡事只任私意,但取其便于己

---

① 《荀子·荣辱》。
② 《管子·白心》。
③ 《孟子·离娄上》。
④ 《淮南子·要略》。
⑤ 《墨子·兼爱中》。
⑥ 《春秋繁露·身之养重于义》。
⑦ 《汉书·董仲舒传》。
⑧ 均见《二程遗书》卷一六,《二程集》,中华书局1981年版。
⑨ 均见《朱子语类》卷一三。

则为之,不复顾道理如何。"①他将"义利"与"理欲"、"公私"等同看待。既然在"理欲"问题上主张"存天理灭人欲",在"公私"问题上主张"一心之中二者不容并立",在"义利"问题上也重"义"舍"利"。他将董仲舒的"正其谊而不谋其利,明其道而不计其功"浓缩为"正谊不谋利,明道不计功",作为其书院的学规,就是宋儒在义利问题上偏激主张的典型例证。于是,"义"与"利"发展到势不两立的地步。

其实,"义"作为人们追求利益活动的适宜法则,它既约束个人利益的无限膨胀,又确保个人利益的基本满足。易言之,真正的合理的"义"是与"利"统一的,绝非一谈"利"就背离"义"。针对腐儒只谈"义"不谈"利"的偏见,宋代李觏指出:"'利'可言乎?曰:人非利不生,曷为不可言?……言而不以礼,是为贪为淫,罪矣。不贪不淫而曰不可言,无乃贼人之生,反人之情,世俗之不喜儒以此。"②叶适说:"古人以'利'和'义',不以'义'抑'利'。"③"古人之称曰:'利,义之和。'其次曰:'义,利之本。'其后曰:'何必曰利。'……此古今之分也。"④"'仁人正谊不谋利,明道不计功',此语初看极好,细看全疏阔。古人以利与人而不自居其功,故道义光明。后世儒者行仲舒之论,既无功利,则道义者乃无用之虚语尔。"⑤清人颜元纠正说:"以义为利,圣贤平正道理也。……义中之利,君子所贵也。后儒乃云'正其谊不谋其利',过矣!宋人喜道之,以文其空疏无用之学。予尝矫其偏,故云'正其谊以谋其利,明其道而计其功'。"⑥他批评说:"世有耕种而不谋收获者乎?世有荷网持钩而不计得鱼者乎?抑将恭而不望其不侮、宽而不计其得众乎?这'不谋'、'不计'两'不'字,便是老无释空之根。……盖正谊便谋利,明道便计功,是欲速,是助长;全不谋利计功,是空寂,是腐儒。"⑦魏源强调在符合道义的前提下谋利:"无故之利,害所伏也。君子恶无故之利,况为不善以求之乎?""非其利者勿有也,非其功者勿居也,非其名者勿受也。幸人之有者害,居人之功者败,无实而显名者殆。"⑧

---

① 《朱子语类》卷二十七。
② 《李觏集》卷二十九《原文》,中华书局1981年版。
③ 叶适《习学记言序目》卷二十七,中华书局1977年版。
④ 同上书,卷八,中华书局1977年版。和:集合。
⑤ 同上书,卷二十三,中华书局1977年版。
⑥ 《四书正误·大学》。
⑦ 《颜习斋先生言行录·教及门》。
⑧ 魏源《默觚·治篇十六》。

中华人民共和国成立后,我们在"义利"问题上曾走过一段弯路。先是认为自私自利是资产阶级思想,与社会主义道义水火不容,片面地以"义"灭"利",为"义"舍"利",只算政治账,不算经济账,并将这种义利观推行到国内国际事务中,做了不少傻事。改革开放给社会观念带来深刻变化,人们不再谈"利"色变,国内事务以经济建设为中心,国际事务中也以本国的利益为核心利益,这些都是积极的进步。但与此同时,人们的道义观念日益淡薄,做人的底线逐渐失范,唯利是图、利令智昏、见利忘义、为富不仁的事情屡见不鲜,一些人为了个人的利益、企业的利益、单位的利益,什么伤天害理、丧心病狂的勾当都做得出,道德沦丧到寡廉鲜耻的地步。面对历史的教训,我们必须重申在"义利"问题上的正当态度,这就是"明道计功、正义谋利"。功利可追求吗?当然可以,但不能逾过社会道义的界限。在法律道义的范围内追求功利的最大化,成就财富人生,就是我们处理"义利"矛盾的指南。

九、国学中的"公私"观

"理欲"、"义利"与"公私"问题是连在一起的。朱熹说:"义利之别,只是为己为人之分。""仁义根于人心之固有,天理之公也;利心生于物我之形相,人欲之私也。"①讨论了"理欲"、"义利"的关系后,接下来自然应当讨论"公私"关系。在人类生活中,"公"与"私"是常常会碰到的一对矛盾。如何处理这对矛盾,是一道人生的大问题。

在人类的道德评价系统中,"'自私的'这一形容词暗示着谴责,而'无私的'这一形容词则暗示着道德赞许"②。如陆九渊《语录》说:"为善为公,心之正也;为恶为私,心之邪也。"因此,"合公屏私"③,"大公无私",古往今来一直被叫得震天价响。"文化大革命"中谈"私"色变,宣扬"头顶一个'公'字,脚踩一个'私'字",对"私"字的批判和诅咒达到极致。然而,"私"作为人的天性,它是去除不了的,正所谓"野火烧不尽,春风吹又生"。《慎子·因循》说:"人莫不自为也,化而使之为我,则莫可得而用矣。"韩非子指出:人"皆挟自为之

---

① 《孟子集注·梁惠王上》。
② 包尔生《伦理学体系》,何怀宏等译,中国社会科学出版社1988年版,第324页。
③ 颜延之《庭诰》,《宋书》卷七十三《列传·颜延之》,中华书局1974年版。

心"①。"王良爱马,越王勾践爱人,为战与驰。医善吮人之伤,含人之血,非骨肉之亲也,利所加也。故舆人成舆,则欲人之富贵;匠人成棺,则欲人之夭死也。非舆人仁而匠人贼也,人不贵,则舆不售;人不死,则棺不卖。情非憎人也,利在人之死也。故后妃、夫人、太子之党成而欲君之死也,君不死则势不重。情非憎君也,利在君之死也。"②"父母之于子也,产男则相贺,产女则杀之。此俱出父母之怀衽,然男子受贺,女子杀之者,虑其后便,计之长利也。"③"人为婴儿也,父母养之简,子长而怨;子盛壮成人,其供养薄,父母怒而诮之。子父至亲也,而或谯或怨者,皆挟相为而不周(合也)于为己也。"④君、臣的关系也是利害关系:"主利在有能而任官,臣利在无能而得事;主利在有劳而爵禄,臣利在无功而富贵;主利在豪杰使能,臣利在朋党用私。"⑤李贽揭示:"夫'私'者,人之心也。人必有私,而后其心乃见。若无私则无心矣。"⑥基于人情怀私、无法去除的事实,"大公无私"只能流于脱离实际的空洞口号和言行不一的美丽谎言。李贽说得好:"为'无私'之说者,皆画饼之谈,观场之见。但令隔壁好听,不管脚根虚实,无益于事,只乱聪耳,不足采也。"⑦顾炎武驳斥说:"至于当官之训,曰'以公灭私',然而禄足以代其耕,田足以供其祭……又所以恤其私也。""世之君子必曰'有公而无私',此后代之美言,非先王之至训也。"⑧

人们赞美"大公无私",殊不知,纯粹的"公而无私"是不可能的。在貌似"无私"的"利他"之举中,我们可以看到私欲的动机在活动。老子强调"后身"、"外身"、"无私",那是因为"后其身而身先,外其身而身存","以其无私","故能成其私"⑨;"圣人不积,既以为人己愈有,既以与人己愈多"⑩。儒家强调"爱人"的"仁"和"敬人"的"礼",原因何在?孟子道破天机:"爱人者,人恒爱之;敬人者,人恒敬之。"⑪墨子强调爱利万民的"兼爱"、"公利",那是因为"爱

---

① 《韩非子·外储说左上》。
② 《韩非子·备内》。
③ 《韩非子·六反》。
④ 《韩非子·外储说左上》。谯(qiáo):责怪。
⑤ 《韩非子·孤愤》。
⑥⑦ 李贽《藏书》卷三十二《德业儒臣后论》。
⑧ 顾炎武《日知录·言私其豵》。
⑨ 《老子》第九章。
⑩ 《老子》第八十一章。
⑪ 《孟子·离娄下》。

人者，人必从而爱之"；"害人者，人必从而害之"①。只有"先从事乎爱利人"，别人才能"报我以爱利吾"②。扬雄揭示："人必其自爱也，而后人爱诸；人必其自敬也，而后人敬诸。自爱，仁之至也；自敬，礼之至也。未有不自爱敬而人爱敬之者。"③

正如纯粹的利他不切实际一样，纯粹的利己也很难做到。儒家的"仁者爱人"、"礼者敬人"恰恰是由"自爱"、"自敬"转化而来的。此如孔子所谓"己欲立而立人，己欲达而达人"④、"己所不欲，勿施于人"⑤，孟子所谓"老吾老以及人之老，幼吾幼以及人之幼"⑥。《孝经》说："爱亲者不敢恶于人，敬亲者不敢慢于人。爱敬尽于事亲，而德孝加于百姓。""亲"，指自己的宗法血亲。所以，汉儒扬雄《法言·君子》重新界定"仁"和"礼"："自爱，仁之至也；自敬，礼之至也。未有不自爱敬而人爱敬之者也。"清代刘熙载也指出："仁者自爱，有礼者自敬，而爱人敬人恒因之。"⑦在古代的君主专制社会，天下虽然是皇帝一人的，但他不仅无法一人打理，也无法一人享用，所以并不妨碍臣民百姓分享其利。在资本主义社会，私有企业在做强做大、老板财富在急剧累积的同时，不仅为解决社会就业作出了贡献，而且也将自己无法消费的财富贡献给了社会。这些都是由利己走向利他，或主观上为自己、客观上利他人的实际例证。黄宗羲《明夷待访录·原君》曾深刻揭示："有生之初，人各自私也，人各自利也，天下有公利而莫或兴之，有公害而莫或除之。有人者出，不以一己之利为利，而使天下受其利，不以一己之害为害，而使天下释其害。此其人之勤劳必千万于天下之人。夫以千万倍之勤劳而己又不享其利，必非天下之人情所欲居也。故古之人君，量而不欲入者，许由、务光是也；入而又去之者，尧、舜是也；初不欲入而不得去者，禹是也。""后之为人君不然。以为天下利害之权皆出于我，我以天下之利尽归于己，以天下之害尽归于人，亦无不可。使天下之人不敢自私，不敢自利，以我之大私为天下之大公。""向使无君，人各得自私也，人各得自利也。"君主专制社会剥夺了人民"自私自利"的权利，大同社会就是要将这种权利归还给人民。

---

① 《墨子·兼爱中》。
② 《墨子·兼爱下》。
③ 《法言·君子》。
④ 《论语·雍也》。
⑤ 分别见《论语·颜渊》、《论语·卫灵公》。
⑥ 《孟子·梁惠王上》。
⑦ 刘熙载《古桐书屋札记》。

自私心不仅是走向公益心的根源、认可道德善的依据和个人生存权、私有权赖以存在的基础,而且是社会发展的动力。"如服田者,私有秋之获,而后治田必力;居家者,私积仓之获,而后治家必力;为学者,私进取之获,而后举业之治也必力。故官人而不私以禄,则虽召之必不来矣;苟无高爵,则虽劝之必不至矣。"①即便是违反社会公德的利己之举,也曾在历史发展中发挥过重要作用。正是在这个意义上,恩格斯称赞"恶"是推动历史前进的"杠杆"。历史告诉我们,凡是批判私有观念的时期,必定是经济最落后的时期;凡是压制个人利益的国家,必定是最缺少活力和贫穷的国家。

不仅如此,私人利益也是公共利益的组成元素。公共利益是什么?就是无数私人利益的集合。顾炎武提出:"合天下之私,以成天下之公。"②戴震提倡"以无私通天下之情,遂天下之欲"③。他说的"无私",是"一人遂其生,推之而与天下共遂其生"的"仁",也就是"遂己之欲者,广之能遂人之欲,达己之情者,广之能达人之情"的社会公意。他说的"通天下之情,遂天下之欲",实际上是天下人的私利。所以,"以无私通天下之情,遂天下之欲"的另一种说法就是以无私为众私,以公为私。在天下人的公共利益中,既牺牲了个人利益,又包含着个人利益。颜元称之为"千万人中不见有己,千万人中不忘有己"④。这就叫"积私为公"、"合私成公"。

由此可见,一味地诅咒自私、否定自私,不仅是荒谬徒劳的,也是遗患无穷的,缺乏辩证精神和历史感的。当然,一味自私,不顾他人利益和社会公益,也显然是要不得的。从私人利益出发,通过"我为人人",实现"人人为我",就是我们处理公私关系应持的行为准则。"独利必不利","两利为利"⑤。只有互惠双赢,才能走向共生共荣。

十、国学中的"荣辱"观

好荣恶辱是人的天性。《商君书·算地》指出:"名与利交至,民之性。饥

---

① 李贽《藏书·德业儒臣后论》。
② 顾炎武《日知录·言私其豵》。
③ 《孟子字义疏证》。
④ 转引自李塨《恕谷后集》卷十。
⑤ 严复《天演论卷下·群治》按语。

而求食……辱则求荣,此民之情也。"《孟子·告子上》说:"羞恶之心,人皆有之。"《荀子·荣辱》指出:"好荣恶辱","是君子小人之所同也。"《吕氏春秋·适音》说:"人之情……欲荣而恶辱。"人人都追求荣誉。当荣誉不能实现的时候便产生耻辱感。耻辱感是荣誉感的变相形态。

荣誉感的实质是好胜心。当我们在某一方面胜过他人,处于一种优越的地位时,别人便会投以尊重、羡慕、崇敬乃至崇拜,我们的荣誉感便会得到满足。

一般说来,人在哪些方面最可以显示优越感、获得荣誉感呢?

一是美貌。如果长得比别人美,便可获得别人的注目礼。二是才能,这不言而喻。三是富贵。人们常说"富贵荣华",可见在世俗眼光中,"富贵"与"荣华"是联系在一起的。"富"即富有,是经济地位的象征。"贵"即官位,是社会身份的标志。一个人如果钱挣得比别人多,官做得比别人大,就会显赫荣耀。所以,《韩非子·难二》说:"人情皆喜贵而恶贱。"《吕氏春秋·劝学》说:"显荣,人子人臣之所甚愿也。"四是名声。名声是彰显美貌、才能、富贵优势的一项重要指标。一个人如果名声很大,说明他在某一方面出类拔萃。所以"好荣恶辱"又体现为"喜好名声"。《荀子·王霸》:"名声若日月,功绩如天地,天下之人应之如影响,又是人情之所同欲也。"《列子·杨朱》说:"生民之不得休息,为四事故:一为寿,二为名,三为位,四为货。"

然而,事实上,并非美人、才子、富商、达贵、名人就一定受人尊敬。如果一个形象俊美的人矫揉造作,一个才华出众的人品行低下,一个钱挣得很多的人为富不仁,一个官做得很大的人作恶多端,一个名气很大的人欺世盗名,那么,这样的人还是会遭到别人的不齿甚至唾弃。《庄子·盗跖》指出:"势为天子,未必贵也;穷为匹夫,未必贱也。贵贱之分,在行之美恶。"贾谊《新书·大政》举例:"纣自谓天王也,桀自谓天子也,已灭之后,民以相骂也。以此观之,则位不足以为尊,而号不足以为荣矣。"唐太宗指出:"桀、纣,帝王也,以匹夫比之,则以为辱。颜、闵,匹夫也,以帝王比之,则以为荣。"[1]他以此教育太子:"桀、纣虽是天子,今若相唤作桀、纣,人必大怒。颜回、闵子骞、郭林宗、黄叔度,虽是布衣,今若相称赞道类此四贤,必当大喜。故知人之立身,所贵者惟在德行,何必要论荣贵。"[2]这说明,

---

[1] 吴兢《贞观政要·君臣鉴戒》。
[2] 吴兢《贞观政要·教戒太子》。郭林宗,东汉太学生领袖,人称"有道先生"。黄叔度,东汉名士,以德行著称。

决定荣誉的深层因素不是地位名声,而是道义品行。《荀子·荣辱》指出:"先义而后利者荣,先利而后义者辱。"陆九渊《与郭邦逸》说:"君子义以为质,得义则重,失义则轻,由义为荣,背义为辱。"魏源《默觚·治篇十六》告诫人们:"非其利者勿有也,非其功者勿居也,非其名者勿受也。幸人之有者害,居人之功者败,无实而显名者殆。"

按理,"荣者常通,辱者常穷"①,真正在道德上有好名声的应当受到重用,而为人口碑差的应当废置勿用,但历史和现实并不都是清明合理的,这就形成了道德与财富、地位、名声错位的情况。王充《论衡·逢遇》分析揭示:"才高行洁,不可保以必尊贵;能薄操浊,不可保以必卑贱。"②"世俗所谓贤洁者,未必非恶;所谓邪污者,未必非善也。"③在煊赫的财富、地位、名声面前,必须保持一份对于荣誉的清醒认识。《吕氏春秋·离俗览》肯定:"布衣人臣之行,洁白清廉中绳,愈穷愈荣。"陆贾《新语·本行》高扬:"治以道德为上,行以仁义为本,尊于位而无德者黜,富于财而无义者刑,贱而好德者尊,贫而有义者荣。"该篇还举例说:"夫怀璧玉、要环佩、服名宝、藏珍怪,玉斗酌酒,金罍刻镂,所以夸小人之目也。"圣人"不损其行以好其容,不亏其德以饰其身。"王符《潜夫论·论荣》指出:真正的"贤人君子","非必高位厚禄富贵荣华之谓也";"所谓小人者,非必贫贱冻馁(困)辱阨穷之谓也"。他举例说:"夫桀、纣者,夏殷之君王也,崇侯、恶来,天子之三公也,而犹不免于小人者,以其心行恶也。伯夷、叔齐,饿夫也,傅说胥靡(高诱注:胥靡,刑罪之名也),而井伯虞(虞国)虏也,然世犹以为君子者,以为志节美也。"荣辱最终取决于"志行"。无之,"虽有天下不足以为重,抚四海不足以为荣";有之,"无所用不足以为轻,处隶圉不足以为耻"。因此,"宠位不足以尊我,而卑贱不足以卑己"。

人不仅是肉体存在,而且是精神存在。正是道德理性把人同其他动物区别开来,从而成就人的尊严和荣誉。对于人而言,这是最为重要的。因此,孟子告诫人们:真正的君子,应当为维护人格尊严而活、为捍卫道德荣誉而死:"生亦我所欲,所欲有甚于生者,故不为苟得也。死亦我所恶,所恶有甚于死者,故患有所不避也。如使人之所欲莫甚于生,则凡可以得生者何不用也。使人之所恶莫甚于死

---

① 《荀子·荣辱》。
② 《论衡·逢遇》。
③ 《论衡·累害》。

者,则凡可以避患者何不为也!由是则生而有不用也;由是则可以避患而有不为也。是故所欲有甚于生者,所恶有甚于死者。非独贤者有是心也,人皆有之,贤者能勿丧耳。一箪食,一豆羹,得之则生,弗得则死。呼尔而与之,行道之人弗受;蹴尔而与之,乞人不屑也。"①董仲舒认为人生的修养重在道义,由道德名声所带来的荣誉是人的真正的尊严所在:"今人大有义而甚无利,虽贫与贱,尚荣其行以自好而乐生,原宪、曾、闵之属是也;人甚有利而大无义,虽甚富,则羞辱大,恶恶深,祸患重,非立死其罪者,即旋伤殃忧尔,莫能以乐生而终其身,刑戮夭折之民是也。夫人有义者,虽贫能自乐也;而大无义者,虽富莫能自存。吾以此实义之养生人大于利而厚于财也。民不能知,而常反之,皆忘义而殉利,去理而走邪,以贼其身,而祸其家,此非其自为计不忠也,则其知之所不能明也。"②李贽《续焚书·与城老书》也说:"宁义而饿,不肯苟饱;宁屈而死,不肯幸生。"

人不可没有荣誉感,但还需保持一份超脱。顾况《闲居自述》勉励自己:"荣辱不关身,谁为疏与亲。有山堪结屋,无地可容尘。白发偏添寿,黄花不笑贫。一樽朝暮醉,陶令果何人?"宋刘炎《迩言》记载一生屡遭贬谪的苏轼的心态:"问苏文忠公之志。曰:志在名节,故进退荣辱不足以二其心。"邵雍《十六日依韵酬福昌令有寄》自勉:"荣辱非关云水身。"明人洪应明《菜根谭》告诫人们:"宠辱不惊,闲看庭前花开花落;去留无意,漫随天外云卷云舒。"这些话语声声在耳,是平衡荣誉失重的心灵砝码。

思 考 题

1. 国学中的人生关系论对你启示最深刻的有哪些方面?
2. 处理人生中遇到的各种矛盾,应注意坚持什么样的方法论?

案 例 分 析

1. 陆幼青坦然面对死亡

如何面对死亡?请让我们来看一看陆幼青。他教过书、经过商,事业有成,

---

① 《孟子·告子上》。
② 《春秋繁露·身之养重于义》。

热爱生活。可在36岁那年，他被无情地诊断为癌症晚期，活不过100天。既然不能延续生的辉煌，不如选择死的壮烈。他决定停止吃药、治疗，以日记的方式记下生命的最后日期与死亡的抗争和对死亡的感受，并在"榕树下"网站发布，向世人宣告自己的死亡，"死给人看"。在茫茫人海中，陆幼青是平凡的，但又是极不平凡的，他从容应对死神的来临，以令人尊敬的坦然和从容，走向自己人生的终点。《生命的留言——死亡日记》使他成为2000年中国最有名的作家。作家陈村在《悼念陆幼青》中说："即便我们失去了所有的共同语言，还可能在死亡的话题前做一次最后的沟通。"

2. 苏东坡明辨是非独立不阿

苏东坡少年得志，本来仕途一片辉煌，只因为是非观念太强，一贯直言得失，在朝代更迭和新旧党争中不肯随波逐流，总是保持自己独立的是非判断，"言必中当世之过"，从而注定了仕途一再被贬、四处漂泊的命运。苏轼一生经历仁宗、英宗、神宗、哲宗四朝，每个朝代他都上书直言朝政之弊。神宗时期任用新党，他因为看到新法对普通老百姓造成的伤害，先是上书批评新法的种种弊端，又在进士考试出题时影射王安石败坏国事，结果深深触犯新党，接连遭到排挤打击，从33岁至48岁的十多年里，苏轼调任地方官，辗转于杭州、密州、徐州、湖州、黄州等地任职，在湖州任上遭受诬陷，被捕入狱，险些被杀。哲宗即位，任用旧党，苏轼被召入朝。旧党本以为找到了党同伐异的有生力量，没想到苏轼对旧党不分青红皂白一概废除新法的做法也提出批评，说"法相因则事易成，事有渐则民不惊"，不与司马光为代表的旧党合作，于是又遭排挤，再次出任地方官，辗转到杭州、颍州、扬州、定州任职。从49岁至57岁的八年属于被旧党排挤的八年。57岁以后，哲宗再度启用新党，处于夹缝中的苏轼继续遭遇新党打击，被贬至惠州、琼州、儋州等蛮荒边地。直至死后苏轼也不得安宁。他去世的第二年，宰相蔡京将司马光等旧党120余人定为奸党，刻碑立于各郡县，名曰"元祐奸党碑"，苏轼竟名列其中，他的文集因此被禁毁。宋人费衮《梁溪漫志·侍儿对东坡语》记载："东坡一日退朝，食罢，扪腹徐行，顾谓侍儿曰：'汝辈且道是中有何物？'一婢曰：'都是文章。'坡不以为然。又一人曰：'满腹都是识见。'坡亦未以为当。至朝云乃曰：'学士一肚皮不合时宜。'坡捧腹大笑。"朝云死时，苏轼亲自为其墓碑题曰："不合时宜，唯有朝云能识我。"坚持独立的是非判断，即便"不合时宜"、屡遭打击也不改初衷。这就使苏轼，一个大写的人！苏东坡曾经自嘲："人皆养子望聪明，我被聪明误一生。"这里说的"聪明"即对是非的洞悉。通常我们赞赏苏轼面对挫折的通达洒脱、随遇而安，却忽视了他的是非不泯、耿介不阿。其实，既不随波逐流，又能随遇而安，敢于公开表达独立的是非观念而主动选择了一再被贬的逆境，又能用一种超脱利害的态度化苦为乐，这才是苏轼的全部为人。

3. "导师"莫成"包工头"

报载："时下某些研究生导师申请到课题项目后，'分包'给门下研究生'集体生产'早已不是什么新鲜事。""在很多情况下，导师就像'包工头'。""由此，在一些著作中出现低级错误，也就不难理解了。"（《文汇报》2009年6月10日）凭借自身名望拿到科研项目的"导师"本来应当发挥自己的科研特长，身先士卒潜心研究，力争拿出有分量、高质量的成果。可事实往往相反：他就像工程队的"包工头"一样，将任务以低廉的价格分包给弟子或他人，自己则坐享其成，名利双收。尤其令人扼腕而又徒叹奈何的是，这种不正常的行径在学术界却见怪不怪，"早已不是什么新鲜事"，并且大有上行下效、愈演愈烈之势。

一种极不正常的怪现象所以能够长久大行其道，原因何在？

首先，有关部门科研基金立项机制的导向助长了学术"包工头"的诞生。一段时期以来，国家社科基金项目的审批向团队申报的集体项目倾斜，立足于独立劳动的个人申报则不受鼓励。尤其是重大攻关项目，非得组织团队才有资格申报。其用意本来是为了推动学术梯队的传帮带，可在实际操作中则为一些占有学术山头、垄断资源优势的"大腕学者"把科研项目转化为可以渔利他人的利益工程提供了可乘之机。因为主持集体项目既可事半功倍，不劳而获，缩短科研周期，拿出"鸿篇巨制"，又可获得扶持后学、培养队伍、为单位争光的美誉，还傻乎乎地搞那些个人研究项目干啥？其次，应付各层各级的科研考评也促使一些名不副实或身为官员的"学术带头人"不得不求助于集体项目。学者应当以科研为主。单位或主管部门设立一年一度或几年一度的科研成果考评制度本来无可厚非。对于各种科研基地的负责人更是如此。其中，有无重大集体项目便是重要的考量指标。一些已经失去了科研活力或身为官员、分身乏术的"学术带头人"为了维护自己的学术尊严，恰好可以向集体项目求救。不妨设想一下，如果取消了发包他人完成的集体项目，这些"学术带头人"的学术成果和贡献到底有几何？

再次，在参与学术"工头"发包的集体项目的助手或弟子一端，也是一个愿打、一个愿挨。这些参与者或则是普通学者，或则是尚未出头的年轻学子，有的甚至从来没写过一本书、发过一篇文章。凭他们自己的实力，拿一般项目都没戏，拿重大项目更是毫无可能。于是，为别人主持的集体项目打工，虽然明知受到剥削，但也可以从中分一杯羹，不仅在填报成果时可以光鲜地写上"参与某某项目"或"某重大项目子课题负责人"，而且由于参与、帮助了某学界大腕完成过科研项目，在今后的学术发展中还可得到这位大腕格外的关照。

由此可见，导师、学者变成"包工头"，乃是我国现有科研项目评审机制的漏洞、集体项目负责人的私心及项目参与者的利益三者合谋的结果。

当导师、学者变成"包工头"、"博导"变成"博盗"、科研项目变成发包工程的时候，其所引起的危害不容小看。在任何社会，知识分子都代表着社会的良心。教师为人师表，不仅应当守住做人的底线，而且应当成为践行社会道德的楷模。学者将主持集体项目当作自己坐享其成的渔利手段，不仅暴露了对严肃神圣的科学研究的不负责任，而且有违做人的最起码的诚信原则，甚至有侵犯、掠夺他人精神成果和知识产权之嫌。如果这种行为不受到社会舆论的谴责，那么如此这般"培养"出来的年轻学子在多少年以后又会如此这般去对待他的后学，形成恶性的循环反应。而今天研究生中之所以出现为数不少的学术造假、论文抄袭行为，与他们的导师曾经剥削、占有、偷盗他们的劳动成果而安然无恙的示范作用不无关系。

文章千古事，得失寸心知。学术研究是个体性很强的独立劳动。优秀的学术成果，往往是个人长期积累、思考、研究的结果，不是一个人出一个框架，众人在仓促之间可以填充完成的。人的知识结构不同，学术储备不同，思维水准不同，表达方式不一，要合在一起完成一部成体系、高质量的著作谈何容易，何况有些参与者是知识、思想、语言尚未成熟的稚嫩学子。由此炮制出来的皇皇巨著往往是结构参差不一、水平良莠不齐、内容相互交叉、逻辑自相矛盾、经不起仔细推敲的豆腐渣工程，在学术史上是没有任何生命力的。对此，钱理群早有批评：这些所谓"造大船"的"学术工程"，"就是由某某教授挂帅——更多情况下是挂名——搞'大兵团作战'，这是'大跃进'时代'大搞科研群众运动'的做法"，说穿了是浪费纳税人钱财的"花钱工程"。

虽然这类豆腐渣工程学术含量极低，但由于出自众手，参与者及其亲朋师友组成了一个庞大的利益共同体和资源关系网，所以这类体积巨大的"成果"往往极易通过结项，然后从项目资金中再拿出一部分经费来开研讨答谢会，发布评功摆好的新闻或书评，因而这类作品还极易得奖。这又进一步刺激了这些学界"大腕"继续争取集体项目、分包项目工程的积极性。那些个人潜心研究的成果之命运则与此形成鲜明反差。于是学术界的真伪好坏、是非荣辱被搅浑了,正如钱理群指出的那样:"劳民伤财不说,更是败坏了学风",导致了"学术研究上急功近利、好大喜功、形式主义、浮夸之风"。

为了拯救学界风气,制止学术腐败,戳穿虚假泡沫,让我们对"导师"成为转包科研项目的"工头"说"不"。①

---

① 《文汇读书周报》2009年9月4日。作者:祁志祥。

第十四章
国学人文思想发展史上的四波启蒙

提要：如果在开启蒙昧、清除荒谬的本义上使用"启蒙"一词,那么,我们就会发现在中国古代人文思想领域,曾经发生过四波启蒙思潮。第一波启蒙出现在周代,其特征是对"人"自身地位、属性及其意义的自觉,以对抗和取代夏商的神本主义蒙昧观念。第二波启蒙出现在六朝,其标志是自然适性、钟情任欲,以纠正汉代"阳善阴恶"、"性善情恶"、"圣人无情"的蒙昧思想。第三波启蒙出现在明清,其标志是在理欲相兼、义利合一、公私互渗、凡圣平等等人生最基本的问题上还原常识,破除的蒙昧对象是隋唐宋元儒家道学、理学构成的似是而非的唯理性主义。第四波启蒙出现在近代,特点是借鉴西方人文主义价值理念,综合中国古代启蒙思想资源,抨击中国古代维护皇权专制的纲常理念体系。国学人文思想史乃是由四波反蒙昧的启蒙思潮汇成的思想长河。而后来的"五四"启蒙运动和改革开放新时期的思想启蒙运动则是对古代启蒙资源的继承和发展。

谈起"启蒙",一个约定俗成的观点是,"五四"是中国思想史上的第一次启蒙运动,邓小平开创的改革开放、思想解放的新时期是"新启蒙",或者说是中国思想史上的第二次启蒙运动。这似乎意味着,中国古代是不存在启蒙的。这其实是一种似是而非的成见,究其实,乃是以西方或现代价值观念为"启蒙"内涵考量的结果。《风俗通·皇霸》云:"每辄挫衄,亦足以袪弊启蒙矣。""启蒙",《辞海》解释为"开发蒙昧",亦即清除荒谬、发现真理。人类思想史上的每一次精神启蒙、每一次真理发现都是在对蒙昧思想的批判与否定中实现的。于是,蒙昧与反蒙昧的启蒙,就构成了思想史否定之否定的逻辑行程。如果我们在开启蒙昧、清除荒谬的本义上使用"启蒙"一词,那么,我们就会对中国思想史上的启蒙历程有一个全新的认识;就会发现哪里有蒙昧思想,哪里就有反蒙昧的启蒙。就会发现在"五四"运动之前,中国古代人文思想领域就曾发生过四波启蒙思潮。第一波启蒙出现在周代,其特征是对"人"自身地位、属性及其意义的自觉,以对抗和取代夏商的神本主义蒙昧观念。第二波启蒙出现在六朝,其标志是自然适性、钟情任欲,以纠正与清剿汉代"阳善阴恶"、"性善情恶"、"圣人无情"的蒙昧思想。第三波启蒙出现在明清,其标帜是在理欲相兼、义利合一、公私互渗、凡圣平等等人生最基本的问题上还原常识,破除的蒙昧对象是隋唐宋元儒家道学、理学构成的似是而非的唯理性主义。第四波启蒙出现在近代,特点是借鉴西方人文主义价值理念,综合中国古代启蒙思想资源,抨击中国古代维护皇权专制的整个纲常理念体系。而"五四"运动不过是第五次启蒙。它继承近代的启蒙方向,全盘借鉴"个性"、"自由"、"民主"、"人道"等西方价值观念,彻底否定中国古代的人文资源,矫枉过正地走向激进主义。邓小平倡导的思想解放运动则是第六次启蒙。其批判的蒙昧思想是中国现代新民主主义革命中由来已久、"文革"中登峰造极的极"左"观念。如此看来,整个中国人文思想史乃是由六波反蒙昧的启蒙思潮汇成的思想长河,而中国古代思想史上的许多问题也需要我们去给予重新认识和评价。

一、周代对夏商的启蒙:"人"的觉醒与"神"的退场

夏代的状况无文字记载。从后代典籍折射的面影中可以遥想,那是一个图腾、神话盛行的时代。它具有初民原始思维——神学蒙昧主义的基本特征。这是任何一个民族走向文明必须经历的阶段。

殷商思想界神学蒙昧主义特点,在殷商文化典籍中可见到明显的表征。在殷商卜辞中,没有一个关于"人"的道德智慧的术语,有的是"上帝"和占卜"上帝"后获得的"吉"、"不吉"、"祸"、"咎"、"不利"等结果的大量用语。《礼记·表记》说明殷商文化的特点:"殷人尊神,率民以事神,先鬼而后礼。"殷代国王做任何事情都先请示鬼神。于是,从事请示鬼神、沟通人神旨意的专职人员"巫"、"史"应运而生。"巫"通过占卜的方式代鬼神发言,这些占卜的记录就是殷商甲骨卜辞;"史"记载国王根据鬼神旨意发表的讲话,收录在《尚书》中

的殷商文诰即是如此。人们崇拜天帝神鬼，匍匐在"上帝"、"鬼神"面前，一切听命于"天"和"神"。在高高在上的"天"、"神"面前，"人"显得十分渺小，微不足道。

"殷人尊神"的特征也遗留在《周易》中。《易》卦及卦、爻辞相传为殷末周文王所作。这是一部卜筮之书。虽然它以超验的方式揭示了某些自然和人生的真理，但无可否认，《周易》的卦爻辞还是披上了神灵设教的外衣，笼罩着神学色彩。

然而，就整体状况来看，周代特别是东周的春秋战国时代，思想文化界的情况却出现了与殷商很大的不同。这就是"人"的觉醒和"民"的凸显。《礼记·表记》揭示周代文化的特点："周人尊礼尚施，事鬼敬神而远之，近人而忠焉。"周人虽然仍然尊天敬神，但更切近人事，更重视礼教道德。

周代"人"的觉醒，具体说来表现在如下几个方面：

首先是对人在宇宙万物中的地位的认识。过去将"天"奉若神明，这时人们发现："天命靡常。"①"天难忱斯。"②"皇天无亲，唯德是辅。"③"天意"往往以"人"的道德为转移。于是"人"的地位大大提高。周初的文献说："惟人万物之灵。"④春秋初期的《老子》说："域中有四大：道大、天大、地大、人亦大。"《管子》对抗"神本"，提出"人本"概念："夫霸王之所始也，以人为本。本理则国固，本乱则国危。"《左传》则说："夫民，神之主也，是以圣王先成民而后致力于神。"⑤"国将兴，听于民；将亡，听于神。神，聪明正直而壹者也，依人而行。"⑥战国末期的《孝经》响亮地提出："天地之性人为贵。"于是，"人"的地位取代了"天"的位置，被视为宇宙万物中的"神灵"；天地间所有物性中，人性最为高贵。过去人们的一切行动听命于"天"，现在则听命于"人"。

其次是对人性、人的本质的认识。

关于人的特性，今天常见的观点论及人的意识性、社会性、劳动性，而这些在春秋战国时期的诸子著作中都有所触及。

---

① 《诗·大雅·文王》。
② 《诗·大雅·大明》。忱，通谌，相信。
③ 《尚书·周书·蔡仲之命》。
④ 《尚书·周书·泰誓》。
⑤ 《左传·桓公六年》。
⑥ 《左传·庄公三十二年》。

关于人的意识特性。孔子说："哀莫大于心死。"①"人心之灵莫不有知。"②孟子说："心之官则思。"③人与其他动物最根本的区别是人有"心"的活动。"心"这种器官最大的功能就是"思"、"有知"。先秦儒家将人的道德意识视为人的特性，正是建立在人具有意识性这一基础上的。由此孟子说："无恻隐之心，非人也；无羞恶之心，非人也；无辞让之心，非人也；无是非之心，非人也。"④"人之有道也，饱食、暖衣、逸居而无教，则近于禽兽。"⑤荀子说："水火有气而无生，草木有生而无知，禽兽有知而无义；人有气、有生、有知、有义，故最为天下贵也。"⑥

马克思1845年《关于费尔巴哈的提纲》指出：人"在其现实性上是一切社会关系的总和"。这是关于人的社会性的著名论断。这里的"社会性"即"群体性"的意思。而孟子早有类似精辟的论断："百工之事，固不可耕且为也。""一人之身，而百工之所为备。"⑦在社会分工日益细化、专门化的社会中，一个人的生活必须由社会上"百工"创造的生活资料才能维持。人成了"社会性"的集结点。不仅如此，人的社会性、群体性还体现为人在谋取生活资料的活动中发挥群体的力量共同对付自然。荀子说：人"力不若牛，走不若马，而牛马为之用，何也？曰：人能群，彼不能群也。"⑧《吕氏春秋·恃君》指出："凡人之性，爪牙不足以自守卫，肌肤不足以捍寒暑，筋骨不足以从利避害，勇敢不足以却猛禁悍，然且犹裁万物、制禽兽、服狡虫，寒暑燥湿弗能害，不唯先有起备而以群居邪？群之可聚也，相与利之也。利之出于群也。"

马克思在《1844年经济学—哲学手稿》中指出，物种的谋生活动方式决定着该物种的全部特性，人这个物种的特性就在于人的谋生活动方式是自觉的、自由的。这自觉、自由的谋生活动就是"劳动"。恩格斯《劳动在猿向人转变过程中的作用》进一步发挥说：把"人"从动物界分离开来的第一个历史行动是"劳动"，"劳动创造了人"。于是，人能够"劳动"，成为"人"区别于被动地接受自然的一般动物的根本属性。对此，墨子的相关论述是："今人固与禽兽……

---

① 《庄子·田子方》引孔子语。
② 《中庸》引孔子语。
③ 《孟子·告子上》。
④ 《孟子·公孙丑上》。
⑤ 《孟子·滕文公上》。
⑥ 《荀子·王制》。
⑦ 《孟子·滕文公上》。
⑧ 《荀子·王制》。

蜚鸟……异者也。今之禽兽……蜚鸟……因其羽毛以为衣裘,因其蹄蚤以为绔屦,因其水草以为饮食,……衣食之财故已具者矣。今人与此异者也,赖其力者生,不赖其力者不生。"①这再清楚不过地说明:动物只是被动地接受自然、等待自然的恩赐,而人则懂得能动、积极地通过自己的努力改造自然、创造生活资料。

人的基本属性即生物属性。对此,先秦诸子认识非常丰富。管子指出:"凡人之情,见利莫能勿就,见害莫能勿避。""凡人之情,得所欲则乐,逢所恶则忧,此贵贱之所同也。"②"百姓无宝,以利为首。"③商鞅指出:"民生则求利,死则虑名。""饥而求食,劳而求佚,苦则索乐,辱则求荣,此民之情也。"④荀子指出:"若夫目好色,耳好声,口好味,心好利,骨体肤理好愉佚,此人之情性也。"⑤韩非指出:人"皆挟自为心"⑥。"人情皆喜贵而恶贱。""喜利畏罪,人莫不然。"⑦即便是偏重人的道德特性修养的孔孟,也正视说:"富与贵,是人之所欲也……贫与贱,是人之所恶也……"⑧"口之于味也,目之于色也,耳之于声也,鼻之于嗅也,四肢之于安佚也,性也。"⑨

先秦诸子在论述人的生物欲求和超生物欲求时,有一个明显的特点,即是作为对所有人而言的共同人性、普遍人性来谈的。孔子说:"性相近也,习相远也。"⑩人的天性是相近的,凡、圣的差别是由后天的修习形成的。荀子说:"尧、舜之与桀、纣,其性一也;君子之与小人,其性一也。"⑪《吕氏春秋·情欲》云:"天生人而使有贪有欲……欲之若一,虽神农黄帝,其与桀纣同。"这种共同人性论,是符合人性实际的,其最大价值在于体现了人生来平等的精神。

人自私自利的生物欲求会产生争斗、祸乱,因而具有恶性,不能放纵;但它与生俱来,强行去除就会产生新的社会动乱,因而又不可去除。于是,对人欲的

---

① 《墨子·非乐上》。
② 《管子·禁藏》。
③ 《管子·侈靡》。
④ 《商君书·算地》。
⑤ 《荀子·性恶》。
⑥ 《韩非子·外储说左上》。
⑦ 《韩非子·难二》。
⑧ 《论语·里仁》。
⑨ 《孟子·尽心下》。
⑩ 《论语·阳货》。
⑪ 《荀子·性恶》。

态度就只能是因势利导,有节制地满足。孔子早已提出这样的思想:"富与贵,是人之所欲也,不以其道得之,不处也;贫与贱,是人之所恶也,不以其道去(原为得)之,不去也。"①荀子加以发展:"欲虽不可尽,可以近尽也;欲虽不可去,求可节也。"②"礼"的实质是"养欲",而不是扼杀人欲:"礼者,养也","养人之欲,给人以求","礼义文理所以养情也。"③韩非则在此基础上提出了"凡治天下,必因人情"的口号④,并总结出"圣人之所以为治道者三,一曰利,二曰威,三曰名","利者所以得民也,威者所以行令也"⑤,"名之所彰,士死之"⑥。《吕氏春秋》指出:"天使人有欲,人不得弗求;天使人有恶,人不得弗避。欲与恶,所受于天也,……不可变,不可易。"⑦先秦思想家还深刻指出:"乱国之使其民,不论人之性,不反(返)人之情。"⑧"凡语治而待去欲者,无以道欲而困于有欲者也;凡语治而待寡欲者,无以节欲而困于多欲者也。"⑨欲虽生乱、可恶,然而同时应当看到,"人之欲多者,其可得用亦多;人之欲少者,其可得用亦少;无欲则不可得用也。"⑩"善为上者,能令人得欲无穷,故人之可得用亦无穷矣。"⑪

在先秦诸子提出的满足人欲的理性规范中,"民利"是一条重要原则。孔子说:"因民之所利而利之。"⑫孟子指出:"得乎丘民而为天下。"⑬"得天下有道:得其民,斯得天下矣;得其民有道:得其心,斯得天下矣;得其心有道:所欲与之聚之,所恶勿施。"⑭管子总结为政之道:"政之所兴,在顺民心;政之所废,在逆民心。民恶忧劳,我佚乐之;民恶贫贱,我富贵之;民恶危坠,我存安之;民恶灭绝,我生育之。"⑮"欲知者知之,欲利者利之,欲勇者勇之,欲贵者贵之"⑯,

---

① 《论语·里仁》。
② 《荀子·正名》。
③ 《荀子·礼论》。
④ 《韩非子·八经》。
⑤ 《韩非子·诡使》。
⑥ 《韩非子·外储说左上》。
⑦ 《吕氏春秋·大乐》。
⑧ 《吕氏春秋·适威》。
⑨ 《荀子·正名》。
⑩⑪ 《吕氏春秋·为欲》。
⑫ 《论语·尧曰》。
⑬ 《孟子·尽心下》。
⑭ 《孟子·离娄上》。
⑮ 《管子·牧民》。
⑯ 《管子·枢言》。

则"远者自亲"①,天下归服。

　　于是产生了"民本"思想。所谓"民本",不仅与"天本"、"神本"相对,而且与"君本"相对。作为与"天本"相对的概念,《尚书·虞夏书》已经发端:"天聪明自我民聪明,天明畏自我民明威(同畏)。"周人认识得更清楚:"天佑下民","惟天惠民","民之所欲,天必从之","天视自我民视,天听自我民听"②。由于在周人心目中"人"、"民"具有比"天"更高的地位,所以"天子"应当以"民"为天下之本,"天子"下属的诸侯国君主也应当以"民"为国家之本。早在《虞夏书》中大禹就说过:"民可近,不可下;民惟邦本,本固邦宁。"相传为西周初年周公所作的《无逸》反复告诫成王:要"怀保小民"、"咸和万民"、"保惠于庶民"。到了战国时期,孟子对"民本"思想作了更重要的阐释。他响亮地提出"民为贵,社稷次之,君为轻"③,将人民的"民"提高到国家和君主的地位之上;并指出:君主"乐民之乐者,民亦乐其乐;忧民之忧者,民亦忧其忧。乐以天下,忧以天下,然而不王者,未之有也。""保民而王,莫之能御也。"④甚至大胆提出:"君有大过则谏,反复之而不听,则易位。"⑤"君之视臣如手足,则臣之视君如腹心;……君之视臣如土芥,则臣之视君如寇仇。"⑥现代西方宪法赋予人民在面对专制统治者残暴压迫的时候,有推翻统治者的"革命权"。孟子最早触及这一问题。殷汤王和周武王,原是夏桀、殷纣的两位臣子,由于桀、纣残暴无道,民不聊生,汤、武会集诸侯百姓以武力推翻了桀、纣。至战国时,齐宣王问左右群臣:"汤放桀,武王伐纣,……臣弑其君,可乎?"孟子则对曰:"贼仁者谓之'贼',贼义者谓之'残'。残贼之人,谓之'一夫'。闻诛'一夫'矣,未闻'弑君'矣。"⑦《易》革卦中的《象》传公开宣称:"汤武革命,顺乎天而应乎人。"《国语·鲁语》记载鲁国太史里革的话:"臣杀其君,君之过也。"这些言论中包含的平等、民主意识穿越历史的时空,曾得到现代宪政、民权专家罗隆基的高度称赞。

　　与尊重"民欲"、"民利"的"民本"的思想形成呼应的是,先秦思想家还根

---

① 《管子·牧民》。
② 均见《尚书·周书·泰誓》。
③ 《孟子·尽心下》。
④ 《孟子·梁惠王上》。
⑤ 《孟子·尽心下》。
⑥ 《孟子·离娄下》。
⑦ 《孟子·梁惠王上》。

据人心的思维属性,强调人民思想、言论的自由权利。上古时期,人民是有议论自由的。尧时在朝堂外设谏鼓,供人击鼓鸣冤;舜时在大路上立"诽谤木",供人们书写意见。周代在朝廷外立肺石,供平民控诉官吏、长老。《周礼·秋官·大司寇》记载:"设肺石达穷民。凡远近惸独老幼之欲有复于上而其长弗达者,立于肺石,三日,士听其辞,以告于上,而罪其长。"周代为了解政治得失,还设立了采诗制度以观民风。那个时候,人民聚集在一起臧否时政是正常的。人民的意见虽然对统治者调整政治方针很有好处,但听起来并不舒服。于是出现了郑国大夫然明"毁乡校"以堵民口的提议。"郑人游于乡校,以论执政。然明谓子产曰:'毁乡校,何如?'"执政者子产的回答是:"'何为?夫人朝夕退而游焉,以议执政之善否。其所善者,吾则行之;其所恶者,吾则改之。是吾师也,若之何毁之?我闻忠善以损怨,不闻作威以防怨,岂不遽止?然犹防川,大决所犯,伤人必多,吾不克救也。不如小决使道,不如吾闻而药之也。'"①无独有偶,《国语·周语》中记载执政官邵公向惩罚人们自由议论的周厉王进谏:"防民之口,甚于防川。川壅而溃,伤人必多。民亦如之。是故为川者决之使导,为民者宣之使言。"《左传·昭公二十年》记载晏子对齐王解释"和"的大义:"和"不是"同",即不是什么都赞同,恰恰是允许提出不同意见:"君所谓可而有否焉,臣献其否以成其可;君所谓否而有可焉,臣献其可以去其否。"子产、邵公、晏子的意见,不能仅仅归功于个人的过人之明,若知在周代是有言论自由的传统、氛围的,我们就很能理解他们的意见何以能诞生了。而最高统治者容忍、鼓励不同意见,在春秋战国时亦不少见。据《孟子》记载,孟子曾在齐宣王面前说了好多刺耳的话,齐宣王受不了时每每"顾左右而言他",最后总是容忍了,孟子总是安然无恙。《战国策·齐策》记载齐威王采纳邹忌的建议,不仅虚心听取不同意见,而且奖励群臣提出不同意见,下令:"群臣吏民能面刺寡人之过者,受上赏;上书谏寡人者,受中赏;能谤讥于市朝,闻寡人之耳者,受下赏。"于是国家政通人和,兴旺强盛,燕、赵、韩、魏等国"皆朝于齐"。

  西方古典哲学认为,人之所以为人,就在于人具有"自我意识"。先秦启蒙思潮的最大贡献,就在于驱散了原来巫史文化笼罩在"人"身上的神学迷雾,用"人"替代了"天"、"神"在宇宙万物中的崇高地位,确立了"民"在天下、国家中的本位资格,对共同人性、平等人性以及人的生物属性和非生物属性及其作用

---

① 《左传·襄公三十一年》。

作了客观、深刻的剖析,并提出了因人性而治人的开明的"人道"主张。我们有理由说:周代是中国历史上"'人'的觉醒"时代,也是中国人文思想史上第一个启蒙时代。

李泽厚在《美的历程》中曾将魏晋视为中国思想史上"人的觉醒"时期。这是不确切的。早在周代,尤其是春秋战国时代,就出现了名副其实的"人的觉醒"。中国思想史上"人的觉醒"时期不是魏晋,而应是周代。

二、六朝对两汉的启蒙:"逍遥适性"取代"性善情恶"

秦始皇统一六国以后,目睹周天子实行分封而大权旁落、丢失天下的教训,一举废除几千年的封建制,设立郡县制,各郡县长官不得世袭,根据对皇帝负责的好坏直接由皇帝任免更换。自此,以皇帝集权为特征的君主独裁专制在中国大地上推行开来。秦始皇开创皇权专制本想带来秦朝的长治久安,可由于他片面地采用严刑峻法,对人民的刑罚过于残暴苛刻,而自己则沉溺于无节制的欲望享受,耗尽天下财力,剥夺了老百姓最起码的生存权利,不久,陈胜、吴广揭竿而起,天下响应,不可一世、本想长命的秦朝眨眼之间訇然倒塌,刘邦乘机而起,建立汉朝。

"秦王扫六合,虎视何雄哉!"面对强大的秦朝一朝覆亡的教训,汉初统治者和思想家陷入了反思。实行郡县制的秦朝前后只存在了十五年,而实行分封制的周朝则存在了近千年。是郡县制的过错吗?不是。郡县制确实有利于皇帝集权,所以汉朝把秦始皇发明的这一政治体制继承了下来。[①] 秦朝覆亡的根本原因,是不懂得像周朝统治者那样在"革命"成功后对人民实行爱民、惠民的"仁政"、"德治"、"王道",并以此来节制一己享受的情欲。所以,汉初的政治设计师如贾谊、陆贾给汉高祖提出的建议是,抛弃霸道,兼取儒、道,以"仁政"争取人民的拥戴,以"无为"克制自己的情欲。汉武帝以"罢黜百家,独尊儒术"著称,其实黄老的"清虚无为"之学作为对最高统治者的要求,一直不绝于武帝以后汉代的子书、史书中,作为对儒家"民本"、"王道"主张的补充。即使在汉武帝时期儒学大师董仲舒的《春秋繁露》中也可看到这两者的融合。这些都是

---

① 当然为了笼络人心,汉朝也作了些改造,即对皇亲功臣实行分封,但这是辅助性的。

非常宝贵的思想财富。

不过,在这些有价值的思想之外,汉代出现了新的蒙昧思想。一是"天人感应"、互为因果。它集中体现在《淮南子》、《春秋繁露》、《白虎通》、《论衡》等书中。这是汉代流行的阴阳五行、谶纬迷信的神学蒙昧思想的表现。其实"天"是"天","人"是"人",天国、自然的东西何尝与人结构对应,相互感应!二是"阳善阴恶"、"性善情恶"。"仁"由自然界的"阳气"决定,所以是"天心",是天生之"性",是"善";"贪"之类的"情"、"欲"由自然界的"阴气"决定,故本性是"恶"。君人、做人之道,就应该去恶扬善,存仁去贪,存理去欲。所谓"正其谊(义)不谋其利,明其道不计其功"(董仲舒)、"圣人无喜怒哀乐"、"太上忘情"就是由此得出的典型观点。其实"阳"何必是"善"?"阴"何必是"恶"?"欲"何可去?"情"何可忘?当统治者口是心非、以此求民时,这种口号必然导致对广大人民基本生活欲求和权利的剥夺。可见,这是出于维护君主专制统治的功利需要产生的蒙昧思想。三是"性三品"论。先秦诸子反复强调"凡"、"圣"人性的平等,但到这时,这种常识被打破了。董仲舒把人性分为"圣人之性"、"中民之性"、"斗筲之性",认为"圣人之性"有"仁"无"贪","中民之性"有"贪"有"仁","斗筲之性"有"贪"无"仁"。后来扬雄、王充及道教经典《太平经》都重复了同样的看法。"性"的本义是"生之资质"。把人的天性分为上、中、下三种不同的等级,这是荒谬的,不合人性实际的。"性三品"论的目的,在宣扬"圣人"统治"斗筲",改造"中民"。究其动机,仍然可视为缘于政治功利的蒙昧主义思想。

魏晋时期,在两汉儒、道学说长期融合的基础上,诞生了道内儒外的玄学。玄学重思辨,贵神明,以理性精神阐释本末、体用、动静、一多、形神、言意的关系,以一种深邃、科学的思维深度区别于汉代的神学蒙昧主义,扫除了先前谶纬迷信、天人感应的种种呓语。

玄学追求的人生价值的核心范畴,是"适性"。只有"适性",才能"逍遥"。"适性"的人生理想本由庄子提出。人性的"性"在庄子看来是自然无意志,所以庄子的"适性"并未走向纵欲主义,恰恰相反,倒是走向了禁欲主义,所以《庄子》中描绘的"至人"、"神人"、"圣人"是"形如槁木、心如死灰"、"喜怒哀乐不入胸次"的形象。汉代思想家强调人心的清虚自守,与此是一脉相承的。但汉人根据对"圣人之性"的曲解提出"圣人无情"说,则陷入荒谬。据此,汉末魏初的玄学家何晏说:"圣人无喜怒哀乐。"魏国另一位玄学大师王弼认为,说"圣人无喜怒哀乐"不合事实,"喜怒哀乐"是人人都有的自然情感,"圣人"不是没有这些情感,而是善于用"神明"即理性控制这些情感罢了。何劭《王弼传》转述他的话:"圣人茂于人者神明也,同于人者五情也。神明茂,故能体冲和以通无;五情同,故不能无哀乐以应物。然则圣人之情,应物而无累于物者也。今以其无累,便谓不复应物,失之多矣。"王弼的这一矫正很有启蒙价值,它揭开了汉人笼罩在"圣人"头上"无情"的光环,使其露出了与"凡人"相同的"有情"面目,具有解构汉代不平等的"性三品"论的意义。不过同时,他也揭示了"圣人"与"凡人"的不同,即"凡人"受制于"五情","圣人"理性发达,能够控制"五情",使之"通无"。魏晋时期,这种"适性"而"无情"的人生取向成为士族修养的一种"雅量"。《世说新语·雅量篇》集中记录了魏晋人许多处变不惊、神态自若、遇大喜不乐、遭大悲不哀的事迹,体现了"太上忘情"的人格理想和意志的刚毅、静穆的伟大。于是,"雅量"成为"魏晋风度"的一杆风向标。口不臧否人物,面无喜怒之色,泰山崩于前而方寸不乱,成为魏晋士人追求的一种崇高人生境界。

　　无情无欲是符合庄学本义的玄学的一种"适性"。事实上,人性并不是无情无欲的,情欲恰恰是人与生俱来的天性。不仅王弼看到了这一点,而且嵇康、向秀还明确指出这个事实:"人性以从欲为欢。"①"且夫嗜欲,好荣恶辱,好逸恶劳,皆生于自然。"②于是,名副其实的"适性"就走向了任情纵欲。这是魏晋玄学"适性"概念的另一种内涵,是玄学根据人性的真实状况对庄子"适性"概念的新的改造,也是另一种"魏晋风度"。竹林七贤之一王戎死了婴儿,山涛之子山简前去看望,见王戎悲痛不已,就宽慰他:"孩抱中物,何至于此!"王戎辩解说:"圣人忘情;最下不及情;情之所钟,正在我辈。"山简觉得有道理,也跟着一块痛哭。王戎的这个观点非常值得注意。他明白"圣人忘情"的道理,但又认为:"最下不及情。"无情的人是最等而下之、卑不足道的。"我辈"之人,正是"情之所钟"。王戎的"情之所钟,正在我辈",再加上阮籍的一句"礼岂为我辈设也",揭示了一种全新的人生坐标,它标志着自然情欲和个性的解放。于是有了王子猷的"乘兴而行,兴尽而返",有了张翰的因秋风起、想吃家乡菜而辞官返乡,有了陶渊明的"不愿为五斗米折腰",有了陆机的"诗缘情而绮靡",有

---

① 嵇康《难张辽叔自然好学论》。
② 向秀《难养生论》。

了刘伶的"纵酒放达"、"裸形在屋中",有了阮籍的"常从妇饮"、"醉便眠其妇侧",甚至有了阮咸的与群猪共饮,有了《世说新语》记载的大量"任诞"怪事,有了《列子·杨朱篇》描绘的及时行乐、醉生梦死的公孙穆、公孙朝兄弟。这是对汉代"性善情恶"、"圣人无情"蒙昧思想的彻底瓦解,这也是对人的本真个性的全面张扬。宋齐梁陈时,这种钟情任欲的价值观仍在流淌,梁简文帝萧纲、梁元帝萧绎以帝王之尊倡导有情感的诗文,陈后主以帝王之尊制作艳词,大臣效仿,文士响应,浮华之风,荡而不返。尽管有兽性放纵的矫枉过正之嫌,值得反思,而对汉代蒙昧思想的启蒙之功,则不容否定。

因此,可以说,六朝是中国人文思想史上的第二波启蒙,其启蒙的对象就是汉代由阴阳谶纬和政治功利形成的蒙昧主义思想。

三、明清对唐宋的启蒙:反叛唯理,回归常识

常言说:真理越过半步就是谬误。六朝钟情尊欲的"适性"思潮本来对清除汉代的蒙昧主义具有积极的启蒙价值和人性解放的进步意义,但它"越名教而任自然",完全抛弃理性法则,乃至走到任情纵欲的地步,这确是维持社会稳定的大忌。它给隋唐宋元统治者和思想家重铸道德理性规范提供了现实依据。

其实,早在南朝,一些统治者就作出了恢复儒家道德的努力,但收效甚微。北朝自北魏起就大力弘扬以儒学为代表的汉文化,后继者如东魏西魏、北齐北周都步武北魏,崇尚儒道,但因为不属华夏正统,局限于半壁江山,所以亦未形成气候。来自北周的杨坚统一南北、建立隋朝后,便着手整顿世风。在朝的负责意识形态的官员李谔连续三次上书隋文帝,要求从革除浮靡的文风入手,整顿轻薄的社会风气。在野的儒家学者王通仿《论语》作《中说》,以远绍周、孔自命,批评南朝以"文"灭"道"的诗人,广带弟子,传播儒道。朝上朝下遥相呼应,标志着社会价值取向的根本扭转。

唐兴。隋炀帝中断儒道、导致隋朝毁于一旦的事实,又给唐初统治者上了一课。在恢复儒道在思想界的统治地位方面,唐太宗做了两件大事。一是命孔颖达负责收集以往的五经权威解释重新加以统一的注疏;二是命魏徵为监修,新编、重编南北朝史,总结政治兴亡得失,印证儒家以民为本的仁政是长治久安的君人之道。唐太宗确立了儒家道德学说在唐朝的主宰地位。整个唐朝思想界,诗人如唐初四杰、陈子昂、杜甫、白居易、元稹、张籍等,文人如萧颖士、李华、

独孤及、梁肃、柳冕、权德舆、吕温、韩愈、柳宗元、李翱等,无不以儒家之道为第一位要求做人做文。他们不仅是文章家,更是道德君子。

唐、宋之间,有一个几十年的藩镇割据的五代十国阶段。这是一个道德失范、天下大乱的时代。宋太祖统一天下后,吸取唐代藩镇兵权过大的教训,建立了皇权更加集中的专制体制。与此相应,在思想领域进一步确立了儒家学说的统治地位。于是,儒学从先前的包含着许多人民性、民主性的学说蜕变成为君主专制效劳、扼杀人民的个体生命权利的学说。儒家的温和之"道"也一变而为面目可憎的"理"。周敦颐、二程、邵雍、朱熹、陆九渊是著名的理学家。而柳开、王禹偁、石介、孙复、欧阳修、真德秀等人虽然是文章家,其实也是一再要求"文以载道"的道学家。

元代思想界的情况,诚如《元史·列传·儒学》所云:"元兴百年,上自朝廷内外名宦之臣,下及山林布衣之士,以通经能文显著当世者,彬彬焉众矣。"元朝统治者袭用宋代理学之旧为其大一统的政治服务,虽无所发明,却在推广理学方面颇有劳绩。

从隋唐道学到宋元理学,尽管儒家之道的内涵发生了变化,但在高扬儒家道德理性方面是一致的。《明史·列传·儒林》说明代儒学状况:"经学非汉唐之精专,性理袭宋元之糟粕。"在汉唐"经学"与宋元"性理"之间有什么质的区别呢?没有。二者都属于儒家道德学说。①

隋唐宋元恢复儒家道统的努力在挽救道德失范、矫正情欲横流方面自有其合理性,但也存在着矫枉过正的荒谬。在李谔、王通、白居易、程颐对六朝以来诗人的严格批评中,哪怕吟咏欣赏自然风物的怡悦之情,也受到严厉指责,大有以"道"代"情"之势。李翱《复性书》重提"性善情恶"论,要求"忘嗜欲而归性命之道"。《朱子语类》卷十二干脆提出以"理"灭"欲":"圣人千言万语,只是教人存天理,灭人欲。"尽管他的"天理"包含"食色"之类的基本人欲,但后儒尽拿着这个口号去扼杀人欲,做出了许多荒唐无理的事情。与"理"、"欲"对立相应,宋儒还将"义"与"利"、"公"与"私"对立起来,提倡"舍利取义"、"大公无私"。韩愈重提"性三品"论,"凡"、"圣"天性的不同乃至"男"、"女"人性的高

---

① 因此,笔者对"宋明理学"的说法是表示质疑的。它把理学没落的明代包含其中,却把隋唐,特别是唐代盛行的名异而实同的道学排除在外,容易引起人们对认识中国思想史时代特征的混乱。隋唐宋元是一个整体,与其提"宋明理学",不如拈出"唐宋道学"更为合适。

下又重新被夸大。于是,"理""欲"对立、"义""利"对立、"公""私"对立、"凡""圣"对立,成为此间又一大荒谬悖理的蒙昧主义思潮。

矛盾是事物发展的内在动力。物极必反。明清时期,针对隋唐宋元以来愈演愈烈的道学—理学蒙昧主义,中国人文思想界又走出了一波启蒙思潮。争论的焦点集中在"理"、"欲"之辩,"义"、"利"之辩,"公"、"私"之辩,"凡"、"圣"之辩上。这些启蒙思想家提出的基本主张是:理不离欲、崇义养利、合私成公、凡圣平等,从而为解放自然情欲、谋求个人利益、争取平等权利张目。

其实,类似的启蒙思想早在宋代就开始产生了。李觏、王安石、张载、陈亮、叶适都发表过很好的意见。如李觏《原文》批评说:"人非利不生,曷为不可言?""欲者人之情,曷为不可言?""孟子曰'何必曰利',激也。焉有仁义而不利者乎?"王安石《性情》批评说:"世有论者曰'性善情恶',是徒识'性'、'情'之名而不识'性'、'情'之实也。""'性'者'情'之本,'情'者'性'之用。故吾曰'性'、'情'一也。""诚如今论者之说,'无情'者'善',则是若木石者尚矣。""为其废'情',则'性'虽善,何以自明哉?"张载以理学家著称,但他的思想却不迂腐。他指出:"情则是实事。"①"情未必为恶。"②"饮食男女皆性也,是乌可灭?"③"为政者在足乎民。"④陈亮指出:"夫'道'非出于形气之外表,而常行于事物之间者也。"⑤"夫'道'岂有他物哉?喜怒哀乐爱恶得其正而已。"⑥"夫喜怒哀乐爱恶,人主之所以鼓动天下而用之之具也。""弃其喜怒以动天下之幾,而欲事功之自成,是闭目而欲行也。"⑦叶适批评说:"'仁人正谊不谋利,明道不计功。'此语初看极好,细看全疏阔。……后世儒者行仲舒之论,既无功利,则'道义'者乃无用之虚语尔。"⑧"以'天理'、'人欲'为'圣'、'狂'之分者,其择义未精也。"⑨他肯定:"有己则有私,有私则有欲。"⑩主张"崇义以养利,隆理以致力"⑪。遗憾的是,这些意见在宋代被边缘化了,难以与强大的理学相抗衡。

---

① 《横渠易说·乾》。
② 《张子语录》中。
③ 《正蒙·乾称》。
④ 《正蒙·有司》。
⑤ 《经书发题·书经》。
⑥ 《勉强行道大有功》。
⑦ 《戊申再上孝宗皇帝书》。
⑧ 《习学纪言序目》卷二三。
⑨⑩ 《进卷·春秋》。
⑪ 《进卷·民事》。

到明代,情况发生了很大变化。《明史·列传·儒林》说明明代思想界的转向:"原夫明初诸儒,皆朱子门人之支流余裔,师承有自,矩矱秩然……学术之分,则自陈献章、王守仁始。宗献章者曰'江门之学',孤行独诣,其传不远。宗守仁者曰'姚江之学',别立宗旨,显与朱子背驰。门徒遍天下,流传逾百年,其教大行,其弊滋甚,嘉(靖)、隆(庆)而后,笃信程朱、不迁异说者,无复几人矣。"活跃于明代中叶成化、弘治年间的"江门之学"又称"白沙学派",其代表人物是岭南的陈宪章。他以自家心性挑战朱子理学,高唱:"丈夫立万仞,肯受寻尺拘?"①"天地我立,万化我出,而宇宙在我矣。"②开阳明心学先声。正德、嘉靖年间,王阳明"姚江之学"风行天下,与朱熹背道而驰,并在终明之世取得了思想界的主导地位。王氏大弟子王畿主张"纵横操纵,无不由我","自作主宰"③,"不随人悲笑"④,甚至说"六经亦糟粕"⑤,开徐渭、李贽、袁宏道等个性解放之先声。王学左派——泰州学派的代表王艮对传统的"杀身成仁"信条提出挑战,指出这只是等而下之的"贤人之仁",最高的"圣人之仁"是"保身"以"成仁":"尊道不尊身,不谓之尊道,须道尊身尊,才是至善。"表现了对肉体生命的尊重。其"百姓日用是道"言简意赅地把高高在上的"道"拉回现实中。另一位泰州学派代表罗汝芳则提出崇尚自然的"赤子"说:"赤子初生,孩而弄之,则欣笑不休;乳而育之,则欢爱无尽。盖人之出世,本由造物之生机,故人之为生,自有天然之趣。"⑥直接开启了李贽的"童心"说。

在王学的影响下,整个明代出现了人性觉醒的新气象。其中,李贽以其思想的批判性、尖锐性、丰富性尤其引人注目。李贽所做的一切,就是绝假存真,还原常识。他指出:"人必有私,而后其心乃见。""虽圣人不能无势利之心。"追求私欲,乃"自然之理"。"穿衣吃饭,即是人伦物理。""尧舜与涂人一,圣人与凡人一。""圣人不曾高,众人不曾低。""圣人所能者,夫妇之不肖可以与能,勿下视世间之夫妇也。""勿高视一切圣人也。"因此,千万不要"以孔子之是非为是非"。"天生一人,自有一人之用",每个人都应当用自己的"心眼"去观察、去思考、去"自立"。李贽不仅用"圣人有私"论为普通大众谋取私利、实现人欲辩

---

① 《陈宪章集》卷四,中华书局1987年版。
② 《陈宪章集》卷二,中华书局1987年版。
③④ 《留都会记》。
⑤ 《自讼问答》。
⑥ 黄宗羲《明儒学案》卷二十三。

护,而且以"凡能成圣"为据捍卫每一个凡夫俗子独立思考的权利。人性平等成了他追求人的生存权和思想权的逻辑起点。

在李贽的前后四周,还闪耀着许多启蒙者的星星。如罗顺钦《困知记》说:"夫人之有欲,固同出于天,盖有必然不容己,且有当然不可易者。""于其所不容己者而皆合乎当然之则,夫安往而非善乎?"王廷相《慎言》说:"道化既立,我固知民之多夫'道心'也,'人心'亦与生而恒存。观夫饮食男女,人所同欲;贫贱夭病,人所愿乎哉?""天下顺治在富民。"袁宏道《答梅客生》指出:"宋儒有腐学而无腐人,今代有腐人而无腐学;宋时讲理学者多腐,而文章事功不腐,今代讲文章事功者腐,而理学独不腐;宋时君子腐,小人不腐,今代君子小人多腐。"①"大丈夫当独往独来,自舒其逸耳,岂可逐世啼笑,听人穿鼻络首!"②钟惺说:"从来'节'字皆生于一'情'字。"③"英雄本色,却字字不离儿女情事。"④邹元标说:"赤子之心,真心也。""厌赤子之心真率,把礼文遮饰,儒者以为希世要务。不知议论日繁,去真心日远。无怪乎真心不多见也。"⑤

明代汹涌的启蒙思潮,给人性和社会风气带来了巨大解放。据史料记载:"嘉靖中年以前,犹循礼法,见尊长多执年幼礼;近来荡然,或与先辈抗衡,甚至有遇尊长乘骑不下者。""嘉靖十年前,富厚之家多谨礼法,居室不敢淫,饮食不敢过;后遂肆然无忌,服饰器用,宫室车马,僭拟不可言。"⑥正德、嘉靖以前,"妇女以深居不露面、治酒浆、工织纴为常";后来就渐渐"拟饰倡妓,交接绀缌",出入自由,"无异男女"⑦。"城中妇女多相率步行,往闹处看灯;否则大家小户杂座门前,吃瓜子糖豆,看往来士女,午夜方散。乡村夫妇多在白日进城,瞧瞧画画,东穿西走,曰'钻灯棚',曰'走灯桥',天晴无日无之。"⑧在人性获得正当满足的同时,晚明出现了以欲灭理的淫荡现象,如狎妓女、蓄男宠、养"瘦马",争习房中术,公开兜售淫书、淫画、淫药、淫具,迎合、刺激人的感官欲望的情色小说《肉蒲团》、《绣榻野史》、《痴婆子传》、《浪史》等也应运而生。于是,清初统

---

① 袁宏道《答梅客生》。
② 转引自袁中道《中郎先生行状》。《珂雪斋集》卷十八。
③ 《古诗归》卷六。
④ 同上书,卷十四。
⑤ 黄宗羲《明儒学案》卷二十三。
⑥ 顾启元《客座赘语》卷五。
⑦ 同上书,卷一。
⑧ 张岱《陶庵梦忆》卷六。

治者重新抬出朱子理学整顿社会教化。而以理杀人的惨痛现实，又为清代启蒙思想家的提供了批判的靶子。黄宗羲、王夫之、顾炎武、唐甄、颜元、李塨、戴震、龚自珍、魏源等，一连串闪光的名字，挟带着人性平等、人情怀私、情欲合理、合私成公、利济苍生、个性解放、非刺暴君等光彩夺目的思想，上接明代，形成了澎湃的启蒙声浪，蔚为壮观。这是中国人文思想史上的第三波启蒙思潮，思想丰富而深刻，达到了传统国学人文精神的最高峰。鸦片战争以后的近代国学，人文思想的犀利或新义间或过之，但那是融入西方价值理念所致，已非国学正统之旧。

四、近代对古代的启蒙：以"民权"反"皇权"

清宣宗道光二十年，也就是1840年，中英鸦片战争爆发，清政府被迫签订了《南京条约》等一系列不平等条约，中国一步步沦为半专制半殖民地的社会。中国人民在反对专制主义的民主斗争之外，又多了一道反对帝国主义民族斗争的历史使命。从此，在中国大地上，开展了一场又一场波澜壮阔的反帝反专制的民族革命和民主革命。

一个值得注意的现象是，清廷内一些有识之士在反对西方列强侵略的同时，并不反对他们的科学技术和价值观念。在中外战争中清廷自恃强大而不堪一击的血的教训，使他们认识了西方帝国科技的强大。而支撑其科技强大的真正根源，是其先进的价值理念和政治体制。于是，在"师夷之长技以制夷"的口号下，康有为、梁启超、谭嗣同、严复等改良派思想家和孙中山、章炳麟、蔡元培等革命派思想家借鉴西方自由、平等、民主、博爱、人权等人文精神，同时继承明清以来的启蒙思想，中西携手，抨击中国古代维护君主专制的荒谬悖理的纲常理念，力图取代被理学僵化了的儒家道德学说，为立宪改良和民主民族革命服务，汇成了中国古代人文思想史上的第四波启蒙思潮。

这一时期的启蒙思想集中表现在这几个方面：

1. 以"平等"反"纲常"

古代的纲常伦理赋予君主、父亲、男子以统治臣民、子女、女子的特权，康有为在《大同书》中借助西方的"平等"思想，呼吁人权平等："人，皆天所生也。同为天之子，同此圆颅方足之形，同在一种族之中，至平等也。""若夫名分之限禁,体制之迫压,托于义理以为桎梏,比之囚于囹圄尚有甚焉。君臣也,夫妇也,乱世人道所号为大经也,此非天之所立、人之所为也。""男女平等,各自独立,此天予人之权也。"谭嗣同著《仁学》指出:"仁"的涵义应当是"平等",而"数千年来,三纲五常之惨祸烈毒,由是酷焉矣","君臣一伦,尤为黑暗否塞,无复人理。"孙中山指出:人的天性并不完全平等,古代专制带来了更多的人权不平等。平等的人权并不由天赋,须经革命斗争才能争得。"三民主义"的要义就是"打不平"、"争平等":不仅用"民权主义"向特权阶级"打不平"、"争平等",用"民生主义"向富人"打不平"、"争平等",而且用"民族主义"向外国"打不平"、"争平等"①。

2. 以"自由"反"专制"

严复第一次把西方的"自由"概念引入中国。他指出:"今日之治,莫贵乎崇尚'自由','自由'则物各得其致,而天择之用存其最宜,太平之盛,可不期而至。"②"夫'自由'者,各尽其天赋之能事,而自承之功过也。虽然,其设等差以隶相尊者,其'自由'必不全。故言'自由',则不可不明'平等'。'平等'而后有自主之权。"③梁启超指出:"中国数千年之腐败,其祸及于今日,推其大原,皆必自奴隶性来。不除此性,中国万不能立于世界万国之间。而'自由'云者,正使人自知其本性,而不受钳制于他人。今日非施此药,万不能愈此病。"④后来孙中山发动民主革命,正是为了追求"自由"。"自由、平等,是欧洲近一百多年来最大的两个革命思想。""余致力国民革命凡四十年,其目的在求中国之自由平等。"南社成员如柳亚子、高旭、宁调元、周实等人都一再歌颂"自由",为推翻清朝专制的资产阶级民主革命呐喊:"自由钟铸声初发,独夫台上风萧萧。"⑤"十年前是一重囚,也逐欧风唱自由。"⑥"千万亿年重九日,自由花发好提壶。"⑦

---

① 详见祁志祥《中国人学史》,上海大学出版社 2002 年版,第 525—527 页。
② 《老子评点》。
③ 《主客平议》。
④ 《致康有为书》。
⑤ 高旭《海上大风潮起作歌》。
⑥ 宁调元《感怀四首》。
⑦ 周实《〈民立报〉出版日少屏索祝》。

3. 以"个体"求"群体"

1903年,严复翻译出版了穆勒的《论自由》。因担心中国人将"自由"误解为"不法"、"无礼"、"放肆"、"淫佚",他特将书名改译为《群己权界论》。他对"自由"的经典定义是:"人得自由,而必以他人之自由为界。"[①]由于对"自由"的群、己权界有明确规定,因而既强调"个人自由"的"利己"权利,又强调"团体自由"的"利群"义务:"使无限制约束,便入强权世界而相冲突。"[②]"大利所存,必其两益。损人利己,非也;损己利人,亦非。"[③]"积私以为公,世之所以盛也。"[④]据此,梁启超一方面说:"天下之道德法律,未有不自利己而立";另一方面又说:"道德之立所以利群也。"[⑤]真正的道德善是符合每一个个体利益、即群体利益的,而"人"恰恰是这样一种"善群之动物"[⑥]。强调"个体为真"、"依自不依他"的章炳麟以"无害于人为善","有害于人为恶"[⑦],与此是一个意思。因此,在推翻清廷专制统治的资产阶级革命使命面前,孙中山强调在"团体自由"中实现"个人自由",蔡元培强调"舍己为群"、"义务为重"。不过,当孙中山要求"大家"为了"革命成功",先"牺牲个人的自由、个人的平等,把各人的自由、平等都贡献到革命党内来"[⑧]时,实为后来的现代史上以民主革命压抑个人自由这样一种异化开了危险的先例。

4. 以"民权"反"皇权"

康有为首先引进西方的"人权"概念。在中国古代两千多的皇权专制社会中,中国人有的是"皇权",而没有"民权"。所以,康有为提倡的"人权",是"男女平等,各自独立"的"民权"。他呼吁对清府"执民权而强之,用民权而变之"[⑨]。孙中山"三民主义"的要义之一,即"民权"。"推溯'民权'的来源,自人类初生几百万年以前推到近代'民权'萌芽时代,从没有见过天赋有平等的道

---

①② 严复《群己权界论·译凡例》。
③　严复《天演论·恕败》按语。
④　严复《原富·部丁篇》按语。
⑤　梁启超《十种德性相反相成义》。
⑥　严复《论公德》。
⑦　章炳麟《四惑论》。
⑧　孙中山《对黄埔军官学校告别辞》。
⑨　康有为《湘报类纂·杂录》己上。

理。"①"近世各国所谓'民权'制度,往往为资产阶级所专有,适成为压迫平民之工具。若国民党之'民权主义',则为一般平民所共有,非少数者所得而私也。"②柳亚子因仰慕卢骚,号"亚卢",更名"人权",呼唤"献身应作苏菲亚,夺取民权与自由"③。高旭疾呼:"要使民权大发达,独立独立呼声器。"④吴趼人从中国古代寻找"民权"依据:"'民权'之义,早见于三代,而大昌明于孟子。"其矛头直指古代神圣不可侵犯的"皇权"。

5. 以"民主"反"君主"

当时的现实是君主专制社会。康有为主张用"君民共主"的"君主立宪"对此加以改良,并最终进入"民主共和"的大同社会、"太平之世"。其时,人们"去苦求乐"的本性普遍得到满足,"人人极乐,愿求皆获"。郑观应指出:"欲张国世势,莫要于得民心;欲得民心,莫要于通下情;欲通下情,莫要于设议院。"⑤梁启超在小说《新中国未来记》中描绘未来国家:"前皇英明,能审时势,排众议,让权与民。"他把"拥护全国国民应享之权利,求得全国平和完全之宪法"作为奋斗目标。而孙中山则主张用革命手段推翻清政府和几千年的专制体制,实现打消"资产阶级专政","由全国的人民作主"的"公天下"。他以克鲁泡特金"互助"的人性论为基础,设计了"天下为公"的"大同世界",设想人人具有利他的"公共心","政权公之天下","人人的权力都是很平等的",彼此相亲相爱,并"推广其博爱主义,使全世界合为一大国家"。陈天华的《狮子吼》虚构了"民权村",村中有议事厅、警察局、邮政局、医院、图书馆、体育会等,男女平等,有许多人到国外留学。尽管这些理想有不切实际的空想成分,但都具有反专制、反强权的积极意义,体现了对古今中外民主思想的融合。正是对美好理想的憧憬,鼓舞着那时的仁人志士走上了抛头颅、洒热血的变法、革命道路,推动着历史跃过近代,步入现代,迎来了"五四"时期的第五次启蒙。

---

① 孙中山《民权主义》。
② 《中国国民党第一次全国代表大会宣言》。
③ 柳亚子《读山阴何孟厂得韩平卿女士为义女诗,和其原韵》。
④ 高旭《感怀四首》。
⑤ 郑观应《盛世危言·议院》。

五、余论之一:"五四运动"对"奴隶道德"的启蒙

1919 年爆发的反帝反专制的"五四"运动,揭开了中国现代历史的序幕。"五四"既是一场反帝爱国运动,也是一场反对君主专制①的新文化运动。作为新文化运动,"五四"运动的起点可上溯至 1915 年《新青年》创刊,其下限大约以 1922 年陈独秀主编的《新青年》休刊为标志。作为一场反对中国古代几千年君主专制及其观念、以"新道德"代替"旧道德"的新文化运动,五四思想家从近代资产阶级改良派、革命派手中接过启蒙的接力棒再作冲刺,在全国范围内上演了又一波澜壮阔、如火如荼的思想启蒙高潮。其中,陈独秀、李大钊、蔡元培、胡适、周作人、鲁迅和青年毛泽东都是杰出的代表。毛泽东曾经指出:五四运动"不过是中国反帝反封建的资产阶级民主革命的一种表现形式"②。"五四运动所进行的文化革命则是彻底地反对封建文化的运动,自有中国历史以来,还没有过这样伟大而彻底的文化革命。当时以反对旧道德提倡新道德、反对旧文学提倡新文学为文化革命的两大旗帜,立下了伟大的功劳。"③五四启蒙思潮的进步意义,在于继承近代资产阶级启蒙思潮的先声,进一步借鉴、吸收和扩充西方资产阶级的价值体系,批判中国古代君主专制下道德伦理的不合理。

于是,革除旧道德及包含旧道德的旧文学的"革命"成为五四运动在"破"的方面高举的一面大旗。1916 年 10 月,远在美国留学的胡适在《寄陈独秀》一信中首次提出"文学革命"的概念:"今日欲言文学革命,须从八事入手。"陈独秀在 1917 年 2 月《新青年》第二卷第六号发表《文学革命论》与之呼应,提出"文学革命"的"三大主义"和"道德革命"的号召。在他看来,中国"政治界虽经三次革命,而黑暗未尝稍减","单独政治革命"对于"吾之社会不生若何变化,不收若何效果",而"盘踞吾人精神界根深蒂固之伦理道德文学艺术诸端,

---

① "五四反封建运动"的"封建",习惯上指君主独裁专制。其实,在中国古代,"封建"的本义是封邦建国、政治分权,它恰恰是不利于君主独裁专制的。所以秦始皇乘周天子封建之机取而代之后废"封建",行"郡县"。汉承秦制,以后历朝历代均以"郡县"制(行省制)为主。(详见冯天渝《"封建"考论》,武汉大学出版社 2006 年版。)所以李慎之不赞成用"封建主义"指称中国古代的政治体制,而提出"皇权主义"或"皇权专制"替代之。在秦朝以前尚无"皇帝"一说,却有君主专制及其思想。而"皇帝"也是后世天下的"君主"。故笔者以为称整个中国古代政体为"君主专制"更合适。
② 毛泽东《五四运动》,1939 年 5 月 1 日。《毛泽东选集》第二卷,人民出版社 1991 年版,第 558 页。
③ 毛泽东《新民主主义论》,同上书,第 700 页。

莫不黑幕层张、垢污深积",所以他要从"道德革命"、"文学革命"这一"精神界革命"入手。1919年3月,周作人写下《思想革命》,为新文学运动的内容革命提出了新的要求。五四"道德革命"、"思想革命"所要革除的旧道德、旧思想是什么呢? 就是专制制度下三纲五常为代表的"奴隶道德"。陈独秀指出:儒家"三纲"宣扬的"忠"、"孝"、"节"观念"带君主专制臭味"①,说到底是一种"奴隶道德":"忠孝节义,奴隶之道德也;轻赋薄敛,奴隶之幸福也;称颂功德,奴隶之文章也;拜爵赐第,奴隶之光荣也;丰碑高墓,奴隶之纪念物也。"②五四提倡"道德革命",就是要革"奴隶道德"的命。

有所破必有所立。破除了专制社会的"奴隶道德",用什么来替代它呢? 陈独秀号召代之以"主人道德"。这个"主人道德"就是"独立"、"自主"、"自由"、"平等"、"民主"、"博爱"的"个人本位主义"。在1915年9月发表的《敬告青年》中,陈独秀指出:"盖自认为独立自主之人格以上,一切操行、一切权利、一切信仰,唯有听命各自固有之智能,绝无盲从隶属他人之理。""'解放'云者,脱离乎奴隶之羁绊,以完其自主自由之人格之谓也。""等一人也,各有自主之权,绝无奴隶他人之权利,亦绝无以奴自处之义务。"在1915年12月发表的《东西民族根本思想之差异》一文中,他表明了对这种"个人主义"道德的向往:"西洋民族,自古迄今,彻头彻尾,个人主义之民族也……举凡一切伦理、道德、政治、法律、社会之所向往,国家之所祈求,拥有个人之自由权利与幸福而已。思想言论之自由,谋个性之发展也。法律之前,个人平等也。个人之自由权利,载诸宪章,国法不得而剥夺之,所谓人权是也。人权者,成人以往,自非奴隶,悉享此权,无有差别。此纯粹个人主义之大精神也。国家利益、社会利益,名与个人主义相冲突,实以巩固个人利益为本因也。"陈独秀指出,中国古代"以家族为本位"的宗法社会所形成的以"孝"、"忠"为内核的奴隶道德,是直接与这种"自主自由"的"个人权利"相对立的。究其对立之处,"盖有四焉:一曰损坏个人独立自尊之人格;一曰窒碍个人意思之自由;一曰剥夺个人法律上平等之权利(如尊长卑幼同罪异罚之类),一曰养成依赖性,戕贼个人之生产力。"③在《一九一六年》中他批判说:"君为臣纲,则民于君为附属品,而无独立

---

① 陈独秀《旧思想与国体问题》,《新青年》第3卷第3号,1917年5月1日。
② 陈独秀《敬告青年》,《新青年》创刊号,1915年。
③ 陈独秀《东西民族根本思想之差异》。

自主之人格矣;父为子纲,则子于父为附属品,而无独立自主之人格矣;夫为妻纲,则妻于夫为附属品,而无独立自主之人格矣。率天下之男女,为臣、为子、为妻,而不见有一独立自主之人者,三纲之说为之也。缘此生金科玉律之道德名词,曰忠,曰孝,曰节,皆非推己及人之主人道德,而为以己属人之奴隶道德。"
"个人主义"道德尊重每个人的权利,所以又与"以人民为主体"的"民主主义"相通。① "极端自利主义者,不达群己相维之理,往往只是有己不知有人,极其至将破坏社会之组织",进而殃及自利。② 因此,兼顾每个人权利的"个人主义"又与"博爱"相通。它是符合人性的,因而是"人道"的。而古代的"奴隶道德"恰恰是压制、扼杀人性的,非"人道"的。于是,追求"解放人性"的"人道主义"成为批判和取代旧道德的另一面大旗。鲁迅说:"最初,文学革命者的要求是人性的解放。"③蔡元培指出:"夫人类共同之鹄的,为今日所堪公认者,不外乎人道主义。"④这种写着"独立"、"自主"、"自由"、"平等"、"民主"、"博爱"、"人道主义"、"人性解放"字眼的"个人本位主义"是五四思想家的共识。如1918年12月,周作人在《新青年》上发表一代名文《人的文学》,提倡文学中的"人道主义",指出"人道主义"即是一种"个人主义的人间本位主义"。他后来补充说:"我想现在讲文艺,第一重要的是'个人的解放',其余的主义可以随便。"⑤1918年,胡适在《新青年》"易卜生专号"发表名文《易卜生主义》指出:"社会最大的罪恶莫过于摧折个人的个性,不使他自由发展。""社会国家没有自由独立的人格,如同酒里少了酒曲,面包里少了酵,人身上少了筋:那种社会国家决没有改良进步的希望。"李大钊在《我与世界》一文说:"我们现在所要求的,是个解放自由的我,和一个人人相爱的世界。"毛泽东在1917—1918年写的《伦理学原理批语》中强调:"个人有无上之价值,有百般之价值。使无个人,则无宇宙,故谓个人之价值大于宇宙之价值可也。""或谓人在历史中负有继往开来之责者,吾不信也。吾惟发展吾之一身,使吾内而思维、外而行事皆达正鹄,吾死之后置吾身于历史之中,使后人见之皆知吾确然有以自完。"鲁迅早在1907年的《文化偏至论》中就提出"重个人"、"尊个性"的主张。在早期杂文

---

① 陈独秀《宪教与孔教》。
② 陈独秀《道德之概念及其学说派别》。
③ 鲁迅《且介亭杂文·〈草鞋脚〉小引》,《鲁迅全集》第六卷,人民文学出版社1981年版,第20页。
④ 蔡元培《哲学大纲·美学观念》,《蔡元培全集》第二卷,中华书局1984年版,第379页。
⑤ 周作人《文艺的讨论》,《周作人类编》卷一,湖南文艺出版社1998年版,第65—66页。

《坟》中,鲁迅指出:"惟发挥个性,为至高之道德。""张大个人之人格,又人生之第一义也。"在《新青年》随感录里,鲁迅提倡有几分天才、几分狂气的"个人的自大"。郭沫若宣称:"我们反抗不以个性为根底的既成道德。"①如此等等。正如茅盾总结概括的那样:"人的发现,即发展个性,即个人主义,成为'五四'时期新文学运动的主要目标。"②郁达夫也说:"五四运动的最大的成功,第一个要算'个人'的发现。"③"五四运动,在文学上促生的新意义,是自我的发现……自我发现之后,文学的范围就扩大,文学的内容和思想,自然也就丰富起来了。"④

五四启蒙运动在批判旧有道德体系、借鉴西方价值文明方面做的"破坏"和"建设"工作不可谓不彻底,在建构符合人性的人道主义伦理道德方面居功至伟。然而,由于思维方式过于绝对化,五四思想家往往把西方价值文明与中国古代道德文明截然对立起来,无视古今中外的人文精神有一定的相通性和继承性,结果盲目迷信西方各种各样的"主义",高举"打倒孔家店"的大旗,鲁莽地将孔门儒家为代表的中国古代人文思想"一锅端",从而不可避免地带有"激进主义"(王元化语)的历史局限。如陈独秀说:"我们反对孔教……因为他不能支配现代人心,适合现代潮流,还有一班人硬要拿他出来压迫现代人心,抵抗现代潮流,成为我们社会进化的最大障碍。"⑤"孔教的教义,乃是教人忠君、孝父、从夫。无论政治伦理,都不外这种重阶级尊卑三纲主义。"它同共和政体是"万万不能调和的"⑥。李大钊认为:道德随不同社会的经济基础变化而变化,孔子的学说作为当时社会道德的代表,在当时社会确有其价值,但当时代发展到20世纪初,孔子代表的道德就是不合时宜的"残骸枯骨"了:"孔子生于专制之社会,专制之时代,自不能不就当时之政治制度而立说,故其说确足以代表专制社会之道德,亦确足为专制君王所利用资以为护符也。历代君主,莫不尊之祀之,奉为先师,崇为至圣。而孔子云者,遂非复个人之名称,而为保护君王政治之偶像矣。""孔子之道,施于今日之社会不适于生存,任诸自然之淘汰,其势

---

① 郭沫若《我们的文学新运动》,《创造周报》第3号,1923年5月。
② 茅盾《关于"创作"》,《北斗》创刊号,1931年9月。
③ 郁达夫《现代散文导论》(下),《中国新文学大系·导论集》,上海良友图书公司1940年版。
④ 郁达夫《五四文学运动之历史的意义》,《郁达夫文集》第六卷,花城出版社1982年版,第171页。原载《文学》创刊号,1933年7月1日。
⑤ 陈独秀《孔教研究》。
⑥ 陈独秀《旧思想与国体问题》。

力迟早必归于消灭"①。事实是,即便从社会的经济基础来看,不同的历史时期既有变化,也有不变的东西在。而道德就既有历史的差异性又有历史的共性。无论是孔教还是中国古代其他的人文学说,都有许多符合人性的、民主的精华。

五四启蒙运动的成就和弱点,在整个中国现代史的进程中不断展延。

五四启蒙高扬的"个性"、"自由"、"民主"、"平等"等价值范畴,在中国现代思想界,被胡适为代表的自由主义知识分子薪火相传。胡适在《介绍我自己的思想》一文中有一段名言:"现在有人对你们说:'牺牲你们个人的自由,去求国家的自由!'我对你们说:'争你们个人的自由,便是为国家争自由!争你们自己的人格,便是为国家争人格!自由平等的国家不是一群奴才建造得起来的!'"他是这么说的,也是这么做的。这使他被公认为现代中国自由主义的领袖。五四以后,1924年12月创刊、1928年12月终刊的由留学欧美的大学教授主编的综合性周刊《现代评论》;1928年3月创刊、1933年6月终刊的由留学欧美的知识分子主办的《新月》月刊;1937年至1946年西南联大教授在《当代评论》、《今日评论》、《战国策》发表的自由言论;1946年9月创刊至1948年10月储安平主编的《观察》周刊,把胡适所开辟的不依附于任何政治,敢于发表独立思想评论的自由主义传统,亦即五四启蒙传统一直延续下来。正是在这样的社会思想氛围下,中国共产党向蒋介石国民党独裁政府开展了争取"自由"和"民主"的革命斗争。

而五四启蒙思潮的"激进主义"弱点则在中国共产党内逐渐衍化为极"左"观念,与当初的启蒙渐行渐远。"五四"启蒙运动催生了中国共产党。受苏联十月革命胜利的鼓舞,从1922年开始,便有共产党人将当时正在进行的民主革命当成世界范围内社会主义革命的一部分。1927年蒋介石发动军事政变,共产党人担当起新民主主义革命的领导重任,一方面强调其领导的新民主主义革命属于资产阶级民主革命的范畴,另一方面又把"个人主义"、"自由主义"、"人道主义"等当作资产阶级思想加以批判,要求个人无条件地服从民主革命事业的需要。1942年,毛泽东《在延安文艺座谈会上的讲话》中说的一段话颇能说明这一变化:"对于无产阶级文艺家","要破坏那些封建的、资产阶级的、小资产阶级的、自由主义的、个人主义的、虚无主义的、为艺术而艺术的、贵族式的、颓废的、悲观的以及其他种种非人民大众非无产阶级的创作情绪"。资产阶级的

---

① 均见李大钊《自然的伦理观与孔子》,《甲寅》日刊,1917年2月4日。

"个性"、"自由"、"民主"、"博爱"等既不可取,孔子为代表的古代"封建"思想也当唾弃,于是便展开了事实证明是远离人性实际的极左的"共产主义"价值观念的虚构。民主革命必须放弃个人民主的诉求,启蒙斗争最终告别了启蒙本义。于是在延安苏区发生了为自由言论付出生命的王实味事件以及草木皆兵、混淆敌我的"抢救"运动、"整风"运动。在国统区,国民党政府打着"攘外必先安内"的旗号,以"救亡"压制"启蒙",不断走向独裁。五四启蒙思潮积累的宝贵的思想财富至此凋零殆尽。

六、余论之二:"改革开放"对现当代极"左"思潮的启蒙

"五四"以后在反抗日本帝国主义侵略和反抗国民党独裁统治的民主革命中逐渐失落的"个性"、"自由"、"民主"、"博爱"等启蒙思想以及中国古代充满人性光辉的儒家思想及人文资源在新中国成立后的十七年和十年"文化大革命"期间的毁灭达到极致。与人道主义背道而驰的似是而非、实际上是蒙昧主义的极"左"思潮将整个国家逼到了崩溃的边缘。随着1976年"四人帮"的粉碎和"文化大革命"的结束,1978年12月中国共产党召开十一届三中全会,邓小平以巨大、非凡的勇气倡导了针对荒谬的极"左"思潮的思想解放运动,从而开创了改革开放的新的历史时期。中国思想史上第六波启蒙思潮绵延至今,经历了自上而下与自下而上的不平凡的历程。

纵观改革开放新时期的启蒙思潮特点,我们可以做出如下概括:

1. "人性"的回归

20世纪70年代末80年代初,全国范围内曾开展了"人性"、"人道主义"和"社会主义异化"问题的大讨论,影响深远。极"左"的观点认为"社会主义"不包含"人道主义","人道主义"是"资产阶级"的货色。启蒙的观点认为"人道主义"不是"资产阶级"的专利,"社会主义"应当比资本主义更加"人道"。极"左"的观点认为,在现实社会中,只有阶级人性,没有共同人性,"共同人性"论是抽象的、不存在的。启蒙的观点则认为,"人性"就是"人"所以为"人"的物种普遍性。阶级性只是人性的一部分,不是全部。共同人性是存在的。"人"作为动物界的一个物种,既有与其他动物一致的属性,即自然性、个体性、感性,

又有区别于其他动物的特殊属性,即精神性、社会性、理性(李泽厚、刘再复)。人的自然属性主要包括"食"、"色"欲求。"饥而欲食"决定了必须把"富民"当作一项基本国策,再不能谈"富"色变、谈"资"色变,于是"守法经营"、"勤劳致富"成为新的时代追求。两性相悦决定了在"性"的管理、研究和立法上要有所松绑,再不能谈"性"色变,于是王小波提倡"有性"的人生,刘达临、李银河、潘绥铭以研究性科学和性立法、从事性启蒙闻名。"声名若日月,天下人之所共欲也",于是"欲贵者贵之",恢复曾被废除的高考制度,鼓励曾被批判的成名成家。大脑的天性在思想的放飞,人的精神属性决定了人天生具有思想自由的追求。极"左"观念要求"统一思想",视自由思想为洪水猛兽。现在,邓小平则说:"独立思考,敢想、敢说、敢做,固然也难免犯错误,但那是错在明处,容易纠正。思想一僵化,不从实际出发的本本主义也就严重起来了……一个党,一个国家,一个民族,如果一切从本本出发,思想僵化,迷信盛行,那它就不能前进,它的生机就停止了,就要亡党亡国。"[①]"一个革命政党,就怕听不到人民的声音,最可怕的是鸦雀无声。现在党内外小道消息很多,真真假假,这是对长期缺乏政治民主的一种惩罚。""一听到群众有一点议论,尤其是尖锐一点的议论,就要追查所谓'政治背景'、所谓'政治谣言',就要立案,进行打击压制,这种恶劣作风必须坚决制止。"[②]"我们要创造民主的条件,要重申'三不主义':不抓辫子、不扣帽子、不打棍子。"[③]"我们在强调开展积极的思想斗争的时候,仍然要注意防止'左'的错误。过去那种简单片面、粗暴过火的所谓批判,以及残酷斗争、无情打击的处理方法,决不能重复……绝不能以偏概全、草木皆兵,不能以势压人,强词夺理。"[④]邓小平废除了阶级人性论所造成的种种社会不平等,"地、富、反、坏、右"和"资本家"摘帽后享有了公民权利,工农大众不再世袭"自来红"的特权,"无产阶级先锋队"的共产党人领导干部也必须接受权力的监督和反腐的制约,政治体制的民主化改革也不断深化和推进。

2. "人权"的正名

中华人民共和国成立后,人民翻身解放,拥有了比国民党政府统治下更多的人权。可是,在极"左"观念笼罩下,"人权"却被当成资产阶级的概念而噤若

[①][②][③] 《邓小平文选》第二卷,人民出版社1983年版,第141—143、145、144页。
[④] 《邓小平文选》第三卷,人民出版社1993年版,第47页。

寒蝉,相当长时期内不仅在理论上不允许提"人权"问题,而且在宪法中也不使用"人权"概念。1954年、1975年、1978年、1982年,先后通过了四部《中华人民共和国宪法》,都没有将"人权"写进去。直到改革开放初期,一些重要报刊还以"人权是资产阶级的口号"、"人权口号是虚伪的"等为题发表过一大批文章,强调"无产阶级历来对人权口号持批判的态度"。随着思想解放的深入,"人权"概念开始在一些主要的政治文件中出现。1989年,江泽民提出,要"说明社会主义中国最尊重人权"。1991年11月1日,国务院新闻办公室发表《中国的人权状况》。1997年9月,中国共产党十五大召开,首次将"人权"概念写入大会主题报告:"共产党执政就是领导和支持人民掌握管理国家的权力,实行民主选举、民主决策、民主管理和民主监督,保证人民依法享有广泛的权利和自由,尊重和保障人权。"2002年11月,党的十六大再次将"尊重和保障人权"写进主题报告。与此同时,中华人民共和国政府分别于1997年10月27日和1998年10月5日签署加入联合国大会1966年12月16日通过的《经济、社会及文化权利国际公约》、《公民权利和政治权利国际公约》。在此基础上,2004年3月14日,第十届全国人民代表大会第二次会议通过了第四部《宪法》修正案,首次将"人权"概念写入修改后的《宪法》:"国家尊重和保障人权。"它为新时期"人性"的回归提供了法律保障,也为"人性"、"人道"、"人学"、"人文"、"人权"的理论研究和学术探讨提供了法律依据。

3. 回归五四、超越五四

所谓回归五四,是指对五四弘扬的"个性"、"自由"、"民主"、"平等"、"民权"、"人性解放"、"人道主义"等启蒙理念的继承,这些理念,不只属于资产阶级所有,也属于全人类的普适价值,比资本主义更先进的社会主义理当包容。所谓超越五四,指超越五四的激进主义局限,对各种动听的价值理想保持一份警惕,对被五四抛弃的中国古代人文精神保持一份宽容。其实,我们在中国古代人文思想的历史演进中一路走来,新时期的思想解放与古代人文思想的内在关联是不难体会的。比如在邓小平的富民政策和言论自由主张中,我们看到了古代一以贯之的"治国之道必先富民"[①]的思想,读到了"为川者决之使导,为民

---

① 《管子·牧民》。

者宣之使言"①、"政教风俗苟非尽善,即许庶人之议"②的政治智慧。在胡锦涛总书记"情为民所系,权为民所用,利为民所谋"、"关注民生、了解民意、集中民智、珍惜民力"的执政理念与"和谐社会"的蓝图中,我们看到了古代儒家"民本"、"仁政"理念的升华。其实,人类的精神文明是人类思考如何处理人与人、人与社会乃至人与自然矛盾关系获得的公约数及其积淀而成的思想结晶。不同的民族、不同的历史时期,人们有不同的社会公意,因而人类的精神文明呈现出一定的民族性、历史性差异。同时我们又注意到,人类的生理基础和心理结构大体相同,人类面对的生存、发展问题大体相同,这种大体相同的生命主体面对共同生存发展问题获得的关于人类行为法则的思维结果也就大体相近,于是人类文明又存在着超越民族和历史差异的普适性。因此,当下社会主义价值体系的建构,绝不意味着横空出世另起炉灶,而是应当结合中国现实,吸取西方和中国古代具有普适意义和生命活力的人文价值、思想义理加以融化综合。

西哲说:"读史使人明智。"(培根)"历史上常常有惊人的相似之处。"(马克思)中哲云:"不迁,故虽往而常静;不住,故虽静而常往。虽静而常往,故往而弗迁;虽往而常静,故静而弗留矣。"③观今宜鉴古,无古不成今。原古以溯今,中国人文思想史上的种种规律性的重合昭然若揭,这就是:蒙昧至极,必生启蒙;真理逾过半步,即成谬误;人文的真理相通,谬误也相通;在重复的谬误处可找寻教训,在重复的启蒙处可总结真理——它是我们今天进行价值伦理重构、推动中华民族伟大腾飞的宝贵资源。

思 考 题

1. 为什么说周代是中国思想史上"人的觉醒"时期?
2. 汉代思想界的特征主要是什么?
3. 为什么把隋唐宋元视为思想史上不可分割的一个整体?过去的中国思想史著作将隋唐视为一个整体,称之为"隋唐佛学";将宋明视为一个整体,称之为"宋明理学",有什么缺陷?

---

① 《国语·周语》邵公语。
② 顾炎武《日知录·直言》。
③ 僧肇《物不迁论》。

4. 唐宋高扬的儒家道德学说有什么合理性？有什么失误？
5. 明清思想史上呈现的共同特征是什么？

案 例 分 析

魏晋时期人性解放中有兽性的放纵需要反思

　　魏晋时期流行的玄学强调自然适性，有破除名教、解放人性的积极意义；但学界往往只见其一，不知其二，只是将大量关于人性解放的赞美言辞献给魏晋玄学，而对其要求取消一切道德规范、纵欲任情、为所欲为的消极一面缺少必要的正视和反思。以成书于西晋末年的《列子》为例。《列子·杨朱篇》说："丰屋美服，厚味姣色，有此四者，何求于外？""人之生也奚为哉？奚乐哉？为美厚尔，为声色尔。……知死之暂往，故从心而动，不违自然所好，当身之娱非所去也，故不为名所劝。从性而游，不逆万物所好，死后之名非所取也，故不为刑所及。名誉先后，年命多少，非所量也。""凡生之难遇，而死之易及。以难遇之生，俟易及之死，可孰念哉？""为欲尽一生之欢，穷当年之乐，唯患腹溢而不得恣口之饮，力惫而不得肆情于色，不遑忧名声之丑、性命之危也。"这里淋漓尽致地表现了自然主义、纵欲主义的人生观。它否定一切理性约束，将人异化成了完全由情欲主宰的两脚动物，不仅在理论上是偏颇的，在实践上也是有害的。

下 编
国学经典人文思想选讲

第十五章
尚书

"尚"者,"上"也。《尚书》,即"上古之书",是中国古代最早的历史文诰和政事史料的汇编。先秦叫《书》,汉代称《尚书》,被钦定为儒家五经之一后,称《书经》。相传由孔子编选而成。汉代的《尚书》是由秦朝的博士伏生藏在墙壁中躲过秦的焚书和楚汉战争的乱世保留下来的。伏生从残简中拼凑出二十八篇,经过学生传承,形成西汉的《尚书》学三家,成为官学。伏生所藏的版本用汉代通行的隶书写成,称《今文尚书》。西汉中期时,几次出现用先秦古体文字书写的版本,叫《古文尚书》。因它从孔子故居墙壁中得到,由孔子后裔孔安国所献,故又称"孔壁本"。西晋永嘉年间的战乱中,今、古文《尚书》均散佚。东晋初年,梅赜献出一部《尚书》,经文下边有"孔安国传"的《古文尚书》十三卷。此书将伏生二十八篇分成三十三篇,又从当时古籍中摘编出二十五篇(也叫《尚书》"晚书"),凑够了刘向、郑玄所说的"古文五十八篇"。因为经文完整,注解清楚,所以很容易被接受。《孔传古文尚书》出现后不久,就立为官学。从东晋到隋唐,人们坚信这就是孔壁本《古文尚书》,《传》也实出于孔安国之手,因而获得统治者青睐和支持,逐渐取得正统地位而流传下来。唐朝孔颖达的《尚书正义》用的就是这个版本。宋代以后,虽然有一些学者认为不仅《尚书》"晚书"二十五篇,乃至整个《孔传古文尚书》都是"伪书",但自宋代编刻、流传的《十三经注疏》所收的《尚书》仍然是孔颖达正义的《孔传古文尚书》五十八篇。可见,不只从东晋以后以至清代,乃至包括汉代①在内的整个中国古代文化界，流传最广、影响最大的《尚书》本子仍然是《孔传古文尚书》。因此，考察《尚书》的人文思想，依据的版本只能是唯一可以看见的《十三经注疏》本《孔传古文尚书》五十八篇。

公元前6世纪，当古希腊哲学家告诫人们"认识你自己"，提出人是"智慧的生物"时，比这更早五百年的公元前11世纪，周武王提出了人是"万物之灵"的响亮命题。人是不是万物中的神灵，是不是可以与天神相通，这并不重要；重要的是将人视为与天意相通，可得到上天庇佑的万物之神，极大提高了人在世界万物中的地位，使得人在政治生活中显得神圣不可侵犯。

从虞舜、夏禹到殷汤王、周武王、周成王，从皋陶、伊尹、仲虺到周公姬旦，夏、商、周的天子和大臣们几乎达成了一种共识：人不可侮，民不可虐；失民者失天佑、失天下，得民者得天命、得天下。"惟人万物之灵"乃是距今三四千年前政治家们这种"民本"思想的集中概括。正因为人是"万物之灵"，所以"民之所欲，天必从之"，"敬天"就必须"保民"；正因为人是"万物之灵"，所以治国者必须以"民为邦本"，以爱民、惠民为道德修养的最高准则；也正因为人是"万物之灵"，当夏桀、商纣"弗敬上天"、"不敬厥德"、"降灾下民"时，臣民就可以"天命"和"道德"的名义，用"革命"的手段推翻他们。

《尚书》中最早出现了"民主"一词。如《周书·多方》："乃惟成汤……代夏作民主。""天惟求时民主。""诞作民主。"这里的"民主"不同于今天的"民之自主"，而是"民之君主"、"为民作主"之意。不过，《尚书》中的"作民之主"，并无凌驾于民之上之意，乃是为民父母、亲民恤民之意，与今日的"民主"亦不无相通之处。

本书选文采用《十三经注疏》本《尚书正义》，汉孔安国传，唐孔颖达等正义，上海古籍出版社1997年影印本。

---

① 因为汉代立为"官学"的《今文尚书》也包含在《孔传古文尚书》中。

一、"惟人万物之灵"

惟十有一年①,武王伐殷。……惟十有三年春,大会于孟津②。王曰③:"嗟!我友邦冢君,越我御事庶士④,明听誓⑤:惟天地万物父母,惟人万物之灵⑥。亶聪明⑦,作元后⑧,元后作民父母⑨。"

卷一一《泰誓上》⑩

帝曰⑪:"来,禹!降水儆予⑫,成允成功⑬,惟汝贤!克勤于邦,克俭于家,不自满假⑭,惟汝贤!汝惟不矜,天下莫与汝争能⑮。汝惟不伐,天下莫与汝争功⑯。予懋乃德⑰,嘉乃丕绩⑱。天之历数在汝躬,汝终陟元后⑲。人心惟危,道心惟微;惟精惟一,允执厥中⑳。无稽之言勿听,弗询之谋勿庸㉑。可爱非君?可畏非民㉒?众非元后,何戴㉓?后非众,罔与守邦㉔。钦哉㉕!慎乃有位,敬修

---

① 惟:发语词,无义。有:又。十有一年:指周文王十一年。文王在位九年而卒。武王守丧三年,即位不改元,续文王纪年,表继承父业。
② 大会诸侯于孟津。
③ 王:周武王。
④ 冢:大也。冢君:大君。越:与也。御事:治事。庶士,众士。
⑤ 明听:清楚地听。
⑥ 灵:古体写作"靈"、"霝"。孔安国传:"靈,神也。天地所生,惟人为贵。"《说文》:"霝,靈,巫以玉事神。"二句意谓:天地生万物,故为万物父母;人是万物中的神灵。
⑦ 亶:音胆,诚也。
⑧ 元后:大君主也。二句意谓人中确实聪明者为大君。
⑨ 国君"为民父母",不是凌驾于人民之上之意,而是爱民如子、亲民之意。
⑩ 泰:太。泰誓:系周武王伐纣的誓师词。
⑪ 帝:舜帝。
⑫ 儆:警戒。予:我,我们。
⑬ 允:信。功:治水之功。句意为言行一致,完成了治水大业。
⑭ 克:能够。假:大。
⑮ 矜:自夸其能。能:能力。
⑯ 伐:自夸其功。功:功绩。
⑰ 懋:通茂,盛大,以为大,称赞。乃:你。
⑱ 丕:大。二句意谓我赞美你的德行和功绩。德:指禹功成弗居之德。
⑲ 历数:天道。陟:音志,登上。元:大。后:君。
⑳ 人心:欲望之心。道心:道德之心。精:精心。一:一意。允:信。中:中正,折中。人欲危险,故须一意以安之;道心难明,故须精心以明之;只有精心一意,才能找到调节二者的中正之道。
㉑ 稽:考也。庸:用。
㉒ 孔安国传:"民以君为命,故可爱;君失道,民叛之,故可畏。"
㉓ 戴:爱也。
㉔ 罔:莫也。二句意指众若无君,无所敬爱;君若无众,无人守国。
㉕ 钦:敬也。

其可愿①。四海困穷,天禄永终②。"

卷四《大禹谟》③

仲虺乃作诰④,曰:"呜呼!惟天生民有欲,无主乃乱⑤。惟天生聪明时乂⑥。有夏昏德,民坠涂炭⑦。天乃锡王勇智⑧,表正万邦⑨。缵禹旧服,兹率厥典⑩,奉若天命。"

卷八《仲虺之诰》

予小子夙夜祗惧,受命文考⑪,类于上帝,宜于冢土⑫,以尔有众,厎天之罚⑬。天矜于民⑭,民之所欲,天必从之。尔尚弼予一人⑮,永清四海。时哉弗可失⑯!

卷一一《泰誓上》

天视自我民视,天听自我民听⑰。百姓有过⑱,在予一人。今朕必往⑲。

卷一一《泰誓中》

---

① 有:无义。位:天子之位。可愿,孔传:"道德之类。"
② 意即若四海困穷,则天禄永终。
③ 大禹谟:舜帝与大臣禹、益、皋陶等人议谋政务的记录。谟:谋也,议谋。本段为舜对禹说的话。
④ 仲虺:汤王左相。虺,音悔。
⑤ 主:孔传:"君主"。
⑥ 时:是。乂:音义,治。聪明:不是生理意义上的耳聪目明,而是道德意义上的清楚透明,如《大禹谟》中说的"无稽之言勿听,弗询之谋勿庸",与昏庸相对。
⑦ 涂:烂泥。炭:炭火。
⑧ 锡:通赐,与也。
⑨ 即表正万邦之民欲。正:使之正也。表:仪表。表正,以身作则地治理。
⑩ 缵:音纂,继也。服:行也。典:典章、制度。二句意谓继承禹帝过去所做的一切,遵循其典章制度。
⑪ 予:周武王自称。这是武王伐纣前誓师大会上的誓词。夙:早。祗:音只,恭敬。文:文王。考:父亲。文王为武王之父。
⑫ 类:祭也。《说文》:"以事类祭天神也。"宜:祭,指对土地神的祭祀。孔传:"祭社曰宜。"社:土神。冢:大。冢土:大土,指大社,土神。
⑬ 厎:音只,致。
⑭ 矜:孔传:"怜也。"
⑮ 尔:你们,指会师之诸侯。
⑯ 时:时机。
⑰ 二句可为《尚书》所要求的君主素质"聪明"的注脚。
⑱ 过:责也,责难、抱怨。
⑲ 朕:周武王自称。往:往征,讨伐纣。

天聪明,自我民聪明①;天明畏,自我民明威②。达于上下③,敬哉有土④。

卷四《皋陶谟》⑤

点　评

三千多年前,某日,周武王率战车三百乘,虎贲之士三千人,甲胄之士四万五千人,准备攻打残暴无道的商纣王。在整装待发前,武王会集诸侯,举行了一个誓师大会。会上,武王历数纣王的罪状,其中重要的一条就是"降灾下民"、"暴虐"人命。而"人"恰恰是"万物之灵",不可亵渎的。

"灵",在《尚书》中写作"靈",在《说文》中写作"靈",从"巫"从"玉"得义,与"神"有关。故汉人孔安国为《尚书》作传时解释为"神",许慎《说文解字》训为"巫以玉事神"。南朝字书《玉篇》训为"神灵"。在周武王的心目中,"人"的地位是很高的,他由"天地"所生,是"万物"中的一员,同时又是"万物"中的"神",而且照孔安国的解释,"天地所生,惟人为贵",唯有"人"才是"万物之灵"、"万物之神",所以,绝不可以随意糟蹋人、残害人。

人的"神"性表现在什么方面呢？表现在"天视自我民视,天听自我民听",人具有"道心",可以"达于上下",与"天"沟通。因而,"天佑下民"(《尚书·泰誓上》),人可以获得上天的庇佑。

当然,人也不完全是"神"。作为"万物"的一员,人在"神性"、"道心"之外,还有"人心"、"欲望"。它反复无常,"唯惠是怀"(《尚书·蔡仲之命》),颇为"危险","无主乃乱"。但生而不可去,是生命存在的基础,因而得到"天"的保护："民之所欲,天必从之。"以此,"天"又生出"聪明"的圣王明君来治理人欲,使人欲有所满足而不至于生乱。这就是圣人调节"人心"与"道心"的"中正"之道。

周武王伐纣时所表达的对人类自身特性、地位的认识,不仅直接引发了先秦两汉"天地之性人为贵"的人本思想,而且奠定了儒家政治以敬民、亲民、保

---

① 即《泰誓中》"天视自我民视,天听自我民听"之意。
② 畏：通威。
③ 达：通也。上下：天、人。
④ 有土：国君,有土之君。此指禹。
⑤ 皋陶(音摇),舜大臣。《皋陶谟》,系皋陶与禹商议如何实行德治的言论记录。

民为特色的"民本"基石。后来孔子、孟子等人从精神性方面说明人性,如孔子说"哀莫大于心死"(转引自《庄子·田子方》),孟子说"心之官则思"(《孟子·告子上》),亦导源于《尚书》中"惟人(为)万物之灵"的启发。《尚书》既肯定人上通于天、下长万物的高贵地位,又没有否定人与其他生物相通的一面。人有欲望,它危险而不可去除,可满足而不可放纵。这一思想奠定了后世儒家对人欲的基本态度。

二、"民为邦本"、"敬德无逸"

太康失邦①,昆弟五人须于洛汭②,作《五子之歌》。

太康尸位③,以逸豫灭厥德④,黎民咸贰⑤。乃盘游无度,畋于有洛之表,十旬弗反⑥。有穷后羿因民弗忍,距于河⑦。厥弟五人御其母以从,徯于洛之内⑧。五子咸怨,述大禹之戒以作歌⑨。

其一曰:"皇祖有训⑩:民可近,不可下;民惟邦本,本固邦宁。予视天下愚夫愚妇一能胜予⑪。一人三失,怨岂在明?不见是图⑫。予临兆民,懔乎若朽索之驭六马⑬。为人上者,奈何不敬?"

其二曰:"训有之:内作色荒,外作禽荒⑭,甘酒嗜音,峻宇雕墙。有一于此,未或不亡。"

---

① 太康:夏启子。失邦:太康因沉迷于游猎,不理民情,百姓在有穷国君羿带领下奋起抵抗,失去帝位。
② 昆弟:指太康五个弟弟,因有长幼之别,故名昆弟。须:等待。洛:洛水。汭,音锐,河流弯曲处。洛汭,指洛水人黄河处。太康到洛水之南打猎旷日未归,羿率民在黄河北岸抵御他回来,五兄弟在洛水之北等候了一百多天,于是作歌指责太康。
③ 尸:陈列、占据。
④ 豫:乐。厥:其。
⑤ 贰:二心,离叛。
⑥ 盘:乐。畋:打猎。表:指南面。十旬:百日。反:返也。
⑦ 后:君长。距:通拒。
⑧ 徯:音希,等待。
⑨ 戒:诫。
⑩ 皇祖:指夏的开国君主禹。
⑪ 一:副词,都,统统。
⑫ 三:多。一人三失,指一个人多有过失。明:明显处。不见:隐微处。二句意谓防止过失所招致的怨恨不能只在怨恨发生时去考虑,而应防患于未然。
⑬ 兆:十亿。兆民:约相当于万民。懔(lǐn):恐惧。
⑭ 荒:沉迷。色荒:沉迷于女色。禽荒:沉迷于畋猎。

其三曰："惟彼陶唐,有此冀方①。今失厥道,乱其纪纲,乃厎灭亡。"

其四曰："明明我祖②,万邦之君。有典有则,贻厥子孙③。关石和钧,王府则有;荒坠厥绪,覆宗绝祀④。"

其五曰："呜呼曷归⑤?予怀之悲。万姓仇予,予将畴依⑥?郁陶乎予心,颜厚有忸怩⑦。弗慎厥德,虽悔可追⑧?"

卷七《五子之歌》

呜呼!嗣王祗厥身⑨,念哉⑩!圣谟洋洋⑪,嘉言孔彰⑫。惟上帝不常⑬,作善降之百祥,作不善降之百殃。尔惟德罔小,万邦惟庆⑭;尔惟不德罔大,坠厥宗⑮。

卷八《伊训》

王若曰⑯:"小子胡⑰,惟尔率德改行⑱,克慎厥猷⑲,肆予命尔侯于东土⑳。往即乃封㉑,敬哉!尔尚盖前人之愆㉒,惟忠惟孝,尔乃迈迹自身㉓,克勤无怠,

---

① 陶唐:指建都于陶的尧帝。初为唐侯,故名。冀方:冀州之地。因尧舜、禹都建都于古冀州,故借指全国、天下。

② 明明:很英明。

③ 典:典章。则:法则。贻:留也。厥:其。

④ 关:通也,交换。石:金铁及人们生产生活的必需品。和钧:平均。有:富足。四句指互通有无,民用不缺,官亦富饶。太康失先祖大禹之业,故致覆亡。

⑤ 曷:何。曷归:归向何方。

⑥ 仇:怨恨。畴:谁。

⑦ 郁陶:忧愁。颜厚:面带羞愧。忸怩:内心惭愧。有:又。

⑧ 虽悔可追:指虽悔岂可追。追:补救。

⑨ 这一段是殷汤去世后大臣伊尹告诫年幼的继位者太甲的话。太甲为汤嫡长孙。嗣王:太甲。祗,音只,敬,警戒。

⑩ 念:念念不忘。

⑪ 圣谟:圣人之谋划。洋洋:完美。

⑫ 孔:很。嘉言:指圣人之美言、训告。

⑬ 上帝:上天、天神也。

⑭ 罔:不。

⑮ 二句意谓你所做不德之事即便不大,也会致使宗室覆亡,国位坠落。

⑯ 王:周成王。若:这样。

⑰ 小子:年轻人。胡:蔡仲之名。按:下文是周成王告诫蔡仲的话。

⑱ 率:遵循。改行:指改正父亲蔡叔的无德行为。周公摄政时,蔡叔等散布流言中伤周公,甚至勾结殷商遗民叛乱。周公平定叛乱,囚蔡叔,至死未赦。蔡叔之子蔡仲贤明敬德,周公请成王封他为蔡国国君。

⑲ 猷(yóu):道理、法则。

⑳ 肆:故也,所以。侯:做诸侯。东土:蔡国在周都镐京东方,故名。

㉑ 乃:你。封:封国,封地。

㉒ 盖:遮盖,修复。前人之愆(qiān):指父亲之过。

㉓ 迈迹:迈步,前进。自:从。

以垂宪乃后①。率乃祖文王之彝训,无若尔考之违王命②。皇天无亲,惟德是辅③。民心无常,惟惠是怀。为善不同,同归于治;为恶不同,同归于乱。尔其戒哉!

卷一七《蔡仲之命》④

呜呼!明王慎德,四夷咸宾⑤。无有远迩,毕献方物⑥,惟服食器用⑦。王乃昭德之致于异姓之邦,无替厥服⑧;分宝玉于伯叔之国,时庸展亲⑨。人不易物,惟德其物⑩。德盛不狎侮⑪。狎侮君子,罔以尽人心;狎侮小人,罔以尽其力⑫。不役耳目,百度惟贞⑬。玩人丧德,玩物丧志⑭。志以道宁,言以道接⑮。不作无益害有益,功乃成;不贵异物贱用物⑯,民乃足。犬马非其土性不畜⑰,珍禽奇兽不育于国。不宝远物,则远人格⑱;所宝惟贤,则迩人安。呜呼,夙夜罔或不勤⑲。不矜细行⑳,终累不德。为山九仞,功亏一篑。允迪兹,生民保厥居,惟乃世王㉑。"

卷一三《旅獒》㉒

---

① 垂宪乃后:给你的后代留下榜样。宪:法则。
② 乃祖:你的祖父。彝:常。考:父亲。
③ 二句意指老百姓的心总是向着施惠之人。
④ 命:封命。指周成王封命蔡仲为蔡国国君。
⑤ 宾:宾服,归顺。按:周武王灭商后,西方旅国向武王进献大犬。太保召公担心武王玩物丧志,便向武王进谏。这段话是召公谏言的一部分。
⑥ 方物:方土所生之物,指地方特产。
⑦ 只是些生活必需品。
⑧ 服:职位、职事。二句指武王将远近进贡之物分赐给异姓诸侯,使他们不要荒废职事。
⑨ 时:是。用。展亲:展示亲爱。伯叔之国:指同姓诸侯国。
⑩ 二句意指物并未由人改变,但只有有德之物最可贵。孔安国传:"言物贵由人,有德则物贵,无德则物贱,所贵在于德。"
⑪ 狎侮:怠慢,戏弄,引申为亵渎、虐待,与下文"玩"通。
⑫ 君子:指臣。小人:指民。《左传》襄公九年:"君子劳心,小人劳力。"
⑬ 百度:百事。贞:通正。不役耳目:指不被耳目所役使,不沉迷于声色之物。
⑭ 玩人:戏弄人,狎侮人。玩物:玩弄物,沉迷于声色。
⑮ 道:道德。
⑯ 异物:奇异奢华之物。用物:实用之物。
⑰ 性:通生。
⑱ 格:来,归服。
⑲ 或:有时。罔或不勤:没有一刻不勤勉于修德。
⑳ 矜:慎。不矜细行,不注意小德修养。
㉑ 允:诚。迪:实行。乃:便,就。世王:世世为王。
㉒ 旅:西旅国。獒,音熬,大犬。

凡我造邦,无从匪彝①,无即慆淫②,各守尔典,以承天休③。尔有善,朕弗敢蔽;罪当朕躬,弗敢自赦,惟简在上帝之心④。其尔万方有罪,在予一人;予一人有罪,无以尔万方⑤。呜呼,尚克时忱,乃亦有终⑥。

卷八《汤诰》

王曰⑦:"呜呼!小子封⑧,恫瘝尔身⑨,敬哉!天畏棐忱⑩。民情大可见,小人难保⑪。往尽乃心,无康好逸豫,乃其乂民⑫。我闻曰:'怨不在大,亦不在小⑬。惠不惠,懋不懋⑭。'已⑮!汝惟小子,乃服惟弘王⑯,应保殷民;亦惟助王宅天命,作新民⑰。"

卷一四《康诰》

……五,皇极⑱。皇建其有极⑲……无偏无陂,遵王之义⑳;无有作好㉑,遵王之道;无有作恶,遵王之路。无偏无党,王道荡荡;无党无偏,王道平平;无反无侧,王道正直㉒。曰皇极之敷言㉓,是彝是训,于帝其训㉔。凡厥庶民,极之敷

---

① 本段是汤打败桀、登上天子位后,在各国诸侯来朝见时发布的诰词。匪,非。彝,常道、法则。无从匪彝,不要遵从不合常规的法则,即不做非法之事。
② 慆:音滔,喜也、乐也。淫:过度。
③ 典:道德法则。休:美善、吉祥。
④ 简:阅、察。
⑤ 予:我。尔:你们。以:因,归咎、连累。
⑥ 尚:庶几,表希望的副词。克:能够。时:是,这样,这种。忱:诚。终:好的结局。
⑦ 王:周成王。按,武王死后,成王年幼,由武王弟周公姬旦辅佐摄政。这是周公以成王名义告诫康叔治理卫国的诰词。
⑧ 封:康叔名。小子,年轻人。
⑨ 恫:痛。瘝:音关,病。孔安国传:"治民务除恶政,当如痛病在汝身,欲去之。"
⑩ 畏:通威。《广雅·释言》:"威,德也。"棐:音非,辅也。
⑪ 民情:人情,人欲。难保:难安、难治。
⑫ 豫:乐。乂:音易,治、养。
⑬ 二句意指无论民怨大小都要引起重视、警惕。
⑭ 惠:顺从。懋:音茂,勉力。二句意指使不顺者归顺,使不勉者勉力。
⑮ 已:叹词。
⑯ 乃:你。服,职责。弘王,孔传:"弘大王道。"亦可释为弘助成王。
⑰ 宅:居也,安顺。新民:使民新,即以新的教化改造殷民。
⑱ 周武王灭纣,带殷臣箕子归,向他讨教治国大法。箕子依据古代流传下来的《洛书》详细阐释了九种大法,这是第五。皇:大。极:中。
⑲ 据孔传、孔疏,此句意为大立中正无私公平之道。
⑳ 陂:音颇,不正。王:先王。义:正义。
㉑ 好:私好。
㉒ 荡荡:坦荡、公平。党:结党、结群、偏私。
㉓ 曰:更端之词。敷:铺也,陈也。
㉔ 彝:常。训:顺。于:语助词,无义。帝:上帝,天。孔安国传:"以大中之道布陈言教,不失其常,则人皆是顺矣。天且其顺,而况于人乎?"

言，是训是行①，以近天子之光②。曰天子作民父母，以为天下王③。

卷一——《洪范》④

点　评

构成《尚书》的主体，是上古圣王的文诰。这些文诰讨论的主题，是"敬德"、"保民"的"王道"。

统治者为什么要"保民"、"惠民"、"顺民"？因为"民为邦本"；"民心无常，唯惠是怀"。民不聊生，民怨沸腾，就会国无宁日。而且，人作为"万物之灵"，得到上帝、天神的庇佑；触犯人民，就会激怒天帝，上天就会代表人民主持公道，惩罚无道，使君权易位，朝代易主。

于是，"保民"就成了君王的最基本的道德要求。君王必须敬修己德，既不可轻慢大臣，亦不可亵虐子民。尊重大臣，大臣就会尽心；尊重子民，子民就会尽力。君王必须严以律己，宽以待人，"邦之臧（善），惟汝众；邦之不臧，惟予一人有佚（失）罚"（《尚书·盘庚上》），"百姓有过，在予一人"（《尚书·泰誓上》），将功绩归于人民，将过失归于自己。作为君王，决不可沉溺于玩好逸乐之中。"皇天无亲，唯德是辅。""上帝不常，作善降之百祥，作不善降之百殃。"这样，"敬天"、"慎德"、"惠民"就与"王道"统一在一起了。

这种天意、君德、民情三位一体的"王道"无偏无私，坦荡正直，是至高无上的中正公平之道，为治国治天下的根本大法。

三、汤武革命，殷鉴不远

古人有言曰："人无于水监，当于民监⑤。"今惟殷坠厥命，我其可不大监抚于时⑥！

---

① 极：中。训：顺。
② 指对于庶民百姓实行中正之道，就可接近天子之光明。
③ 天子作民父母，惠及子民，推行中正王道，就可为天下王。
④ 洪范：大法。
⑤ 监：察，视。按：这段话是周公以周成王的名义告诫康叔治理卫国、改变卫国酗酒恶习的诰词。
⑥ 殷坠厥命：孔安国传："殷纣无道，坠失天命。"监：察，借鉴，引为教训。抚：览。时：是，这。其：表反诘。

卷一四《酒诰》①

王敬作所,不可不敬德②。我不可不监于有夏,亦不可不监于有殷③。我不敢知曰有夏服天命惟有历年,我不敢知曰不其延④。惟不敬厥德,乃早坠厥命。我不敢知曰有殷受天命惟有历年,我不敢知曰不其延。惟不敬厥德,乃早坠厥命。今王嗣受厥命⑤,我亦惟兹二国命⑥,嗣若功⑦。

卷一五《召诰》

王若曰⑧:"诰告尔多方⑨:非天庸释有夏,非天庸释有殷⑩。乃惟尔辟以尔多方大淫⑪,图天之命,屑有辞⑫。乃惟有夏图厥政,不集于享,天降时丧,有邦间之⑬。乃惟尔商后王逸厥逸,图厥政,不蠲烝⑭,天惟降时丧。"

卷一七《多方》⑮

惟戊午⑯,王次于河朔⑰,群后以师毕会⑱,王乃徇师而誓曰⑲:"呜呼!西部有众,咸听朕言⑳。我闻吉人为善,惟日不足;凶人为不善,亦惟日不足㉑。今

---

① 《酒诰》:周公以年幼的成王名义命令康叔在卫国戒酒的诰词。
② 这是召公向周成王陈述的劝勉之词。周公执政第七年,成王长大,周公把朝政交给成王。成王决定重新建造洛邑,委派召公主持营建工程。其间,成王来到洛邑视察。召公率诸侯朝见成王,陈述了一段告诫之词,为《召诰》。作:为。所:代词,所为之事,所居之职。
③ 监:通鉴,鉴戒。
④ 服:行,事。历年:多年。延:长久。其:语助词,无义。二句意谓夏代事天敬德,享有多年天下,夏桀不事天敬德,不久坠命,这些我召公不敢说只有我知道,成王亦知道。
⑤ 王:成王。嗣:继承。命:王命、天命。
⑥ 指应以夏、殷二国的命运为鉴。周秉钧《尚书易解》认为此句为"惟兹二国命是鉴"之省。
⑦ 继承他们的功业。
⑧ 王:周成王。若:这样。周成王亲理朝政的第二年,淮夷和奄国发生叛乱。成王亲自征伐,灭奄。返回镐京后,各国诸侯都来朝会,周公代成王发布诰命,说明夏、商失德而亡,周朝敬德而立,均乃天命。
⑨ 诰:以言相告曰诰。多方:众国。
⑩ 庸:用,因,由。释:弃。指非由天抛弃夏、殷。
⑪ 辟:君。此当指纣王。淫:作恶。此句意谓乃是由于你们的君主纣王用你们众诸侯国大肆作恶。
⑫ 图:谋求。图天之命,指纣君与众国共谋受天命。屑:尽。屑有辞:孔传:"尽有辞说,布在天下。"
⑬ 集:成。享:享受,善、福。时:是。邦:指以汤为代表的商。间:代替。
⑭ 蠲:音绢,显示。烝:音蒸,美也。
⑮ 方:国。多方:众国。
⑯ 古代用天干、地支纪日,指戊午之日。
⑰ 王:周武王。次:止也。河朔:黄河北岸。
⑱ 后:诸侯国君。以师毕会:率军队都来会合。
⑲ 徇:巡也,巡视。
⑳ 西部有众:西部各位诸侯。有:无义,凑足双音节,助词。周国建都丰、镐,其地在西方,跟从武王渡河伐商者都是西方诸侯,故名"西部有众"。
㉑ 日:终日。

商王受力行无度①,播弃犂老②,昵比罪人③,淫酗肆虐。臣下化之④,朋家作仇⑤,胁权相灭⑥。无辜吁天,秽德彰闻。惟天惠民,惟辟奉天⑦。有夏桀弗克若天⑧,流毒下国。天乃佑命成汤⑨,降黜夏命。惟受罪浮于桀,剥丧元良,贼虐谏辅⑩。谓"己有天命",谓"敬不足行",谓"祭无益",谓"暴无伤"⑪。厥监惟不远,在彼夏王⑫。天其以予乂民,朕梦协朕卜,袭于休祥⑬,戎商必克⑭。受有亿兆夷人⑮,离心离德;予有乱臣十人⑯,同心同德。虽有周亲,不如仁人⑰。……我武惟扬,侵之于疆,取彼凶残⑱;我伐用张⑲,于汤有光⑳。

卷一一《泰誓中》

今商王受,弗敬上天,降灾下民,沉湎冒色㉑,敢行暴虐,罪人以族㉒,官人以世㉓,惟宫室、台榭、陂池、侈服以残害于尔万姓㉔。焚炙忠良,刳剔孕妇㉕。皇

---

① 受:纣王名。力行无度:大做不守法度之恶事。
② 犂:通黎,黑色,指老人面色。播:布,遍。
③ 昵比:亲近。
④ 化:变。指臣下随之而变坏。
⑤ 朋家:结党为群,共为一家。作仇:彼此为仇。
⑥ 胁:要挟。权:指天子之权命、权力。
⑦ 二句意谓上天惠爱人民,君主应当顺应天意。
⑧ 克:能。若:顺。
⑨ 成汤:殷汤王的另一种称谓。汤是名字,成是谥号,有讨夏成功之意。
⑩ 浮:胜过。元:大。谏:谏臣。辅:辅臣。
⑪ 这四句话都是纣王为开脱自己恶行所说的托词。
⑫ 指殷纣王的前车之鉴不远,就是夏桀。
⑬ 乂:治。协:符合。袭:重合。休:吉。
⑭ 戎:伐。克:胜。
⑮ 夷人:平人、凡人。
⑯ 乱:治也。乱臣:治臣也。十人是周公旦、召公奭、太公望、毕公、荣公、太颠、闳夭、散宜生、南宫适、邑姜。
⑰ 周:至。二句意指纣虽有至亲,不如我有仁人贤臣。
⑱ 我:周武王自称。武:武力、军事。扬:举也。疆:纣之疆域。凶残:凶残之人,纣也。
⑲ 张:举,设。
⑳ 因纣之恶超过桀:故我之伐纣,比汤之伐桀更有光明。
㉑ 沉湎:沉溺于酒。孔颖达疏:"人被酒困,若沉于水,酒变其色,湎然齐同。故沉湎为嗜酒之状。"冒:贪。色:女色。
㉒ 罪:罚,因罪而罚。族:族灭。
㉓ 官人:使人为官。世:父子相继为世,即世袭。
㉔ 陂:bēi,池塘。孔安国传:"泽障曰陂,停水曰池。"
㉕ 焚炙:即烧烤、炮格之刑。《史论·殷本纪》:"百姓怨望而诸侯有畔(叛)者,于是纣乃重刑辟(辟:法),有炮格之法。"《列女传》:"膏铜柱,下加之炭,令有罪者行焉,辄堕炭中,妲己笑,名曰炮格之法。"刳剔孕妇:传说纣王曾剖比干妻腹而视其胎。

天震怒,命我文考①,肃将天威,大勋未集②。……天佑下民,作之君,作之师③,惟其克相上帝,宠绥四方④。有罪无罪,予曷敢有越厥志⑤?同力度德,同德度义⑥。受有臣亿万,惟亿万心;予有臣三千,惟一心。商罪贯盈,天命诛之。予不顺天,厥罪惟钧⑦……

卷一一《泰誓上》

伊尹相汤伐桀⑧,升自陑,遂与桀战于鸣条之野⑨,作《汤誓》。

王曰⑩:"格尔庶众⑪,悉听朕言。非台小子,敢行称乱⑫;有夏多罪,天命殛之⑬。今尔有众,汝曰⑭:'我后不恤我众,舍我穑事,而割正夏。'⑮予惟闻汝众言。夏氏有罪,予畏上帝,不敢不正⑯。今汝其曰:'夏罪其如台⑰,夏王率遏众力,率割夏邑⑱。'有众率怠弗协⑲,曰:'时日曷丧?予及汝皆亡⑳。'夏德若兹,今朕必往。尔尚辅予一人,致天之罚㉑……"

卷八《汤誓》

---

① 考:父亲。文考:周文王。我:周武王。
② 肃:敬。将:行。按这段话是周武王出发讨伐纣王前对诸侯所说,故曰"大勋未集"。集:成。
③ 作:立。指上天为民立君立师治之化之。君师:周武王自称。
④ 相:助。宠:保护。绥:安定。
⑤ 据孔疏,指无论出师伐纣王有罪无罪,我都不敢违背讨伐无道的天意。
⑥ 度:量,比。指力同者比德,德同者比义,优者胜。
⑦ 指我若不顺天意诛纣王,就与他的罪差不多。
⑧ 相:音象,辅助。伊尹,原是汤妻的陪嫁奴隶。不久投奔桀。因厌恶桀的暴虐,又回亳地,辅助汤伐桀。
⑨ 升:升道。陑:音而,地名。升自陑,从陑出道。鸣条:地名,在桀都安邑之西,今属山西。
⑩ 王:汤王。
⑪ 格:来也。庶:众多。
⑫ 台:音移,我。称:举。
⑬ 殛:音急,杀戮。
⑭ 现在你们众人会问。汝:你们。
⑮ 后:君,此指夏桀。舍:夺。穑事:农事。割:割剥,剥削。正:通政。割正夏,指桀为剥削之政于夏。
⑯ 正:正桀之罪而诛之。
⑰ 如台:如我所言。
⑱ 率:相率。指夏王与臣下一起。遏:通竭。遏众力:竭众力为徭役也。割:剥削。割夏邑,割于夏邑。
⑲ 指人民都消极怠工,不与统治者协和。
⑳ 时:是,这。日:喻指桀。曷:何时。
㉑ 尚:庶几,表希望,副词。

帝曰①:"咨②,禹!惟时有苗不率③,汝徂征④。"禹乃会群后⑤,誓于师曰:"济济有众⑥,咸听朕命。蠢兹有苗,昏迷不恭,侮慢自贤,反道败德,君子在野,小人在位,民弃不保,天降之咎。肆予以尔众士奉辞伐罪⑦。尔尚一乃心力,其克有勋⑧。"

卷四《大禹谟》

点　评

"革命",曾经是一个极其时髦的字眼。20世纪的中国乃至世界大地上,曾涌现过无数的、各种各样的"革命"。不过在"革命"如火如荼的时候,真正知道"革命"这个词本义和来历的实则少之又少。

"革命"一词,源出《尚书》。《尚书》收录的《周书》中有一篇《多士》,当中提到"殷革夏命"。这是我们看到的"革命"一词的最早出处。《易经》"革"卦中的《象》传谓:"汤、武革命,顺乎天而应乎人。""革命"联言,自此始也。《尚书》、《易传》所说的"革命"之"命",均指国命,即天下、国家的生命、命运。而革除国命的合法理由,即以"有道"伐"无道",以"有德"伐"暴政",古人谓之"天命"。而"有道"与"无道"、"德政"与"暴政"区别的最终分野,是看其惠民还是虐民。这样,"革命"就有一种替天行道、为民除暴的含义。"革命"的法理在此,"革命"的号召力、吸引力、凝聚力亦在此。

历史上被人竞相传诵的"汤武革命"就是这样一种革命。殷汤原是夏桀之臣,周武王原是商纣王之臣。以臣伐君,在前朝统治者尚未垮台时,会被整个社会视为"大逆不道"。而且推翻专制暴君不得不借助武力,不得不诉诸杀戮。这些都给汤、武发动"革命"带来过巨大的心理压力。不过,由于桀、纣过于残暴无道,众叛亲离,民不聊生,"诛无道"成了比君威更高的"天命",并且拥有广

---

① 帝:舜。
② 咨:咨嗟之咨,叹词。
③ 惟:语助词,无义,用于凑足音节。按《尚书》中多作此用。有时可释作唯有之唯。时:这。有苗,即苗,又称三苗,古部族名。率:循也。不率:孔安国传:"不循帝道。"
④ 徂:cú,往。
⑤ 后:君。群后:诸侯。
⑥ 济济:美盛、众多之状。
⑦ 肆:故,所以。辞:即上文舜帝下达的讨伐之命。
⑧ 一:全,尽。克:可。

泛的民意基础,所以汤、武"顺乎天而应乎人",最终一举推翻了桀、纣所代表的夏、商暴政。《尚书》如实记载、屡屡控诉桀、纣惨无人道的暴虐罪状,为汤、武暴力革命的正义性、合法性张目。不仅如此,还通过舜帝命大禹诛伐"反道败德"、"民弃不保"的有苗国,进一步强调了采用一切手段为人民推翻暴政的天赋权利。

西方现代民主政治中,宪法赋予公民在生存权得不到保证的情况下拥有推翻专制政府的"革命权"。《尚书》中记载的臣民有权"诛无道"的思想,与此并无不可逾越的鸿沟。

人们常说"殷鉴不远"。"殷鉴"者,殷朝因施行专制暴政而灭亡之教训也。"殷鉴"去今三千年,然而历代"不鉴于有殷"而重蹈覆辙者多多,故曰"殷鉴不远"。

"革命"从它诞生的最初一刻起,曾经是很神圣的。后来历朝历代的某些"革命",徒有"诛无道"之名而无其实,"革命"成了少数野心家、个别独裁者清除异己的手段,不仅毫无人道地诛杀"敌人",而且草木皆兵地诛杀自己人,"革命"蜕变为仅由暴力和血腥堆积起的恐怖形式,成为新的"无道",从而玷污了"革命"的名声,以至于时至今日,人们不愿再谈"革命"。其实,"革命"是躲不了的。只要这个世界存在专制和暴政,就一定会产生"革命"。我们不承认"无道"的假"革命",但却无法回避正义的"革命"。"革命"的起因和归宿是"人道","革命"的手段和形式也应当尽可能地"人道",特别是在科学技术高度发达,热核武器足以毁灭人类和地球若干遍的新形势下,这一点显得尤其重要。

第十六章
周易

《周易》亦称《易》、《易经》，儒家五经之一。"易"有变易（究事物变化）、简易（执简驭繁）、不易（永恒不变）三义；"周"指周人所作，一说有周密、周遍、周流之义，故名"周易"。内容包括《经》和《传》两部分。《经》主要是64卦和384爻。卦、爻各有说明其义的卦辞、爻辞，作为占卦之用。旧传伏羲画卦，文王作辞，说法不一。其萌芽期可能早在殷周之际。《传》是对《经》的最早解说，包含解释卦辞、爻辞的七种文辞。其中，《彖》、《象》、《文言》附着、穿插在各卦的卦辞、爻辞之中，《系辞》、《说卦》、《序卦》、《杂卦》附于64卦的卦爻辞之后。由于《彖》、《象》、《系辞》均分上、下，故称《十翼》。旧说《传》为孔子所作，据近人研究，大抵系战国或秦汉之际的儒家作品，并非出自一时一人之手。

今天我们谈论得最多的"人文"、"人道"用语，最早见诸的典籍大概要推《周易》。《周易》所说的"人文"，是用文德来裁人治物的意思，亦即人类的道德文明，与我们今天所说的"人文精神"的"人文"相通。《周易》所提出的"人道"，即人所由之道。《周易》在论述"人文"、"人道"时，认为"人文"取法于"天文"、"地理"，"人道"取法于"天道"、"地道"，同时，"人文"又与"天文"、"地理"并列，"人道"与"天道"、"地道"并列，揭示了"人"在万物中的崇高、神圣地位。

变易之道是"天道"，也是"人道"。阴阳相推，一切在变。"人道"在实施变革时尤其要注意"趋时"、"与时偕行"，这也就是我们今天所说的"与时俱进"之由来。另外必须注意"顺天命"、"应人心"。

正是在这点上,《周易》赞颂"汤武革命""顺乎天而应乎人"。实际上,"人心"就是"天命"。合乎人心的革命就受到天命的保护,反之就受到天命的惩罚。

从"人道"出发,《周易》还讲了许多具体的"君子"之道,如自强、制怒、镇定、内省、谦下、善补过、保持尊严、心怀敬畏、功成不居,等等。这些仍然是今天为人仰慕的做人之道。

本书选文采用《周易正义》,魏王弼等注、唐孔颖达等正义,《十三经注疏》,上海古籍出版社1997年影印本。

一、"文明以止,人文也"

☲ 贲:亨,小利有攸往①。《彖》曰:"贲亨,柔来而文刚,故'亨';分刚上而文柔,故'小利有攸往'②。天文也③。文明以止,人文也④。观乎天文,以察时变。观乎人文,以化成天下⑤。"《象》:"山下有火,贲⑥。君子以明庶政,无敢折狱⑦。"

卷三《贲》

---

① ☲:卦象,又称卦画。贲:音必,卦名,义为文饰。"亨,小利有攸往":卦辞。此即《周易》的经文部分。王弼注该卦卦象的构成:"离下艮上。"按《周易》以阴、阳二爻的符号"—"、"--"为基本单位,以三爻的八种不同组合构成八卦,又称"经卦",分别是乾(☰)、坤(☷)、震(☳)、艮(☶)、坎(☵)、离(☲)、巽(☴)、兑(☱),象征天、地、雷、风、水、火、山、泽。再由这八卦两两重合组成六十四卦,称"别卦"。构成别卦下方的经卦称"内卦",上方的称"外卦"。贲卦由上方艮卦与下方离卦组成。亨:亨通。攸:所。往:归。

② 这是《彖》传对卦辞的解释。文:饰也。"柔来而文刚":指贲卦的内卦离卦上下为刚,中间为柔,质为刚而以柔饰之,故能致通。"分刚上而文柔":指贲卦的外卦分艮卦的刚爻列于上位来装饰二柔之质,外强中干,难以大有作为,故云只能得小利。

③ 据王弼注、孔颖达正义,此句前当加"刚柔交错"方可读通。"刚柔交错"为脱文,当补。王弼注:"刚柔交错而成文焉,天文也。"

④ 贲卦既象征着刚柔交错的"天文",也象征着"文明以止"的"人文"。"文明以止":可从两方面训释。"文明"指贲卦内卦离卦。离卦的本义是日或日月附丽于天,与"文"、"明"义通。"止":指贲卦外卦艮卦。艮卦的卦义为静止。"文明以止"指构成贲卦的内卦和外卦卦义而言。另一方面,"文明"指教化,"止"指裁止、治物,"文明以止"指用教化来裁人治物。王弼注:"止物不以威武,而以文明,人之文也。"孔颖达正义:"文明,离也;以止,艮也。用此文明之道裁止于人,是人之文、德之教。此贲卦之象,既有天文、人文,欲广美天文、人文之义,圣人之以治于物也。"

⑤ 时:四时。化:教化。

⑥ 艮象征山,离象征火;贲卦艮在上,离在下,故名"山下有火"。

⑦ 明:治理。庶政:各项政事。折狱:判断案件。二句指君子从"山下有火"的贲卦得到启发,治理政务,不敢轻易用刑罚。

圣人有以见天下之赜,而拟诸其形容,象其物宜,是故谓之"象"①。圣人有以见天下之动,而观其会通,以行其典礼,系辞焉,以断其吉凶,是故谓之"爻"②。言天下之至赜而不可恶也,言天下之至动而不可乱也③。拟之而后言,议之而后动,拟议以成其变化④。

卷七《系辞上》

古者包牺氏之王天下也⑤,仰则观象于天,俯则观法于地⑥,观鸟兽之文与地之宜⑦,近取诸身,远取诸物,于是始作八卦。以通神明之德,以类万物之情⑧。作结绳而为网罟,以佃以渔,盖取诸离⑨。包牺氏没,神农氏作,斫木为耜,揉木为耒⑩。耒耨之利,以教天下,盖取诸益⑪。日中为市,致天下之民,聚天下之货,交易而退,各得其所,盖取诸噬嗑⑫。神农氏没,黄帝、尧、舜氏作,通其变,使民不倦,神而化之,使民宜之⑬。《易》穷则变,变则通,通

---

① 赜:音责,幽深,指至理、本质。拟:摹拟。其形容:天下之物的形象。"象其物宜"之"象",取法。物宜,物之所宜,即物理也。"谓之象"之"象":卦象。此言卦象之产生及特质,乃由圣人观物之理,拟物之形、取物之宜而创造。

② 天下之动:天下之物的运动变化。会通:会合变通,指运动变化之理。典礼:典法礼仪。系:加、伴。断:判断。此言构成卦的基本单位爻的产生及特质。

③ 恶:轻慢。乱:错乱。二句谓对于象征天下"至赜"的卦象不可轻慢鄙恶,对于象征天下"至动"的卦爻不可错乱混淆。

④ 取法卦象之义而后言,据爻辞议论凶吉而后动,从而成就人事变化。按:《系辞上》又云:"是故夫象,圣人有以见天下之赜,而拟诸其形容,象其物宜,是谓之象。圣人有以见天下之动,而观其会通,以行其典礼,系辞焉以断其吉凶,是故谓之爻。极天下之赜者存乎卦,鼓天下之动者存乎辞。"卦主赜而爻主动,可参。

⑤ 包牺氏:一作伏羲氏,传说中国狩猎时代的创始人。据说他教民结网,从事渔猎畜牧,并创造八卦文字。

⑥ 《系辞上》:"《易》与天地准,故能弥纶天地之道,仰以观于天文,俯以察地之理,是故知幽明之故。"可参。

⑦ 文:文彩、纹理。宜:王注未解,孔疏释为适宜之宜,"地之宜"即地之理。志祥按:亦可释为通假字仪,以仪为确。

⑧ 德:道也。情:实也。

⑨ 离:离卦。佃:通畋。罟:音古,网。指人们结绳作网打猎捕鱼是从离卦得到启发所为。按《说卦》曰:"离为目。"目即孔。离卦卦象为☲,上下有二孔,类似网。

⑩ 神农氏:传说中中国古代农业社会的代表人物,农业的发明者。没:殁也。耜:木制犁头。耒:犁柄。揉:弯也。

⑪ 耒耨之利:农耕之利。益:益卦。此数句指神农氏从益卦得致启发,发明农具,以农耕之利教导天下之人。按益卦由下震上巽构成,《说卦》曰:"震,动也。""巽为木。"上木震动入下,有木犁耕地之象。

⑫ 市:集市。退:退去,离去。噬嗑:卦名,音试课。此言神农氏时出现的集市贸易乃从噬嗑卦得到启示。按噬嗑卦由下震上离构成,《说卦》曰:"离为日。""震,动也。"众人在日下活动,有日中为市之象。

⑬ 通:通晓。其:易卦也。变:变化之理、变化规律。神而化之:与之俱变而天人合一,不留痕迹。宜:适宜。

则久①。是以自天佑之②,吉无不利。黄帝、尧、舜垂衣裳而天下治,盖取诸乾坤③。刳木为舟,剡木为楫,舟楫之利以济不通,致远以利天下,盖取诸涣④。服牛乘马,引重致远,以利天下,盖取诸随⑤。重门击柝,以待暴客,盖取诸豫⑥。断木为杵,掘地为臼,杵臼之利,万民以济,盖取诸小过⑦。弦木为弧,剡木为矢,弧矢之利,以威天下,盖取诸睽⑧。上古穴居而野处,后世圣人易之以宫室,上栋下宇,以待风雨,盖取诸大壮⑨。古之葬者,厚衣之以薪,葬于中野,不封不树,丧期无数,后世圣人易之以棺椁,盖取诸大过⑩。上古结绳而治,后世圣人易之以书契,百官以治,万民以察,盖取诸夬⑪。

卷八《系辞下》

点　评

"人文"一词,最早见于《周易·贲》中的《彖》传,它是与"天文"、"地理"相对的概念。何谓"文"?《系辞下》说:"物相杂,故曰'文'。""文"即交错的纹理、图纹。所谓"天文"即天上的纹理,如"日月丽天"之象;所谓"地理"即地上

---

① 穷:尽、极。通:顺、畅、亨。
② 之:黄帝、尧、舜。
③ 王注、孔疏均将此句释为从乾、坤的尊卑等级得到启发而制衣裳以明贵贱,似不确。垂裳而天下治,一般指无为而天下太平,如李质《艮岳赋》:"融至道以垂裳。"史传黄帝、尧、舜无为而治。这同样可从乾卦、坤卦中得到启发。《彖》说乾:"云行雨施,品物流形。""首出庶物,万国咸宁。"说坤:"万物资始,乃顺承天。坤厚载物,德合无疆。"天、地生万物,无为而无不为。
④ 刳:音库,剖挖。剡:音眼,削。涣:涣卦。涣卦的结构是上巽下坎。《说卦》:"巽为木,坎为水。"木浮水上,有行舟之象。
⑤ 服:用。乘:驾。引:牵,拉。随:随卦,结构上兑下震。《说卦》:"兑,说也。""说"为"悦"之借。《国语·晋语》:"震,车也。"震又有动之义。车在下动,人居上而喜悦,有"服牛乘马"之象。
⑥ 重:读为崇。柝:音拓,打更之木梆。豫:豫卦,上震下坤。《说卦》:"震为雷","坤为地"。有击梆有声巡行于地之象。
⑦ 用木杵在地臼中舂米,是取法于小过卦。小过卦,上震下艮。《说卦》:"震,动也。艮,止也。"上震动有声,触下而止,有持杵捣米之象。
⑧ 睽卦的本义乖离。孔疏:"睽为乖离,弧矢所以服此乖离之人,故'取诸睽'也。"睽:音葵。
⑨ 大壮:卦名,上下乾下震。《说卦》:"震为雷,乾为圆。"是上有雷雨、下有圆屋之象。
⑩ 封:积土为坟。树:植树为记。椁:音果,棺材外的套棺。大过:卦名,下巽上兑。《说卦》:"兑为泽,巽为木。"泽引申为坑穴,木引申为棺椁。指坑穴中埋棺椁这种丧葬方法取法于大过卦。
⑪ 夬,guài,卦名。王注:"夬,决也,书契所以决断万事也。"孔疏:"夬者,决也。造立书契,所以决断万事,故'取诸夬'也。"又夬卦结构为下乾上兑。高亨《周易大传今注》:"古代当有'兑为小木,为竹'之说。"《说卦》:"乾为金。"引申为刀,有刀刻木之象。书契:即文字。契:锲也,刻。古代文字多用刀刻于木竹之上,故名"书契"。

的纹理,如山川动植之象;所谓"人文"即人间的纹理和人类的纹饰,如六十四卦象以及取法卦象产生的种种人类文明,尤其是道德教化。《易传》说:"文明以止,人文也。"王弼注:"止物不以威武,而以文明,人之文也。"孔颖达疏:"用此文明之道裁止于人,是人之文、德之教。"

《周易·系辞》反复论述了卦象是由圣人"仰以观于天之文、俯以观于地之理","远取诸物"、"近取诸身",拟物形容、象物所宜创造产生的。它"言天下之至赜","通神明之德","类万物之情"。其爻"言天下之至动",并系之以爻辞以明其"吉凶",是至为重要的人文财富和人类行为准则。人们必须"拟议"卦象、爻辞而后"言行"。《系辞》的作者甚至以自己的想象推断说,伏羲氏发明网罟开创渔猎时代,神农氏发明耒耜开创农业时代以至于开辟集市贸易,黄帝、尧、舜垂衣裳而天下治,无为而无不为,以及这一时期船、车、杵臼、弓箭、宫室、棺椁等等的发明,无一不是受到卦象的启示取得的。

于是《易传》提及"人道"。《系辞》说:"《易》之为书也,广大悉备。有天道焉,有人道焉,有地道焉,兼三才而两之,故六(指卦由六爻构成)。'六'者非它也,三才之道也。"《周易·谦》之《彖》传:"天道下济而光明,地道卑而上行。天道亏盈而益谦,地道变盈而流谦,鬼神害盈而福谦,人道恶盈而好谦。""人道"者,人之道也。人与天、地鼎足而三,称为"三才"。"人"有着与神圣的"天"、"地"并列的崇高地位。以"三才之道"作为易卦的构成,便"广大悉备",可将万物万事包括其中。天之道,以盈为亏以谦为益;地之道,改变盈满者而流布谦下者;人之道,厌恶盈者喜好谦者。正如"人文"是"圣人"取法"天文"、"地文"创造的人类文明一样,"人道"亦为"君子"取法"天道"、"地道"创造的人类法则。《家人》卦《彖》传谓:"父父子子、兄兄弟弟、夫夫妇妇而家道正,正家而天下定矣。"这"家道"即人类取法乾坤尊卑制定的"人道"。

《易传》所说的"人文"、"人道"虽然与今天的涵义有别,但毕竟为今天的"人文"、"人道"内涵提供了思想基础。这就是:无论"人文"还是"人道"都属于高贵、神圣的"人"所有。它出于圣人、君子的伟大创造,反映、契合着天地之文之道,规范着人们的言行,指导人类创造出不同于其他动物的灿烂文明。

二、"变动不居",与时偕行

《易》之为书也不可远①,为道也屡迁②。变动不居,周流六虚,上下无常,刚柔相易③。不可为典要,唯变所适④。

卷八《系辞下》

☷☴ 益:利有攸往,利涉大川⑤。《彖》曰:"益,损上益下,民说无疆⑥。自上下下,其道大光⑦。'利有攸往',中正有庆⑧;'利涉大川',木道乃行⑨。益动而巽,日进无疆⑩。天施地生,其益无方⑪。凡益之道,与时偕行⑫。"《象》曰:"风雷,益⑬。君子以见善则迁,有过则改⑭。"

卷四《益》

☱☲ 革:巳日乃孚,元亨利贞,悔亡⑮。《彖》曰:"革,水火相息,二女同居,其

---

① 书:卦象。远:远离,指远离天地物象。
② 迁:变化。屡迁:永恒变化。
③ 居:固定,停留。六虚,指卦体的六爻之位,从下往上数,依次叫初、二、三、四、五、上。周流六虚:孔疏:"言阴阳周遍流动,在六位之虚。"上下无常:指阴爻、阳爻在卦象六位中上下变化无常。刚柔:阳爻、阴爻。易:变易。
④ 典要:王注:"定准也。"适:往也,趋也。
⑤ 益:卦名,义为增益。攸:所。向秀注:"取下谓之'损',与下谓之'益'。既上行惠下之道,利益万物,动而无违,何往不利?"
⑥ 损:减。说:悦。疆:限。孔疏:"居上者能自损以益下,则下民欢悦,无复疆限。"
⑦ 前"下"字:来也,往也。光:广也。
⑧ 这是《彖》传对卦辞"利有攸往"的解释。庆:福也。
⑨ 这是《彖》传对卦辞"利涉大川"的解释。王注:"木者,以涉大川,为常而不溺者也。以益涉难,同乎木也。"孔疏:"此取譬以释'利涉大川'也。木体轻浮,以涉大川为常而不溺也。以益涉难,如木道之涉川。"
⑩ 益卦结构为下震上巽。震为动,巽为顺,动而顺理,便能日进而无限。
⑪ 方:方所,域限。孔疏:"此就天地广明'益'之大义也。天施气于地,地受气而化生,亦是'损上益下'义也。其施化之益无有方所。"
⑫ 大凡增益之道,须与时并进,不可一概而论。王注:"益之为用,施未足也;满而益之,害之道也。故凡益之道,与时偕行也。"按《损》卦《彖》传:"损益盈虚,与时偕行。"可互参。
⑬ 益:指益卦。风雷:指益卦由风、雷二经卦构成。益卦下震上巽,震为雷,巽为风。
⑭ 《说卦》:"雷风相薄","雷风不相悖"。雷与风相搏击不相悖逆,可相互增益其势。君子观此象亦当改过迁善,不断进取。
⑮ 此段为革卦之卦辞。革:卦名。巳:已也。巳日:指已革之日。孚:音府,信也。亡:通无。变革之举,须到完成之日民众乃信,才会显出元亨利贞的好处,才会消除悔吝之心。

志不相得,曰'革'①。'已日乃孚',革而信之②。文明以说,大亨以正③。革而当,其悔乃亡④。天地革而四时成,汤武革命,顺乎天而应乎人。革之时大矣哉⑤!"《象》曰:"泽中有火,革,君子以治历明时⑥。"

卷五《革》

点　评

"易"的重要涵义之一是变易、变动、变化、变革。《易》之卦象的构成法则是阴阳六爻的不断变动。所以,《系辞》说:"刚柔相推,变在其中矣。""爻者,言乎变者也。""《易》之为道也屡迁。"自然、社会中的损上益下、损盈益亏、损有余补不足,改朝换代中的革故鼎新,人格修养中的迁善改过,都是变。《周易》指出,变革是矛盾的产物,在实施变革时尤其要注意"革而当",只有当乎理,才能"元亨利贞",才能"其悔乃亡"。关于当理,《周易》尤其论述到两点。一是"与时偕行",一切变革均应以当时的具体形势、环境、条件为转移。"变通者,趣(趋也)时者也。"(《系辞下》)另一点是"顺乎天而应乎人"。《易传》特别举出"汤武革命"来说明这一点。孔颖达正义云:"殷汤周武聪明睿智,上顺天命,下应人心,放桀鸣条,诛纣牧野,革其王命,改其恶俗,故曰'汤武革命,顺乎天而应乎人'。计王者相承,改正易服,皆有变革,而独举汤武者,盖舜禹禅让,犹或因循;汤武干戈,极其损益,故取相变甚者,以明人革也。"于是,顺天命,应人心(二者在古代常常合二为一),成为人间革命至高无上的法理。尽管这种"当乎理"的革命具有"元亨利贞"四种功德,然而在变革发生之初,人们尚不免狐疑,只有在大功告成之后,人们才能心悦诚服。正如孔颖达在给"革"卦正义时指出的那样:"夫民情可与习常,难与适变;可与乐成,难与虑始。故革命之初,人未信服,所以即日不孚,'已日乃孚'也。"这就是变革的艰难性。然而,当变不

---

①　息:通熄,灭也。革卦卦象由下离上兑构成。离为火,兑为泽。水火处在一起,正如"二女同居"一样"志不相得",必须产生变革。
②　"已日乃孚"指变革了才能取信于人。这是用"革而信之"解释"已日乃孚"。
③　文明:指道德。说:悦也。大:元。正:即上文"贞"。孔疏:"能思文明之德以说(悦)于人,所以革命而为民所信也。""民既说文明之德而从之,所以大通而利正也。"
④　当:正当。孔疏:"为革若合于大通利正,可谓'当'矣。革而当理,其悔乃亡消也。"
⑤　汤武革命:指殷汤王伐夏桀、革夏命,周武王伐商纣王、革殷命。时:通"是"。大:伟大。
⑥　历:历数,历法。治:修。明:表明。时:天时,时代。孔疏:"火在泽中,二性相违,必相改变,故为革象。""天时变改,故须历数。所以君子观兹革象,修治历数,以明天时也。"

变,反遭其殃;当变而变,"变则通,通则久"。因而,人们总是礼赞那些在正义的革命之初高瞻远瞩,顶住众人怀疑、犹豫的压力,勇敢地领导起革命大业并取得成功的革命领袖。中国古代领导反抗夏、商暴政的殷汤王周武王,美国历史上领导独立战争的华盛顿,印度近代倡导非暴力斗争的甘地等,就是这样的备受人们尊敬、赞美的领袖和伟人。

三、"君子美在其中,美之至也"

《文言》曰:"'元'者,善之长也。'亨'者,嘉之会也。'利'者,义之和也。'贞'者,事之干也①。君子体仁足以长人,嘉会足以合礼,利物足以合义,贞固足以干事②。君子行此四德者,故曰:乾,元、亨、利、贞。"

卷一《乾》

善不积,不足以成名。恶不积,不足以灭身。小人以小善为无益而弗为也,以小恶为无伤而弗去也,故恶积而不可掩,罪大而不可解。

子曰③:"危者,安其位也;亡者,保其存者也;乱者,有其治者也。是故君子安而不忘危,存而不忘亡,治而不忘乱,是以身安而国家可保也。"

卷七《系辞下》

子曰:"劳而不伐,有功而不德④,厚之至也。语以其功下人者也。德言盛,礼言恭,谦也者,致恭以存其位者也。"

卷七《系辞上》

点　评

《周易》是一部探究"天道"的著作。不过《周易》探讨的"天道"往往体现

---

① 乾(天)具有元、亨、利、贞四德。元者,原也,大也。亨者,通也,畅也。利者,益也。贞者,正也,中也。长,大。嘉,美。会,聚。干,干济、做成。孔疏:"天之体性,生养万物。善之大者,莫善施生。'元'为施生之宗,故言'元者,善之长也'。""嘉,美也。言天能通畅万物,使物嘉美之会聚。""'利者义之和'者,言天能利益庶物,使物各得其宜而和同也。'贞者事之干'者,言天能以中正之气成就万物,使物皆得干济。"
② 长:尊,养。贞:正。固:坚。干事:成事。
③ 子:孔子。
④ 伐:夸耀。德:以为德。

为"人道"的先天依据,并常常转化为"人道"。对君子道德之美的要求,就是"天道"转化为"人道"的集中体现。

《坤》卦中的《文言》指出:"君子……美在其中,而畅于四支(肢),发于事业,美之至也。"前一"美"字通"善",指美德。"中"字指内中、内心。心中充满美德,并将其体现在形体(举手投足)和事业中,这是最美的人格。《周易》从多方面提出对"君子"的道德修养要求。"天行健,君子以自强不息"(《乾·象》),"刚健笃实,辉光日新其德"(《大畜·象》),这是要求君子有一种积极进取、刚强不拔的精神。"君子以遏恶扬善,顺天休(美)命"(《大有·象》),"无咎者,善补过也"(《系辞上》),这是要求君子有一种扬善去恶的道德自觉。"君子以惩忿(止怒)窒欲"(《损·象》),这是要求君子克己制怒,不要随意发火。"险以说(悦),困而不失其所"(《困·象》),这是要求君子处险不惊,镇定自持。"君子终日乾乾(行事不息),夕惕若厉(至于夕而忧惧若危)"(《乾》),"君子以恐惧修省"(《震·象》),"君子以思患而豫(通预)防之",这是要求君子在充满信心、积极进取的同时,充分考虑各种困难和不可预测的意外,居安思危,永怀敬畏之心。"君子上交不谄,下交不渎"(《系辞下》),这是要求君子以一颗诚心平等待人。"君子居上位不骄,在下位不忧"(《乾·文言》),这是要求君子不亢不卑,位尊而不骄纵,位卑而不忧怨。"君子劳而不伐,有功而不德",这是要求君子像天地那样厚载万物,功成弗居,切莫居功自傲。作为儒家经典,《周易》对"君子"提出的道德要求,完整体现了儒家的人格理想,成为历代道德君子孜孜以求的目标。

第十七章
礼记

《礼记》,秦汉以前各种礼仪论著的选集。有《曲礼》、《礼运》、《学记》、《乐记》、《大学》、《中庸》等49篇,大都为孔子弟子及其再传、三传弟子所记。相传西汉戴圣编纂成书,与《周礼》、《仪礼》并称"三礼",是儒家的重要经典之一。

《礼记》不仅记录了先秦时期以周王朝为主的各种礼仪典章制度,而且集中反映了儒家的礼教思想。

人作为"天地之心"、"五行之秀气",其区别于动物的高贵之处在于"知礼"。"礼"是划分社会等级、厘定不同社会阶层成员行为规范的道德法则的总和,是平息社会纷争、实现社会安定的大政方针,也是控制人情、疏导人欲的理性栅栏。为了有助于礼教的推行,还必须辅之以感人、怡人的乐教,从而实现道德规范向审美自觉的转化和飞跃。以礼乐治人心的自然结果,是忠厚内慧、庄敬自律的道德君子形象。尽管《礼记》强调以礼教治理社会,但它又指出由此产生的社会形态不过是"小康"社会。它虽然比乱世好,但与理想社会"大同"之世相比还低一个等级,而最高级别的大同社会只存在于可望而不可即的远古时代。

本书选文采用清孙希旦《礼记集解》,中华书局1989年版。

一、"人以有礼,别于禽兽"

鹦鹉能言,不离飞鸟;猩猩能言,不离禽兽。今人而无礼,虽能言,不亦禽兽之心乎！夫唯禽兽无礼,故父子聚麀①。是故圣人作为礼以教人,使人以有礼,知自别于禽兽。

卷一《曲礼上》

故人者,其天地之德、阴阳之交、鬼神之会、五行之秀气也……故人者,天地之心也,五行之端也。

卷二十二《礼运》

点　评

人与动物的区别,不是语言,而是礼。正是礼,使人可以参天配地,与阴阳交接,与鬼神沟通,成为五行的精华,万物的主宰,宇宙的中心。从人的道德理性角度高扬人在宇宙万物中的地位,是先秦儒家人文思想的一个重要的特征。这比莎士比亚通过哈姆莱特之口对人的"宇宙的精华、万物的灵长"的礼赞早了约一千年。

二、礼乐相辅

凡音者,生于人心者也。乐者,通伦理者也。是故知声而不知音者,禽兽是也。知音而不知乐者,众庶是也。唯君子为能知乐。是故审声以知音,审音以知乐,审乐以知政,而治道备矣。是故不知声者,不可与言音;不知音者,不可与言乐;知乐则几于礼矣。礼乐皆得,谓之有德。德者,得也②。是故礼乐之隆,非极音也;食飨之礼,非致味也③。《清庙》之瑟,朱弦而疏越,一倡而三叹,有遗音者矣。大飨之礼,尚玄酒而俎腥鱼④,大羹不和⑤,有遗味者矣。是故先王之制礼乐也,非以极口腹耳目之欲也,将以教民平好恶而反人道之正也。

卷三十七《乐记》

---

① 聚:共。麀:yōu,母鹿。
② 得:指得礼乐。
③ 极音:穷尽声音之能事。致味:获得美味。隆:盛。极:穷。飨:音响,祭献。
④ 清庙:歌名。清庙之瑟:演奏《清庙》乐歌之瑟。朱弦:煮沤朱丝以为弦,使声浊。疏:疏通。越:瑟底之孔,底孔。疏越:疏通底孔,以使声迟。一倡而三叹:一人发歌而三人应和。
⑤ 大飨:祭祀先王之礼。尚:上也。玄酒:水也。俎:音祖,祭祀时用以载祭品之礼器。腥:生也。腥鱼:生鱼。大羹:不和五味的肉汁。

"乐"者为同,"礼"者为异。同则相亲,异则相敬。乐胜则流,礼胜则离①。合情饰貌者,礼乐之事也②。礼义立,则贵贱等矣;乐文同,则上下和矣③。……乐由中出,礼自外作。乐由中出,故静,礼自外作,故文。大乐必易,大礼必简。乐至则无怨,礼至则不争。揖让而治天下者,礼乐之谓也。暴民不作,诸侯宾服,兵革不试,五刑不用,百姓无患,天子不怒,如此则乐达矣。合父子之亲,明长幼之序,以敬四海之内,天子如此,则礼行矣。

卷三十七《乐记》

礼、乐不可斯须去身。致乐以治心……致礼以治躬……心中斯须不和不乐,而鄙诈之心入之矣;外貌斯须不庄不敬,而慢易之心入之矣。故乐也者,动于内者也;礼也者,动于外者也。乐极和,礼极顺④。内和而外顺,则民瞻其颜色而不与争也,望其容貌而众不生慢易焉。故德辉动乎内,而民莫不承德;理发乎外,而众莫不承顺。

卷四十六《祭义》

点　评

　　儒家的政治是与法家刚性的法治相对的柔性德政。在儒家总体说来是柔性的德政中,又有相对说来是刚性的礼教和柔性的乐教之别。礼教是严格的等级制,规范着君臣、父子、夫妇、兄弟等一系列的外在行为准则,其功能和产生的结果是庄重、严肃。乐教是亲和剂,用来调和人的内在心灵,培养人亲爱而平和的情感。这就叫"礼别异"、"乐统同","礼自外作、乐由中出","以礼治躬"、"以乐治心","礼主敬"、"乐主和"。用今天的话来说,礼教相当于严肃的道德教育、政治教育,乐教相当于感人的审美教育、艺术教育。二者相辅相成,互为补充,所以《礼记》始终"礼"、"乐"并举、两两联言。

三、"礼乐之说,管乎人情"

"乐"也者,情之不可免者也。"礼"也者,理之不可易者也。乐统同,礼辨

---

① 胜:过分。流:散漫无约束。离:离散而失亲和。
② 以乐治心而合情,以礼治身而饰貌。
③ 乐文:音乐旋律。文:交错之旋律。
④ 乐极生和,礼极生顺。

异。礼乐之说,管乎人情也。

卷三十八《乐记》

　　故圣王修义之柄,礼之序,以治人情。故人情者,圣王之田也。修礼以耕之,陈义以种之,讲学以耨之,本仁以聚之,播乐以安之。……故治国不以礼,犹无耜而耕也①;为礼不本于义,犹耕而弗种也;为义而不讲之以学,犹种而弗耨也;讲之以学而不合之以仁,犹耨而弗获也;合之以仁而不安之以乐,犹获而弗食也;安之以乐而不达于顺,犹食而弗肥也②。

卷二十二《礼运》

　　人生而静,天之性也。感于物而动,性之欲也。物至知知③,然后好恶形焉。好恶无节于内,知诱于外④,不能反躬⑤,天理灭矣。夫物之感人无穷,而人之好恶无节,则是物至而人化物也⑥。人化物也者,灭天理而穷人欲者也。于是有悖逆诈伪之心,有淫泆作乱之事⑦。是故强者胁弱,众者暴寡,知者诈愚,勇者苦怯⑧,疾病不养,老幼孤独不得其所。此大乱之道也。

卷三十七《乐记》

　　何谓"人情"?喜、怒、哀、惧、爱、恶、欲,七者弗学而能。何谓"人义"?父慈、子孝、兄良、弟弟、夫义、妇听、长惠、幼顺、君仁、臣忠,十者谓之"人义"。讲信修睦⑨,谓之"人利"。争夺相杀,谓之"人患"。故圣人之所以治人七情,修十义,讲信修睦,尚辞让,去争夺,舍礼何以治之?饮食男女,人之大欲存焉⑩。死亡贫苦,人之大恶存焉⑪。故欲、恶者,心之大端也。人藏其心,不可测度也。美恶皆在其心,不见其色⑫。欲一以穷之⑬,舍礼何以哉!

卷二十二《礼运》

---

① 耜:音四,农具。
② 肥:丰盈。
③ 朱熹释"物至知知":"'物至'而'知知'者,心之感。"可见,前"知"为知觉,后"知"为感知。
④ 知:知觉。
⑤ 反躬:反身自审,反省。
⑥ 人化物:人化于物,主体为外物所诱,完全受制于对外物的感知好恶。
⑦ 泆:音益,通溢,放荡。苦怯:使怯者痛苦。
⑧ 胁:迫。知:通智。
⑨ 睦:和。
⑩ 欲:欲求。句意指人心中存在着对饮食、男女之事的最大欲求。
⑪ 恶:音务,厌恶。句意指人心中存在着对死亡贫苦的最大憎恶。
⑫ 美:好也,欲也。色:形貌。《说文》曰:"颜气也。"
⑬ 欲:希图。一:全部。

夫乐①者,乐也②,人情之所不能免也。乐必发于声音③,形于动静,人之道也。声音动静,性术之变尽于此矣。故人不耐无乐,乐不耐无形④。形而不为道⑤,不耐无乱。先王耻其乱,故制《雅》、《颂》之声以道之,使其声足乐而不流,使其文足论而不息⑥。使其曲直、繁瘠、廉肉、节奏足以感动人之善心而已矣⑦,不使放心邪气得接焉⑧。是先王立乐之方也⑨。

卷三十八《乐记》

点　评

儒家制礼作乐,为的是"管乎人情"。"管"有两层意思。一是控制,控制人的情感好恶,不要做出"强者胁弱,众者暴寡,智者诈愚"等坏事。这主要由"礼"来承担。二是泄导,泄导人的情感好恶,使它有所宣泄、释放而又往理性规范内引导、转化,升华为一种"善心"。这项任务主要由"乐"来承担。

值得注意的是《礼记》对"人情"的开明态度。《礼记》所说的"人情"是人与生俱来、"弗学而能"的自然情欲。唯其与生俱来、"弗学而能",所以"人情"具有两大特点:一是会犯礼作乱,二是不可去除。唯一的方法就是引导控制。《礼记》作了个绝妙的比喻:人情好比是执政者耕种的田地,执政者以礼乐治理人情,就好比在土地上辛勤耕种,播洒雨露。尤其可贵的是《礼记》指出求乐之类的情感是人"所不能免"的,不让它发泄出来,就"不能无乱",所以只可引导、不可扼杀。这使得古代礼教并未走向极端的唯理主义道路。

---

① 乐:音乐。
② 乐:快乐。
③ 乐:愉乐。
④ 乐:快乐。耐:通能。
⑤ 道:导,疏导,宣泄。流:郑玄曰:"淫放也。"
⑥ 文:篇辞也。论而不息:孔颖达疏:"谓乐之篇章足可谈论义理而不息止也。"
⑦ 曲直、繁瘠、廉肉、节奏:孔颖达疏:"'曲'谓声音回曲,'直'谓声音放直;'繁'谓繁多,'瘠'谓省约;'廉'谓廉棱,'肉'谓肥满;'节奏'谓或作或止,作则奏之,止则节之。"
⑧ 放心:放恣之心,无约束之心。
⑨ 方:道,规律。

四、君子之道与君人之道

子曰①："……君子不以其所能者病人②，不以人所不能者愧人③。……是故君子服其服，则文以君子之容；有其容，则文以君子之辞④；遂其辞，则实以君子之德。是故君子耻服其服而无其容，耻有其容而无其辞，耻有其辞而无其德，耻有其德而无其行。"

子曰："……是故君子不自大其事，不自尚其功，以求处情⑤；过行弗率⑥，以求处厚⑦；彰人之善，而美人之功，以求下贤。是故君子虽自卑而民敬尊之。"

子曰："君子不以口誉人，则民作忠⑧。故君子问人之寒则衣之，问人之饥则食之，称人之美则爵之。"

子曰："口惠而实不至，怨菑及其身⑨。"

卷五十一《表记》

君子尊让则不争，洁敬则不慢⑩。不慢不争，则远于斗辨矣⑪。不斗、辨，则无暴乱之祸矣。斯君子所以免于人祸也。

卷五十九《乡饮酒义》

为人君者，谨其所好恶而已矣。君好之，则臣为之；上行之，则民从之。

卷三十八《乐记》

子曰："下之事上也，不从其所令，从其所行。上好是物，下必有甚焉者。故上之所好恶，不可不慎也，是民之表也⑫。"

子曰："民以君为心，君以民为体。心庄则体舒，心肃则容敬。心好之，身

---

① 子：孔子。
② 病：责。
③ 愧：使人愧。
④ 文：饰。
⑤ 处：居。情：实。
⑥ 过行：过高之行，欺世盗名之行。率：循。
⑦ 厚：敦厚。
⑧ 则：那么。君子不以口誉人，其言必本于心，则民化之而作忠。
⑨ 菑：通灾。
⑩ 慢：怠慢、无礼。
⑪ 辨：竞于言，夸夸其谈。
⑫ 表：表率，标准。

必安之;君好之,民必欲之。心以体全,亦以体伤;君以民存,亦以民亡。"

卷五十二《缁衣》

点　评

　　君子之道即做人之道。君人之道即君主的做人之道,是君子之道的一部分。道德君子平时做人,不仅应从内在道德修养入手,同时还必须在外表的庄重与言辞的文饰方面多加要求,从而达到文质彬彬的境界。他虽然很成功,但从不自大其事、咄咄逼人,使人难堪,相反待人谦卑,好彰人之善,美人之功;他虽然善于言辞,但从不自尚其功,自炫其能,夸夸其谈,更不作口惠而实不至之事。这样他就能敦厚而取信于人,不争而免于人祸,自卑而受人尊敬,获得做人上的最大成功。君人之道则必须在此基础上更加谨慎,因为君主为人表率,上有所好,下必甚焉,一言一行都会在全体国民中产生巨大影响。《礼记》塑造的忠厚内慧的道德君子形象,包含了人生修养的大智慧。《礼记》描述的君主理想,是谨慎自律的仁君形象,凝聚着君民的相辅相成之道。

第十八章
左传

《左传》,又称《左氏春秋》、《春秋左传》、《春秋左氏传》。"左"指春秋时鲁国史官左丘明。"春秋"指我国古代第一部编年体史书,相传为鲁国史官所编,孔子整理修订而成,体现了儒家思想,是先秦历史散文的代表作。

相传为孔子整理修订的《春秋》是儒家五经之一。《春秋》在史实的记叙中寓意褒贬,体现出儒家的思想倾向。由于《春秋》文字太简略,先秦时人们读起来便感到困难,所以春秋时鲁人左丘明为之作《春秋左氏传》,战国时齐人公羊高为之作《春秋公羊传》,鲁人穀梁赤作《春秋穀梁传》。《左传》以大量具体的事实解释《春秋》。在"春秋三传"中,《左传》的史学价值、文学成就最高,思想价值也不同凡响。它继承、发展了《尚书》的民本理念,主张实施惠民、利民的德政,辅之以威刑惩治犯罪,强调当政者的威仪来自率先垂范的自律,并肯定政治的清明与和谐在于广开言路,允许不同意见的存在。按现代眼光看,这些都是弥足珍贵的人文资源。

本书采用晋杜预注,唐孔颖达等正义《春秋左传正义》,《十三经注疏》,上海古籍出版社1997年影印本。

一、为 政 重 德

夏,公会郑伯于郲郲①,谋伐许也②。……君子谓③:"郑庄公于是乎有礼④。礼,经国家⑤、定社稷、序民人⑥、利后嗣者也。许无刑而伐之⑦,服而舍之⑧,度德而处之,量力而行之,相时而动⑨,无累后人,可谓知礼矣。"

卷四《隐公十一年》

公曰⑩:"吾享祀丰洁,神必据我⑪。"对曰⑫:"臣闻之:鬼神非人实亲,唯德是依⑬。故《周书》⑭曰:'皇天无亲,唯德是辅⑮。'又曰:'黍稷非馨,明德惟馨⑯。'又曰:'民不易物,惟德繄物⑰。'如是,则非德,民不和,神不享矣。神所冯依⑱,将在德矣。"

卷一二《僖公五年》

范宣子为政,诸侯之币重⑲,郑人病之。二月,郑伯如晋⑳,子产寓书于子西以告宣子㉑,曰:"子为晋国,四邻诸侯不闻令德而闻重币㉒,侨也惑之㉓。侨闻

---

① 公:鲁隐公。郑伯:即郑庄公,名寤生,排行老大,故称郑伯。郲:音来,今河南荥阳厘城即其故址,春秋时属郑地。
② 许:国名,在今河南许昌。
③ 君子:《左传》作者自称。
④ 指郑庄公攻打许国之举有礼。
⑤ 经:治理。
⑥ 序:使有等级、秩序。
⑦ 刑:杜预注:"法也。"伐之:指郑庄公伐许。
⑧ 服:服罪。舍:不追究,宽恕。
⑨ 相:观察。
⑩ 公:虞公,虞国国君。虞国在今山西平陆县东北。
⑪ 享:祭献。据:安。
⑫ 对曰:指虞大夫宫之奇回答说。
⑬ 惟:通唯。下同。
⑭ 《周书》即《尚书·周书》。
⑮ 二句见《周书·蔡仲之命》。
⑯ 二句见《周书·君陈》。馨,香。
⑰ 二句见《周书·旅獒》。原文为:"人不易物,惟得其物。"繄:音医,是。
⑱ 冯:音义通"凭"。
⑲ 范宣子:晋大夫。为政:执掌晋国政事。币:财物。指诸侯向晋国进献之礼物。
⑳ 郑伯:郑简公。如:往。
㉑ 子产:姓公孙,名侨,字子产,郑大夫。子西:郑简公的随行者。寓书:捎信。
㉒ 令:美善。
㉓ 侨:子产自称。

君子长国家者,非无贿之患,而无令名之难①。夫诸侯之贿聚于公室,则诸侯贰②。若吾子赖之则晋国贰③。诸侯贰,则晋国坏;晋国贰,则子之家坏。何没没也④!将焉用贿?夫令名,德之舆也。德,国家之基也。有基无坏,无亦是务乎⑤?有德则乐,乐则能久。《诗》云:'乐只君子,邦家之基⑥。'有令德也夫!'上帝临女,无贰尔心⑦。'有令名也夫!恕思以明德,则令名载而行之,是以远至迩安⑧。毋宁使人谓子'子实生我',而谓'子浚我以生'乎⑨?象有齿以焚其身,贿也。"宣子说⑩,乃轻币。

卷三五《襄公二十四年》

点　评

以德治天下就可以得到上天、神灵的保佑,这是《尚书·周书》反复阐明的思想。治天下如此,治国亦如此。《左传》在给《春秋》记载的各国政事作补叙时忠实继承、发挥了这一思想。虞大夫宫之奇指出:对"神"的最好祭祀不是黍稷牛羊,而是美德,因为神"惟德是依",只有靠德行才能"神享民和"。郑大夫子产指出,只有执政者的"令名"、"令德"才可使人民康乐,国祚长久。于是,"天命"就与"德政"巧妙地联系在一起了。这正是先秦儒家政治最智慧的地方。"德,国家之基也","礼,经国家、定社稷、序民人、利后嗣者也",因而成为儒家的大政方针。而道德文明的建设,始终是后世乃至现代政治文明的一个不可或缺的重要组成部分。尤值一提的是子产提出的"长国家者"不必有"无贿之患",而应操心"无令名之难"的忠告,在物欲横流的今天,对各级领导干部亦无疑是凿凿诤言。

---

① 长:管理。贿:财物。令名:美好的声名。
② 公室:此指晋国国库。贰:生二心,离异之心。
③ 赖:恃用。晋国贰:晋国人民产生离异之心。
④ 没没:沉溺。一释通昧昧。
⑤ 有:发语词,无义。无亦:毋乃,为什么不。务:追求。
⑥ 只:语助词,无义。君子:有德之人。诗见《诗·小雅·南山有台》。
⑦ 女:汝。无:毋,不要。贰尔心:生出你的不轨之心。诗见《诗·大雅·大明》。
⑧ 恕:宽厚。远至迩安:远方归服,近人安定。
⑨ 生我:养育我。浚我以生:取我之财以自生。浚:取,搜刮。
⑩ 说:同悦。

二、以身作则

卫侯在楚,北宫文子见令尹围之威仪①,言于卫侯曰:"令尹似君矣,将有他志②。虽获其志,不能终也。《诗》云:'靡不有初,鲜克有终③。'终之实难,令尹其将不免。"公曰④:"子何以知之?"对曰:"《诗》云:'敬慎威仪,惟民之则⑤。'令尹无威仪,民无则焉。民所不则,以在民上,不可以终。"公曰:"善哉!何谓威仪?"对曰:"有威而可畏谓之威,有仪而可象谓之仪。君有君之威仪,其臣畏而爱之,则而象之⑥,故能有其国家,令闻长世。臣有臣之威仪,其下畏而爱之,故能守其官职,保族宜家⑦。顺是以下皆如是,是以上下能相固也……故君子在位可畏,施舍可爱,进退有度,周旋可则⑧,容止可观⑨,作事可法,德行可象,声气可乐,动作有文,言语有章⑩,以临其下,谓之有威仪也。"

卷四《襄公三十一年》

点　评

执政者率先垂范、以身作则,是现代政治文明的基本要求。尼克松因水门窃听事件而被迫辞职,克林顿因性丑闻而面临国会弹劾,似乎在应验两千多年前北宫文子的那句至理名言:"民所不则,以在民上,不可以终。"当然,不必拔高北宫文子话语的现代意义。当他说"君有君之威仪"、"臣有臣之威仪"时,我们仍可感受到这种政治等级制与现代政治平等精神的格格不入。不过,他把在位者的"威仪"与自身规范、为人表率联系在一起,却不失过人之明。

---

① 北宫文子:北宫佗,郑大夫。令尹:春秋、战国是楚国最高官职,掌军政大权。
② 二句指令尹威仪似楚君,有取代国君之志。
③ 见《诗·大雅·荡》。靡:无。鲜:少。克:能。二句意谓任何事物都有开始,但很少有善终者。
④ 公:卫襄公,即上文"卫侯"。
⑤ 见《诗·大雅·抑》。则:榜样、法则。
⑥ 则:取法。象:仿效。
⑦ 宜:安。
⑧ 周旋:应对。
⑨ 容止:形容举止。
⑩ 章:条理。

三、民利则君利

邾文公卜迁于绎①。史曰②:"利于民而不利于君。"邾子曰③:"苟利于民,孤之利也。天生民而树之君,以利之也。民既利矣,孤必与焉④。"左右曰:"命可长也,君何弗为?"邾子曰:"命在养民。死之短长,时也⑤。民苟利矣,迁也,吉莫如之。"遂迁于绎。五月,邾文公卒。君子曰⑥:"知命。"

卷一九《文公十三年》

点　评

邾国原都于邾瑕,由于地势低洼常受涝灾。于是国君邾文公准备迁都于地势较高、土地肥沃、地处峄山之阳的绎城。太史从风水的角度提醒说:绎地对老百姓吉利,而对国君不吉利。邾文公却认为:老百姓吉利就是身为国君的自己最大的吉利。左右大臣仍然劝阻他:不迁都有利于延长他的寿命。邾文公则认为:君主生命的价值在于"养民",个人寿命的长短是由时运决定的,人力无法改变。最终,他还是为了"民利"而迁都于绎。不久,邾文公真的死了,但左丘明仍然肯定邾文公的选择:"知命"!

是的,一个把人民利益作为自己生命追求的人是最懂得生命真谛的人!

四、言论自由,和而不同

郑人游于乡校⑦,以论执政。然明谓子产曰⑧:"毁乡校,何如?"子产曰:"何为?夫人朝夕退而游焉,以议执政之善否。其所善者,吾则行之;其所恶

---

① 邾文公:邾国国君。邾:春秋诸侯国,即邹,在今山东邹县。绎:邾邑,在今山东邹县峄山南。
② 史:太史。按:古代太史兼有巫祝功能,故称"巫史"。
③ 邾子:即邾文公。
④ 与:参与、分享。
⑤ 时:时运。
⑥ 君子:《左传》作者自称。
⑦ 乡校:乡间公共场所。校:既是学校,也是人们聚会议事的场所。
⑧ 然明:郑大夫,即鬷(音宗)蔑。子产:郑大夫,即公孙侨。

者,吾则改之。是吾师也,若之何毁之?我闻忠善以损怨①,不闻作威以防怨,岂不遽止②?然犹防川,大决所犯③,伤人必多,吾不克救也。不如小决使道④,不如吾闻而药之也。"然明曰:"蔑也今而后知吾子之信可事也⑤。小人实不才。若果行此,其郑国实赖之⑥,岂唯二三臣?"

卷四《襄公三十一年》

齐侯至自田⑦,晏子侍于遄台⑧,子犹驰而造焉⑨。公曰⑩:"唯据与我和夫!"晏子对曰:"据亦'同'也,焉得为'和'?"公曰:"'和'与'同'异乎?"对曰:"异。'和'如羹焉,水火醯醢盐梅以烹鱼肉⑪,燀之以薪⑫。宰夫和之⑬,齐之以味,济其不及,以泄其过⑭。君子食之,以平其心。君臣亦然。君所谓可而有否焉,臣献其否以成其可;君所谓否而有可焉,臣献其可以去其否。是以政平而不干⑮,民无争心。故《诗》曰'亦有和羹,既戒既平。鬷嘏无言,时靡有争⑯。'先王之济五味、和五声也,以平其心,成其政也。声亦如味,一气、二体、三类、四物、五声、六律、七音、八风、九歌以相成也⑰,清浊、大小、短长、疾徐、哀乐、刚柔、迟速、高下、出入、周疏以相济也。君子听之,以平其心。心平德和,故《诗》曰:'德音不瑕⑱'。今据不然,君所谓可,据亦曰'可';君所谓否,据亦曰'否'。

---

① 损:减少。
② 遽:音剧,速。遽止:立即停止毁乡校这件事。
③ 决:决口。
④ 道:导,疏导。小决使道:开小决口使水疏导。
⑤ 信:确实。事:事奉。
⑥ 之:指人民议论执政善否这件事。
⑦ 齐侯:齐景公。自:从。田:畋,打猎。
⑧ 晏子:晏婴,字平仲,齐大夫。遄:音传。遄台:地名,在山东临淄附近。
⑨ 子犹:梁丘据,即下文所说的"据"。造:前来。
⑩ 公:齐景公。
⑪ 醯:音希,醋。醢:音海,用肉、鱼做成的酱。
⑫ 燀:音产,炊。
⑬ 宰夫:厨师。
⑭ 齐:音剂,调和。济:增加。泄:减少。
⑮ 干:犯,指政治不被冒犯。
⑯ 诗见《诗·商颂·烈祖》。戒:程俊英《诗经译注》:"完备。指和羹必备五味。"平:平和,指羹味。鬷:同奏。嘏:原本为"假",奏假:祭祷。靡:不。争:争抢。程俊英《诗经译注》译此四句为:"还有调匀美味汤,五味平正阵阵香。心中默默暗祷告,次序井井不争抢。"
⑰ 杜预注:一气:"须气以动。"二体:"舞者有文、武。"三类:"风、雅、颂。"四物:"杂用四方之物以成器。"五声:"宫、商、角、徵、羽。"六律:"黄钟、大簇、姑洗、蕤宾、夷则、无射也。"七音:"宫、商、角、徵、羽、变宫、变徵。"八风:"八方之风。"九歌:"九功之德皆可歌也。六府三事谓之九功。"指歌颂九功之德之歌。
⑱ 诗见《诗·豳风·狼跋》。

若以水济水,谁能食之? 若琴瑟之专一,谁能听之? '同'之不可也如是。"

卷四九《昭公二十年》

点 评

思想及表述思想的言论自由,是现代国民的一项基本权利。联合国大会1966年12月16日通过、1976年3月23日生效,中华人民共和国政府1998年10月5日签署的《公民权利和政治权利国际公约》第十九条规定:"人人有权持有主张,不受干涉。""人人有自由发表意见的权利,此项权利包括寻求、接受和传递各种消息和思想的自由。"①人们经过不懈奋斗所争取到的这项权利,在古代君主专制社会,其予夺大权是把持在统治者手中的。郑大夫然明因为人们聚集在乡校议论朝政得失而主张"毁乡校"即是一例。不过难能可贵的是郑国另一位当政者子产认为,人民的政治评论恰恰是有以教我的"吾师",以统治者的权威剥夺人民政治批评的权利恰恰会引发更大的不可收拾的统治危机,因而不同意"毁乡校"。虽然不是从天赋人权出发,而是从维护统治者利益出发,但客观上保护了人民的言论自由和思想空间。郑国"赖之"以强大。

春秋时的齐国也是一个大国。而齐国之强大,实有赖于有晏婴这样一位敢于在君主面前保持独立见解,坚持"和而不同"的大臣。对君主的"和"不是事事处处都附和赞同,而是"君所谓可而有否焉,臣献其否以成其可;君所谓否而有可焉,臣献其可以去其否",站在实际的立场,帮助君主补阙救偏,成其王道。正如美食须和以五味,美声须和以五声,"若以水济水,谁能食之? 若琴瑟之专一,谁能听之?""和"不是"同","不同"才是"和"。"和而不同",让不同的意见和合共存,从而助成最高决策者的英明,是一种深刻的政治睿智。

五、"宽猛相济,政是以和"

郑子产有疾,谓子大叔曰②:"我死,子必为政。唯有德者能以宽服民,其次

---

① 杨宇冠《人权法——〈公民权利和政治权利国际公约〉研究》附录,中国人民公安大学出版社2003年版,第410页。
② 子大叔:郑大夫。子:对男子的尊称。

莫如猛。夫火烈,民望而畏之,故鲜死焉。水懦弱,民狎而玩之,则多死焉。故宽难。"疾数月而卒。大叔为政,不忍猛而宽。郑国多盗,取人于萑苻之泽①。大叔悔之,曰:"吾早从夫子,不及此②。"兴徒兵以攻萑苻之盗,尽杀之,盗少止③。仲尼曰④:"善哉!政宽则民慢⑤,慢则纠之以猛;猛则民残,残则施之以宽。宽以济猛,猛以济宽,政是以和。"

卷四九《昭公二十年》

点　评

　　君子之道,一张一弛;为政之道,宽猛相济。政宽则民慢而易犯罪,政猛则民残而易冒险。儒家虽主仁德之政以服民,亦主威法为辅以惩恶。子产、仲尼的这一思想,后来被荀子所继承并系统化,成为历代统治者的君王之术。这是有其合理之处的。邓小平同志说治理国家"两手都要硬",西方宪政国家坚持民主与法治统一,与此不无相通之处。

---

① 取:劫。萑:音还。萑苻:泽名。
② 二句意谓我如果早听子产先生的忠告,就不会发生现在这种情况。
③ 少:稍。
④ 仲尼:孔子,名丘,字仲尼。
⑤ 慢:怠慢,轻慢,易于犯罪。

第十九章
国语

《国语》，先秦国别体史书，作者相传为春秋时鲁国史官左丘明。分"周语"、"鲁语"、"齐语"、"晋语"、"郑语"、"楚语"、"吴语"、"越语"记载西周末年和春秋时期周朝各国史实，以对话为主，故名"国语"。全书21卷。可与《左传》相参证，故又称《春秋外传》。

《国语》是一部在记叙的史实和反映的思想方面可与《左传》互相补充、互相参证的史书。它们所载史实的历史跨度大抵相当，体现的儒家倾向大体相同。《左传》重叙事，《国语》重记言，实可互相参看。

历史虽然是由人民创造的，但文字形态的历史都是帝王将相的历史。因此，《国语》的人文思想集中体现为政治思想。儒家政治思想的核心是民本、德治，所以我们在《国语》中看到的是反对统治者的自私自利，反对统治者的暴政，反对统治者对人民财用和言论权利的剥夺。其"言川"关系论恰与《左传》中的子产不毁乡校之论相得益彰，成为"言论自由"思想的滥觞。其"臣杀君君之过"的言论上承《尚书》，下启《孟子》，涉及臣民的革命权问题，成为后代抨击暴君论的思想先声。

本书采用《国语》校释本，上海古籍出版社1978年版。

一、反对亏民以自利

厉王说荣夷公①。芮良夫曰②:"王室其将卑乎③!夫荣公好专利而不知大难④。夫利,百物之所生也⑤,天地之所载也⑥,而或专之,其害多矣。天地百物,皆将取焉,胡可专也?所怒甚多,而不备大难,以是教王⑦,王能久乎?夫王人者⑧,将导利而布之上下者也⑨,使神人百物无不得其极,而犹日怵惕惧怨之来也⑩。故《颂》曰⑪:'思文后稷,克配彼天。立我蒸民,莫匪尔极⑫。'《大雅》曰⑬:'陈锡载周⑭。'是不布利而惧难乎⑮?故能载周以至于今。今王学专利,其可乎?匹夫专利⑯,犹谓之'盗',王而行之,其归鲜矣⑰。荣公若用⑱,周必败。"既,荣公为卿士⑲。诸侯不享⑳,王流于彘㉑。

卷一《周语上》

---

① 厉王:即周厉王,西周国王,姬姓,名胡。生年不详,约卒于公元前828年。公元前878年即位,在位37年,最终被流放于彘。荣夷公:周大夫。荣:国名。夷:谥号。说:通悦。
② 芮良夫:芮伯,周朝大夫。
③ 卑:衰微。
④ 专:独自占有。难:灾难。
⑤ 所生:所以生,所赖生。
⑥ 载:拥有,共有。
⑦ 以是教王:以"专利"教大王治天下。
⑧ 王人者:治人之道。
⑨ 导:开通、疏导。布:公布、赋予。上下:指神与人。
⑩ 使:使动词,让。极:利之极。怵惕:害怕、担心。
⑪ 颂:《诗·周颂·思文》。
⑫ 思:追思、怀念。文:文德,与武功相对。后稷:古代周族始祖。克:能。蒸:通烝,众。匪:非。尔:指蒸民。极:最大的利益、好处。
⑬ 大雅:《诗·大雅·文王》。
⑭ 陈:孔颖达疏:布陈,指"布陈大利"。锡:通赐,孔疏:"以赐子孙。"载:原诗作"哉",通载,孔疏为"行","载行周道"。
⑮ 是不:表反诘:这不是……吗?
⑯ 匹夫:百姓、平民。
⑰ 归:归附。鲜:少。
⑱ 若用:若被用。
⑲ 既:不久后。卿士:西周、春秋时王朝执政官。
⑳ 享:贡献。
㉑ 流:流放。彘:音置,地名,今山西霍县。

景王二十一年将铸大钱①。单穆公曰②："不可。古者，天灾降戾③，于是乎量资币④，权轻重⑤，以振救民⑥。民患轻，则为作重币以行之，于是乎有母权子而行⑦，民皆得焉⑧。若不堪重⑨，则多作轻而行之，亦不废重，于是有子权母而行⑩，小大利之⑪。今王废轻而作重，民失其资，能无匮乎⑫？若匮，王将有所乏，乏将厚取于民。民不给，将有远志⑬，是离民也。且夫备有未至而设之⑭，有至而后救之⑮，是不相入也⑯。可先而不备，谓之怠；可后而先之，谓之召灾⑰。周固赢国也⑱，天未厌祸焉⑲，而又离民以佐灾，无乃不可乎？将民之与处而离之⑳，将灾是备御而召之，则何以经国㉑？国无经，何以出令？……且绝民用以实王府，犹塞川原而为潢汙也㉒，其竭也无日矣。若民离而财匮，灾至而备亡，王其若之何？吾周官之于灾备也，其所怠弃者多矣，而又夺之资，以益其灾，是去其藏而翳其人也㉓。王其图之！"王弗听，卒铸大钱。

卷三《周语下》

---

① 景王：周景王，姬贵，东周国王，公元前544年至前520年在位。大钱：即下文重币、母钱。
② 单穆公：周景王卿士。
③ 戾：至。
④ 资币：资财。此处币当作财物解。
⑤ 权轻重：权衡所铸钱币之大小轻重。
⑥ 振：赈之本字，救济。
⑦ 患：灾患。有解为"担心"者，不确。重币：周时制币用金、铜、铁，金币为上币，铜币铁币为下币。面额愈大，费金愈重。《唐尚书》："大钱重十二铢。"故"重币"又叫"大钱"、"母钱"，反之，"轻币"叫"小钱"、"子钱"。母权子而行：以母钱为主，以子钱为辅流通。
⑧ 民皆得焉：民皆得母钱子钱之利。
⑨ 堪：承受。句指若民之灾患重而承受不了重币制作。
⑩ 子权母而行：子钱为主、母钱为辅通行。
⑪ 小大利之：由于以小钱为主、大钱为辅，百姓因而获得便利，并未因铸钱而生计凋敝。
⑫ 匮：音溃，穷困。
⑬ 给：音几，供给。远志：逃往远方之意。
⑭ 备：防备。未至：未至之患。设：设防。句指应防患于未然。
⑮ 句指灾难降临后拯救它。
⑯ 入：混淆。预先防备灾难、事后拯救灾难不相混淆。
⑰ 二句指预先防备灾难与事后救助灾难二者混淆颠倒。
⑱ 赢：音雷，弱。
⑲ 厌：满足。未厌祸焉：一直降祸于周。
⑳ 与：认同、赞许。句指离散人民所认可的利益。
㉑ 经：治理。
㉒ 原：源。潢汙：水池。大者曰"潢"，小者曰"汙"。
㉓ 藏：积聚。指民所拥有的财物。翳：音缢，摒弃。

二十三年①,王将铸无射,而为之大林②。单穆公曰:"不可。作重币以绝民资,又铸大钟以鲜其继③。若积聚既丧,又鲜其继,生何以殖?且夫钟不过以动耳,若无射有林,耳弗及也④。……是故先王之制钟也,大不出钧⑤,重不过石⑥,律度量衡于是乎生,小大器用于是乎出,故圣人慎之。今王作钟也,听之弗及,比之不度,钟声不可以知和,制度不可以出节⑦,无益于乐,而鲜民财,将焉用之!……"王弗听,问之伶州鸠⑧。对曰:"……若夫匮财用,罢民力⑨,以逞淫心,听之不和,比之不度,无益于教,而离民怒神,非臣所闻也。"王不听,卒铸大钟。

二十四年,钟成,伶人告和⑩。王谓伶州鸠曰:"钟果和矣。"对曰:"未可知也。"王曰:"何故?"对曰:"上作器,民备乐之⑪,则为和。今财亡民罢,莫不怨恨,臣不知其和也。且民所曹好⑫,鲜其不济也;其所曹恶,鲜其不废也。故谚曰:'众心成城,众口铄金⑬。'三年之中,而害金再兴焉⑭,惧一之废也⑮。"王曰:"尔老耄矣⑯,何知?"

二十五年,王崩,钟不和。

卷三《周语下》

点　评

以民为本,以惠民的德政治民,是先秦儒家政治思想的一个基本点。由此

---

① 指周景王二十三年。
② 王:周景王。无射:大钟名。射:音亿。大林:乐器。一说钟罩。
③ 鲜其继:使人民的生活难以为继。鲜:寡也,少也。其:民。
④ 耳弗及:即耳"听之弗及"。"弗及",非听不见,而是指"听乐而震","不容于耳",声音太大,听了受不了。
⑤ 钧:钧音之法。木长七尺,系之以弦,为钧法。大不出钧:指音响之大不超过音乐规律的规定。
⑥ 石:音但,重量单位,一百二十市斤。《汉书·律历志上》:"三十斤为钧,四钧为石。"
⑦ 出:生。节:节度、章法。
⑧ 伶:乐官名。州鸠:人名。
⑨ 罢:通疲,劳也。
⑩ 伶人:乐人,奏乐之人。
⑪ 备:齐也,都也。
⑫ 曹:群也,众也。
⑬ 铄:音硕,熔化。
⑭ 指周景王在不长的三年中两度花费大量资财,即造重币、大钟。再:第二次。
⑮ 惧:担心。一:其中之一。废:废政。
⑯ 耄:音毛,八十曰耄,此引申为糊涂、昏惑。

出发，《国语·周语》体现出强烈的反对统治者亏民以自利的思想倾向。周厉王打算重用荣夷公，因为荣夷公能够为他积聚财富。大夫芮良夫加以劝阻，理由是过多地搜括人民的财富必然会激起民怨，使国运不保。周景王三年之中耗费"民资"铸重币、造大钟，"以逞淫心"，卿士单穆公屡加劝阻，乐官州鸠也不以为然，因为当时周朝已很虚弱，再"绝民用"于"铸大钱"、"铸大钟"，就会使"财亡民疲"，"民离神怒"。然而，忠良之言并未被采纳，周厉王、周景王一意孤行。其结果是，周厉王被推翻流放，周景王也在铸大钟之后的翌年驾崩。关于驾崩的原因，史载未详，其实是不难想象的。

二、"臣杀其君，君之过也"

晋人杀厉公①，边人以告。成公在朝②。公曰③："臣杀其君，谁之过也?"大夫莫对。里革曰④："君之过也。夫君人者，其威大矣。失威而至于杀，其过多矣。且夫君也者，将牧民而正其邪者也⑤。若君纵私回而弃民事⑥，民旁有慝，无由省之⑦，益邪多矣。若以邪临民，陷而不振⑧，用善不肯专⑨，则不能使⑩。至于殄灭而莫之恤也⑪，将安用之? 桀奔南巢⑫，纣踣于京⑬，厉流于彘⑭，幽灭于戏⑮，皆是术也⑯。夫君也者，民之川泽也，行而从之⑰，美恶皆君之由⑱，民何能为焉?"

卷四《鲁语上》

① 晋人：晋大夫栾书、中行偃。厉公：晋厉公。
② 成公：鲁成公，名黑肱。边人：管理边境之人。
③ 公：鲁成公。
④ 里革：鲁国太史。
⑤ 牧：治。
⑥ 回：邪僻。
⑦ 旁：偏、邪。慝：音特，恶。省：音醒，察。
⑧ 陷：坠，使坠陷。振：救。
⑨ 专：专一。
⑩ 使：使民、用民。
⑪ 殄：音舔，灭、绝。殄灭：指民殄灭。
⑫ 桀：夏桀。南巢：地名，巢伯之国，地在扬州。
⑬ 纣：殷纣王。踣：音脖，倒毙、败亡。京：殷之京城。
⑭ 厉：周厉王。彘：音置。晋地，在今山西霍县。
⑮ 幽：周幽王。戏：戏山。
⑯ 术：道也。
⑰ 指君行而民从之。
⑱ 由：因由。意即善恶皆由于君而生。

点　评

晋厉公被他的大臣杀了，鲁成公拿这件典型案例在鲁国大臣中讨论，希望他们引以为戒，切莫犯"臣杀其君"、犯上作乱之"过"。太史里革则针锋相对地提出：厉公遭杀，过不在于臣，而在其自身。作为一国之君，他非但没有放好榜样，反而"以邪临民"，"纵私回而弃民事"。他"失威而至于杀"，正如"桀奔南巢"、"纣踣于京"一样是咎由自取。应当从这件事中吸取教训的不是大臣而是国君。里革的胆识实在令人敬佩。支撑他如此理直气壮、义正辞严的依据，则是流行在《商书》、《周书》中"诛无道"的"革命"思想。

三、"为民者宣之使言"

厉王虐，国人谤王①。邵公告曰："民不堪命矣②！"王怒，得卫巫，使监谤者③。以告，则杀之。国人莫敢言，道路以目④。王喜，告邵公曰："吾能弭谤矣⑤，乃不敢言。"邵公曰："是障之也⑥。防民之口，甚于防川。川壅而溃，伤人必多。民亦如之。是故为川者决之使导，为民者宣之使言。故天子听政⑦，使公卿至于列士献诗⑧，瞽献曲，史献书⑨，师箴，瞍赋，矇诵，百工谏⑩，庶人传语，近臣尽规，亲戚补察，瞽、史教诲，耆、艾修之⑪，而后王斟酌焉，是以事行而不悖。民之有口，犹土之有山川也，财用于是乎出；犹原隰之有衍沃也⑫，衣食于

---

① 厉王：周厉王。谤：音磅，指责。
② 邵公：邵穆公。名虎，穆公为谥号，周厉王卿士。不堪命：受不了。命：指生命。
③ 卫巫：卫国巫师。监：监视。
④ 以目：以目相眄，怒而不敢言。
⑤ 弭：音米，消灭。
⑥ 障：堵也。
⑦ 听政：治政。听：读为去声，断、治。
⑧ 公卿：三公九卿，此泛指朝廷中高级官员。士：与农、工、商并列的概念，指"学以居位"者。商、西周、春秋时指最低级别的贵族阶层。
⑨ 瞽：音鼓，无目之盲人，此指乐官，古代乐官多由盲者充当。史：史官。
⑩ 即师献箴，瞍献赋，矇献诵，百工献谏。师：乐官。周代常称乐官为师、太师。箴：音针，规谏之语。瞍、矇：盲人。有目无眸者曰"瞍"，有眸而无所见者曰"矇"。
⑪ 耆：音奇。六十曰"耆"。五十曰"艾"。耆艾：元老。修之：整理瞽、史之教诲。
⑫ 原：高而平坦的土地。隰：音习，低而潮湿的土地。衍：低而平坦的土地。沃：有河流可资灌溉的土地。

是乎生。口之宣言也,善败于是乎兴。行善而备败,其所以阜财用衣食者也①。夫民虑之于心而宣之于口,胡可壅也②?若壅其口,其与能几何③?"王不听。于是国莫敢出言。三年乃流王于彘④。

卷一《周语上》

点　评

　　暴政与言论控制是一对孪生姐妹。周厉王实施暴政,民不堪命,怨声载道。周厉王要继续推行他的暴政,就必须封住国人的口。他采用了最阴险、最毒辣的方法:派人暗中监视,发现一个杀掉一个。以言论获罪遭戮,这大概是最早的历史记载。于是国人敢怒而不敢言。厉王沾沾自喜,向执政官邵公夸耀说"吾能弭谤"。而邵公则从这表面的平静中看到了深藏的巨大危机。他向厉王进言:"防民之口,甚于防川","川壅而溃,伤人必多",堵民之口,遗患益甚;"为川者决之使导,为民者宣之使言";"口之宣言也,善败于是乎兴",从老百姓的自由言论中,统治者可以知晓政治得失,从而行善备败,"成而行之"。然而,暴政专制者总是愚蠢的。邵公说的这个明白而又深刻的道理,周厉王听不懂,也接受不了。他继续实施他的言论清剿政策和暴政。三年后,国人暴动,厉王被驱逐流放。

　　听批评言论是痛苦、难受的,哪怕是有益的善意的批评言论。对于执政者来说更是如此。倘无一定的法律制度保证人们的批评权利,人们就很有可能因为实事求是的批评言论而获罪被杀。所以荀子告诫说"言有招祸",古往今来有那么多的文字狱。然而禁言的实际结果无一例外地是使执政者在错误的道路上愈走愈远,最后适得其反。因此,总结、借鉴了以往政治教训的现代民主政治的一个基本做法是开放言禁,将"言论自由"写进宪法,使批评成为国家公民的不可侵犯的权利。

---

① 阜:增多。
② 壅:堵也。
③ 与:助也。
④ 彘:音置,地名,在今山西霍县。

第二十章
战国策

　　《战国策》，战国时期游说之士策谋、言论的汇编。作者不可考。初有《国策》、《国事》、《事语》、《短长》、《长语》、《修书》等名称和本子，书名繁复，卷帙混乱。西汉刘向编订为33卷，定名为《战国策》，分"西周"、"东周"、"秦"、"楚"、"齐"、"赵"、"魏"、"韩"、"燕"、"宋"、"卫"、"中山"十二国，上接春秋，下至秦始皇统一六国，记述各国250年间的史实。

　　《战国策》以记载战国时期各诸侯国兼并过程中士人的策论为主，显示了广采博收、纵横捭阖、富于雄辩的纵横家特色。既有"民本君末"、"士贵王轻"的儒家思想的生动发挥，又有独立不阿、清正自守的道家旨趣的形象铺衍。邹忌对美言真谛的勘破使我们看到了谋臣的智慧，齐威王对邹忌意见乃至各种批评的接纳使我们惊叹其博大的心胸。唐雎言："事有不可知者，有不可不知者，有不可忘者，有不可不忘者。""人之憎我也，不可不知也；吾憎人也，不可得而知也；人之有德于我也，不可忘也；吾有德于人，不可不忘也。"(《魏四》)中山君言："与（给与）不期众少，其于当厄；怨不期深浅，其于伤心。"(《中山》)惠子言：人"树（立）之难而去（毁）之易"，因而"必善左右（与周围人搞好关系）"(《魏二》)。此类人生宝训，令人目不暇接。《战国策》告诉我们，战国时代诸侯国之间的争霸不仅是军事力量的争锋，而且是人才智谋的争夺，尤其是人文精神的争斗。

　　本书采用刘向编订的《战国策》校点本，上海古籍出版社1978年版。

一、民为本，君为末

齐王使使者问赵威后①。书未发，威后问使者曰："岁亦无恙耶②？民亦无恙耶？王亦无恙耶？"使者不说③，曰："臣奉使④，使威后，今不问王，而先问岁与民，岂先贱而后尊贵者乎⑤？"威后曰："不然。苟无岁，何以有民？苟无民，何以有君？故有问舍本而问末者耶⑥？"乃进而问之曰："齐有处士曰钟离子⑦，无恙耶？是其为人也，有粮者亦食，无粮者亦食，有衣者亦衣，无衣者亦衣，是助王养其民者也，何以至今不业也⑧？叶阳子无恙乎⑨？是其为人，哀鳏寡⑩，恤孤独，振困穷⑪，补不足，是助王息其民者也⑫，何以至今不业也？北宫之女婴儿子无恙耶⑬？彻其环瑱⑭，至老不嫁，以养父母，是皆率民而出于孝情者也⑮，胡为至今不朝也⑯？此二士弗业，一女不朝，何以王齐国，子万民乎？"

卷十一《齐四》

点 评

战国末期，赵惠文王死，赵威后代子孝成王当政。齐王派使者来看望她。她不是先问使者齐王的身体可好，而是先问齐国的年成可好、齐国的百姓生活可好，惹得齐使者不得不抗议：齐王派我特意来看望您，您怎可不先问问高贵

---

① 齐王：名建，齐襄王之子。公元前264年开始执政，战国末期齐国的最后一个国君。问：问候，慰问。赵威后：赵惠文王妻。惠文王死，子孝成王年幼，由威后执政。
② 岁：一年之收成。
③ 说：通悦。
④ 使：使命。
⑤ 意谓将低贱者放在前面，将尊贵者放在后面。
⑥ 故：通顾，反而。有问：有问话。按：一本无此"问"。
⑦ 钟离子：钟离先生。钟离：复姓。子：古代对男子的尊称。
⑧ 业：指授官做事，成就功业。
⑨ 叶阳子：叶阳先生。叶阳：复姓。
⑩ 鳏：音关，丧妻的男人。寡：丧夫的女人。
⑪ 振：拯，救济。孤：幼而丧父之人。独：老而无子之人。
⑫ 息：生，养。
⑬ 北宫：复姓。婴儿子：人名。北宫婴儿子：齐国有名的孝女。
⑭ 彻：取下。环：耳环。瑱：音天，去声，玉制耳饰。
⑮ 率：带领。
⑯ 朝：上朝，指加封号、表彰。古代妇女加封号才能上朝。

的齐王情况,而先关心低贱的百姓呢?赵威后的回答是:"苟无民,何以有君?"民为本、君为末,哪有"舍本而问末"的道理?孟子曾提出过"民贵君轻"的思想。"民本君末"实际上是"民贵君轻"的翻版。身为代行国君之职的最高执政者,赵威后能认识到这一点并身体力行,实属不易。

二、广开言路,鼓励进谏

邹忌修八尺有余①,身体昳丽②,朝服衣冠窥镜,谓其妻曰:"我孰与城北徐公美③?"其妻曰:"君美甚,徐公何能及公也?"城北徐公,齐国之美丽者也。忌不自信,而复问其妾曰:"吾孰与徐公美?"妾曰:"徐公何能及君也。"旦日④,客从外来,与坐谈,问之客曰:"吾与徐公孰美?"客曰:"徐公不若君之美也。"明日,徐公来,孰视之⑤,自以为不如。窥镜而自视,又弗如远甚。暮寝而思之曰:"吾妻之美我者,私我也⑥;妾之美我者,畏我也;客之美我者,欲有求于我也。"

于是入朝见威王⑦。曰:"臣诚知不如徐公美。臣之妻私臣,臣之妾畏臣,臣之客欲有求于臣,皆以美于徐公。今齐地方千里⑧,百二十城,宫妇左右,莫不私王,朝廷之臣,莫不畏王,四境之内,莫不有求于王。由此观之,王之蔽甚矣!"王曰:"善!"乃下令:"群臣吏民能面刺寡人之过者,受上赏;上书谏寡人者,受中赏;能谤讥于市朝⑨,闻寡人之耳者,受下赏。"令初下,群臣进谏,门庭若市。数月之后,时时而间进⑩。期年之后⑪,虽欲言,无可进者。燕、赵、韩、魏闻之,皆朝于齐。此所谓战胜于朝廷。

卷八《齐一》

---

① 邹忌:齐国人,齐威王相,封成王。修:长,身高。尺:战国时铜尺相当于今天的23厘米,八尺约合1.84米。
② 身体:一本作"而形貌"。昳:音意,此指容光焕发。
③ 孰:谁。此句意为:我与徐公谁美?
④ 旦日:第二天。
⑤ 孰:通熟。
⑥ 私:偏爱。
⑦ 威王:齐威王,姓田名婴齐,公元前356年至前320年在位。
⑧ 方:方圆。
⑨ 谤讥:非议,批评。市朝:公共场所。
⑩ 时时:时而。间:间或。
⑪ 期:音基。期年:一整年。

点 评

  战国时代的齐国是一个大国。至齐威王时,齐国"地方千里",拥有一百二十座城邑,不仅国内一片"吾王圣明"的赞美声,国外也是一片"大王英明"的赞美声。按说齐威王有理由接受这些赞美。可齐相邹忌则从别人对自己形貌言过其实的赞美中另有所悟,提醒齐威王不要相信、沉迷于这些由利害关系决定的叫好声,其实这些言过其实、言不由衷的叫好声是对大王最大的蒙蔽。齐威王不愧是一代英主。邹忌略一点拨,他便大彻大悟。为了从那些蒙人的赞美中走出来,及时了解自己政治得失的真相,他不仅立即下令广开言禁,而且根据别人对自己过错批评的直接、激烈程度给予不同级别的奖赏,并及时调整自己的失误。由此带来的回报是:齐政愈加完美,一年之后,"虽欲言,亦无可进者",国人即使想提出批评,也提不出什么来了。

  从西周时周厉王用暗杀的手段"弭谤"(《国语》),春秋时郑大夫然明主张"毁乡校"、将人们聚议政治得失的公共场所一锅端(《左传》),到战国时齐威王主动纳谏、鼓励"谤讥于市朝",标志着先秦政治文明在对待不同政见方面吸取历史教训所取得的进步。而邹忌所忠告、齐威王所认同的功利性的赞美无异于政治蒙骗的观点,对后世的政治家乃至当今社会各层各级的领导人无疑有永远的警醒意义。

三、"士贵耳,王者不贵"

  齐宣王见颜斶①,曰:"斶前②!"斶亦曰:"王前!"宣王不悦。左右曰:"王,人君也。斶,人臣也。王曰'斶前',亦曰'王前',可乎?"斶对曰:"夫斶前为慕势,王前为趋士③。"王忿然作色曰④:"王者贵乎,士贵乎?"对曰:"士贵耳,王者不贵。"王曰:"有说乎⑤?"斶曰:"有。昔者秦攻齐,令曰:'有敢去柳下季垄五

---

① 颜斶:齐国一高士、隐者。斶:音触。
② 前:走到前面来。趋:趋向、靠近,引为尊重。
③ 慕势:讨好权势。趋士:尊重人才、礼贤下士。
④ 忿:音愤,愤也,怒也。作色:变脸色。
⑤ 说:说法、理由、根据。

十步而樵采者①,死不赦。'令曰:'有能得齐王头者,封万户侯,赐金千镒②。'由是观之,生王之头,曾不若死士之垄也③。"宣王默然不悦。左右皆曰:"斶来!斶来!大王据千乘之地④,而建千石钟、万石簴⑤。天下之士,皆来役处⑥;辩知并进⑦,莫不来语;东西南北,莫敢不服;求万物无不备具⑧,而百物无不亲附⑨。今夫士之高者,乃称'匹夫',徒步而处农亩⑩,下则鄙野、监门、闾里⑪,士之贱也,亦甚矣。"斶对曰:"不然。斶闻古大禹之时,诸侯万国⑫,何则?德厚之道,得贵士之力也。故舜起农亩,出于野鄙,而为天子⑬。及汤之时,诸侯三千⑭。当今之世,南面称寡者,乃二十四⑮。由是观之,非得失之策与?稍稍诛灭之时⑯,欲为监门、闾里,安可得而有乎哉?是故《易传》不云乎:'居上位,未得其实,以喜其为名者⑰必以骄奢为行。据慢骄奢⑱,则凶从之。'是故无其实而喜其名者削,无德而望其福者约⑲,无功而受其禄者辱,祸必握。故曰:'矜功不立⑳,虚愿不至㉑。'此皆幸乐其名,华而无其实德者也。是以尧有九佐,舜有七友,禹有五丞,汤有三辅㉒。自古及今而能虚成名于天下者,无有。是以君王无

---

① 柳下季:春秋时鲁国士人。垄:坟墓。樵采:打柴。
② 镒:二十两为一镒。
③ 生:活着的。曾:音增,竟然。
④ 千乘:千辆兵车。千乘之地:指幅员广大,可容千辆兵车驰骋。
⑤ 石:音担,一百二十斤。钟:乐器。簴:音具,挂钟的木架。
⑥ 一本作"仁义皆来役处"。处:居。役处:效力。
⑦ 辩:辩士。知:同智,智者。
⑧ 一本无"无"字。备:完全。
⑨ 一本无"物"字。
⑩ 徒步:步行。农亩:乡村,民间。
⑪ 指士中落魄潦倒者则居处于鄙野、监门、闾里。下:士之下者。鄙:远邑。野:乡野。闾里:二十五户为一闾或一里。门:闾里巷口之门。监门:看守之门。
⑫ 诸侯国有上万个。
⑬ 颜斶认为天子舜乃出于"农亩"、"野鄙"的士人出身。
⑭ 到殷汤王时,诸侯国减少到三千个。
⑮ 到齐宣王时,诸侯国只剩下二十四个。南面:国君面南而居。寡:国君谦称自己为寡德之人、寡人。
⑯ 稍稍:渐渐。指士人逐渐被诛灭之时。
⑰ 上位:王位,君位。喜其为名:为君王之名而沾沾自喜、洋洋得意。
⑱ 据:通倨,傲慢。
⑲ 约:穷。
⑳ 矜功不立:夸耀功名者不能成就大事。
㉑ 虚愿:空想。不至:功业不至。
㉒ 三句说尧、舜、禹、汤皆因善用士而成帝王之功。九佐:舜、契、禹、后稷、夔、倕、伯夷、皋陶、益。七友:雄陶、方回、续牙、伯阳、东不訾、秦不虚、灵甫。五丞:益、稷、皋陶、倕、契。三辅:谊伯、仲伯、咎单。

羞亟问①,不愧下学,是故成其道德而扬功名于后世者,尧、舜、禹、汤、周文王是也。……老子曰:'虽贵,必以贱为本;虽高,必以下为基。'是以侯王称'孤'、'寡'、'不谷',是其贱之本与?非乎'孤'、'寡'者人之困贱下位也,而侯王以自谓,岂非下人而尊贵士与?夫尧传舜,舜传禹,周成王任周公旦②,而世世称曰'明主',是以明乎士之贵也。"宣王曰:"嗟乎!君子焉可侮哉!寡人自取病耳。今及闻君子之言,乃今闻细人之行③。愿请受为弟子。且颜先生与寡人游,食必太牢④,出必乘车⑤,妻子衣服丽都⑥。"颜斶辞去曰:"夫玉生于山,制则破焉⑦,非弗宝贵矣,然夫璞不完⑧。士生乎鄙野,推选则禄焉,非不得尊遂也,然而形神不全。斶愿得归,晚食以当肉⑨,安步以当车,无罪以当贵,清净贞正以自虞⑩。制言者王也⑪,尽忠直言者斶也。言要道已备矣⑫,愿得赐归,安行而反臣之邑屋。"则再拜而辞去也⑬。

卷十一《齐四》

点　评

"学以居位曰士"(班固)。"士"是中国古代靠学识、文化、智慧为生的知识分子。中国的知识分子自古以来就分两种类型。一种是唯功利是图、毫无自我人格尊严和独立性的御用文人,如苏秦之流。苏秦早年拟连横以事秦惠王,后来因"说秦王书十上而说不行",他自己落得个"资用乏绝"、"形容枯槁"的下场,一怒之下改变了主意,说六国之君合纵以抗秦(《战国策·秦一》)。他成功了,富贵了,却失去了一个知识分子应有的节操和独立品格。另一种是超然

---

① 亟:音契,屡次。
② 任:用。周公:姓姬名旦,周武王弟。武王死,成王年幼,由他摄政。
③ 前一"闻"字,指听说;后一"闻"字,指知晓。细人:小人。细人之行:指自己的重王之名、轻士之实的小人行为。
④ 太牢:由牛、羊、猪构成的最好的祭品。此指最高的美食。
⑤ 乘车:车乘也。
⑥ 妻子:妻子和子女。都:美。
⑦ 制:加工。
⑧ 璞:含玉之石。
⑨ 晚:迟也。晚食:指饥而食也。
⑩ 虞:同娱,乐也。
⑪ 制言:主宰言论,负责择取言论。一说制作、发布命令。
⑫ 要道:主要意见。
⑬ 去:离开。

于功利之外，把自己的尊严和独立人格看得比什么都重要的隐士、君子。战国时齐人颜斶就是这样的代表。齐宣王召见他，叫他到自己前面来。这本来是一句很平常的话，他却感到自己的尊严受到极大挑战，反而叫齐宣王到自己前面来。左右大臣及齐宣王感到震惊和愤怒：到底是王贵还是士贵？颜斶的回答是"士贵，王者不贵"，并列举大量史实论证之，使群臣无言，大王宾服。前倨后恭的齐宣王这时要拜他为师，并许以荣华富贵。这可以满足颜斶的外在尊严，却无法使他保持人格的独立性。最终，他还是拜谢而"辞去"。什么叫"威武不能屈，富贵不能淫"？"大丈夫"、"君子"的这两种宝贵品格，在颜斶身上得到了完美的体现。

第二十一章
论语

《论语》,孔子弟子及其再传弟子关于孔子言行的记录,是研究孔子思想的主要资料。东汉列为儒家七经之一,南宋朱熹将它和《孟子》及《礼记》中的《大学》、《中庸》合为"四书"。

孔子(前551—前479),名丘,字仲尼,鲁国人,春秋末期儒家学说创始人。

孔子是春秋末期鲁国的一位文化大师。相传他曾经整理、编订过《诗》、《书》、《春秋》,向老子请教过周礼。在吸收、总结周朝礼教及民本思想的基础上,他创立了儒家学说。孔子儒学对自然的本体不感兴趣,对人生的本体也未作深究,他集中论述的是现实人生的道德理想和行为准则。这理想就是仁厚温良,恭敬礼让;这准则就是勇于反省改过,以利从义,以道制欲。孔子告诉人们:生而知之者是很少的,因而"好学"应成每个人的使命;"为仁由己","我欲仁,斯仁至矣"(《述而》),只要"学而不厌"(同上),不断求善改过,就可成为"圣人"、"君子";只有不断进行自身修养的人方可"正人",方可"为政"。孔子的人文思想经过孟子的丰富发展,成为后来两千多年来中国文人士大夫乃至普通人的修身圭臬,也成为历代统治者治国平天下的精神指南。中国历史上,我们在治世见过无数克己守礼、体仁忠厚的道德君子,在乱世见过无数杀身成仁的仁人志士,由此形成道德至尊的礼仪之邦,盖孔子之力也。孔子思想是中国古代占统治地位的思想,孔子是古代中国君臣百姓的精神导师。"五四"运动及"文化大革命"中,孔学曾遭到两次惨重的摧残。历史证明,这种摧残是简单化的、过火的,贻害无穷的。人类的道德规范和价值标准具有一定的普适性和传承性。先进文化割不断对孔门人文价值的继承和择取。孔子如同古代的长城一样推不倒。孔子思想势必会在今天的精神文明建设中焕发蓬勃的生命力。

本书采用朱熹《四书章句集注》本《论语集注》,中华书局1983年版。

一、人性论：上智下愚、有所用心

子曰[1]:"中人以上,可以语上也;中人以下,不可以语上也。"

卷三《雍也第六》

孔子曰:"生而知之者,上也;学而知之者,次也;困而学之,又其次也;困而不学,民斯为下矣。"

卷八《季氏第十六》

子曰:"性相近也,习相远也[2]。"

子曰:"唯上智与下愚不移[3]。"

卷九《阳货第十七》

子曰:"饱食终日,无所用心,难矣哉!不有博弈者乎[4]?为之犹贤乎已[5]。"

卷九《阳货第十七》

点　评

人性问题,孔子并未给予太多关注。不过从对后世的影响来看,孔子涉及的人性思想有三点值得注意:一是将人性分为"中人"和"中人以上"的"上智"与"中人以下"的"下愚",开汉儒"性三品"之滥觞;二是孔子认为人可以通过

---

[1] 子:孔子。下同。
[2] 性:天性,天资。习:修养及其产生的结果。
[3] 移:改变。
[4] 博弈:游戏之类。博:戏局也。弈:围棋。
[5] 贤:胜过。指博弈之类的动脑筋的游戏活动胜过无所用心的生活。

后天的学习修养改变天性,奠定了儒家"人皆可以为尧舜"的思想基础和"凡圣之辨"的思想基石;三是孔子认为"用心"的心灵意识活动是人的根本特性,将《尚书》中"惟人万物之灵"的"灵"从神性落实到心性,成为孟子、荀子等后世儒家强调人的道德意识修养的逻辑起点。

二、"君子务本"、"不违如愚"

有子曰①:"……君子务本,本立而道生。'孝''弟'也者②,其为'仁'之本与?"

曾子曰③:"吾日三省吾身:为人谋而不忠乎?与朋友交而不信乎?传不习乎④?"

子曰:"弟子入则孝,出则悌,谨而信,泛爱众,而亲'仁'。行有余力,则以学文。"

子曰:"君子食无求饱,居无求安,敏于事而慎于言,就有道而正焉⑤,可谓'好学'也已。"

卷一《学而第一》

子曰:"参乎!吾道一以贯之。"曾子曰:"唯。"子出。门人问曰:"何谓也?"曾子曰:"夫子之道,'忠'、'恕'而已矣⑥。"

子曰:"吾与回言终日,不违如愚⑦。退而省其私,亦足以发⑧。回也不愚。"

卷一《为政第二》

子曰:"宁武子邦有道则知⑨,邦无道则愚。其知可及也,其愚不可及也。"

子曰:"巧言、令色、足恭⑩,左丘明耻之,丘亦耻之。"

卷三《公冶长第五》

---

① 有子:名若,孔子弟子。
② 弟:悌。弟对兄之敬心。
③ 曾子:名参。孔子弟子。
④ 传:音船,师之教也。
⑤ 就:靠近,有道:有道之人。
⑥ 忠恕:朱熹注:"尽己之谓'忠',推己之谓'恕'。"
⑦ 回:颜回,字子渊,又称颜渊,孔子弟子。不违:不相违背。
⑧ 省:音醒,察。私:指独处。发:发明、体现所言之理。
⑨ 宁武子:卫大夫,名俞。知:通智。
⑩ 令:美,善。足:过。

子曰:"笃信好学,守死善道。危邦不入,乱邦不居。天下有道则见,无道则隐。"

卷四《泰伯第八》

子曰:"可与言而不与之言,失人;不可与言而与之言,失言。知者不失人,亦不失言。"

卷八《卫灵公十五》

子曰:"君子成人之美,不成人之恶,小人反是。"

樊迟问"仁",子曰:"爱人。"问"知",子曰:"知人。"

卷六《颜渊第十二》

孔子曰:"君子有九思:视思明,听思聪,色思温,貌思恭,言思忠,事思敬,疑思问,忿思难①,见得思义。"

卷八《季氏第十六》

子张问仁于孔子。孔子曰:"能知五者于天下,为仁矣。"请问之,曰:"恭、宽、信、敏、惠。恭则不侮,宽则得众,信则人任焉,敏则有功,惠则足以使人。"

卷九《阳货第十七》

子曰:"君子和而不同,小人同而不和。"

子曰:"君子泰而不骄,小人骄而不泰②。"

子曰:"刚毅、木讷,近'仁'。"

卷七《子路第十三》

子曰:"君子义以为质,礼以行之,孙以出之③,信以成之,君子哉!"

子曰:"君子矜而不争,群而不党。"

卷八《卫灵公第十五》

子曰:"如有周公之才之美,使骄且吝,其余不足观也已。"

卷四《泰伯第八》

子夏曰:"君子有三变:望之俨然④,即之也温,听其言也厉。"

卷十《子张第十九》

---

① 难:责难、惩戒。
② 泰:安舒。
③ 孙:通逊,谦逊。
④ 俨然:庄严。

点 评

孔子对自然奥秘、宇宙本体未置一辞,对做人之道、君子之道则倾注了巨大热情。孔子强调,君子立身之道的根本是"仁"。"仁"的涵义是"爱人",表现在对待家人的关系上是"孝"、"悌",表现在与他人的关系上是"泛爱众",是"己所不欲,勿施于人"的"恕"。体仁之人内方外圆,威而不猛,忠厚温良,既谦恭如愚,又和而不同,有内在的机敏和原则。这就是《论语》揭示的儒家道德君子形象的基本特征。

三、责己改过、不怨天尤人

子曰:"不患人之不己知,患不知人也。"

卷一《学而第一》

子曰:"不患无位,患所以立;不患莫己知,求为可知也。"
子曰:"见贤思齐焉①,见不贤而内自省也。"

卷二《里仁第四》

子曰:"不患人之不己知,患其不能也。"
子曰:"不怨天,不尤人②,下学而上达,知我者,其天乎?"

卷七《宪问第十四》

子曰:"君子求诸己,小人求诸人。"
子曰:"君子病无能焉,不病人之不己知也。"
子曰:"躬自厚而薄责于人,则远怨矣。"

卷八《卫灵公第十五》

子曰:"……过则勿惮改。"

卷一《学而第一》

子曰:"德之不修,学之不讲,闻义不能徙,不善不能改,是吾忧也。"
子曰:"三人行,必有我师焉,择其善者而从之,其不善者而改之。"

---

① 齐:看齐,达到。
② 尤:归咎,抱怨。

卷四《述而第七》

子曰:"过而不改,是谓过矣。"

卷八《卫灵公第十五》

孔子曰:"见善如不及,见不善如探汤①。"

卷八《季氏第十六》

子贡曰:"君子之过也,如日月之食焉。过也,人皆见之;更也,人皆仰之。"

卷十《子张第十九》

子绝四:毋意、毋必、毋固、毋我②。

卷四《子罕第九》

点　评

人并非"生而知之"的完人,即便是孔子,也承认自己不是"生而知之者"。既然如此,人就存有不足,就会犯错误。因而,每个人都应严于自我要求,加强内省反思,勇于改正过错,切忌自以为是,讳疾忌医,拒绝认错,拒不改过。于是,责己改过成为道德君子人格修养的一大特征。

四、重义轻利,杀身成仁

子曰:"富与贵,是人之所欲也,不以其道得之,不处也③;贫与贱,是人之所恶也,不以其道得之④,不去也。"

子曰:"放于利而行⑤,多怨。"

子曰:"君子喻于义,小人喻于利⑥。"

卷二《里仁第四》

子曰:"饭疏食饮水⑦,曲肱而枕之,乐亦在其中矣。不义而富且贵,于我如

---

① 汤:沸水也。
② 朱熹:意私意也。必期必也。固:执滞也。我:私己也。
③ 处:居也。
④ 得:按:当为"去"。方可读通。
⑤ 放:通仿,依也。
⑥ 喻:晓。
⑦ 饭:吃。疏食:粗食。

浮云。"

卷四《述而第四》

子曰:"志士仁人,无求生以害仁,有杀身以成仁。"

子曰:"君子谋道不谋食。耕也,馁在其中也①;学也,禄在其中矣②。君子忧道不忧贫。"

卷八《卫灵公第十五》

子张问于孔子曰:"何如斯可以从政矣?"子曰:"尊五美,屏四恶,斯可以从政矣。"子张曰:"何谓五美?"子曰:"君子惠而不费,劳而不怨,欲而不贪,泰而不骄,威而不猛。"子张曰:"何谓惠而不费?"子曰:"因民之利而利之,斯不亦惠而不费乎?择可劳而劳之,又谁怨?欲仁而得仁,又焉贪?君子无众寡,无大小,无敢慢,斯不亦泰而不骄乎?君子正其衣冠,尊其瞻视,俨然望而畏之,斯不亦威而不猛乎?"

卷十《尧曰第二十》

点 评

义利问题是人生观中的一个大问题。孔子从"仁"为立身之本的思想出发,主张在处理这两者的矛盾关系时重义轻利、先义后利、舍生取义,奠定了后世道德君子人生行为的基本准则。中国古代前仆后继的"仁人志士"的崇高形象,无一不流淌着孔子的这一精神血脉。孔子主张道德君子舍生取义,但并未否定芸芸众生的生存利益,相反,他要求君子"惠民","因民之利而利之"。这就使他的义利观并未走到不合情理的迂腐地步,而表现出相当的务实性、灵活性。

---

① 馁:饥也。此句指耕而未必得食。
② 学:指修道。

第二十二章
孟子

　　《孟子》，战国时孟子及其弟子万章等著，一说是孟子弟子及再传弟子的记录。《汉书·艺文志》著录11篇，现存7篇。

　　孟子（约前372—前289），名轲，字子舆，邹（今山东邹县）人。受业于孔子之孙子思的门人，是孔子创立的儒家学说的继承者，被后世尊为"亚圣"。曾游历齐、宋、滕、魏等国，推行其仁政主张。因主张屡不见用，晚年与弟子万章等著书立说。

　　人们常常"孔、孟"并提，这诚然有理，但千万不要忽略孔、孟之异。这种差异不仅是思想上的，而且是性格上的。比如孔子内敛，孟子外露；孔子言讷辞寡，孟子擅言好辩；孔子威而不猛，孟子咄咄逼人；孔子习惯于退让，孟子富有战斗性；孔子温柔敦厚，孟子刚正不阿；孔子倾向于温良恭谨式的改良，孟子主张乘胜追击式的革命。比较起来，孔子雍容可敬，孟子真切可爱。

　　在人文思想上，孟子继承孔子的仁学主张而有所推进。在人性问题上，孔子持差等人性观，对人性真谛并未深究。孟子持平等人性观，对人的意识性、社会性均有所涉及，并提出了人人心中都具有仁义礼智"四端"的性善论，为启发人们以其道义自别于禽兽，成为真正意上的"人"提供了本体论依据。在仁学问题上，孔子偏重于以仁修身，孟子则不以此为满足。他向统治者推销爱民保民、与民同乐的"仁政"学说，灌输"民贵君轻"的思想，反对草菅人命的兼并战争，并赋予臣民对不仁的暴君以革命权，使儒家的仁政思想放射出民主、自由、平等的光辉。于是，孟子的人格修养论就呈现出两方面的要求：穷则以仁义独善己身,达则以仁义兼善天下。在周天子被架空,各诸侯国君主寻求称霸天下学说的战国舞台上,孟子从心系苍生的博大悲悯和人道情怀出发,以一个自由思想者难得的执拗和勇气,"辙环天下",向诸侯国君宣扬"保民而王"的儒家主张。虽然屡屡碰壁,不受欢迎,却表现出一个知识分子可贵的独立,一个精神贵族崇高的尊严。

本书采用朱熹《孟子集注》,《四书章句集注》,中华书局 1983 年版。

一、仁义礼智,心所同然

告子曰:"生之谓性。"

告子曰:"食色,性也。"

告子曰:"性,犹杞柳也;义,犹桮棬也①。以人性为仁义,犹以杞柳为桮棬。"孟子曰:"子能顺杞柳之性而以为桮棬乎?将戕贼杞柳而后以为桮棬也②?如将戕贼杞柳而以为桮棬,则亦将戕贼人以为仁义与?率天下之人而祸仁义者,必子之言夫!"

告子曰:"性犹湍水也③,决诸东方则东流④,决诸西方则西流。人之性无分于善不善也,犹水之无分于东西也。"孟子曰:"水无分于东西,无分于上下乎?人性之善也⑤,犹水之就下也。人无有不善,水无有不下。"

告子曰:"性无善无不善也。或曰:'性可以为善,可以为不善。是故文、武兴则民好善,幽、厉兴则民好暴⑥。'或曰:'有性善,有性不善。是故以尧为君而有象⑦,以瞽瞍为父而有舜⑧,以纣为兄之子,且以为君,而有微子启、王子比干⑨。'今曰'性善',然则彼皆非与?"孟子曰:"乃若其情⑩,则可以为善矣,乃所

---

① 杞柳:杨伯峻释为柜柳树。桮:同杯。棬:音圈,木制饮器。
② 戕贼:损害。
③ 湍:tuān,水势急。
④ 决:开口。
⑤ 之:趋向。
⑥ 文、武:周文王、周武王。幽、厉:周幽王、周厉王。
⑦ 象:尧之子,传说德行不好。
⑧ 瞽瞍:传说中为舜之父,德行不好。
⑨ 指作为叔父的微子启、王子比干性善,而其侄子纣却性恶。
⑩ 情:通性,本性。乃若:若夫,至于。

谓善也。若夫为不善,非才之罪也①。恻隐之心,人皆有之;羞恶之心,人皆有之;恭敬之心,人皆有之;是非之心,人皆有之。恻隐之心,仁也;羞恶之心,义也;恭敬之心,礼也;是非之心,智也。仁义礼智,非由外铄我也②,我固有之也,弗思耳矣。故曰:求则得之,舍则失之。或相倍蓰而无算者③,不能尽其才者也。"

孟子曰:"……圣人与我同类者……口之于味也,有同耆焉④;耳之于声也,有同听焉;目之于色也,有同美焉。至于心,独无所同然乎?心之所同然者何也?谓理也,义也。圣人先得我心之所同然耳。故理义之悦我心,犹刍豢之悦我口⑤。"

卷十一《告子上》

孟子曰:"人皆有不忍人之心……无恻隐之心,非人也;无羞恶之心,非人也;无辞让之心,非人也;无是非之心,非人也。恻隐之心,仁之端也;羞恶之心,义之端也;辞让之心,礼之端也;是非之心,智之端也。人之有四端也,犹其有四体也⑥。"

卷三《公孙丑上》

孟子曰:"……人之有道也,饱食、煖衣⑦、逸居而无教⑧,则近于禽兽。圣人忧之,使契为司徒⑨,教以人伦;父子有亲,君臣有义,夫妇有别,长幼有序,朋友有信。"

卷五《滕文公上》

公都子曰:"均是人也⑩,或为大人,或为小人,何也?"孟子曰:"从其大体为大人,从其小体为小人⑪。"曰:"均是人也,或从其大体,或以其小体,何也?"曰:"耳目之官不思,而蔽于物。物交物⑫,则引之而已矣⑬。心之官则思,思则得

---

① 才:材质,即天性。
② 铄:音硕,熔化、铸造。
③ 倍:通背。蓰:通徙,迁徙。倍蓰:背离。算:数也。
④ 耆:同嗜。
⑤ 刍豢:泛指肉食品。食草曰刍,如牛羊;食谷为豢,如猪狗。
⑥ 四体:四肢。
⑦ 煖:同暖。
⑧ 教:道德教化。
⑨ 契:舜之臣。
⑩ 均:同。
⑪ 大体:心。小体:耳目之类的感官。从:随。
⑫ 前一"物":耳目之官。后一"物":外物。
⑬ 引:牵引。感官为外物所牵制主宰,则为小人。

之①，不思则不得也。此天之所与我者。先立乎其大者，则其小者弗能夺也。此为大人而已矣。"

卷十一《告子上》

陈相见孟子，道许行之言曰："滕君，则诚贤君也，虽然，未闻道也。贤者与民并耕而食，饔飧而治②。今也滕有仓廪府库，则是厉民而以自养也③，恶得贤？"孟子曰："许子必种粟而后食乎？"曰："然"。"许子必织布而后衣乎？"曰："否，以粟易之。"曰："许子奚为不自织？"曰："害于耕④。"曰："许子以釜甑爨⑤，以铁耕乎？"曰："然。""自为之与？"曰："否，以粟易之。""以粟易械器者，不为厉陶冶⑥。陶冶亦以其械器易粟者，岂为厉农夫哉？且许子何不为陶冶，舍皆取诸其宫中而用之⑦？何为纷纷然与百工交易？何许子之不惮烦⑧？"曰："百工之事，固不可耕且为也。""然则治天下独可耕且为与？有大人之事，有小人之事。且一人之身，而百工之所为备⑨。如必自为而后用之，是率天下而路也⑩。故曰：或劳心，或劳力；劳心者治人，劳力者治于人。治于人者食人，治人者食于人，天下之通义也。"

卷五《滕文公上》

点　评

先秦儒家中，孟子最早对人性问题作出了直接、丰富的思辨。当时有一种观点认为，"有性善，有性不善"。有的人性善，有的人性恶，人性的善恶不可一概而论。孟子指出：正如口有同嗜、耳有同听、目有同美、心有同然，共同人性是存在的。"仁义礼智，我固有之"，道德善心，是每个人都有的本性。"性不善"乃是后天失去本心的产物，不能因此否定人性本善。当时又有一种观点以

---

① 之：指理、道。
② 饔飧：熟食也。治：治民事。指自炊而兼治民事。飧：音孙。
③ 厉：病也。
④ 害：碍也。
⑤ 甑：音赠，古代蒸食炊器。爨：音窜，烧火煮饭。
⑥ 陶：陶匠。冶：铁匠。
⑦ 舍：止，不肯。宫：古为房屋通称。
⑧ 惮：怕。
⑨ 指维持一个人的生命存在，必须具备百工创造的生活用品。
⑩ 路：奔走于道路。率天下而路：普天下之人到处奔忙，无暇休息。

告子为代表,认为人性即人天生的资质,如甘食美色的生物属性,它无所谓善恶;仁义不是人与生俱来的自然属性。孟子并不否认"生之谓性","食色性也",但他同时强调,"人性之善"好比"水之就下",仁义道德也是人的自然属性;人天生具备仁义礼智四端,仁义礼智概念乃是对这四端的扩展,正如"杞柳"包含"桮棬"之性,人们可以"顺杞柳之性以为桮棬"一样。在与人性有善有恶、无善无恶的论争中,孟子确立了"仁义礼智,心所同然"的性善论,从而为现实中人们保持、培养道德善心,成为真正意义上的"人"提供了本体依据。

此外,孟子提出"心之官则思",人具有认知道德善性的意识,触及人区别于禽兽的理性特征;提出"一人之身而百工之所为备",与后来马克思"人是一切社会关系总和"的思想隐然相通。

二、民贵君轻,保民而王

孟子曰:"民为贵,社稷次之①,君为轻。是故得乎丘民而为天子②,得乎天子为诸侯,得乎诸侯为大夫。"

卷十四《尽心下》

孟子曰:"人皆有不忍人之心。先王有不忍人之心,斯有不忍人之政矣。以不忍人之心,行不忍人之政,治天下可运之掌上。"

卷三《公孙丑上》

孟子曰:"……是以惟仁者宜在高位。不仁而在高位,是播其恶于众也。上无道揆也③,下无法守也。朝不信道④,工不信度⑤;君子犯义,小人犯刑,国之所存者幸也⑥。故曰:城郭不完,兵甲不多,非国之灾也;田野不辟,货财不聚,非国之害也;上无礼,下无学⑦,贼民兴,丧无日矣。"

孟子曰:"三代之得天下也以仁,其失天下也以不仁。国之所以兴废存亡者亦然。天子不仁,不保四海;诸侯不仁,不保社稷;卿大夫不仁,不保宗庙;士

---

① 社稷:古代帝王、诸侯所祭的土神和谷神,用作国家的代称。
② 丘民:田野之民。
③ 揆:音奎,法度。
④ 朝:朝廷。包括朝廷大臣,下文所说的"君子"。
⑤ 工:匠、工人。包括下文"小人"。
⑥ 幸:侥幸。
⑦ 学:道德教化。

庶人不仁,不保四体。今恶死亡而乐不仁,是犹恶醉而强酒。"

孟子曰:"桀纣之失天下也,失其民也;失其民者,失其心也。得天下有道:得其民,斯得天下矣。得其民有道:得其心,斯得民矣。得其心有道:所欲与之聚之,所恶勿施尔也。"

卷七《离娄上》

齐宣王问曰:……"德如何,则可以王矣?"(孟子)曰:"保民而王,莫之能御也。"……"老吾老以及人之老,幼吾幼以及人之幼,天下可运于掌。"……"今王发政施仁,使天下仕者皆欲立于王之朝,耕者皆欲耕于王之野,商贾皆欲藏于王之市,行旅皆欲出于王之涂,天下之欲疾其君者皆欲赴诉于王,其若是,孰能御之?"……"无恒产而有恒心者①,惟士为能。若民,则无恒产,因无恒心。苟无恒心,放辟邪侈②,无不为已。及陷于罪,然后从而刑之,是罔民也③。焉有仁人在位,罔民而可为也?是故明君制民之产,必使仰足以事父母,俯足以畜妻子④,乐岁终身饱,凶年免于死亡。然后驱而之善,故民之从之也轻。今也制民之产,仰不足以事父母,俯不足以畜妻子,乐岁终身苦,凶年不免于死亡。此惟救死而恐不赡,奚暇治礼义哉?王欲行之⑤,则盍反其本矣⑥?五亩之宅,树之以桑,五十者可以衣帛矣;鸡豚狗彘之畜⑦,无失其时,七十者可以食肉矣;百亩之田,勿夺其时,八口之家可以无饥矣;谨庠序之教⑧,申之以孝悌之义,颁白者不负戴于道路矣。七十者衣帛食肉,黎民不饥不寒,然而不王者,未之有也。"

卷一《梁惠王上》

点　　评

"率土之滨,莫非王臣。"自古以来,君王为万乘之尊,国家被奉若神明,人民被视为草芥。孟子反其道而行之,明确提出"民为贵,社稷次之,君为轻"的

---

① 恒:常。产:生业、财产。心:善心、道德。
② 辟:同僻。侈:邪行。
③ 罔:通网,罗网、坑害。
④ 畜:养。
⑤ 之:前文之"礼义"。
⑥ 盍:何不。反:返。本:仁政。
⑦ 豚:音屯,小猪,泛指猪。彘:音置,猪。
⑧ 庠序:学校。夏曰"校",殷曰"庠",周曰"序"。庠:音详。颁:通斑。

响亮口号,将以民为本的仁政理念推向极致。"天下之本在国,国之本在家,家之本在身。"(《孟子·离娄上》)国家由人民组成,没有人民就没有国家。因此,人民的利益至高无上,不存在高于人民利益的国家利益。国家应当为人民服务,而不应相反。作为一国之君,只有实行惠民、利民的仁政,才能国家兴盛,天下安康。于是孟子提出了一个极为宝贵的政治思想:得民心者得天下,失民心者失天下。赢得民心的根本途径是:"所欲与之聚之,所恶勿施尔。"这与今天的民主政治思想是极为相通的。当今领导人强调"情为民所系,权为民所用,利为民所谋",乃是对古代民本仁政思想的继承和发展。

三、臣民的责任与权利

孟子告齐宣王曰:"君之视臣如手足,则臣视君如腹心;君之视臣如犬马,则臣视君如国人;君之视臣如土芥,则臣视君如寇仇。"

卷八《离娄下》

孟子谓齐宣王曰:"王之臣有托其妻子于其友,而之楚游者。比其反也①,则冻馁其妻子,则如之何?"王曰:"弃之。"曰:"士师不能治士,则如之何?"王曰:"已之②。"曰:"四境之内不治,则如之何?"王顾左右而言他。

孟子见齐宣王曰:"所谓故国者,非谓有乔木之谓也③,有世臣之谓也。王无亲臣也,昔者所进,今日不知其亡也④。"王曰:"吾何以识其不才而舍之?"曰:"国君进贤,如不得已,将使卑逾尊,疏逾戚,可不慎与?左右皆曰贤,未可也;诸大夫曰贤,未可也;国人皆曰贤,然后察之,见贤焉,然后用之。左右皆曰不可,勿听;诸大夫皆曰不可,勿听;国人皆曰不可,然后察之,见不可焉,然后去之。左右皆曰可杀,勿听;诸大夫皆曰可杀,勿听;国人皆曰可杀,然后察之,见可杀焉,然后杀之。故曰:国人杀之也。如此,然后可为民之父母。"

齐宣王问曰:"汤放桀,武王伐纣,有诸?"孟子对曰:"于传有之。"曰:"臣弑其君,可乎?"曰:"贼仁者谓之'贼',贼义者谓之'残'。残贼之人,谓之'一

---

① 比:及也。
② 已:罢也。
③ 世臣:朱熹注:"累世勋旧之臣,与国同休戚者也。"
④ 亡:逃跑。

夫'。闻诛一夫纣矣,未闻弑君也。"

卷二《梁惠王下》

齐宣王问卿。孟子曰:"王何卿之问也?"王曰:"卿不同乎?"曰:"不同。有贵戚之卿,有异姓之卿。"王曰:"请问贵戚之卿。"曰:"君有大过则谏,反复之而不听,则易位。"王勃然变乎色。曰:"王勿异也。王问臣,臣不敢不以正对。"王色定,然后请问异姓之卿。曰:"君有过则谏,反复之而不听,则去①。"

卷十《万章下》

点　评

在先秦诸子中,孟子是一个敢于直言不讳、坚持独立见解、捍卫人格尊严的自由知识分子。这就产生了一个奇怪的易为人忽略的现象:一方面,作为儒家礼制的拥护者,孟子承认社会等级,肯定君臣差别;另一方面,他又强调处于社会等级中不同角色权利的平等,责任的平等。在这种等级中,不同角色各司其职,共同维护社会的安康稳定。他尤其强调臣民的责任和权利:臣民有向君主进谏的责任;臣民亦有罢免刚愎自用、一再失职的君主的权利,甚至拥有推翻暴君、诛杀独夫的革命权。孟子不仅到处宣传这些道理,而且常常当着诸侯国君的面直陈这些主张,常常将君主逼得没有退路,或"勃然变乎色",或"顾左右而言他"。

孟子的"诛独夫"思想,肯定臣民推翻暴君的革命权,为清代"非君"论所本,闪耀着现代"民主"、"民权"的光辉。20世纪初,吴趼人高度肯定孟子在"民权"方面所作的贡献:"民权之义,早见于三代,而大昌明于孟子。《书》曰:'天视自我民视,天听自我民听。'此三代有民权之义之证也。孟子曰:'国人皆曰贤,国人皆曰不可,国人皆曰可杀,然后察之。'此民权之显著者也。其尤甚者曰:'民为贵,社稷次之,君为轻。'又曰:'天下之欲疾其君者,皆欲赴诉于王。'民贵于君,非民权而何?君而可疾,尤非民权而何?"②20世纪30年代,罗隆基在《论人权》一文中揭示:"'对压迫者的反抗'是人权之一……这就是洛克所谓革命的人权。""在中国方面……革命权确早早为一般人承认了。孟子所

---

① 去:离去。
② 转引自陈伯海主编《近四百年中国文学思潮史》,东方出版中心1997年版,第393页。

谓'闻诛一夫纣,未闻弑君也',就是承认革命权的先例。""一切的人权,都可以被人侵略,被人踩躏,被人剥夺。只有革命的人权是永远在人民手里。这自然是人民最后的生机,这又是人权与法律的关系上的最重要的一点。"①孟子的现代人文意义,由此可见一斑。

四、得道多助,失道寡助

齐人伐燕,胜之。宣王问曰:"或谓寡人勿取,或谓寡人取之。以万乘之国伐万乘之国,五旬而举之②,人力不至于此。不取,必有天殃。取之,何如?"孟子对曰:"取之而燕民悦,则取之。古之人有行之者,武王是也。取之而燕民不悦,则勿取。古之人有行之者,文王是也。以万乘之国伐万乘之国,箪食壶浆③,以迎王师,岂有他哉?避水火也。如水益深,如火益热,亦运而已矣④。"

卷二《梁惠王下》

孟子曰:"天时不如地利,地利不如人和。三里之城,七里之郭,环而攻之而不胜。夫环而攻之,必有得天时者矣,然而不胜者,是天时不如地利也。城非不高也,池非不深也,兵革非不坚利也,米粟非不多也,委而去之⑤,是地利不如人和也。故曰:域民不以封疆之界,固国不以山溪之险,威天下不以兵革之利⑥。得道者多助,失道者寡助。寡助之至,亲戚畔之⑦;多助之至,天下顺之。以天下之所顺,攻亲戚之所畔。故君子有不战,战必胜矣。"

卷四《公孙丑下》

点　评

主张"仁政"的孟子反对"争地以战,杀人盈野"(《离娄上》)的侵略战争,但对于以周武王为代表的"诛无道"的正义战争则持肯定态度。《孟子》中涉及

---

① 罗隆基《我的被捕的经过与反感》,中国青年出版社1999年版,第70页。
② 举:攻克。
③ 箪:音丹,竹器。箪食壶浆:用箪盛着饭,用壶装着酒。
④ 运:转也。朱熹注:"言齐若更为暴虐,则民将转而望救于他人矣。"
⑤ 委:弃。
⑥ 以:凭,靠。
⑦ 畔:通叛。

肯定战争的言论并不多,却要言不烦,提出了发动战争的根本依据,总结了战争的制胜之道。战争的依据是"民悦","取之而民悦,则取之;取之而民不悦,则勿取"。发动对敌对国家或地区的战争只有得到当地人民的广泛欢迎,才属有道的正义战争,这也是战争取胜的根本之道。孟子进而指出:在"天时"、"地利"、"人和"这战争胜利的三要素中,"人和"最为重要。"得道者多助,失道者寡助";"多助之至,天下顺之"、"寡助之至,亲戚畔之"。孟子所论,是对历史上改朝换代的战争和春秋战国时期诸侯国之间连绵不断的战争经验教训的深刻总结,也为后来历代各种各样的战争所证实。

五、人格修养

孟子曰:"子路,人告之以有过,则喜。禹闻善言则拜。大舜有大焉,善与人同;舍己从人,乐取于人以为善;自耕稼陶渔以至为帝①,无非取于人者。取诸人以为善,是与人为善者也。故君子莫大乎与人为善。"

卷三《公孙丑上》

(孟子)曰:"……古之君子,过则改之;今之君子,过则顺之。古之君子,其过也,如日月之食,民皆见之;及其更也,民皆仰之。今之君子,岂徒顺之②?又从为之辞③。"

卷四《公孙丑下》

景春曰:"公孙衍、张仪岂不诚大丈夫哉?一怒而诸侯惧,安居而天下熄④。"孟子曰:"是焉得为'大丈夫'乎?……以顺为正者,妾妇之道也⑤。居天下之广居⑥,立天下之正位⑦,行天下之大道⑧,得志与民由之⑨,不得志独行其

---

① 舜曾耕稼于历山,陶于河滨,渔于雷泽。
② 顺之:顺其过。
③ 辞:辩解。
④ 景春:战国时纵横家。熄:喻平安。
⑤ 朱熹注:"女人从人,以顺为正道也。盖言二子阿谀苟容,窃取权势,乃妾妇顺从之道耳,非大丈夫之事也。"
⑥ 广居:仁也。
⑦ 正位:礼也。
⑧ 大道:义也。
⑨ 由:随从。之:民也。

道,富贵不能淫①,贫贱不能移②,威武不能屈,此之谓'大丈夫'。"

卷六《滕文公下》

(孟子)曰:"……士穷不失义,达不离道。穷不失义,故士得己焉③;达不离道,故民不失望焉。古之人,得志,泽加于民;不得志,修身见于世。穷则独善其身,达则兼善天下。"

卷十三《尽心上》

孟子曰:"舜发于畎亩之中④;傅说⑤举于版筑之间⑥,胶鬲⑦举于鱼盐之中,管夷吾举于士,孙叔敖举于海⑧,百里奚举于市⑨。故天将降大任于斯人也,必先苦其心志,劳其筋骨,饿其体肤,空乏其身,行拂乱其所为,所以动心忍性,曾益其所不能⑩……然后知生于忧患而死于安乐也。"

卷十二《告子下》

孟子曰:"鱼,我所欲也;熊掌,亦我所欲也,二者不可得兼,舍鱼而取熊掌者也。生,亦我所欲也;义,亦我所欲也,二者不可得兼,舍生而取义者也。生亦我所欲,所欲有甚于生者,故不为苟得也;死亦我所恶,所恶有甚于死者,故患有所不辟也。如使人之所欲莫甚于生,则凡可以得生者何不用也?使人之所恶莫甚于死者,则凡可以辟患者何不为也⑪?由是则生而有不用也,由是则可以辟患而有不为也。是故所欲有甚于生者,所恶有甚于死者,非独贤者有是心也,人皆有之,贤者能勿丧耳。一箪食,一豆羹,得之则生,弗得则死,嘑尔而与之⑫,行道之人弗受;蹴尔而与之⑬,乞人不屑也。万钟则不辨礼义而受之,万钟于我

---

① 淫:荡其心。
② 移:变其节。
③ 得己:得其所以为士。
④ 畎:音犬。畎亩:田地、田间。
⑤ 傅说(yuè):殷商王武丁的至高权臣——大宰相。传说为傅岩筑墙之奴隶,出身卑微,但自幼聪慧,勤学好问,对国家大事颇有见解。他在傅岩遇到了以布衣身份游历的武丁,被举用。
⑥ 用夹板筑土墙。
⑦ 胶鬲:原为贩卖鱼、盐的,后周文王把他举荐给商纣王。鬲:音立。
⑧ 孙叔敖:春秋时期楚国名臣。在海子湖边被楚庄王举用,公元前601年,出任楚国令尹,辅佐楚庄王施教导民,宽刑缓政,发展经济,政绩赫然。
⑨ 百里奚:春秋时秦国大夫。少时家境甚贫,颠沛流离,后出游诸国,到齐国,不被任用;又至周,仍不被任用;后被虞公任用为大夫。晋灭虞后被俘,作为陪嫁之臣被送往秦国。因秦穆公以媵臣待之,出走至宛,为楚人所执。后秦穆公闻其贤,用五张黑公羊皮将其赎回,授以国政。称为五羖大夫。
⑩ 曾:通增。
⑪ 辟:通避。
⑫ 嘑:音护,呼叱。
⑬ 蹴:践踏。

何加焉①?"

卷十一《告子上》

点　评

  孟子认为人性本善,"人皆可以为尧舜"。然而,在现实生活中,由于欲望的干扰遮蔽,"仁"、"义"之类的道德本心缺失了。人并不是"尧舜",而是有这样那样缺点的凡夫俗子。于是,道德修养的任务便对每一个人提了出来,"学问之道无他,求其放心而已"。道德修养的任务不是其他,就是找回丢失的善心。找回善心的过程是自我反省、闻过则喜、勇于改过。即便是舜亦非生来的圣人。孟子由此对人格修养提出了诸多要求,如"穷不失义,达不离道","穷则独善其身,达则兼善天下","生于忧患,死于安乐","舍生取义"、"富贵不能淫,贫贱不能移,威武不能屈",等等。这些成为历代仁人志士、道德君子用以砥砺自身言行的座右铭。

---

① 万钟:万钟之食也。钟:量器。

第二十三章
荀子

《荀子》,荀子及其弟子所撰,共32篇,其中保留了荀子的基本思想。

荀子(约前313—前230),名况,时人尊而号之为"卿"。战国末期赵国人,曾游学于齐,成为齐稷下学宫祭酒(学长)。后赴楚国,春申君用为兰陵令,著书终老其地。他综合各家思想,成为先秦儒家学说的集大成者。

为政之道说到底即治人之道。治人之道的根本,是对人性的正确认识。老庄、孔孟的政治学说所以不为当时各国统治者所采纳,是因为建立在违背实际的人性观基础之上。荀子人文思想的价值,正在于它是立足在对现实人性的客观把握之上的,是根据实际人性设计的切实可行的政治方案。因而,经过弟子韩非、李斯的发挥,荀子学说被应用于秦国统一天下的霸业中。可以说,孔孟为代表的儒家仁政思想经过荀子礼法并行、王霸兼用的改造,成为历代社会占统治地位的思想。

理解荀子思想的关键,是人性论。人性即人的自然本性。人的自然本性即好利恶害、好生恶死、好荣恶辱之类的自然情欲,而不是仁义礼智之类的善心。人的自然情欲驱使人为个人利益展开争夺,引发社会纷乱,因而人性本恶。正因为人性本恶,所以统治者必须制礼作乐、建立法度,以泄导人情、防范人欲、平息纷争。个体的人也有一个循礼守法、去恶改过的道德修养任务。从治国一端说,"礼者,人道之极也";从个人修养一端说,是否守礼,不仅是"君子"与"小人"的区别,甚至是"人"与"禽兽"的分野。孟子认为人性本善,势必导致人们放松道德改造;墨子非乐,势必堵塞人情,埋下情欲决堤的隐患。情欲既恶而又与生俱来,因而既不可纵欲也不可去欲,而只能导之节之地养欲。"礼"或"礼乐"就是养欲的最好措施。荀子在礼法兼顾中更重视"礼乐",奥妙就在这里。

本书采用清人王先谦《荀子集解》本,中华书局1988年版。

一、自然人性、共同人性、性恶

生之所以然者谓之"性"。性之和所生①,精合感应②,不事而自然③,谓之"性"。性之好、恶、喜、怒、哀、乐谓之"情"。情然而心为之择谓之"虑"。心虑而能为之动谓之"伪";虑积焉,能习焉而后成,谓之"伪"……

"性"者,天之就也;"情"者,性之质也;"欲"者,情之应也。以所欲为可得而求之,情之所必不可免也;以为可而道之④,知所必出也⑤。故虽为守门⑥,欲不可去,性之具也;虽为天子,欲不可尽。欲虽不可尽,可以近尽也;欲虽不可去,求可节也。所欲虽不可尽,求者犹近尽;欲虽不可去,所求不得,虑者欲节求也。"道"者,进则近尽,退则节求,天下莫之若也。凡人莫不从其所可,而去其所不可。知"道"之莫之若也,而不从"道"者,无之有也。

卷十六《正名篇第二十二》

材性知能,君子小人一也;好荣恶辱,好利恶害,是君子小人之所同也。若其所以求之之道,则异矣……

凡人有所一同:饥而欲食,寒而欲暖,劳而欲息,好利而恶害,是人之所生而有也,是无待而然者也,是禹、桀之所同也。目辨黑白美恶,耳辨音声清浊,口辨酸咸甘苦,鼻辨芬芳腥臊,骨体肤理辨寒暑疾养,是又人之所常生而有也,是无待而然者也,是禹、桀之所同也。可以为尧禹,可以为桀跖,可以为工匠,可以为农贾,在埶注错习俗之所积耳⑦,是又人之所生而有也,是无待然而然也,是

---

① 和:阴阳和合之气。
② 精合:精气交合。感应:感觉相应。
③ 事:人为。
④ 道之:以之为道。道:道德。
⑤ 知:通智。
⑥ 守门:指地位至贱之人。
⑦ 埶:据王先谦注,为衍文,无义。错:通措。

禹、桀之所同也……

　　人之情,食欲有刍豢,衣欲有文绣,行欲有舆马,又欲夫余财蓄积之富也,然而穷年累世不知不足,是人之情也。今人之生也,方知蓄鸡、狗、猪、彘,又蓄牛羊,然而食不敢有酒肉;余刀布①,有囷窌②,然而衣不敢有丝帛;约者有筐箧之藏③,然而不敢有舆马。是何也?非不欲也,几不长虑顾后而恐无以继之故也④。

卷二《荣辱篇第四》

　　夫人之情,目欲綦色、耳欲綦声、口欲綦味、鼻欲綦臭⑤、心欲綦佚⑥。此五綦者,人情之所必不免也……

　　夫贵为天子,富有天下,名为圣王,兼制人,人莫得而制也,是人情之所同欲也,而王者兼而有是者也。重色而衣之⑦,重味而食之,重财物而制之,合天下而君之,饮食甚厚、声乐甚大、台榭甚高、园囿甚广、臣使诸侯、一天下,是又人情之所同欲也,而天子之礼制如是者也。制度以陈,政令以挟,官人失要则死,公侯失礼则幽,四方之国有侈离之德则必灭,名声若日月,功绩如天地,天下之人应之如景响⑧,是又人情之所同欲也,而王者兼而有是者也。故人之情,口好味而臭味莫美焉,耳好声而声乐莫大焉,目好色而文章致繁,妇女莫众焉,形体好佚而安重闲静莫愉焉,心好利而谷禄莫厚焉,合天下之所同愿兼而有之,宰守天下而制之若制子孙,人苟不狂惑憨陋者,其谁能睹是而不乐也哉!

卷七《王霸篇第十一》

　　人之性恶,其善者伪也。今人之性,生而有好利焉,顺是,故争夺生而辞让亡焉;生而有疾恶焉,顺是,故残贼生而忠信亡焉;生而有耳目之欲,有好声色焉,顺是,故淫乱生而礼义文理亡焉。然则从人之性,顺人之情,必出于争夺,合于犯分乱理而归于暴⑨。故必将有师法之化,礼义之道,然后出于辞让,合于文理,而归于治。用此观之,人之性恶明矣,其善者伪也。故枸木必将待檃栝、烝

---

① 刀、布:货币。
② 囷:音群平声,圆形谷仓。窌:音叫,地窖。
③ 约:吝啬。
④ 几不:王念孙认为二字为衍文,当去。
⑤ 臭:音袖,气味。綦:极。
⑥ 佚:通逸。
⑦ 重:多。
⑧ 景:通影。
⑨ 分:俞樾云,当为"文"之衍。

矫然后直①,钝金必将待砻、厉然后利②,今人之性恶,必将待师法然后正,得礼义然后治。……凡性者,天之就也,不可学,不可事。礼义者,圣人之所生也,人之所学而能,所事而成者也。不可学、不可事而在人者谓之"性",可学而能、可事而成之在人者谓之"伪",是"性"、"伪"之分也。

卷十七《性恶篇第二十三》

点　　评

　　什么是"性"?《孟子·告子》云:"生之谓性。"《庄子·庚桑楚》云:"性者,生之质也。"在《庄子》中,"性"、"生"往往可以互训。《荀子》承此而来,认为人性就是人天生的自然本性。

　　孟子说:"人皆可以为尧舜。"已初步触及共同人性问题。荀子反复强调,人的自然本性"君子、小人一也","禹、桀之所同也";而"君子"、"小人"的差别,是后天修养与否的结果。他们的本性是相同的,绝非生来就有善、恶的差别。荀子明确肯定共同人性的客观存在,体现了强烈的人性平等意识。

　　人的自然本性是什么呢?荀子认为,就是"好利恶害"、"好荣恶辱"、"好逸恶劳";如果顺着自然人性任意而为,就会"犯文乱理"、毁坏礼法,因而"人性本恶"。荀子此论,只是揭示了人性真实的常识,然而千万不要忽视这种常识的意义。国际共产主义运动史上的许多教训,恰恰是由违反这一常识引起的。比如人性本来好逸恶劳,可19世纪初法国空想社会主义思想家傅立叶偏认为人天性爱劳动;人性本来自私自利,可19世纪末俄国无政府主义思想家克鲁泡特金偏说人类有"互助"的天性。因此,在取消了外在约束之后,人们仍然会自觉劳动和互助。而实际情况如何,则是人所共知、毋庸赘言的。

二、人的特性、地位

　　人之所以为人者,何已也?曰:以其有辨也③。饥而欲食,寒而欲暖,劳而

---

① 檃:音隐。栝,亦作括。檃栝:使曲木平直之器具。枸:通钩,曲也。烝:通蒸。
② 砻:音龙,磨刀石。厉,通砺,磨刀石。
③ 辨:别。

欲息，好利而恶害，是人之所生而有也，是无待然而然者也，是禹、桀之所同也。然则人之所以为人者，非特以二足而无毛也①，以其有辨也。今夫狌狌形笑亦二足而毛也②，然而君子啜其羹，食其胾③。故人之所以为人者，非特以其二足而无毛也，以其有辨也。夫禽兽有父子而无父子之亲，有牝牡而无男女之别，故人道莫不有辨。辨莫大于分④，分莫大于礼，礼莫大于圣王。

卷三《非相篇第五》

水火有气而无生⑤，草木有生而无知，禽兽有知而无义。人有生、有知、亦且有义，故最为天下贵也。力不若牛，走不若马，而牛马为用，何也？曰：人能群，彼不能群也。人何以能群？曰："分。"分何以能行？曰："义。"故义以分则和⑥，和则一⑦，一则多力，多力则强，强则胜物，故宫室可得而居也。故序四时、裁万物，兼利天下，无它故焉，得之分义也。故人不能无群，群而无分则争，争则乱，乱则离，离则弱，弱则不能胜物，故宫室不可得而居也，不可少顷舍礼义之谓也。

卷五《王制篇第九》

人之生，不能无群。群而无分则争，争则乱，乱则穷矣。故无分者，人之大害也；有分者，天下之本利也。而人君者，所以管分之枢要也。故美之者，是美天下之本也；安之者，是安天下之本也；贵之者，是贵天下之本也。

卷六《富国篇第十》

点　评

人的自然属性即动物属性，其他动物也具有。人性除了有与其他动物一致的地方外，还有什么区别？荀子认为，最大的区别就是"人能群，彼不能群也"。人为什么能"群"？荀子没有回答，只是说"人之生，不能无群"，群体性是人维持自己生命存在的天然倾向和先决条件。人类既然得联合在一起谋取生活资

---

① 特：只。
② 狌狌：同猩猩。形笑，当作形相。毛：当作"无毛"之脱文。
③ 胾：音字，大块的肉。杨倞注："禽兽无辨，故贱而食之。"人则啜羹食胾，区别于禽兽。
④ 分：有上下亲疏之分。按："辨"、"分"都可释为"别"，"分"是"辨"中的一种，有尊卑亲疏。
⑤ 生：生命。
⑥ 礼义因为有尊卑亲疏的分别而能导致和谐相处。
⑦ 一：统一。

料,按照人求利自私的自然本性,就不能"无争"。争斗的最后结果对大家的生命存在都有危害,于是人类产生类似于社会契约式的分别等级,以制止纷争,和谐一致,形成强力,"胜物"而自存。"故人之所以为人者,以其有辨也";"群而无分则争",有分则和,"和则一,一则多力,多力则强,强则胜物"。因此,代表分别等级的最高典范的礼义就成为人与动物的最终区别。人不仅以生命区别于"水火",以知觉区别于"草木",而且以礼义区别于"禽兽",故"最为天下贵也"。

三、隆礼重法,化性起伪

今人之性恶,必将待师法然后正,得礼义然后治。今人无师法则偏险而不正,无礼义则悖乱而不治。古者圣王以人之性恶,以为偏险而不正,悖乱而不治,是以为之起礼义,制法度,以矫饰人之情性而正之,以扰化人之情性而导之也,始皆出于治、合于道者也。今之人,化师法、积文学、道礼义者为君子,纵性情、安恣睢而违礼义者为小人。用此观之,然则人之性恶明矣,其善者伪也。

卷十七《性恶篇第二十三》

故人莫贵乎生,莫乐乎安,所以养生安乐者莫大乎礼义。人知贵生乐安而弃礼义,辟之是犹欲寿而歾颈也①,愚莫大焉。

卷十一《强国篇第十六》

礼起于何也?曰:人生而有欲。欲而不得,则不能无求。求而无度量分界,则不能不争。先王恶其乱也,故制礼义以分之,以养人之欲,给人之求,使欲必不穷乎物,物必不屈于欲,两者相持而长,是礼之所起也。故礼者养也……

礼者,断长续短,损有余,益不足,达爱敬之文,而滋成行义之美者也……

性者,本始材朴也;伪者,文理隆盛也。无性则伪之无所加,无伪则性不能自美,性伪合,然后圣人之名一,天下之功于是就也。

卷十三《礼论篇第十九》

夫乐者,乐也,人情之所必不免也,故人不能无乐。乐则必发于声音,形于动静,而人之道,声音、动静、性术之变尽是矣。故人不能不乐,乐则不能无形,形而不为道,则不能无乱。先王恶其乱也,故制雅、颂之声以道之,使其声足以

---

① 歾:通刎。

乐而不流,使其文足以辨而不䚮①,使其曲直、繁省、廉肉、节奏足以感动人之善心②,使夫邪汙之气无由得接焉。……乐者,圣人之所乐也,而可以善民心,其感人深,其移风易俗③,故先王导之以礼乐而民和睦。夫民有好恶之情而无喜怒之应则乱。先王恶其乱也,故修其行,正其乐,而天下顺焉。

卷十四《乐论篇第二十》

点　　评

　　人的自然情欲虽然会导致纷争悖理的恶来,但如果简单地"去欲"、"寡欲"则不是明智的态度,因为"人生而有欲","欲不可去"(《荀子·正名》),"人不能不乐",片面地去欲、塞情只会带来更大的社会动乱。因而,荀子主张顺应人性而导欲节情:"凡语治而待去欲者,无以道欲而困于有欲者也;凡语治而待寡欲者,无以节欲而困于多欲者也。"(《正名》)情欲虽有作恶的可能,但如果合理地加以疏导节制,就能化性起伪、化恶为善,成为民安国泰、天下大治的积极力量。而疏导、节制情欲的最好方法,就是礼乐法度。礼通过尊卑亲疏的等级制实现人与人之间的和谐相处;乐通过泄导人情、以善愉人而使人乐而不淫,法度通过刑罚使人趋善止恶。故荀子说:"国之命在礼。君人者隆礼尊贤而王,重法爱民而霸。"(《天论》)"正其乐而天下顺。"(《乐论》)

　　恩格斯曾经辩证地肯定:"恶劣的情欲"是"历史发展的杠杆"④。孟德斯鸠由人性本恶推导出三权分立的政治方案。荀子思想与此不无相通之处。

四、"礼者,人道之极"

先王之道,仁之隆也,比中而行之⑤。曷谓"中"?曰:礼义是也。"道"者,非天之道、非地之道,人之所以道也,君子之所道也。

卷四《儒效篇第八》

---

① 䚮:通息。文:旋律。
② 廉肉:厚薄。肉:丰润。廉:方正。
③ 此句未完,王先谦云,当作"其移风俗易"。
④ 恩格斯《路德维希·费尔巴哈和德国古典哲学的终结》。
⑤ 比:类、按。

故绳者,直之至;衡者,平之至;规矩者,方圆之至;礼者,人道之极也。然而不法礼,不足礼,谓之无方之民①;法礼足礼,谓之有方之士。礼之中焉能思索,谓之能虑;礼之中焉能勿易,谓之能固。能虑能固,加好者焉②,斯圣人矣。故天者,高之极也;地者,下之极也;无穷者,广之极也;圣人者,道之极也。故学者固学为圣人也,非特学为无方之民也。

卷十三《礼论篇第十九》

吾尝终日而思矣,不如须臾之所学也;吾尝跂而望矣③,不如登高之博见也。登高而招,臂非加长也,而见者远;顺风而呼,声非加疾也,而闻者彰。假舆马者,非利足也,而致千里;假舟楫者,非能水也,而绝江河。君子生非异也,善假于物也……

积土成山,风雨兴焉;积水成渊,蛟龙生焉;积善成德,而神明自得,圣心备焉……

学恶乎始,恶乎终?曰:其数则始乎诵经,终乎读礼;其义则始乎为士,终乎为圣人。真积力久则入,学至乎没而后止也④。故学数有终,若其义则不可须臾舍也。为之,人也;舍之,禽兽也。

卷一《劝学篇第一》

见善,修然必以自存也⑤;见不善,愀然必以自省也⑥;善在身,介然必以自好也⑦;不善在身,菑然必以自恶也⑧。故非我而当者,吾师也;是我吾当者,吾友也;谄谀我者,吾贼也。故君子隆师而亲友,以致恶其贼。好善无厌,受谏而能诫,虽欲无进,得乎哉?小人反是,致乱而恶人之非己也⑨,致不肖而欲人之贤己也;心如虎狼、行如禽兽,而又恶人之贼己也⑩;谄谀者亲,谏争者疏,修正为笑⑪,至忠为贼,虽欲无灭亡,得乎哉?

---

① 方:道,道德、道理。
② 好:音浩,喜好。者:通"之"。王先谦释此句当为"加好之者焉",亦通。
③ 跂:通企,踮起脚跟。
④ 没:通歾,死亡。
⑤ 修然:整饬貌。意谓见善必自整饬,使存于身。
⑥ 愀:音巧,忧惧。
⑦ 介然:坚固貌。
⑧ 菑:通灾。
⑨ 恶:音务,憎恶。
⑩ 贼己:以己为贼。
⑪ 笑:可笑。

卷一《修身篇第二》

君子能亦好,不能亦好;小人能亦丑,不能亦丑。君子能则宽容易直以开道人,不能则恭敬繜绌以畏事人①;小人能则倨傲僻违以骄溢人,不能则妒嫉怨诽以倾覆人。故曰:君子能则人荣学焉②,不能则人乐告之;小人能则贱学焉③,不能则人羞告之。是君子、小人之分也。

君子宽而不僈④,廉而不刿⑤,辩而不争,察而不激⑥,寡立而不胜⑦,坚强而不暴,柔从而不流⑧,恭敬谨慎而容⑨,夫是之谓至文。《诗》曰:"温温恭人,惟德是基⑩。"此之谓矣。

君子崇人之德,扬人之美,非谄谀也;正义直指,举人之过,非毁疵也;言己之光美,拟于舜禹,参于天地,非夸诞也;与时屈伸,柔从若蒲苇,非慑怯也;刚强猛毅,靡所不信,非骄暴也;以义变应⑪,知当曲直故也。

卷二《不苟篇第三》

君者,民之原也,原清则流清,原浊则流浊。故有社稷者而不能爱民,不能利民,而求民之亲爱己,不可得也。民不亲不爱,而求其为己用,为己死,不可得也。民不为己用,不为己死,而求兵之劲、城之固,不可得也。兵不劲、城不固,而求敌之不至,不可得也。敌至而求无危削,不灭亡,不可得也。……故人主欲强固安乐,则莫若反之民。

卷八《君道篇第二十》

点　评

《易传》、《礼记》都提及"人道"概念。荀子对"人道"作了最明确的界定:

---

① 繜(zǔn):通撙,撙节、抑制。绌:通黜,贬责。
② 荣:幸也。指别人有机会学习他。
③ 贱学:轻视学习。
④ 僈:通慢,怠惰。
⑤ 廉:方正。刿:guì,刺伤、伤人。
⑥ 二句谓表达观点而不与人争辩,洞明义理而不激切偏执。
⑦ 不胜:指人不能胜之。
⑧ 流:同流合污。柔从而不流,即和而不同之义。
⑨ 容:宽容而不孤介。
⑩ 诗见《诗·大雅·抑》。
⑪ 坚持义的前提下应事而变通。

人道即"人之所以道",亦即"君子之所道",极而言之,就是"礼"。遵礼而行,就叫道德之"士",就叫"君子"。这方面做得最好的,就叫"圣人"。人生来有许多恶性,只有不断改过积善,才能成为"君子"、"圣人"。礼义,是人与禽兽的最终区别。"为之,人也;舍之,禽兽也。"于是,认为人性本恶的荀子就与坚持人性本善的孟子殊途同归了。孟子认为无仁义之心"非人"也,荀子也认为悖礼义而行乃"禽兽"也;孟子认为人天性向善,"人皆可以为尧舜",荀子认为人性虽恶,但通过修养学习,"涂之人可以为禹"(《性恶》)。

君道作为人道的特殊形态,荀子强调,为君之道就是"爱民"、"利民",从而使民"亲己"、"爱己",愿"为己用"、"为己死",否则,求国无危,不可得也。这从一个侧面体现了儒家的"仁政"、"民本"思想。

第二十四章
晏子春秋

《晏子春秋》,春秋时齐国大夫晏婴的言行录。旧题晏婴撰,实为战国时人搜集晏婴言行所编。有内篇、外篇,共8卷。内容以呼唤仁政,塑造谏臣为主。《汉书·艺文志》列《晏子》八篇为儒家著作。1972年山东临沂西汉墓中出土《晏子》残简与今本《晏子春秋》有关章节大体一致,可知《晏子》即《晏子春秋》。

《晏子春秋》是一部谏书。它通过若干则以对话为主的故事片断,展现、塑造了齐景公时代晏子以国家利益、人民利益为重,敢于进谏、善于进谏,忠义、睿智、善辩的诤臣形象。这一形象具有极强的人文主义感染力。其独立不阿的士子人格,堪与现代知识分子追求的自主精神相通。

齐桓公之称霸,赖有管仲也;齐景公之兴盛,赖有晏婴也。春秋时齐国的强大,离不开管仲,也离不开晏婴。

本书采用今人吴则虞《晏子春秋集释》,中华书局1962年版。

一、治国莫高于爱民

叔向问晏子曰①:"意孰为高?行孰为厚?"对曰:"意莫高于爱民,行莫厚于爱民。"又问曰:"意孰为下?行孰为贱?"对曰:"意莫下于刻民,行莫贱于害

---

① 叔向:晋大夫。

身也①。"

卷四《内篇·问下》

　　庄公问晏子曰②："威当世而服天下，时耶？"晏子对曰："行也。"公曰："何行？"对曰："能爱邦内之民者，能服境外之不善；重士民之死力者，能禁暴国之邪劣；听任贤者，能威诸侯；安仁义而乐利世者，能服天下。不能爱邦内之民者，不能服境外之不善；轻士民之死力者，不能禁暴国之邪逆；愎谏傲贤者之言③，不能威诸侯；倍仁义而贪名实者④，不能威当世而服天下者⑤。此其道也已。"而公不用，晏子退而穷处。公任勇力之士，而轻臣仆之死，用兵无休，国罢民害⑥。期年，百姓大乱，而身及崔氏祸⑦。

　　……景公问晏子曰："古之盛君，其行何如？"晏子对曰："薄于身而厚于民，约于身而广于世。其处上也，足以明政行教，不以威天下；其取材也，权有无，均贫富，不以养嗜欲；诛不避贵，赏不遗贱，不淫于乐，不遁于哀⑧，尽智导民，而不伐焉⑨；劳力岁事，而不责焉。为政尚相利，故不以相害。行教尚相爱，故民不以相恶为名。刑罚中于法，废罪顺于民。是以贤者处上而不华，不肖者处下而不怨。四海之内，社稷之中，粒食之民，一意同欲。……此盛君之行也。"公不图。晏子曰："臣闻问道者更正，闻道者更容。今君税敛重，故民心离；市贾悖，故商旅绝；玩好充，故家货殚⑩。积邪在于上，蓄怨藏于民，嗜欲备于侧，毁非满于国，而公不图。"公曰："善！"于是令玩好不御，公市不豫⑪，宫室不饰，业土不成⑫，止役轻税，上下行之，而百姓相轻。

　　……景公问晏子曰："贤君之治国若何？"晏子对曰："其政任贤，其行爱民，其取下节，其自养俭，在上不犯下，在治不傲穷，从邪害民者有罪，进善举过者有

---

① 身：当为"民"之衍。
② 庄公：齐庄公。晏子一生历仕齐灵公、庄公、景公三朝。
③ 愎：执拗，引申为违。愎谏：不接受劝谏。
④ 倍：通背。
⑤ 者：语助词。
⑥ 罢：通疲。
⑦ 庄公最后被齐大夫崔杼所杀。
⑧ 遁：通循，陷也。
⑨ 伐：矜夸。
⑩ 殚：音但，尽。
⑪ 豫：欺。
⑫ 业土：已筑而未成之土木工程。

赏。其政刻上而饶下,赦过而救穷,不因喜以加赏,不因怒以加罚,不从欲以劳民①,不修怒而危国②。上无骄行,下无诌德,上无私义,下无窃权,上无朽蠹之藏,下无冻馁之民,不事骄行而尚司③,其民安乐而尚亲。贤君之治国若此。"

卷三《内篇·问上》

点 评

东汉班固《汉书·艺文志》将《晏子》列为儒家著作。唐柳宗元根据《晏子春秋》中兼爱、节用等主张,将其视为墨家后学之作。儒、墨之间在仁政、爱民这一点上是相通的。晏子仕齐时,始终向齐庄公、齐景公灌输以"爱民"为本的治国之道,实为班固、柳宗元之所本。就整体倾向而论,《晏子春秋》是儒家民本思想光辉的又一次巨大释放。

二、知人善任、敢谏善谏

景公出猎,上山见虎,下泽见蛇。归,召晏子而问之曰:"今日寡人出猎,上山则见虎,下山则见蛇,殆所谓不祥也?"晏子对曰:"国有三不祥,是不与焉④。夫有贤而不知,一不祥;知而不用,二不祥;用而不任⑤,三不祥也。所谓不祥,乃若此者。今上山见虎,虎之室也;下泽见蛇,蛇之穴也。如虎之室,如蛇之穴而见之⑥,曷为不祥也?"

卷二《内篇·谏下》

景公问晏子:"古之莅国治民者,其任人何如?"晏子对曰:"地不同生⑦,而任之以一种,责其俱生不可得;人不同能,而任之以一事,不可责遍成。责焉无已,智者有不能给;求焉无厌,天地有不能赡也。故明王之任人,谄谀不迩乎左右,阿党不治乎本朝。任人之长,不强其短,任人之工,不强其拙。此任人之大

---

① 从:纵。
② 修怒:当为修怨。
③ 司:当为同之误。
④ 与:心许、认可。
⑤ 任:信任、放任。
⑥ 如:至也,往也。亦可能为"于"。
⑦ 生:同性。

略也。"

卷三《内篇·问上》

景公出游于寒涂,睹死胔①,默然不问。晏子谏曰:"昔吾先君桓公出游,睹饥者与之食,睹疾者与之财,使令不劳力,籍敛不费民②。先君将游,百姓皆曰:'君当幸游吾乡乎!'今君游于寒涂,据四十里之氓③,殚财不足以奉敛,尽力不能周役,民氓饥寒冻馁,死胔相望,而君不问,失君道矣。财屈力竭,下无以亲上,骄泰奢侈,上无以亲下。上下交离,君臣无亲。此三代之所以衰也。今君行之,婴惧公族之危,以为异姓之福也。"公曰:"然!为上而忘下,厚籍敛而忘民,吾罪大矣。"于是敛死胔,发粟于民。据四十里之氓,不服政其年④,公三月不出游。

景公之时,雨雪三日而不霁。公被狐白之裘,坐堂侧陛⑤。晏子入见,立有间,公曰:"怪哉!雨雪三日而天不寒。"晏子对曰:"天不寒乎?"公笑。晏子曰:"婴闻古之贤君饱而知人之饥,温而知人之寒,逸而知人之劳,今君不知也。"公曰:"善!寡人闻命矣。"乃令出裘发粟与饥寒⑥,令所睹于涂者,无问其乡;所睹于里者,无问其家。循国计数,无言其名。士既事者兼月,疾者兼岁⑦。孔子闻之曰:"晏子能明其所欲,景公能行其所善也。"

……景公使圉人养所爱马,暴死,公怒,令人操刀解养马者⑧。是时晏子侍前,左右执刀而进,晏子止而问于公曰:"尧舜支解人⑨,从何躯始?"公矍然曰⑩:"从寡人始。"遂不支解。公曰:"以属狱⑪。"晏子曰:"此不知其罪而死,臣为君数之,使知其罪,然后致之狱。"公曰:"可。"晏子数之曰:"尔罪有三:公使汝养马而杀之⑫,当死罪一也;又杀公所最善马,当死罪二也;使公以一马之故而杀人,百姓闻之必怨吾君,诸侯闻之必轻吾国,汝杀公马,使怨积于百姓,兵弱

---

① 胔:音自,肉还未烂尽的骨骼。
② 籍敛:征收田税。
③ 据:位也,处也。氓:民。
④ 服:事。其:通期。期年,一整年。
⑤ 陛:宫殿之台阶。
⑥ 与饥寒:给饥寒者。
⑦ 兼月、兼岁:兼有一月一岁之粟。指对已有职业之士,发一月之粮;对病苦无力之人,发一岁之粮。
⑧ 解:肢解,杀也。
⑨ 支:通肢。
⑩ 矍:音决,惊惶。一说通惧。
⑪ 属:通嘱,交付。
⑫ 杀之:使之死。

于邻国,汝当死罪三也。今以属狱①。"公喟然叹曰:"夫子释之②!夫子释之!勿伤吾仁也。"

卷一《内篇·谏上》

景公好弋,使烛邹主鸟而亡之。公怒,诏吏杀之。晏子曰:"烛邹有罪三,请数之以其罪而杀之。"公曰:"可。"于是召而数之公前,曰:"烛邹!汝为吾君主鸟而亡之,是罪一也;使吾君以鸟之故杀人,是罪二也;使诸侯闻之,以吾君重鸟以轻士,是罪三也。"数烛邹罪已毕,请杀之。公曰:"勿杀!寡人闻命矣。"

卷七《外篇》

点　评

最高统治者如何用人?晏子提出两条原则,一是知人善任,二是用其所长。首先要善于发现和识别人才,然后放手任用他;其次要"任人之长,不强其短",尤其不能求全,因为再杰出的人才也有短处。作为效力于君主的臣子应如何尽职?那就是要抛弃一己私利,敢于发表不同意见,并应施展高度的政治智慧,最大程度地实现讽谏批评的效果。晏子本人就是这样一位既有崇高的道义感、责任感,又有高超的政治智慧的敢谏、善谏之士。

三、"攻义者不祥,危安者不困"

庄公将伐晋,问于晏子。晏子对曰:"不可。君得合而欲多③,养欲而意骄。得合而欲多者危,养欲而意骄者困。今君任勇力之士,以伐明主④,若不济,国之福也。不德而有功,忧必及君。"公作色不说。晏子辞不为臣,退而穷处,堂下生蓼藿⑤,门外生荆棘。庄公终任勇力之士,西伐晋,取朝歌,及太行、孟门,兹于兑⑥。期而民散⑦,身灭于崔氏……

---

① 今:现在。
② 夫子:指晏子。
③ 合:通给。指所得者既给,所求者弥多。
④ 明主:盟主。
⑤ 蓼藿:音了获,草也。
⑥ 兹于兑:孙星衍云:"未详。"王念孙云:"且于之隧。"
⑦ 期:音基,一整年。

景公举兵欲伐鲁,问于晏子。晏子对曰:"不可。鲁好义而民戴之,好义者安,见戴者和。伯禽之治存焉①,故不可攻。攻义者不祥,危安者不困②。且婴闻之,伐人者德足以安其国,政足以和其民。国安民和,然后可以举兵而征暴。今君好酒而辟③,德无以安国,厚藉敛,意使令④,无以和民。德无以安之则危,政无以和之则乱。未免乎危乱之理,而欲伐安和之国,不可。不若修政而待其君之乱也。其君离,上怨其下,然后伐之,则义厚而利多。义厚则敌寡,利多则民欢。"公曰:"善。"遂不果伐鲁。

　　景公伐莱,胜之。问晏子曰:"吾欲赏于莱何如?"对曰:"臣闻之:以谋胜国者,益臣之禄;以民力胜国者,益民之利。故上有羡获⑤,下有加利;君上享其名,臣下利其实。故用智者不偷业,用力者不伤苦。此古之善伐者也。"公曰:"善。"于是破莱之臣,东邑之卒,皆有加利。是上独擅名,利下流也。

卷三《内篇·问上》

点　　评

　　春秋是一个以武力争霸的时代。齐庄公、景公均好战。晏婴并不一概反战,但他提出了几条用兵原则:一是"得给而欲多者危",不能在应得之外另有所求发动不义之战,否则,即使"不德而有功",也会"忧必及君";二是"攻义者不祥,危安者不困",仁义、安定之国不可伐,只有伺敌方君民相离、上下相怨之际开战,才能"敌寡民欢",受到征伐之地人民的欢迎;只有"德足以安其国,政足以和其民","然后可以举兵而征暴";三是必须论功行赏,使战争的胜利不只对君主有利,而且对"用智"、"用力"者都有利。庄公不听,民散身死;景公纳言,国祚绵长。晏子的战争思想,透过"勇力"这些决定战争胜负的表层因素,深入战争双方民心的向背,发人深省。

---

① 伯禽:周公长子,周代鲁国的第一任国君。
② 危安:使安危也。困:使困。
③ 辟:通僻。
④ 意:任意。
⑤ 羡:剩余。

第二十五章
孝经

《孝经》,先秦儒家经典之一。作者说法不一,以孔门后学子思所作一说较为合理①。宣扬孝道,汉代与《诗》、《书》、《易》、《礼》、《春秋》、《论语》并列为"七经"。有《今文孝经》18章与《古文孝经》22章两种版本。

中国古代社会是以血缘纽带维系起来的宗法社会,"天下一家","孝治天下"。产生于血亲伦理的道德观念"孝"在古代宗法社会中具有至高无上的地位。今天的社会虽然不是宗法社会,但血缘关系仍然是维系社会存在的基础,是现代社会人与人关系的一部分,"孝"道在现代社会中仍然有不可替代的一席地位。

"孝"不仅是对父母物质的奉养,而且是对父母精神的崇敬和爱戴。"天地之性人为贵。"人区别于动物的高贵之处就在于动物只能供养父母,而人则懂得孝敬父母。如果子女对失去生活能力的父母连物质奉养都做不到,这样的子女就连禽兽都不如。在父母物质生活有所保障的情况下,"常回家看看",给父母以精神的慰藉就显得愈加重要。

一部《孝经》,讲来讲去就两层意思,一是以孝修身,一是以孝治天下。其中有深意存焉。"孝"是一切道德情操的原点。今天的人文素质培养,一切可从"孝"做起。

---

① 汪受宽《孝经译注》前言,上海古籍出版社1998年。

本书采用唐玄宗注、宋邢昺疏《孝经注疏》十八章本①,《十三经注疏》,上海古籍出版社1997年影印本。

一、"人之行,莫大于孝"

曾子曰②:"敢问圣人之德无以加于孝乎?"③子曰④:"天地之性人为贵。人之行,莫大于孝。孝莫大于严父⑤,严父莫大于配天⑥,则周公其人也⑦。……故圣人之德,又何以加于孝乎?……故不爱其亲而爱他人者,谓之悖德;不敬其亲而敬他人者,谓之悖礼⑧。以顺则逆⑨,民无则焉⑩。"

卷五《圣治章》

子曰⑪:"教民亲爱,莫善于孝;教民礼顺,莫善于悌⑫;移风易俗,莫善于乐⑬;安上治民,莫善于礼。礼者,敬而已也。故敬其父则子悦,敬其兄则弟悦,敬其君则臣悦⑭。敬一人而千万人悦⑮,所敬者寡,而悦者众。此之谓要道也。"

卷六《广要道章》

子曰:"孝子之事亲也,居则致其敬,养则致其乐,病则致其忧,丧则致其

---

① 《古文孝经》二十二章本,见汪受宽《孝经译注》附录一。
② 曾子:孔子弟子曾参。
③ 加:高。
④ 子:孔子。
⑤ 严:尊崇。
⑥ 配天:邢昺疏:"严父之大,莫有于以父配天而祭也。"配:匹配、比拟;配享,辅祭。此句意谓尊崇父亲应在父亲活着时把他当作天加以供奉,在父亲死后把他当作神加以祭祀。
⑦ 周公:姬旦,周文王子,周武王弟,周成王年幼时的摄政王。被认为是"严父配天"而"孝"的典范。
⑧ 德主爱而礼主敬,必爱、敬其亲而后推己及人,方合德顺礼,否则就是"悖德"、"悖礼"。悖:音背,违背。
⑨ 唐玄宗注:"行教以顺人心,今自逆之。"故"则"有"而"义。"以顺而逆"即自顺而至于逆。又"则"释为取法之"法",亦可通。
⑩ 则:法则、榜样。
⑪ 子:孔子。
⑫ 悌:弟弟对兄长的尊敬。
⑬ 乐:音约,音乐。
⑭ "孝"与"礼"相通,都主敬,然"孝"与"礼"不完全重合,"孝"是子对父的尊敬、晚辈对长辈的尊敬,只是"礼"之敬的一部分。
⑮ 一人:邢昺疏认为指"父"、"兄"、"君",于义不顺。愚按:"敬一人"当指敬人者只有自己一人,产生的效果则"千万人悦"。

哀,祭则致其严①。五者备矣,然后能事亲。事亲者,居上不骄,为下不乱,在丑不争②。居上而骄则亡,为下而乱则刑,在丑而争则兵③。三者不除,虽日用三牲之养④,犹为不孝也。"

卷六《纪孝行章》

点　评

"孝"是中国古代子女赡养、敬爱父母长辈的伦理道德概念。它有两个要义。一是物质上的赡养,如《尔雅》谓:"善事父母曰'孝'。"《礼记·祭统》谓:"孝者,畜也。"二是情感上的敬爱,如《论语·为政》中孔子说:"今之孝者,是谓能养。至于犬马,皆能有养,不敬,何以别乎?"《孟子·万章》中孟子说:"孝子之至,莫大于尊亲。"《礼记·祭义》中曾参说:"孝有三:大孝尊亲,其次弗辱,其下能养。"在孔、孟等人看来,对父母的尊敬之情是人与动物的根本区别,是"孝"这种人伦道德的更为本质的内涵。大约成书于孔子之后、孟子之前的《孝经》就集中论述了"孝"的"爱其亲"、"敬其亲"本质,并将"孝"规定为人的最高品行。

不幸的是,秦始皇焚书坑儒一把巨火,《孝经》连同"孝"付之一炬。首先让《孝经》重见天日并以"孝"治天下的是汉朝。其后,唐玄宗以帝王之尊御注《孝经》,宋太宗以草书两次书写《孝经》,明太祖称《孝经》是"帝王治天下之大经大法",清顺治帝、圣祖和世宗皆亲自注《孝经》,孝道受到历代统治者的倡导。剔除古代孝道中那些子女对父母逆来顺受、百依百顺的不平等成分,"孝"作为对生我养我之父母的感恩,乃是人类最美好的共同情感,也是我们今人应当恪守的道德准则。

二、推孝以治天下

子曰:"夫孝,德之本也,教之所由生也……身体发肤,受之父母,不敢毁

---

① 严:崇敬、庄重。
② 丑:地位恶劣、低下。
③ 兵:兵刃。此用为动词,杀戮。
④ 三牲:猪、牛、羊,最高级别的祭品。

伤,孝之始也。立身行道,扬名于后世,以显父母①,孝之终也。夫孝,始于事亲,中于事君②,终于立身。"

卷一《开宗明义章》

子曰:"爱亲者,不敢恶于人③;敬亲者,不敢慢于人④。爱敬尽于事亲,而德教加于百姓,刑于四海⑤,盖天子之孝也。"

卷二《天子章》

曾子曰:"甚哉,孝之大也⑥。"子曰:"夫孝,天之经也,地之义也,民之行也⑦。天地之经,而民是则之⑧。则天之明,因地之利,以顺天下⑨,是以其教不肃而成,其政不严而治⑩。先王见教之可化民也⑪,是故先之以博爱,而民莫遗其亲⑫;陈之以德义,而民兴行⑬;先之以敬让,而民不争;导之以礼乐,而民和睦;示之以好恶,而民知禁⑭。"

卷三《三才章》

子曰:"君子事亲孝⑮,故忠可移于君;事兄悌,故顺可移于长;居家理⑯,故治可移于官。是以行成于内,而名立后世矣。"

卷七《广扬名章》

---

① 显:荣耀。
② 在古代宗法社会中,国君是一国最大的家长,故事亲之孝与事君之忠是统一的。
③ 唐玄宗注:"博爱也。"按:"爱亲"是"孝"的本义之一,对他人的爱正是由对自己父母的爱扩展转化而来。
④ 唐玄宗注:"广敬也。"按:"敬亲"是"孝"的另一涵义。对他人的敬亦由对自己父母的敬扩展转化而来。
⑤ 刑:通型,典范。此用作动词,树立典型。
⑥ 大:伟大。
⑦ 经:常也,永恒法则。义:宜也,《释名》:"裁制事行,使物各宜。"行:实施也,此用为名词,指实施之道。
⑧ 则:取法。之:指作为天地法则的"孝"。
⑨ 唐玄宗注:"法天明以为常,因地利以行义,顺此以施政教。"愚按:此说不确。"天之明"即天之经,"地之利"即"地之义"。由于"义"是"使物各宜"之"宜",故与"利"相通,如《易·乾卦》"利物足以和义。"三句意谓取法为"天之明"、"地之利"的孝道以治天下。
⑩ 肃:严。
⑪ 教:包含孝道的道德教化。
⑫ 先:率先。玄宗注:"君爱其亲,则人化之,无有遗其亲者。"
⑬ 兴:起。行:实行。
⑭ 禁:所禁、禁令。
⑮ 亲:父母。事亲孝:侍奉父母而能尽孝道。
⑯ 理:治,和睦、太平。

点　评

中国古代，"孝"不仅是最基本的做人之道，也是最基本的治国之道。自汉代以后，"孝治天下"可以说是中国古代政治区别于西方政治的显著特色。

居家之"孝"怎么可以成为治国之道呢？奥妙就在于"孝"是一切道德情感和观念的起点，尤其是"忠"这种道德情感和观念的基础。一个人如果连对自己父母的一点孝心都没有了，还能指望他对别人有什么敬爱情怀和道德之举吗？对他人的敬爱之心，包括对君主的"忠"心，乃是居家生活中"孝"心的扩大。"爱亲者，不敢恶于人；敬亲者，不敢慢于人。""君子之事亲孝，故忠可移于君。"于是，"天下"好比"一家"，"居家理，故治可移于官"，齐家与治国平天下的道理是一致的。所以说："夫孝，德之本也"，"天之经也，地之义也"；"夫孝，始于事亲，中于事君，终于立身"。

不过，古人的这一政治智慧，并没有为某些现代政治家所洞悉。曾几何时，在"大义灭亲"、"与父母彻底划清阶级界限"的"兴无灭资"的"文化大革命"中，"孝"字被贴上"封建主义"标签而连根铲除。人类最起码的道德底线被冲破的后果是极为可怕的。痛定思痛后，尊老爱老作为一种社会风尚重新被政府提倡，并喜结硕果。2004年，全国所有的新闻媒体聚焦田世国，一位将自己的肾脏悄悄捐给68岁老母的年轻律师，一位勇敢地衔环反哺的当代孝子！

第二十六章
墨子

《墨子》是墨子及其弟子与后学的著作总汇。《汉书·艺文志》记载原有71篇,今存53篇,其余18篇有目无文。

墨子(约前468—前376),名翟(音笛),春秋战国之际墨学创始人。原为宋国人,后长期住在鲁国。早期学习儒学,后另创墨学。其学说既是孔子"仁义"学说的一个支流,又有不同于儒学的主张。一般认为《兼爱》、《非攻》、《天志》、《明鬼》、《尚贤》、《尚同》、《非乐》、《非命》、《节葬》、《节用》等篇代表了墨子的主要思想,《耕柱》以下至《公输》各篇记述墨子及其弟子的言行。《经》上、下、《经说》上、下及《大取》、《小取》6篇,是墨家后学的哲学和科学著作。《备城门》以下11篇,讲战争防御和制造器械的方法,一般认为较晚出。

人不能混同于禽兽。人与禽兽的区别,不仅在于人能够自食其力,创造财富,而且在于人具有公共道德意识,能够克制纷争。人应具有的公德意识,就是兼爱之仁,互利之义,就是"爱利万民"。它是主观上无私的爱和利他主义,但客观效果上又会收到别人爱和利的馈赠与回报。它是一种站在平民立场,对普天之下广大百姓的无差等的博爱的公利。值得注意的是,博爱是看不见的动机,公利是看得见的行动,博爱最后总落实为公利。于是,"仁"者之事,"必务求兴天下之利,除天下之害",利民即为,害民即止。对普通人来说是这样,对统治者来说更是这样。不仅如此,尚贤事能,使能者上、庸者下,也是安邦定国、利益群生的重要一环。

两千多年前的战国时期,"杨朱、墨翟之言盈天下,天下之言不归杨,则归墨"(《孟子·滕文公下》)。墨学因为反映了广大人民的心声,一度成为盖过儒学的显学。然而也正因为它处处站在下层人民的立场说话,口口声声要求平等、爱人、利民,使得专制统治者很讨厌,所以墨学只辉煌了一二百年,便在秦汉专制建立后销声匿迹。今天我们重新回过头来打量它,难道不觉得它可以与"平等"、"公正"、"博爱"、"我为人人、人人为我"这些现代人文精神接通吗?

本书采用清毕沅校注《墨子》,《二十二子》,上海古籍出版社1986年影印本。

一、人与禽兽之辨

子墨子言曰:"古者民始生,未有刑政之时,盖其语人异义①,是以一人则一义,二人则二义,十人则十义。其人兹众,其所谓'义'者亦兹众。是以人是其义以非人之义,故交相非也。是以内者父子兄弟作怨恶,离散不能相和合。天下之百姓皆以水火毒药相亏害,至有余力,不能以相劳,腐朽余财,不以相分,隐匿良道②,不以相教,天下之乱,若禽兽然。"

卷二《尚同上第十一》

今人固与禽兽、麋鹿、蜚鸟③、贞虫④异者也。今之禽兽、麋鹿、蜚鸟、贞虫因其羽毛以为衣裘,因其蹄蚤以为绔屦⑤,因其水草以为饮食。故唯使雄不耕稼树艺⑥,雌亦不纺绩织纴,衣食之财固已具矣。今人与此异者也,赖其力者生,不赖其力者不生⑦。君子不强听治⑧,即刑政乱;贱人不强从事,即财用不足。

卷八《非乐上第三十二》

---

① 盖其语人异义:人们说话,各有各的道理。
② 匿:音历,藏。良道:好的道理。
③ 蜚:通飞。
④ 贞:孙诒让《墨子间诂》:"贞当为征之假字,乃动物之通称。"
⑤ 蚤:通爪。绔:音库,裤也。屦:音具,鞋。
⑥ 艺:种植。
⑦ 力:劳力。生:生存。
⑧ 强:致力。听:治、处理。

点　评

　　人与动物的区别是什么,这是先秦人文思想家经常思考、一再涉及的话题。《墨子》的看法是:动物只是被动地利用自然为生,人却能动地依靠自身的力量,通过创造性的活动,维持自身的生存和社会的稳定。依靠自身力量创造"财用"的活动,与今天常说的"劳动"相通;而人类"赖其力"而"生"不仅仅停留在这形而下的层面,还包括致力于政治管理,消除社会纷争,实现社会安定的形而上层面。人区别于动物的特性还包括"兼相爱,交相利"的公德意识。如果仅仅从私利出发各说各的道理而陷入争斗,就与禽兽无异。

二、爱人利人与自爱自利

　　子墨子言曰:"仁人之所以为事者,必兴天下之利,除去天下之害,以此为事者也。"

　　然则天下之利何也?天下之害何也?子墨子言曰:"今若国之与国之相攻,家之与家之相篡,人之与人之相贼,君臣不惠忠,父子不慈孝,兄弟不和调,此则天下之害也。"然则崇此害亦何用生哉①?以不相爱生邪?子墨子言:"以不相爱生。今诸侯独知爱其国,不爱人之国,是以不惮举其国以攻人之国②。今家主独知爱其家③,而不爱人之家,是以不惮举其家以篡人之家。今人独知爱其身,不爱人之身,是以不惮举其身以贼人之身。是故诸侯不相爱则必野战,家主不相爱则不惠忠,父子不相爱则不慈孝,兄弟不相爱则不和调,天下之人皆不相爱,强必执弱④,富必侮贫,贵必敖贱⑤,诈必欺愚。凡天下祸篡怨恨,其所以起者,以不相爱生也,是以仁者非之。"

---

① 崇:俞樾认为"崇"系"察"之误。何用生:以何生、从何生。
② 惮:音但,怕、顾忌。举:动用。
③ 家主:封邑的卿大夫。
④ 执:控制。
⑤ 敖:音傲,通傲。

既以非之①,何以易之②? 子墨子言曰:"以兼相爱交相利之法易之③。"然则兼相爱交相利之法将奈何哉?④ 子墨子言:"视人之国若视其国,视人之家若视其家,视人之身若视其身。是故诸侯相爱则不野战,家主相爱则不相篡,人与人相爱则不相贼。君臣相爱则惠忠,父子相爱则慈孝,兄弟相爱则和调。天下之人皆相爱,强不执弱,众不劫寡,富不侮贫,贵不敖贱,诈不欺愚。凡天下祸篡怨恨可使毋起者,以相爱生也,是以仁者誉之。"

然而今天下之士君子曰:"然,乃若兼则善矣⑤。虽然,天下之难物于故也⑥。"子墨子言曰:"天下之士君子,特不识其利,辩其故也⑦。今若夫攻城野战,杀身为名⑧,此天下百姓之所皆难也⑨。苟君说之⑩,则士众能为之;况于兼相爱,交相利,则与此异? 夫爱人者,人必从而爱之;利人者,人必从而利之,此何难之有! 特上弗以为政,士不以为行故也。"

卷四《兼爱中第十五》

点　　评

宋儒指出:"墨学仁义而流者也。"⑪墨子早年"学儒者之业,受孔子之术"⑫,后来尽管提出了不同于孔子儒学的主张,但还是保留了脱胎于孔子儒学的痕迹。"仁义"就是典型的例证。《墨子》尚"仁"亦尚"义"。《贵义》篇说:"万事莫贵于义。"《墨子》崇尚的"仁义"是人区别于"禽兽"的公德概念,即爱每一个人的"兼爱",利每一个人的"交利"。《兼爱下》谓之"爱人利人","兼即仁、即义矣",《法仪》说是"相爱相利",《尚贤中》叫做"爱利万民"。它不同于儒家讲究"亲亲"之爱的"仁"和贵族世袭之利的"义",与西方人文理念中具有

---

① 以:通已。
② 易:变易、改变。
③ 兼、交:互也。
④ 奈何:如何。
⑤ 乃若:如果。兼:兼爱互利。
⑥ 难物:难事。于故:一说为衍文,可省。
⑦ 特:只是。故:缘故、道理。
⑧ 名:名节、节操。
⑨ 难:苦也,不愿。
⑩ 说:通悦。
⑪ 《河南程氏遗书》卷六。
⑫ 《淮南子·要略》。

平等精神和平民意识的"博爱"颇为相通。一切社会祸乱都由缺乏这种兼爱的私欲引起,而培养"爱利万民"的道德意识和情怀,也就成了消弭社会祸乱的根本途径。《墨子》尤其告诫那些从私爱私利出发挑起纷乱的人:爱人与爱己,利人与利己是相辅相成的。爱人利人是实现爱己利己目的的最佳手段。

三、利民即为,害民即止

子墨子言曰:"仁之事者,必务求兴天下之利,除天下之害,将以为法乎天下①。利人乎即为,不利人乎即止。且夫仁者之为天下度也②,非为其目之所美,耳之所乐,口之所甘,身体之所安,以此亏夺民衣食之财,仁者弗为也。是故子墨子之所以非乐者,非以大钟③、鸣鼓、琴瑟、竽笙之声以为不乐也,非以刻镂华文章之色以为不美也④,非以刍豢煎炙之味以为不甘也⑤,非以高台厚榭邃野之居以为不安也。虽身知其安也,口知其甘也,目知其美也,耳知其乐也,然上考之不中圣王之事,下度之不中万民之利,是故子墨子曰:为乐非也。"

卷八《非乐上第三十二》

子墨子曰:"……圣王作为宫室,便于生,不以为观乐也⑥。作为衣服带履,便于身,不以为辟怪也⑦。故节于身,诲于民,是以天下之民可得而治⑧,财用可得而足。当今之主,其为宫室则与此异矣。必厚作敛于百姓,暴夺民衣食之财以为宫室台榭曲直之望⑨、青黄刻镂之饰。为宫室若此,故左右皆法象之。是以其财不足以待凶饥,赈孤寡,故国贫而民难治也。君实欲天下之治而恶其乱也,当为宫室不可不节。……圣人之为衣服,适身体,和肌肤而足矣,非荣耳目而观愚民也⑩。当是之时,坚车良马不知贵也,刻镂文采不知喜也。何则?其

---

① 法:法则。以为法:以之为法。
② 度:揣度、设想。
③ 钟:古代一种乐器。
④ 华:一本无华,当为衍字。
⑤ 刍:食草动物,如牛羊。豢:音幻,食谷动物,如猪狗。刍豢:泛指家畜。
⑥ 观乐:视觉快乐。
⑦ 辟:通僻。辟怪:指奇装异服。
⑧ 治:安。
⑨ 望:观、景观。
⑩ 荣耳目:满足耳目享受。观愚民:让百姓观赏。

所道之然①。故民衣食之财,家足以待旱水凶饥者何也？得其所以自养之情②,而不感于外也。是以其民俭而易治,其君用财节而易赡也③。府库实满,足以待不然④;兵革不顿⑤,士民不劳,足以征不服;故霸王之业可行于天下矣。当今之主,其为衣服,则与此异矣。冬则轻暖,夏则轻清⑥,皆已具矣,必厚作敛于百姓,暴夺民衣食之财,以为锦绣文采靡曼之衣⑦,铸金以为钩⑧,珠玉以为珮⑨,女工作文采,男工作刻镂,以为身服。此非云益暖之情也,单财劳力⑩,毕归之于无用也。以此观之,其为衣服,非为身体,皆为观好。是以其民淫僻而难治,其君奢侈而难谏也。夫以奢侈之君御好淫僻之民,欲国无乱不可得也。君实欲天下之治而恶其乱,当为衣服不可不节。古之民未知为饮食时,素食而分处⑪,故圣人作诲,男耕稼树艺⑫,以为民食。其为食也,足以增气充虚、强体适腹而已矣。故其用财节,其自养俭,民富国治。今则不然,厚作敛于百姓,以为美食刍豢,蒸炙鱼鳖,大国累百器⑬,小国累十器,前方丈⑭,目不能遍视,手不能遍操,口不能遍味,冬则冻冰,夏则饰饐⑮。人君为饮食如此,故左右象之,是以富贵者奢侈,孤寡者冻馁⑯,虽欲无乱,不可得也。君实欲天下治而恶其乱,当为食饮不可不节。古人民未知为舟车时,重任不移,⑰远道不至,故圣王作为舟车,以便民之事。其为舟车也,全固轻利⑱,可以任重致远,其为用财少,而为利多,是以民乐而利之。法令不急而行,民不劳而上足用,故民归之。当今之主,其为舟车与此异矣。全固轻利皆已具,必厚作敛于百姓,以饰舟车。饰车

---

① 道:通导。其所道之然:圣人的引导使然。
② 情:实也。
③ 君:君主。赡:音善,充裕、丰足。
④ 待:对付。不然:不测、非常事变。
⑤ 革:皮制的甲。兵革:兵器衣甲之总称。顿:通钝,坏。
⑥ 清:音庆,凉。
⑦ 靡曼:华美轻丽。
⑧ 钩:悬挂器物的用器。
⑨ 珮:同佩,佩带的饰物。
⑩ 单:通弹,尽。劳:困乏。
⑪ 分处:分散居住。
⑫ 树艺:种植。
⑬ 器:盛菜肴之器皿。
⑭ 方丈:一丈见方。
⑮ 饰饐:当作饎饐,音爱义,食物腐坏发臭。
⑯ 馁:音累,饥饿。
⑰ 重任:重物。
⑱ 全:完备。固:坚固。轻:轻快。利:便利。

以文采，饰舟以刻镂。女子废其纺织而修文采，故民寒，男子离其耕稼而修刻镂，故民饥。人君为舟车若此，故左右象之，是以其民饥寒并至，故为奸邪。奸邪多则刑罚深，刑罚深则国乱。君实欲天下之治而恶其乱，当为舟车不可不节。"

卷二《辞过第六》

点　评

先秦儒家的民本思想，在墨子学派那里又有不同的演绎。儒家的"民本"主要着眼于"君"与"民"的相反相成，出发点和目的都是为了巩固君主的统治地位，成就君主的王者事业。墨家则完全站在平民的立场，从维护人民利益、尤其是天下之民的基本生存利益出发，批判当时统治者亏夺民利以满足自己穷奢极欲的过度享受。尽管由此一概否定超功利的审美享受、无视人类物质文明取得的成就显得偏狭了些，然而其中跳动的一颗爱民、利民之心，以及发出的"利人乎即为，不利人乎即止"的呼声，却炽热感人、穿越古今。

四、尚贤事能，为政之本

子墨子言曰："今者王公大人为政于国家者，皆欲国家之富，人民之众，刑政之治。然而不得富而得贫，不得众而得寡，不得治而得乱，则是本失其所欲，得其所恶，是其故何也？"子墨子言曰："是在王公大人为政于国家者，不能以尚贤事能为政也。是故国有贤良之士众，则国家之治厚，贤良之士寡，则国家之治薄。故大人之务，将在于众贤而已①。"

曰："然则众贤之术将奈何哉②？"子墨子言曰："譬若欲众其国之善射御之士者，必将富之，贵之，敬之，誉之，然后国之善射御之士将可得而众也。况又有贤良之士厚乎德行，辩乎言谈，博乎道术者乎？此固国家之珍，而社稷之佐也，亦必且富之，贵之，敬之，誉之，然后国之良士，亦将可得而众也。……故古者圣

---

① 众贤：聚贤。众：使……众，聚也。
② 奈何：如何。

王之为政,列德而尚贤①,虽在农与工肆之人,有能则举之,高予之爵,重予之禄,任之以事,断予之令②。曰:爵位不高则民弗敬,蓄禄不厚则民不信,政令不断则民不畏。举三者授之贤者,非为贤赐也,欲其事之成。故当是时,以德就列③,以官服事④,以劳殿赏⑤,量功而分禄。故官无常贵,而民无终贱,有能则举之,无能则下之,举公义⑥,辟私怨⑦,此若言之谓也⑧。故古者尧举舜于服泽之阳⑨,授之政,天下平;禹举益于阴方之中⑩,授之政,九州成⑪;汤举伊尹于庖厨之中,授之政,其谋得⑫;文王举闳夭泰颠于罝罔之中⑬,授之政,西土服⑭。故当是时,虽在于厚禄尊位之臣,莫不敬惧而施⑮;虽在农与工肆之人,莫不竞劝而尚意⑯。故士者所以为辅相承嗣也⑰。故得士则谋不困,体不劳,名立而功成,美章而恶不生⑱,则由得士也。"

是故子墨子言曰:"得意,贤士不可不举⑲;不得意,贤士不可不举。尚欲祖述尧舜禹汤之道⑳,将不可以不尚贤。夫尚贤者,政之本也。"

卷二《尚贤上第八》

子墨子言曰:"今王公大人之君人民,主社稷,治国家,欲修保而勿失,故不察尚贤为政之本也㉑?何以知尚贤之为政本也?曰:自贵且智者为政乎愚且贱

---

① 列德:任德,任用有德之人。
② 断:决断。
③ 就列:就任一定职位。
④ 服事:从事。指从于事功而授官。
⑤ 殿:通定。
⑥ 举公义:提拔大家认为有德操的人。
⑦ 辟:回避。
⑧ 句意谓:这就是平时人们所说的道理。
⑨ 服泽:水名,未详其处。阳:北岸。
⑩ 益:伯益。善牧猎,被舜用为牧猎之官,后助禹治水有功,被选为禹的继承人。阴方:地名,未详。
⑪ 九州成:指天下统一。
⑫ 伊尹:汤大臣,出身厨师,原为汤妻陪嫁奴隶。谋:灭夏桀之计谋。
⑬ 闳夭、泰颠:周文王二大臣。罝:音居,捕兽之网。罔:通网,捕鱼之网。罝网:此指猎户渔人。
⑭ 西土:陕西岐山一带。
⑮ 施:行。此指因敬惧而兢兢业业工作。
⑯ 意:一说疑为"德"之误。
⑰ 相:助。承嗣:君主继承人。
⑱ 美章:美好的得到彰显。章:通彰。
⑲ 得意、不得意:指君主而言。
⑳ 祖述:继承、效法。
㉑ 修保:长久保持。故:一本作"胡"。当为"胡"之衍。

者,则治;自愚且贱者为政乎贵且智者,则乱。是以知尚贤之为政本也。故古者圣王甚尊尚贤而任使能,不党父兄①,不偏贵富,不嬖颜色②,贤者举而上之,富而贵之,以为官长;不肖者抑而废之,贫而贱之以为徒役,是以民皆劝其赏③,畏其罚,相率而为贤者。以贤者众,而不肖者寡,此谓'进贤'。然后圣人听其言,迹其行④,察其所能,而慎予官,此谓'事能'。故可使治国者,使治国;可使长官者,使长官;可使治邑者,使治邑。凡所使治国家、官府、邑里,此皆国之贤者也。"

卷二《尚贤中第九》

点　评

　　春秋后期至战国时代,各诸侯国加快了争霸天下的步伐,人才问题显得愈加迫在眉睫。《墨子》将"尊贤使能"提到强国之道、为政之本的高度,指出只有不避亲疏,不分贵贱,按德能取士,让智者管理愚者,贤者管理不肖者,才能天下大治,反之则不仅导致管理效率低下,还会导致天下大乱。

　　当今中国,由于为官之道、用人之道的不完善,一部分有德有能者立足于靠本事吃饭,对仕途不感兴趣,而一大批无才无德者除了拍马钻营以求升官发迹,别无立身之道。于是就产生了愚治智、不肖者治贤的社会现象。政府管理部门的低效率乃至决策的重大失误,以此;社会的隐患、危机,以此。如何礼贤下士、进贤举能,完善干部选拔机制,杜绝用人取官环节上的不正之风,为德能兼备的人才提供用武之地,乃是我国政治文明的一项长期工作。

---

① 党:结党。
② 嬖:音璧,宠幸。颜色:一指美色、外戚。亦可指拍马之佞色。
③ 劝:鼓励。
④ 迹:循而察也,考察。

第二十七章
老子

《老子》,道家最早的经典,传为春秋末期李耳著,一般认为可能编定于战国中期,基本上仍保留了老子本人的主要思想。又称《道德经》、《老子五千文》。

老子(约前580—前500),姓李名耳,字聃,一字伯阳,世称老聃。楚国人。做过周朝的史官,孔子曾向他请教过周礼方面的问题。后退隐,著《老子》。

《老子》虽然是一部谈论天道的著作,其实也是一部谈论人道的著作。以柔克刚、以静制动、以退为进、以与为取、以无为求无不为,等等,《老子》为人们揭示了一系列"圣人之道"。这使我们有理由相信,《老子》把人道说成天道,是为了给人道提供先天的本体依据,是为了把当然律美化成自然律。事实也正是如此。《老子》的"天道",经得起科学检测的"物理"属性很差,而与人生息息相关的"心理"属性却十分明显。《老子》揭示的"圣人之道",是对社会人生经验的精辟总结,也是老子本人生存智慧的浓缩。

本书采用王弼注、陆德明音义《老子道德经》,《二十二子》,上海古籍出版社1986年影印本。

一、人的高贵地位和人性

道大、天大、地大、人亦大。域中有四大,而人居其一焉。

《二十五章》

圣人之治,虚其心,实其腹,弱其志,强其骨,常使民无智无欲。

《三章》

五色令人目盲,五音令人耳聋,五味令人口爽,驰骋畋猎令人心发狂;难得之货令人行妨。是以圣人为腹不为目,故去彼取此。

《十二章》

点　评

在先秦诸子中,老子是最早对自然本体、宇宙奥秘作出探寻、加以追问的人。这自然的本体、宇宙万物的本原就是"道"。一部《老子》也就是一部探寻宇宙万物本原、本体的"道德经"。不过,在"道生万物"的过程中,老子又十分重视"人"的地位。《老子》四十二章说:"道生一,一生二,二生三,三生万物。"这个"三",一种解释是"天、地、人",后世"三才"之说实导源于此。在"三才"中,"人"具有顶"天"立"地"、与"天"、"地"并列的地位,是万物中唯一拥有这种地位的生物。《老子》二十五章印证了这种思想,"域中有四大,而人居其一"。"人"不仅与"天""地"并列,而且与生天生地生万物的"道"并列,是世界上四种伟大的物质之一。

"人"是这样的高贵,那么人性是怎样的呢?老子的看法与时人相左。他认为"人"由"道"派生,"道"的属性就是"人"的本性。"道"的最大特性是无意志,那么"人"的本性就应是"无知无欲"。因此,"人"只是肉体存在,而不是精神存在;人只应满足生命存在的基本需求,而不应追求过度的感官享受,更不应受欲念、意志、思想的主宰。这就叫"实其腹"、"强其骨"、"虚其心"、"弱其志"、"为腹不为目"。显然,这是一厢情愿的逻辑推衍,是不切实际的向壁虚构。

二、"圣人之道":守下、守默、取与

是以圣人抱一为天下式①。不自见②,故明;不自是,故彰;不自伐③,故有

---

① 一:极也,道。式:法则。
② 见:同现。自见:自显于众。
③ 伐:夸耀。

功;不自矜①,故长。夫唯不争,故天下莫能与之争。

《二十二章》

是以圣人去甚、去奢、去泰②。

《二十九章》

大丈夫处其厚,不居其薄;处其实,不居其华。

《三十八章》

故贵以贱为本,高以下为基。是以侯王自称"孤"、"寡"、"不谷"③,此非以贱为本邪?

《三十九章》

圣人方而不割④,廉而不刿⑤,直而不肆⑥,光而不耀⑦。

《五十八章》

图难于其易,为大于其细。天下难事必作于易,天下大事必作于细。是以圣人终不为大,故能成其大。

《六十三章》

江海之所以能为百谷王者⑧,以其善下之,故能为百谷王。是以圣人欲上民,必以言下之;欲先民,必以身后之。是以圣人处上而民不重,处前而民不害,是以天下乐推而不厌⑨。以其不争,故天下莫能与之争。

知者不言,言者不知⑩。

《六十六章》

圣人云:"我无为,而民自化;我好静,而民自正;我无事,而民富;我无欲,而民自朴。"

《五十七章》

---

① 矜:矜傲。长:长久。
② 泰:太,过甚。
③ 孤、寡:孤德、寡德。不谷:不善,吃白食的人。
④ 割:伤人。
⑤ 廉:锐利。刿:音贵,刺人。
⑥ 肆:放肆。
⑦ 耀:炫耀。
⑧ 谷:河川。
⑨ 推:拥戴。厌:厌弃。
⑩ 知:通智。

信言不美,美言不信①。善者不辩,辩者不善。

《八十一章》

是以圣人处无为之事,行不言之教,万物作焉而不辞②,生而不有,为而不恃,功成而弗居。夫唯弗居,是以不去③。

《二章》

天长地久。天地所以能长且久者,以其不自生④,故能长生。是以圣人后其身而身先,外其身而身存。非以其无私邪,故能成其私?

《七章》

果而勿矜,果而勿伐,果而勿骄,果而不得已,果而勿强⑤。

《三十章》

将欲歙之⑥,必固张之;将欲弱之,必固强之;将欲废之,必固兴之;将欲取之,必固与之。是谓微明⑦。柔弱胜刚强。

《三十六章》

祸莫大于不知足,咎莫大于欲得⑧。故知足之足,常足矣。

《四十六章》

圣人不积⑨。既以为人己愈有,既以与人己愈多。天之道,利而不害;圣人之道⑩,为而不争。

《八十一章》

点　评

《老子》看似探究"天道",实即谈论"人道"。它的"天道"是从"人道"中提

---

① 信:质朴、真实。
② 上句一本作:"万物作而弗始。"作:生。辞:言说。《老子》三十四章:"大道泛兮……万物恃之以生而不辞。"
③ 去:去除、消失。
④ 自生:为自己而生。
⑤ 果:达到目的、成功。
⑥ 歙:音西,通歙,闭合收敛。
⑦ 微明:高延第《老子证义》:"微而显也。""似幽实明。"
⑧ 咎:音究,过错。得:占有。
⑨ 积:藏、聚。包括名、利之积藏。
⑩ 圣人之道:一本作"人之道"。

炼出来的,最后又成为"人"或"圣人"取法的对象。《老子》总结的"人之道"或"圣人之道",主要包括怀柔处下、知静守默、功成弗居三个方面。怀柔处下,是因为"柔弱胜刚强","高以下为基";知静守默,是因为静为躁君,静能制动,言者不智,智者不言;功成弗居,是因为只有弗居弗取,才能多取。这是一种以退为进的人生策略,包含着相反相成的人生智慧。

三、小国寡民的社会理想

小国寡民,使有什伯之器而不用①,使民重死而不远徙②。虽有舟舆,无所乘之;虽有甲兵,无所陈之;使民复结绳而用之③。甘其食,美其服,安其居,乐其俗。邻国相望,鸡犬之声相闻,民至老死不相往来。

《八十一章》

不尚贤,使民不争;不贵难得之货,使民不为盗;不见可欲,使民心不乱……为无为,则无不治。

《三章》

民之饥,以其上食税之多,是以饥;民之难治,以其上之有为,是以难治;民之轻死,以其求生之厚,是以轻死。夫唯无以生为者④,是贤于贵生。

《七十五章》

天之道,其犹张弓与⑤?高者抑之,下者举之,有余者损之,不足者补之。天之道,损有余而补不足。人之道则不然,损不足以奉有余⑥。孰能有余以奉天下?唯有道者。

《七十七章》

---

① 小国寡民:古代天下诸侯国多而人民少,传说夏时有国逾万,商时三千,周时数百,故名。什伯:通十百,指众多。一说什伯之器:指兵器。
② 徙:迁移。
③ 复:再、回复。
④ 以生为:即贵生。
⑤ 张:拉、开。
⑥ 奉:事奉。有余:富人、贵族。

点　评

  远在上古,人们就对人类生活的社会理想作过种种假设。"小国寡民"是《老子》为人们描绘的一幅理想蓝图。这样的国家疆土不大,人口稀少,君主无为而治,厚民生民,百姓安居乐业,返真归朴,不讲什么道德观念,也不求什么物质文明,人们没有什么名利之心、争斗之心,人与人之间相亲相爱,国与国之间不相往来。这是原始古朴的、封闭自足的理想国。它符合老子特殊的人性观,却不合人性的真实状况,与人类不断进步的物质文明和精神文明背道而驰,因而只能流于空想。

第二十八章
庄子

《庄子》,庄子及其后学所著,道家经典之一。《汉书·艺文志》著录52篇,现存33篇,其中内篇7篇,一般认是为庄子著。外篇15、杂篇11,杂有其后学之作。

庄子(约前369—前286),战国时宋国蒙(今河南商丘)人,一生只做过蒙地漆园吏这样的小官。家贫,曾借粟于监河侯。楚威王慕其才,曾"厚币迎之,许以为相",庄子"终身不仕,以快吾志"[1],以实际行动印证他道家的人生主张。

《老子》留下了一部五千精言,《庄子》作了心领神会的发挥铺衍。人由道所化生,具有道一样的无情、无欲、无智属性,得道之人就应当"侗乎无识"、解心释神、顺其自然、自由自在地生活。"无为名尸","无为利府",不念是非,不动好恶,不留故意,无所追求,不美慕什么,也不自卑什么。不沉迷于奢侈的感官享受,不拘泥于世俗的功利道德,用平淡朴素的态度走过生,用通达超脱的态度走向死。自己成为自我生命及其本性的主人,而不做身外之物的殉葬品、异化物。这就是《庄子》倡导的人生,一种无所进取、安然自适的人生,一种无用于世、世亦不能用之,不伤物、物亦不能伤之的全性避害、明哲保身的人生。

本书采用晋郭象注、唐陆德明音义《庄子》,《二十二子》,上海古籍出版社1986年影印本。

---

[1] 《史记·老子韩非列传》。

一、人性无情、无欲、无知

惠子谓庄子曰:"人故无情乎?"庄子曰:"然。"惠子曰:"人而无情,何以谓之人?"庄子曰:"道与之貌,天与之形,恶得不谓之人①?"惠子曰:"既谓之人,恶得无情?"庄子曰:"是非吾所谓情也。吾所谓'无情'者,言人之不以好恶内伤其身,常因自然而不益生也②。"惠子曰:"不益生,何以有其身?"庄子曰:"道与之貌,天与之形,无以好恶内伤其身。今子外乎子之神③,劳乎子之精,倚树而吟,据槁梧而瞑④。天选子之形⑤,子以'坚'、'白'鸣⑥。"

内篇卷二《德充符第五》

至德之世⑦,其行填填⑧,其视颠颠⑨。当是时也,山无蹊隧⑩,泽无舟梁⑪;万物群生,连属其乡⑫;禽兽成群,草木遂长。是故禽兽可系羁而游⑬,鸟鹊之巢可攀援而窥。夫至德之世,同与禽兽居,族与万物并⑭。恶乎知君子小人哉!同乎无知⑮,其德不离;同乎无欲,是谓素朴。素朴而民性得矣。及至圣人,蹩躠为仁⑯,踶跂为义⑰,而天下始疑矣。澶漫为乐⑱,摘僻为礼⑲,而天下始分矣。故纯朴不残,孰为牺樽⑳!白玉不毁,孰为珪璋!道德不废,安取仁义!性情不离,安用礼乐!五色不乱,孰为文采!五声不乱,孰应六律!

---

① 恶:音务,何。
② 益:增益,有不合规律,拔苗助长之意。生:生命。一解为通"性。"
③ 子:您。外:用为动词,逐外,追逐外物。
④ 槁:干枯。倚树而吟,据槁梧而瞑:形容惠子与人辩论疲倦的样子。
⑤ 选:择、赋予。
⑥ 坚、白:当时名家辩论的重要命题。惠子是名家的代表人物。鸣:争鸣、辩论。
⑦ 至德之世:道德最高尚的社会。与老子的"小国寡民"之世相类。
⑧ 填填:质重。
⑨ 颠颠:专一。
⑩ 隧:道。
⑪ 梁:桥。
⑫ 连属:相互连接。乡:乡土。
⑬ 系羁:用绳拴着。
⑭ 族:聚居。并:共处。
⑮ 同:同样。
⑯ 蹩躠:音别屑,本指跛者走路吃力的样子,此指费力。
⑰ 踶跂:音至起,费力。
⑱ 澶漫:放纵淫逸。澶:音禅。
⑲ 摘僻:烦琐。
⑳ 纯朴:未加工过的树木。残:损坏。牺樽:上面刻着牛头图形的酒器。

外篇卷四《马蹄第九》

百年之木,破为牺尊,青黄而文之,其断在沟中①。此牺尊于沟中之断,则美恶有间矣②,其于失性一也。跖与曾、史③、行义有间矣,然其失性均也。且夫性有五:一曰五色乱目,使目不明;二曰五声乱耳,使耳不聪;三曰五臭熏鼻④,困惾中颡⑤;四曰五味浊口,使口厉爽⑥;五曰趣舍滑心⑦,使性飞扬⑧。此五者,皆生之害也⑨。而杨、墨乃始离跂自以为得⑩,非吾所谓得也。

外篇卷五《天地第十二》

孔子西藏书于周室⑪。子路谋曰⑫:"由闻周之征藏史有老聃者⑬,免而归居⑭。夫子欲藏书,则试往因焉⑮。"孔子曰善,往见老聃,而老聃不许⑯。于是繙十二经以说⑰。老聃中其说⑱,曰:"大谩⑲。愿闻其要。"孔子曰:"要在仁义。"老聃曰:"请问仁义人之性邪?"孔子曰:"然。君子不仁则不成,不义则不生。仁义,真人之性也,又将奚为矣⑳?"老聃曰:"请问何谓仁义?"孔子曰:"中心物恺㉑,兼爱无私,此仁义之情也。"老聃曰:"意㉒,几乎后言㉓!夫兼爱,不亦

---

① 断:所断之木。
② 于:与。恶:丑。间:分别。
③ 跖:盗跖。曾:曾参。史:史鱼。盗跖是当时有名的坏人,曾、史是当时有名的贤人。
④ 臭:音嗅,气味。五臭:指膻,焦、香、腥、朽。
⑤ 困惾(zōng):堵塞。中:音众,伤害。颡:音嗓,额头、脑门。
⑥ 厉:病。爽:伤败。
⑦ 趣:通取。趣舍:指是非取舍。滑:音古,扰乱。
⑧ 性:与前文"心"字互文,指心性。飞扬:纷乱。
⑨ 生:通性。
⑩ 杨:杨朱,主张利己。墨:墨翟,主张兼爱。离跂(qí):阔步、得意的样子。
⑪ 意谓孔子要将自己写的书藏在西边的周王室中。周在鲁国之西。
⑫ 子路:姓仲名由,孔子弟子。
⑬ 征藏史:负责国家图书收藏的史官。
⑭ 免:免职。归:回家。
⑮ 因:由,通过。
⑯ 许:认可,答应。不许,指不认可孔子之书,不答应孔子的藏书请求。
⑰ 繙:音凡,演绎。十二经:指《春秋》,因按鲁国春秋时期十二个国君年号编年撰史,称"十二公经"。说:音税,说服。
⑱ 中:中断。
⑲ 大:通太。谩:通漫,漫无边际。
⑳ 奚为:为何。
㉑ 中心:使心中正不偏。恺:音凯,和悦。物恺:与物相和。
㉒ 意:通噫。
㉓ 后言:次要言论。

迂乎!无私焉,乃私也①。夫子若欲使天下无失其牧乎②?则天地固有常矣,日月固有明矣,星辰固有列矣,禽兽固有群矣,树木固有立矣。夫子亦放德而行,循道而趋③,已至矣!又何偈偈乎揭仁义④,若击鼓而求亡子焉⑤!意,夫子乱人之性也。"

外篇卷五《天道第十三》

点　评

人的天性到底是怎样的?先秦各派思想家都思考、回答过这一问题。当时其他各家学说都侧重于人与禽兽之别,道家则与众不同,力主人与禽兽之同。这同就表现在人与禽兽一样"无情"、"无欲"(过度之欲)、"无知"(通智)。庄子继承老子学说,对人的这种天性或"道德"本性作了进一步详尽、明确的发挥。虽然这对于缓解当时人们由于多欲、多智,争名夺利造成的严重社会危害和痛苦有一种清凉剂、止痛剂的作用,然而由于欲不可除、情不可去、智不可无,因而其人性论是不切实际的,由此开具的社会良方也不能从根本上解决问题。在整个古代中国社会中,它至多作为人们在追求情欲、费尽心智失意后的平衡器,起辅助的心理治疗作用而已。

二、做人之道:"养神"、"卫生"

圣人不从事于务⑥,不就利,不违害⑦,不喜求⑧,不缘道⑨,无谓有谓,有谓无谓⑩,而游乎尘垢之外。

---

① 追求"无私"之名,本身就是一种私心。
② 牧:养。此指所养之道。
③ 放:通仿。趋:走。道、德:天道、天德,即物的自然本性。
④ 偈偈:用力的样子。偈,音竭。揭:高举。
⑤ 亡子:丢失的孩子。
⑥ 务:事务。不从事于务:不有意做什么,无为。
⑦ 违:避也。
⑧ 喜求:喜于所求。
⑨ 缘:循。道:世俗道德。
⑩ 郭象注:"凡有称谓者皆非吾所谓也,彼各自谓耳,故无彼有谓,而有此无谓。"二句意为人家"无谓"者我"有谓",人家"有谓"者我"无谓"。指是非的相对性。

内篇卷一《齐物论第二》

古人真人,不逆寡,不雄成,不谟士①。若然者,过而弗悔,当而不自得也。

古之真人,其寝不梦,其觉无忧,其食不甘,其息深深②。

古之真人,不知说生,不知恶死,其出不䜣③,其入不距④。翛然而往、翛然而来而已矣⑤。不忘其所始⑥,不求其所终。受而喜之,忘而复之⑦。是之谓不以心捐道,不以人助天。是之谓"真人"。若然者,其心志,其容寂,其颡頯⑧。

内篇卷三《大宗师第六》

夫子曰⑨:"夫道,覆载万物者也,洋洋乎大哉!君子不可以不刳心焉⑩。无为为之之谓'天'⑪,无为言之之谓'德',爱人利物之谓'仁',不同同之之谓'大',行不崖异之谓'宽'⑫,有万不同之谓'富'⑬。故执德之谓'纪'⑭,德成之谓'立',循于道之谓'备',不以物挫志之谓'完'。君子明于此十者,则韬乎其事心之大也⑮,沛乎其为万物逝也⑯。若然者,藏金于山,藏珠于渊;不利货财,不近贵富;不乐寿,不哀夭;不荣通,不丑穷;不拘一世之利以为己私分⑰,不以王天下为己处显,显则明⑱;万物一府,死生同状。"

内篇卷五《天地第十二》

夫小惑易方⑲,大惑易性。何以知其然邪?自虞氏招仁义以挠天下也⑳,天

---

① 逆寡:以寡为逆。雄成:以成为雄。谟:通谋。士:士人。
② 息:呼吸。
③ 出:生。䜣:音心,同欣。
④ 入:死。距:通拒。
⑤ 翛然:自由自在的样子。翛:音消。
⑥ 不忘其来自何方。人来自大地,死了还回归大地。
⑦ 受:被赋予生命。忘:通亡,失。复之:复归生命于天道。
⑧ 志:郭象谓:"所居而安为'志'。"颡:音嗓,脑门。頯:音求,郭象注:"大朴之貌。"指真人脑门宽大质朴,有得道气象。
⑨ 夫子:一说指老子。
⑩ 刳:音枯,挖空。刳心:彻底摒弃心智欲念。
⑪ 天:自然。
⑫ 崖异:突异,突出而与众不同。
⑬ 有万不同:拥有各种不同。
⑭ 纪:纲要。执:掌握。
⑮ 韬:宽余。事心:立心。
⑯ 为万物逝:与物迁化,物化。沛:自由流淌,无所阻碍的样子。
⑰ 私分:私份,私有物。
⑱ 处显:处在突出、显耀的位置。显则明:处于显耀的位置就会暴露自己。
⑲ 方:方向。
⑳ 虞氏:虞舜。招:音桥,标举、揭示。挠:扰乱。

下莫不奔命于仁义。是非以仁义易其性与?

故尝试论之:自三代以下者,天下莫不以物易其性矣!小人则以身殉利①;士则以身殉名;大夫则以身殉家;圣人则以身殉天下。故此数子者,事业不同,名声异号,其于伤性以身为殉,一也。

伯夷死名于首阳之下②,盗跖死利于东陵之上。二人者,所死不同,其于残生伤性均也。奚必伯夷之是而盗跖之非乎?

天下尽殉也③。彼其所殉仁义也,则俗谓之君子;其所殉货财也,则俗谓之小人。其殉一也,则有君子焉,有小人焉。若其残生损性,则盗跖亦伯夷已,又恶取君子、小人于其间哉!

且夫属其性乎仁义者④,虽通如曾、史⑤,非吾所谓"臧"也⑥;属其性于五味,虽通如俞儿⑦,非吾所谓"臧"也;属其性乎五声,虽通如师旷,非吾所谓"聪"也;属其性乎五色,虽通如离朱,非吾所谓"明"也⑧。吾所谓"臧"者,非仁义之谓也,臧于其德而已矣;吾所谓"臧"者,非所谓仁义之谓也,任其性命之情而已矣⑨。吾所谓'聪'者,非谓其闻彼也,自闻而已矣;吾所谓"明"者,非谓其见彼也,自见而已矣。夫不自见而见彼,不自得而得彼者,是得人之得而不自得其得者也,适人之适而不自适其适者也⑩。夫适人之适而不自适其适,虽盗跖与伯夷,是同为淫僻也⑪。

外篇卷四《骈拇第八》

悲乐者,德之邪也;喜怒者,道之过也;好恶者,德之失也。故心不忧乐,德之至也;一而不变,静之至也;无所于忤⑫,虚之至也;不与物交,淡之至也⑬;无所于逆,粹之至也。故曰:形劳而不休则弊,精用而不已则劳,劳则竭。水之

---

① 殉:殉葬、牺牲。
② 伯夷:商代孤竹君长子。为让王位逃亡周国。后周灭商,逃至首阳山,耻食周粟而饿死。
③ 天下之人都在为某种身外之物而牺牲。
④ 属:归属。
⑤ 通:精也。曾:曾参。史:史鱼。当时有名的贤人。
⑥ 臧:善。
⑦ 俞儿:传说中善于品味之人。
⑧ 师旷、离朱:传说中善于辨音的乐师和善于辨色的明眼人。
⑨ 任:顺。情:实。
⑩ 适:适合。
⑪ 淫:邪也。僻:乖僻。
⑫ 忤:音午,逆。
⑬ "不与物交"句:郭象注:"物自来耳。至淡者,无交物之情。"交:打交道。

性,不杂则清,莫动则平,郁闭而不流,亦不能清①,天德之象也。故曰:纯粹而不杂,静一而不变,淡而无为,动而以天行②,此养神之道也。

外篇卷五《刻意第十五》

夫全其形生之人,藏其身也,不厌深眇而已矣③。

全汝形,抱汝生④,无使汝思虑营营。

能舍诸人而求诸己乎?能翛然乎⑤?能侗然乎?⑥ 能儿子乎⑦?……行不知所之,居不知所为,与物委蛇而同其波,是卫生之经已。……能儿子乎?儿子动不知所为,行不知所之,身若槁木之枝而心若死灰。若是者,祸亦不至,福亦不来。祸福无有,恶有人灾也?

杂篇卷八《庚桑楚第二十三》

点　评

在《庄子》的话语系统中,生命之"生"与生命本性之"性"是相通的、可以互训的。"卫生"之道其实就是"养性"之道。做人的最高境界是"卫生"。"卫生"的实质是"养性"。"养性"的本质在"养神",也就是解心释神,无是非好恶喜怒,一切出于自然,随遇而安。如此,心神就得到保养,人性就得到伸张。这就是真正的"善"。为了与世俗的善区别开来,《庄子》赋予了一个特殊的称谓:"臧"。《庄子》结合当时实际特别指出:"臧"的要义是实现自我的生命本性,是"自适其适"而非"适人之适"。为名、为利、为仁义、为财货、为天下、为个人等纯朴无知以外的欲望、观念而死,都属为身外之物而死,是"伤生害性"、"以身为殉"的愚蠢行为。《庄子》此论,对于防止人生追求中的异化现象,实现个体独立价值很有启发意义。

---

① 二句说水如果不流动就会腐臭混浊,也不能清澈。
② 以天行:按自然而行动。
③ 眇:通渺,远。
④ 生:通性。
⑤ 翛(xiāo)然:自由自在、无所牵挂的样子。
⑥ 侗(tóng)然:无知的样子。成玄英疏:"顺物无心也。"
⑦ 儿子:婴儿、小孩。能儿子:能像婴儿一样吗?

三、超越生死

　　夫大块载我以形①，劳我以生，佚我以老②，息我以死。故善吾生者，乃所以善吾死也。……有间而子桑户死③，未葬。孔子闻之，使子贡往侍事焉。或编曲，或鼓琴④，相和而歌曰："嗟来桑户乎！嗟来桑户乎！而已反其真⑤，而我犹为人猗！"子贡趋而进曰⑥："敢问临尸而歌，礼乎？"二人相视而笑曰⑦："是恶知礼意！"子贡反⑧，以告孔子曰："彼何人者邪？修行无有而外其形骸⑨，临尸而歌，颜色不变，无以命之⑩。彼何人者邪？"孔子曰："彼游方之外者也⑪，而丘游方之内者也。外内不相及，而丘使女往吊之，丘则陋矣⑫！彼方且与造物者为人⑬，而游乎天地之一气。彼以生为附赘县疣⑭，以死为决疯溃痈⑮。夫若然者，又恶知死生先后之所在！假于异物⑯，托于同体⑰，忘其肝胆，遗其耳目⑱，反复终始，不知端倪；芒然彷徨乎尘垢之外⑲，逍遥乎无为之业。彼又恶能愦愦然为世俗之礼⑳，以观众人之耳目哉㉑！"

内篇卷二《大宗师第六》

---

① 大块：大地。
② 佚：逸，安逸。
③ 有间：不久。子桑户：人名，即《庄子·山木》中的子桑雽。或谓即《论语·雍也》中的"子桑伯子"。
④ 或：有的人。
⑤ 而：尔，你。
⑥ 趋：急步走。
⑦ 二人：即孟子反、子琴张。
⑧ 反：返。
⑨ 修行无有：修行虚无之道。外其形骸：把他们的身体置之度外。
⑩ 命之：名之，言之，形容之。
⑪ 方之外：六方（东、西、南、北、上、下）之外，喻现实世界之外。
⑫ 陋：目光短浅。
⑬ 方且：正要。为人：为偶。
⑭ 附赘：附生于身体上的多余肉块。县：通悬。疣：皮肤上的赘生物，俗称瘊子。
⑮ 疯：音换，疮。痈：疮。
⑯ 假于异物：生命假借肉体而存在。
⑰ 托于同体：最后寄托于大地之中。
⑱ 生死如同肝胆、耳目，当遗忘其不同。
⑲ 芒：茫。
⑳ 愦愦然：昏聩、糊涂的样子。愦：音溃。
㉑ 观：观于、迎合。

点　评

　　生死问题是人们必须面对的一大功课。儒家"未知生，焉知死"，对死亡问题未置一词。道家喜欢思考一些宇宙和人生的本体性问题，"死"以及与之相对的"生"便纳入其思维视野。《庄子》对此屡有涉及。它主张"不悦生，不恶死"，一切随缘任运，对生死采取自然随顺的态度。它认为生命是道的旅馆，人是天地间的过客；人生本无，死是对无的复归；人来自大地，死后回归大地。应把生与死看作完整的"一体"，"以无为首，以生为脊，以死为尻(kāo, 臀部)"(《大宗师》)，不要奢望永生不死。人活着有种种欲望、追求、苦患，死后这一切都归于消失，所以大地"劳我以生"，"息我以死"，死亡是一切劳累的解脱，是值得欢欣鼓舞的事。于是就有了妻子死，庄子击盘而歌，就有了子桑户死，孟子反、子琴张编曲鼓琴。人不可永生。死亡是人人必须面临的终局。它是可怕而痛苦的。《庄子》的生死观，不啻一种临终关怀。

四、无 用 之 用

　　匠石之齐①，至于曲辕，见栎社树②。其大蔽数千牛，絜之百围③，其高临山十仞而后有枝，其可以为舟者旁十数④。观者如市，匠伯不顾⑤，遂行不辍。弟子厌观之⑥，走及匠石，曰："自吾执斧斤以随夫子，未尝见材如此其美也。先生不肯视，行不辍，何邪？"曰："已矣，勿言之矣！散木也⑦。以为舟则沉，以为棺椁则速腐，以为器则速毁，以为门户则液樠⑧，以为柱则蠹，是不材之木也。无所可用，故能若是之寿。"

---

① 匠石：名叫石的木匠。
② 曲辕：地名。栎：音力，树名。社：土地神。社树：被供为土地神的栎树。
③ 絜：音协，量。
④ 旁：通方，且。
⑤ 伯：长。匠伯：木匠首领，指石。
⑥ 厌：足，饱。
⑦ 散木：无用之木。
⑧ 樠：音蛮，树心似松，有脂液流出。液樠：脂液流出如樠树。

宋有荆氏者①，宜楸柏桑②。其拱把而上者③，求狙猴之杙者斩之④；三围四围，求高名之丽者斩之⑤；七围八围，贵人富商之家求樿傍者斩之⑥。故未终其天年而中道之夭于斧斤，此材之患也。故解之以牛之白颡者，与豚之亢鼻者⑦，与人有痔病者，不可以适河。此皆巫祝以知之矣，所以为不祥也，此乃神人之所以为大祥也⑧。支离疏者⑨，颐隐于脐⑩，肩高于顶⑪，会撮指天⑫，五管在上，两髀为胁⑬。挫针治繲⑭，足以糊口；鼓策播精⑮，足以食十人。上征武士，则支离攘臂而游于其间⑯；上有大役，则支离以有常疾不受功；上与病者粟，则受三锺与十束薪。夫支离其形者，犹足以养其身，终其天年，又况支离其德者乎！

山木，自寇也⑰；膏火，自煎也⑱。桂可食⑲，故伐之；漆可用⑳，故割之。人皆知有用之用，而莫知无用之用也。

内篇卷二《人世间第四》

点　评

"无用之用"，是庄子从其特殊的人生观出发对保生全性的生存之道作出的一种独特说明。庄子从自然现象说到人生现象，从形体上的无用之用说到心灵上的无用之用。自然界的植物、动物因为无用，所以得以保全生命及其天性；

---

① 荆氏：宋地名。
② 宜：指适合种植。楸，音秋，乔木名。柏、桑：柏树、桑树。
③ 拱：两手合握。把：一手所握。拱把：指树干长得细小时。
④ 杙（yì）：扣狙猴的木桩。狙（jū）：猴。
⑤ 丽：通欐，屋栋。
⑥ 樿（shàn）傍：整幅板的棺材。
⑦ 颡：额头。亢：高。
⑧ 神人：庄子心中的理想人物。
⑨ 支离疏：虚构的人名。
⑩ 颐：下巴。
⑪ 顶：头。
⑫ 会撮：发髻。
⑬ 五管：五脏之管穴。髀（bì）：大腿。胁：胸肋。为胁：与胸肋相并，几乎变成胸肋一样。
⑭ 繲：音懈，旧衣服。挫针治繲：拿针补衣。
⑮ 精：米。策，占著之筹。播：撒。此句指占卦所赚的粮食。
⑯ 攘臂：捋袖出臂，表无所顾忌。
⑰ 寇：砍伐。
⑱ 膏：油脂。
⑲ 桂可食：桂皮、桂枝皆可药用。
⑳ 漆：漆树。

人的形体的畸形无用,可以使人全生避害;如果在精神上超越世俗的道德功利,让世人认为无补于世,个人的生命及其本性就可以保全无碍。只要想一想夏桀、商纣时那些贤臣们的命运,想一想历代专制统治下那些有用的大臣们动辄得咎的悲惨下场,我们就很能理解什么叫"无用之用"。这虽不是一种最佳的生存状态,却是一种无奈的生存选择。

第二十九章
管子

《管子》,旧题管子撰。原有389篇,汉代刘向校除其重复者,编订为86篇,今存76篇,其余10篇有目无文。

管子(？—前645),名夷吾,字仲,春秋初期辅佐齐桓公成就霸业的著名政治家。从现存《管子》一书的巨大篇幅、行文风格以及涉及的道家、儒家、法家、兵家等思想来看,断非出自管子一人之手。后世比较普遍的看法是,此书"非一人之笔,亦非一时之书"(宋叶適《水心集》),它是春秋中叶至战国时期齐国管仲学派托名管子所作,其中甚至有西汉中叶以前管仲后学的增益部分。关于该书的学派属性,有人划为法家(韩非《韩非子·五蠹》),有人划为道家(班固《汉书·艺文志》),实际上表现了对儒、道、法诸家思想的博采综合,有明显的杂家倾向。

《管子》是一部凝聚着高超的政治智慧和强烈的现实精神的奇书。它择取先秦时期儒家、法家、道家乃至兵家政治思想的精华,对安邦强国之道发表了一系列非常有价值的见解。这些见解包括治国以治人心为根本和起点;国家的兴盛在民心的向背;人心的本质在好利恶害、好生恶死,英明的政治在因势利导;"得人之道,莫如利之"(《五辅》),物质生产、尤其是粮食生产、农业生产是第一位的,"粟者,民之所归也,王之本事也","民贫则难治","善为国者必先富民";利民、富民之后必须导之以礼义,"仓廪实则知礼义,衣食足则知荣辱";礼义之外,还须辅之以刑法,刑法之威在守信,守信之道在禁少,"未有能多禁而多止者也"(《任法》);刑法的威信还在于执法公正平等,"君臣上下贵贱皆从法,此谓为大治"(《任法》)。此外,君与民的相辅相成,统治者的自律、被统治者的权利、人才的培养与用人的标准以及所谓治国"莫要于兵"(《参患》)、"兵强则战胜"(《重令》),而"贫民伤财莫要于兵,危国忧主莫速于兵"(《法法》);"俭则伤事,侈则伤货"(《乘马》)等等,凡所涉猎,均成妙论。今日常说的"以人为本"、"百年树人",皆源出于《管子》。

本书采用唐房玄龄注、明刘绩增注《管子》,《二十二子》,上海古籍出版社1986年影印本。

一、"以人为本"

故霸王之所始也,以人为本。本理则国固,本乱则国危。故上明则下敬,政平则人安,士教和则兵胜敌,使能则百事理,亲仁则上不危,任贤则诸侯服。

卷九《霸言第二十三》

有身不治,奚待于人①?有人不治,奚待于家?有家不治,奚待于乡?有乡不治,奚待于国?有国不治,奚待于天下?天下者,国之本也;国者,乡之本也;乡者,家之本也;家者,人之本也;人者,身之本也;身者,治之本也②。

卷一《权修第三》③

心安是国安也,心治是国治也。治也者,心也;安也者,心也。治心在于中,治言出于口,治事加于民,故功作而民从,则百姓治矣。所以操者,非刑也④;所以危者,非怒也⑤。民人操,百姓治,道其本至矣⑥。

卷十三《心术下第三十七》

凡人之情,得所欲则乐,逢所恶则忧,此贵贱之所同有也。近之不能勿欲,远之不能勿忘⑦,人情皆然;而好恶不同,各行所欲,而安危异焉,然后贤、不肖

---

① 身:人自身。人:他人。
② "身"即"人自身"之谓,故"身者治之本"即"以人为本"之易名。
③ 权:称量,所以知轻重。执政者须知国之轻重方可治国。
④ 操:治。
⑤ 危:使人敬畏。
⑥ 道其本至矣:说的是根本达到了。一解为"道其本,至矣"。
⑦ 之:所乐之物。

之形见也①。

夫凡人之情,见利莫能勿就,见害莫能勿避。其商人通贾,倍道兼行,夜以续日,千里而不远者,利在前也。渔人之入海,海深万仞,就彼逆流,乘危百里,宿夜不出者,利在水也。故利之所在,虽千仞之山无所不上,深源之下无所不入焉。故善者势利之在,而民自美安②,不推而往,不引而来,不烦不扰,而民自富,如鸟之覆卵③,无形无声,而唯见其成。

卷十七《禁藏第五十三》

凡民莫不恶罚畏罪,是以人君严教以示之,明刑罚以致之。

凡众者,爱之则亲,利之则至。是故明君设利以致之,明爱以亲之。徒利而不爱,则众至而不亲;徒爱而不利,则众亲而不至。爱施俱行,则说君臣、说朋友、说兄弟、说父子④。

凡人者,莫不欲利而恶害。是故与天下同利者,天下持之⑤;擅天下之利者,天下谋之⑥。天下所谋,虽立必隳⑦;天下所持,虽高不危。

卷二十一《版法解第六十六》

人主之所以令则行、禁则止者,必令于民之所好,而禁于民之所恶也。民之情,莫不欲生而恶死,欲利而恶害。故上令于生,利人则令行,禁于杀,害人则禁止。令之所以行者,必民乐其政也而令乃行。

卷二十《形势解第六十四》

点　评

"以人为本"最早是由《管子》作为一种成就霸业的政治口号提出来的。人的行为规范由人心决定,所以"以人为本"的核心是"以人心为本","心安,是国安也"。《管子》尤其强调,统治者自身的"心安"很重要,"治心在于中","故功作而民从"。"心"如何能治、如何可安?这与人心含有的自然情欲紧密相关。

---

① 不肖:不贤。肖:似,指似贤。
② 房玄龄注:"势利在身,人美而安之。"一说"势"通"执","势利"即"处于利"。
③ 覆卵:孵卵。
④ 说:通悦。
⑤ 持:扶持、拥护。
⑥ 擅:独占。谋:图谋、对付。
⑦ 隳:音灰,毁坏、倾覆。

人情究竟是怎样的？《管子》指出：好利恶害是人情最大的特质。英明的统治者应当根据人情的这一特质，惠之以利，刑之以害，仁法并施，使人得利而乐，避害而安，从而心安身治，国家太平。《管子》对人情特质的揭示源于对现实的观察，其提出的因人情而治人的政治主张相当务实，有很大的合理性、科学性。齐桓公成为春秋时期诸侯中的第一位霸主，与采纳管仲的这一思想方针有直接关系。

二、政之兴废，在民心之顺逆

政之所兴，在顺民心；政之所废，在逆民心。民恶忧劳，我佚乐之①；民恶贫贱，我富贵之；民恶危坠，我存安之；民恶灭绝，我生育之。能佚乐之，民为之忧劳；能富贵之，则民为之贫贱；能存安之，则民为之危坠；能生育之，则民为之灭绝。故刑罚不足以畏其意，杀戮不足以服其心。故刑罚繁而意不恐②，则令不行矣；杀戮众而心不服，则上位危矣。故从其四欲，则远者自亲；行其四恶，则近者叛之。故知予之为取者，政之宝也。

卷第一《牧民第一》

古之圣王所以取明名广誉、厚功大业显于天下而不忘于后世，非得人者，求之尝闻。暴王之所以失国家③、危社稷、覆宗庙、灭于天下，非失人者，未之尝闻。今有土之君④，皆处欲安、动欲威、战欲胜、守欲固，大者欲王天下，小者欲霸诸侯，而不务得人。是以小者兵挫而地削，大者身死而国亡⑤。故曰：人不可不务也⑥，此天下之极也⑦。

卷三《五辅第十》

点　评

政治兴废，系乎人心。得人心者得天下，失人心者失天下。古往今来，概莫

---

① 佚：通逸。
② 意不恐：民意不畏惧。
③ 暴王：暴君。
④ 土：国土。
⑤ 小者、大者：祸轻者、祸重者。
⑥ 务：求。
⑦ 极：至要。

能外。君主虽然是人民的统治者,然而,只有人民"听上,然后政可善为也",而"民必得其所欲,然后听上"(均见《管子·五辅》),所以君主必须尊重、顺从民欲人心。如此看来,君与民的关系是互相掣肘、互为主宰的关系。君主不能无视民意为所欲为,否则必然丧身亡国。《管子》此论,是对《尚书》民本思想的伟大发展。在《尚书》中,"民心"总是借与"天意"相通才获得其神圣性,《管子》撇开"天命",径直将民心、人欲视为"天下之极",要求君主给予最大的重视,实在值得大书特书。

三、"治国之道,必先富民"

凡治国之道,必先富民。民富则易治也,民贫则难治也。奚以知其然也?民富则安乡重家,安乡重家则敬上畏罪,敬上畏罪则易治也。民贫则危乡轻家,危乡轻家则敢陵上犯禁①,陵上犯禁则难治也。故治国常富,而乱国常贫。是以善为国者,必先富民,然后治之。

卷十六《治国第四十八》

凡有地牧民者,务在四时,守在仓廪②。国多财则远者来,地辟举则民留处③,仓廪实则知礼节,衣食足则知荣辱。

卷一《牧民第一》

田垦则粟多,粟多则国富,奸巧不生则民治。富而治,此王之道也。不生粟之国亡④,粟生而死者霸⑤,粟生而不死者王⑥。粟也者,民之所归也;粟也者,财之所归也;粟也者,地之所归也;粟多则天下之物尽至矣。故舜一徙成邑,二徙成都,三徙成国。舜非严刑罚、重禁令而民归之矣,去者必害,从者必利也。先王者善为民除害兴利,故天下之民归之。所谓"兴利"者,利农事也。所谓"除害"者,禁害农事也。农事胜则入粟多,入粟多则国富,国富则安乡重家。安乡重家则虽变俗易习,驱众移民,至于杀之,而民不恶也⑦,此务粟之功也。

---

① 陵:凌。
② 牧:治。四时:四季农时。仓廪:储藏米谷的仓库。
③ 辟:开垦。举:尽。
④ 生:长也。
⑤ 房玄龄注:"霸者或不能广积粟,故人有不生而致死者也。"
⑥ 房注:"王者积粟既多,故人保其生,无复致死者也。"
⑦ 杀:因罪而杀。之:民。

上不利农则粟少,粟少则人贫,人贫则轻家,轻家则易去①,易去则上令不能必行,上令不能必行则禁不能必止,禁不能必止则战不必胜、守不必固矣。禁不必止、战不必胜、守不必固,命之曰"寄生之君"②,此由不利农少粟之害也。粟者,王之本事也,人主之大务,有人之涂③,治国之道也。

卷十六《治国第四十八》

点　评

利民便可获得人民的拥戴。人民最大的利益是安身立命的生活财富。只有使人民的生活财富富足起来,才可以谈论礼教法治,所以治国必自"富民"始。在人民的生活财富中,粮食是最为根本、最最重要的,所以"富民"必须重农贵粟。因此说:"粟者,王之本事也。""富而治,此王之道也。""治国常富,乱国常贫。"

为国必先富民,这个本来很简单的道理在极"左"思潮泛滥的年代遭到彻底否定。当时的执政者总是认为"富民"会导致"无产"阶级变为"有产"阶级而"变修"。"富"字被贴上"资产阶级思想"的标签而加以批判。直到改革开放时代这种局面才被改变。人们不再谈"富"色变,"让一部分人先富起来"并带动"全民富裕",成为社会经济发展的强大推动力。

中国是一个人口大国,也是一个农业大国。粮食安全、农业问题,是国家安定的重中之重。新时期中国经济改革开放的突破口源于农业。后来矛盾最突出、问题最严重的也是农业。新世纪以来,政府一直关注"三农"(农村、农民、农业)问题,从2005年起全部取消了农业税,并不断增加对农业的投入,使农民的养老、医保条件有了初步保障。两千多年前中国地广人稀,《管子》就提出重农贵粟的口号。在地少人多的今日中国,《管子》的主张更应得到高度重视。

四、"君不君则臣不臣"

君不君则臣不臣,父不父则子不子。上失其位,则下逾其节④。上下不和,

---

① 去:离去,逃跑。
② 命之曰:称之为。寄生:暂寄为生,不能长久。
③ 有人之涂:拥有人民之途径。
④ 节:规范。

令乃不得。衣冠不正,则宾者不肃①;进退无仪②,则政令不行。且怀且威③,则君道备矣。莫乐之,则莫哀之④;莫生之,则莫死之⑤。往者不至,来者不极。⑥

卷一《形势第二》

为人君而不明君臣之义以正其臣,则臣不知于为臣之理以事其主矣。故曰"君不君则臣不臣"。为人父而不明父子之义以教其子而整齐之,则子不知为人子之道以事其父矣。故曰"父不父则子不子"。君臣亲,上下和,万民辑⑦,故主有令则民行之,上有禁则民不犯。君臣不亲,上下不和,万民不辑,故令则不得,禁则不止。

卷二十《形势解第六十四》

地之生财有时,民之用力有倦,而人君之欲无穷。以有时与有倦,养无穷之君,而度量不生于其间,则上下相疾也。是以臣有杀其君,子有杀其父者矣。故取于民有度,用之有止,国虽小必安;取于民无度,用之不止,国虽大必危。

卷一《权修第三》

人主出言不逆于民心,不悖于理义,其所言足以安天下者也,人唯恐其不复言也。出言而离父子之亲,疏君臣之道,害天下之众,此言之不可复者也,故明主不言也。故曰:言而不可复者,君不言也。

人主身行方正,使人有礼,遇人有理⑧,行发于身而为天下法式者,人唯恐其不复行也。身行不正,使人暴虐,遇人不信,行发于身而为天下笑者,此不可复之行,故明主不行也。故曰:行而不可再者,君不行也。

言之不可复者,其言不信也;行之不可再者,其行贼暴也。故言而不信则民不附,行而贼暴则天下怨。民不附,天下怨,此灭亡之所以生也,故明主禁之。

卷二十《形势解第六十四》

---

① 指君主衣冠不整,大臣就不会肃然起敬。
② 仪:法度。
③ 怀:安抚。
④ 指君不乐民所乐,民就不会哀君所哀。
⑤ 指君不生养民,民也不会为君而死。
⑥ 指君对民的关心不至,民对君的回报不达。极:穷尽。
⑦ 辑:和。
⑧ 遇人:待人。

点　评

  周朝是宗法封建社会,讲究"君臣父子""上下有义,贵贱有分"的礼制(《管子·心术上》、《管子·五辅》),这似乎有悖于今天人们所崇尚的平等精神。然而即便如此,周人也并没有要求臣无条件地服从君,子无条件地服从父。《尚书》中肯定的"诛无道"革命,《国语》中记载的"臣杀其君君之过"思想都是这方面的显证。《管子》公开提出"君不君则臣不臣,父不父则子不子"的口号,为"臣杀其君"、"子杀其父"张目,震人耳目,体现了相当的平等意识。

  由此《管子》对君主的道德自律一再提出要求①。君主说话应不违民心,行动应方正合礼,为天下典范,如此才能民附而天下归之,切忌言而"害天下之众",行而荒诞残暴。这样只能导致民叛国亡。在周代乃至后来历朝历代,天子、国君权力很大,国家没有有效的法制制衡他,天下万民的命运往往由其一人决定,于是人们把政治的清明寄托于明主的私德。这虽属无奈之举,但诸如《管子》之类的告诫也能够对君主产生一定的威慑作用。

五、百 年 树 人

  一年之计,莫如树谷;十年之计,莫如树木;终身之计,莫如树人。一树一获者,谷也;一树十获者,木也②;一树百获者,人也③。我苟种之④,如神用之⑤,举事如神⑥,唯王之门。

卷一《权修第三》

  君之所审者三⑦:一曰德不当其位,二曰功不当其禄,三曰能不当其官。此三本者,治乱之原也⑧。故国有德义未明于朝者,则不可加于尊位;功力未见于

---

① 见《牧民》、《法法》、《禁藏》等篇。
② 指果木寿命一般为十年左右,故一树而有十年之获。
③ 指人寿近百年,故一树而有百获。
④ 苟:如果。种之:育人。
⑤ 如神:指非常尊敬。神:神灵。
⑥ 指君主培育人才、虔诚地使用人才,就会办事如神而无不遂。
⑦ 审:慎。
⑧ 原:通源。

国者,则不可授以重禄;临事不信于民者,则不可以任大官。

君之所慎者四:一曰大德不至仁,不可以授国柄;二曰见贤不能让,不可与尊位;三曰罚避亲贵,不可使主兵;四曰不好本事①,不务地利,而轻赋敛②,不可与都邑。此四务者,安危之本也。故曰:卿相不得众,国之危也;大臣不和同,国之危也;兵主不足畏,国之危也;民不怀其产,国之危也。故大德至仁,则操国得众③;见贤能让,则大臣和同;罚不避亲贵,则威行于邻敌;好本事,务地利,重赋敛④,则民怀其产。

卷一《立政第四》

点　评

国力的竞争,说到底是人才的竞争,尤其是管理人才的竞争。于是人才的培养与任用就显得至关重要。《管子》最早提出人才培养的治国方略,指出人才一旦培养出来,国家就会受用无穷。同时指出,统治者在任用人才时,应坚持德能兼备的原则,"论材量能,谋德而奉之",使人尽其才、用尽其所、名实相当。

---

① 本事:指农业。
② 轻:轻率。
③ 操:治。
④ 重:慎重。

第三十章
吕氏春秋

《吕氏春秋》,战国末期秦相吕不韦集合门客共同编写,为秦国统一天下、治理国家的理论依据。全书 26 卷,分 12 纪、8 览、6 论,共 160 篇。

吕不韦(? —前 235),卫国人,原是卫国的大商人。在邯郸时遇到入质于赵的秦公子异人,认为"奇货可居",因入秦游说华阳夫人立异人为太子。后异人果然即位,为庄襄王,他也被尊为相国。三年后庄襄王死,秦王嬴政继位,续尊他为相国,又号称"仲父"。不韦之显赫,于此为甚。不韦辅佐秦王政十年,尽管嬴政亲政后,他被免职迁谪,忧惧而死,但他在辅佐期间做了件大事,即召集门下宾客,汇合诸子学说,总结君王之道,成 160 篇、10 万余言的《吕氏春秋》。公元前 235 年,吕不韦自杀,但他留下的一部《吕氏春秋》则帮助秦王走向强大,14 年后成为统一六国的"始皇帝"。

《吕氏春秋》综合儒、道、墨、法、阴阳诸家思想,有杂家倾向,然其所尚,"以道德为标的,以无为为纲纪,以忠义为品式,以公方为检格"[①],上承孟轲,荀卿,下启扬雄,儒家倾向还是比较明显。相传书成后,不韦"暴之咸阳市门,悬千金其上,有能增损一字者与千金"[②],可见其议论之精,定稿之严。不过今天看来,该书实例大于思想,细密趋于繁琐,行文有驳杂之憾,然其所含人文政治思想却异常精到。它对与生俱来的共同人性的揭示,对满足自然情欲权利的肯定以及对伤性害生的富贵病的警示,对人欲善恶与政治利害相反相成关系的剖析,

---

①② 高诱《吕氏春秋序》。

对利民、公平、分级管理等为政之术的强调,不仅在当时助成了统一天下的霸业,而且成为后代两千多年中国古代政治家的一笔思想财富。在今天的政治文明建设中,也有不可忽视的借鉴价值。

本书采用汉高诱注、清毕沅校《吕氏春秋》,《二十二子》,上海古籍出版社1986年影印本。

一、莫以贵富伤性、莫以纵欲害生

天生人而使有贪有欲。欲有情,情有节①。圣人修节以止欲②,故不过行其情也③。故耳之欲五声,目之欲五色,口之欲五味,情也。此三者,贵贱、愚智、贤不肖之若一,虽神农、黄帝,其与桀、纣同。圣人之所以异者,得其情也④。

卷二《仲春纪第二·情欲》

耳之情欲声,心不乐,五音在前弗听;目之情欲色,心弗乐,五色在前弗视;鼻之情欲芬香,心弗乐,芬香在前弗嗅;口之情欲滋味,心弗乐,五味在前弗食。欲之者,耳目鼻口也,乐之弗乐者,心也。心必和平然后乐,心必乐然后耳目鼻口有以欲之。故乐之务在于和心,和心在于行适。

夫乐有适,心亦有适⑤。人之情,欲寿而恶夭,欲安而恶危,欲荣而恶辱,欲逸而恶劳。四欲得,四恶除,则心适矣。四欲之得也,在于胜理⑥。胜理以治身则生全,以身全则寿长矣;胜理以治国则法立,法立则天下服矣。故适心之务在于胜理。

卷五《仲夏纪第五·适音》

今有声于此,耳听之必慊⑦,已听之则使人聋⑧,必弗听;有色于此,目视之必慊,已视之则使人盲,必弗视;有味于此,口食之必慊,已食之则使人瘖⑨,必弗食。是故圣人之于声色滋味也,利于性则取之,害于性则舍之,此全性之道

---

① 节:适度。
② 止欲:防止过分的情欲。止,一本作制,控制也。
③ 过:过分。
④ 得其情:得其适度之情。
⑤ 适:适宜、快适。
⑥ 胜:任也。
⑦ 慊:音怯,满足,快适。
⑧ 已:太、过。
⑨ 瘖:音阴,通暗,哑。

也。世之富贵者,甚于声色滋味也多惑者,日夜求,幸而得之则遁焉①。遁焉,性恶得不伤?……

贵富而不知道,适足以为患②,不如贫贱;贫贱则致物也难,虽欲过之,奚由③?出则以车,入则以辇,务以自佚,命之曰招蹶之机④;肥肉厚酒,务以自强,命之曰烂肠之食;靡曼皓齿,郑卫之音,务以自乐,命之曰伐性之斧。三患者,贵富之所致也。故古之人有不肯贵富者矣,由重生故也;非夸以名也,为其实也。

卷一《孟春纪第一·本生》

室大则多阴,台高则多阳,多阴则蹶⑤,多阳则痿⑥,此阴阳不适之患也。是故先王不处大室,不为高台,味不众珍,衣不燀热⑦。燀热则理塞⑧,理塞则气不达;味众珍则胃充,胃充则中大鞔⑨,中大鞔而气不达,以此常生而可得乎?昔先圣王之为苑囿园池也,足以观望劳形而已矣⑩;其为宫室台榭也,足以辟燥湿而已矣;其为舆马衣裘也,足以逸身暖骸而已矣;其为饮食酏醴也⑪,足以适味充虚而已矣;其为声色音乐也,足以安性自娱而已矣。五者,圣王之所以养性也,非好俭而恶费也,节乎性也。

卷一《孟春纪第一·重己》

圣人深虑天下,莫贵于生。夫耳目鼻口,生之役也。耳虽欲声,目虽欲色,鼻虽欲芬香,口虽欲滋味,害于生则止。……由此观之,耳目鼻口,不得擅行,必有所制,譬之若官职,不得擅为,必有所制。此贵生之术也。……故所谓"尊生"者,全生之谓。所谓"全生"者,六欲皆得其宜也。

卷二《仲春纪第二·贵生》

人莫不以其生生⑫,而不知其所以生;人莫不以其知知,而不知其所以知。

---

① 遁:通循,流逸、放纵。
② 适:正、恰好。
③ 致物:取得满足情欲之财物。过之:放纵情欲。
④ 蹶:一写作蹷,倒也,痿弱也。招:导致。
⑤ 蹶:因寒疾而萎弱。
⑥ 痿:由过阳引起的不适之患。高诱注:"蹷不能行也。"
⑦ 燀(dǎn):高诱注:"读曰亶。亶,厚也。"知燀热即厚热。
⑧ 理:肌理,脉理。塞:闭结而不通畅。
⑨ 充:饱也。鞔:借为懑,郁闷。
⑩ 劳形:活动身体。
⑪ 酏:音夷,粥。醴:甜酒。
⑫ 以其生生:以其生而生。下文"以其知知"即以其知而知。

知其所以知之谓"知道",不知其所以知之谓"弃宝",弃宝者必离其咎①。世之人主,多以珠玉戈剑为宝,愈多而民愈怨,国人愈危,身愈为累,则失宝之情也。乱世之乐与此同:为木革之声则若雷,为金石之声则若霆,为丝竹之声则若噪。以此骇心气、动耳目、摇荡生则可矣,以此为乐则不乐。故乐愈侈,而民愈郁,国愈乱,主愈卑,则失乐之情矣。

乐之有情,譬之若肌肤形体之有情性也。有情性则必有性养矣。寒、温、劳、逸、饥、饱,此六者非适也。凡养也者,瞻非适而以之适者也②。能以久处其适,则长生矣。生也者,其身固静,或而后知③,或使之也④,遂而不反,制乎嗜欲。制乎嗜欲无穷,则必失其天矣。且夫嗜欲无穷,则必有贪鄙悖乱之心,淫佚奸诈之事矣,故强者劫弱,众者暴寡,勇者凌怯,壮者慠幼⑤,从此生矣。

卷五《仲夏纪第五·侈乐》

点　评

人性有高低贵贱的差别吗?没有。"贵贱、智愚、贤不肖之若一,虽神农黄帝,其与桀纣同。"那么,这共同人性是什么?就是目欲美色、耳欲美声、鼻欲芬香、口欲美味之类的自然情欲。人生来的这些情欲固然需要给予一定的满足,但如果基本满足之外还过分地加以追求,就会适得其反,伤性害生,不仅不符合人的生命本性,而且会危及人的生命存在。正是在这个意义上,《吕氏春秋》主张足欲而不纵欲,反对因富贵奢侈而损伤生命。

经过三十多年的改革开放,中国从一个物质匮乏的国度变成了物质丰富的国度,中国人也从经济贫穷的时代进入了相对富裕的时代。对于一部分富裕起来的国人来说,由过度的物质享受所带来的"富贵病"成了影响他们生命健康的一大隐形杀手。在这种情况下,听一听"肥肉厚酒""命曰烂肠之食","靡曼皓齿""命曰伐性之斧"的忠告,对于在优裕条件下保持符合人性、有益健康的平淡生活,确实不无益处。

---

① 离:罹,遭。
② 瞻:通詹,省察。之:往,从。
③ 或:通惑。人性本静,因为迷惑而有感知、知觉。
④ 或:代词,指外物。之:指有知这件事。
⑤ 慠:同傲。

二、"人之欲多者,其可得用亦多"

使民无欲,上虽贤犹不能用。夫无欲者,其视为天子也,与为舆隶同①;其视有天下也,与无立椎之地同;其视为彭祖也,与为殇子同②。天子至贵也,天下至富也,彭祖至寿也,诚无欲,则是三者不足以劝。舆隶至贱也,无立椎之地至贫也,殇子至夭也,诚无欲,则是三者不足以禁。会有一欲,则北至大夏、南至北户、西至三危、东至扶木③,不敢乱矣;犯白刃、冒流矢、趣水火④,不敢却也⑤;晨寤兴⑥,务耕疾庸⑦,樸为烦辱⑧,不敢休矣。故人之欲多者,其可得用亦多;人之欲少者,其得用亦少;无欲者,不可得用也。人之欲虽多,而上无以令之,人虽得其欲,人犹不可用也⑨。令人得欲之道,不可不审矣。善为上者,能令人得欲无穷,故人之可得用亦无穷也。……故古之圣王,审顺其天而以行欲⑩,则民无不令矣,功无不立矣。……凡治国令其民争行义也,乱国令其民争为不义也;强国令其民争乐用也,弱国令其民争竞不用也。夫争行义、乐用与争为不义、竞不用,此其为祸福也,天不能覆,地不能载。

卷十九《离俗览第七・为欲》

点 评

人生而有欲。欲多而不能禁,则不能无乱。愚蠢的政治家因为欲望具有犯乱作恶的本性,便把它视为洪水猛兽加以扼杀,殊不知"人之欲少者,其得用亦少;无欲者,不可得用也"。最明智的处理方法是"审顺其天而以行欲",因势利

---

① 舆、隶:舆人、隶人,古代地位最低之人。舆人:造车工匠,后泛指众人。隶人:因罪没入官为奴隶,从事劳役的人。
② 彭祖:传说中古代长寿之人。殇:未成年而死。
③ 大夏、北户、三危、扶木:国名。
④ 趣:通趋。
⑤ 却:退却。
⑥ 寤:音悟,睡醒。兴:起床。
⑦ 疾:致力于。庸:劳。
⑧ 樸:高诱注为古"耕"字。毕沅认为这几句疑有衍文,当阙疑。辱:通耨,耘苗。
⑨ 指人犹不可为上所用。
⑩ 其:指民。天:天性,自然。其天:民性,人性。

导,利用人们的欲望为国家、政治服务,使国家富强,社会稳定。不仅如此,《吕氏春秋》还进一步提出"人之欲多,其得用亦多"的深刻思想和"能令人得欲无穷,故人之可得用亦无穷"的政治之道,具有非同寻常的意义。它足以烛照出主张灭人欲的偏见的浅薄与迂腐。

三、"天下非一人之天下也,天下之天下也"

凡人之性,爪牙不足以自守卫,肌肤不足以扞寒暑①,筋骨不足以从利辟害②,勇敢不足以却猛禁悍,然且犹裁万物,制禽兽,服蛟虫,寒暑燥湿弗能害,不唯先有其备而以群聚邪?群之可聚也,相与利之也。利之出于群也,君道立也③。故君道立则利出于群,而人备可完矣。……自上世以来,天下亡国多矣,而君道不废者,天下之利也。……君道何如?利而物利章④。

卷二十《恃君览第八·恃君览》

仁于他物,不仁于人,不得为仁;不仁于他物,独仁于人,犹若为仁。仁也者,仁乎其类者也。故仁人之于民也,可以便之,无不行也⑤。神农之教曰:"士有当年而不耕者,则天下或受其饥矣;女有当年不绩者,则天下或受其寒矣。"故(仁人)身亲耕、妻亲绩,所以见致民利也。贤人之不远海内之路,而时往来乎王公之朝,非以要利也,以民为务故也。人生有能以民为务者,则天下归之矣。王也者,非必坚甲利兵、选率练士也,非必隳人之城郭、杀人之士民也。上世之王者众矣,而事皆不同,其当世之急、忧民之利、除民之害同。

卷二十一《开春论第一·爱类》

先王先顺民心,故功名成。夫以德得民心以立大功名者,上世多有之矣,失民心而立功名者,未之曾有也。得民必有道,万乘之国,百户之邑,民无有不说⑥。取民之所说而民取矣。民之所说岂众哉⑦?此取民之要也。

卷九《季秋纪第九·顺民》

---

① 扞:即捍,卫、御。
② 辟:通避。
③ 君道:为君之道。群:众。
④ 章:通彰,彰显。
⑤ 便:利。行:为。
⑥ 说:通悦。
⑦ 指民之所悦并不多,顺民性、得民心而已。

昔先圣王之治天下也，必先公，公则天下平矣。平得于公。尝试观于上志①，有得天下者众矣，其得之以公，其失之必以偏。凡主之立也，生于公。故《鸿范》②曰："无偏无党，王道荡荡；无偏无颇，遵王之义。无或作好，遵王之道；无或作恶，遵王之路。"天下非一人之天下也，天下之天下也。阴阳之和，不长一类③；甘露时雨，不私一物；万民之主，不阿一人④。

卷一《孟春纪第一·贵公》

亡国之主必自骄、必自智、必轻物。自骄则简士⑤，自智则专独，轻物则无备。无备召祸，专独位危，简士壅塞。欲无壅塞必礼士，欲位无危必得众，欲无召祸必完备。三者人主之大经也。

卷二十《恃君览第八·骄恣》

明君者，非遍见万物也，明于人主之所执也。有术之主者，非一自行之也，知百官之要也。知百官之要，故事省而国治也。……人主自智而愚人，自巧而拙人，若此则愚拙者请矣⑥，巧智者诏矣⑦。诏多，则请者愈多矣。请者愈多，且无不请也。主虽巧智，未无不知也，以未无不知应无不请，其道固穷。为人主数穷于其下，将何以君人乎？穷而不知其穷，其患又将反以自多⑧，是之谓重塞之主，无存国矣。故有道之主，因而不为，责而不诏，去想去意，静虚以待，不伐之言⑨，不夺之事，督名审实⑩，官使自司⑪，以不知为道，以奈何为实⑫。……人主之患，必在任人而不能用之，用之而与不知者议之也。绝江者托于船，致远者托于骥，霸王者托于贤。

卷十七《审分览第五·知度》

---

① 上志：古记也。
② 即《尚书·周书·洪范》。
③ 长：偏好也。
④ 阿：私爱也。
⑤ 简：傲、贱、轻视。
⑥ 请：请示、请教。
⑦ 诏：告、教。巧智者：指君主。
⑧ 自多：自大。
⑨ 伐：一释为"代"之衍。指人主不要代臣之言、夺臣之事。
⑩ 督百官之名，审百官之实。
⑪ 让百官自司其职责。
⑫ 以奈何为实：以不可奈何之自然之性之实。

点　评

　　身为秦相的吕不韦会集宾客编写《吕氏春秋》，目的很明显，即为他治理国家乃至为人主君临天下提供理论指导。《吕氏春秋》的政治学说很值得注意。首先，君人之道必本于人性。人在变革自然、谋取生活资料的过程中不得不结成群体，统筹管理这个群体的君主和君道由此产生。然而，人主必须"以民为务"，君道必须以民利为本。《吕氏春秋》尤其可贵地提出："天下非一人之天下，天下之天下也"，体现了强烈的民本意识。其次，《吕氏春秋》最早明确提及"公平"的政治概念，指出统治者只有去除私爱，平等待物，才能天下太平。再次，《吕氏春秋》提醒君主治国，千万不可自高自大，以为自己无所不知、无所不能，从而越俎代庖，事必躬亲，而应当善于识人用人，通过百官去治理天下事，达到无为而天下治。亲民利民、公平正义、分级管理，都是现代政治文明的重要理念。秦国因此而称霸天下，吕氏之明，功不可没也。

第三十一章
新书

　　《新书》，亦称《贾子》，西汉贾谊的政论著作，共 10 卷，包括《过秦论》等 58 篇。《汉书·艺文志》列为儒家。

　　贾谊（前 200—前 168），西汉初期思想家，文学家。少而博学能文，文帝时召为博士，不久迁太中大夫。好议国家政事，因故遭周勃、灌婴等排挤，贬为长沙王太傅，后为梁怀王太傅，终生不遇。

　　贾谊一生只活了 32 岁，可短暂的人生却释放出巨大的精神能量。一部《新书》足以证明他有经天纬地之才、忧国忧民之心。然而，忠心不见人主信，才高却遭朝臣妒，加上天不假年，他过早地带着遗憾离开了人世，可他深刻的人文政治思想却光耀后代。

　　《新书》以儒家的仁政礼治思想为主，统摄道家的"清静朴素"和法家的"法治"主张，提出了以"民本"为核心，仁义、清虚、法轨合一的政治方案。他提醒开国君主注意守世之道与攻世之道不同，攻世之道是"取"民之道、守世之道是"与"民之道，打下天下后应及时进行攻防转换。这实际上不只是秦始皇，而且是后世许多开国领袖都没有处理好的问题。他对"民本"的深刻演绎，实际上奠定了文景之治与民休养生息的思想基础，也可与汉武帝推尊、董仲舒总结的儒家王道对接。他对秦朝灭亡原因的犀利剖析，一直是后世统治者引以为戒的一面镜子。而他的"宁失有罪"，不可滥杀"不辜"的主张，正可穿越两千年的时间隧道，与现代司法改革实践的人道主义法理思想接上血脉。

　　本书采用清卢文弨校《贾谊新书》，《二十二子》，上海古籍出版社 1986 年影印本。

一、反思商、秦覆亡之过

纣,天子之后也,有天下而宜然。苟背道弃义,释敬慎而行骄肆,则天下之人离之若崩,其背之也不约而期。夫为人主者,诚奈何而不胜哉?纣将与武王战,纣陈其卒,左臆右臆①,鼓之不进,皆还其刃,顾以向纣也。纣走还于寝庙之上,身斗而死,左右弗肯助也。纣之官卫与纣之躯②,弃之玉门之外,民之观者皆进蹴之③,蹈其腹④,蹶其肾⑤,践其肺,履其肝。周武王乃使人帏而守之⑥。民之观者撩帏而入⑦,提石之人犹未肯止。可悲也。夫势为民主,直与民为仇,殃忿若此。

卷五《连语》

秦灭周祀,并海内,兼诸侯,南面称帝,以四海养,天下之士斐然向风⑧,若是何也?曰:近古而无王者久矣。周室卑微,五霸既灭,令不行于天下,是以诸侯力政⑨,强凌弱,众暴寡,兵革不休,士民罢弊⑩。今秦南面而王天下,是上有天子也,即元元之民冀得安其性命⑪,莫不虚心而仰上。当此之时,专威定功⑫,安危之本,在于此矣。

秦王怀贪鄙之心,行自奋之智⑬,不信功臣,不亲士民,废王道而立私爱,焚文书而酷刑法,先诈力而后仁义,以暴虐为天下始。夫并兼者高诈力⑭,安危者贵顺权⑮。推此言之,取与、攻守不同术也。秦虽离战国而王天下,其道不易,

---

① 臆:一本作翼。
② 与:举。
③ 蹴:音促,踏。
④ 蹈:踩。
⑤ 蹶:音决,踏。
⑥ 帏:拉上帷幕。
⑦ 撩:同搴,搴通褰,音牵,撩起。
⑧ 斐然:钟夏《新书校注》:"犹靡然。"
⑨ 政:通征。
⑩ 罢:疲。弊:疲困。
⑪ 即:同则。元元:众也。
⑫ 专:当为守之误。
⑬ 奋:骄矜。
⑭ 高:崇也。诈力:诡计,武力。
⑮ 安危:使危为安,指治理天下。顺权:随顺,权便。指顺应民心之权便。

其政不改,是其所以取之也①,孤独而有之,故其亡可立而待也。借使秦王论上世之事,并殷周之迹,以制御其政,后虽有淫骄之主,犹未有倾危之患也。故三王之建天下②,名号显美,功业长久。

今秦二世立,天下莫不引领而观其政。夫寒者利短褐,而饥者甘糟糠,天下嚣嚣③,新主之资也。此言劳民之易为仁也。向使二世有庸主之行而任忠贤④,臣主一心而忧海内之患,缟素而正先帝之过⑤,裂地分民以封功臣之后,建国立君以礼天下⑥,虚囹圄而免刑戮,去收帑污秽之罪⑦,使各反其乡里,发仓廪,散财币,以赈孤独穷困之士,轻赋少事,以佐百姓之急,约法省刑,以持其后,使天下之人皆得自新,更节循行⑧,各慎其身,塞万民之望⑨,而以盛德与天下,天下息矣。即四海之内,皆欢然各自安乐其处,唯恐有变。虽有狡害之民,无离上之心,则不轨之臣无以饰其智,而暴乱之奸弥矣⑩。二世不行此术,而重以无道:坏宗庙与民,更始作阿房之宫;繁刑严诛,吏治刻深;赏罚不当,赋敛无度;天下多事,吏不能纪⑪;百姓穷困,而主不收恤。然后奸伪并起,而上下相遁。蒙罪者众,刑僇相望于道⑫,而天下苦之。自群卿以下至于众庶,人怀自危之心,亲处穷苦之实,咸不安其位,故易动也。是以陈涉不用汤、武之贤,不藉公侯之尊,奋臂于大泽,而天下响应者,其民危也。

卷一《过秦中》

秦王足己而不问,遂过而不变;二世受之,因而不改,暴虐以重祸;子婴孤立无亲⑬,危弱无辅。三主之惑,终身不悟,亡不亦宜乎?当此时也,世非无深谋远虑知化之士也,然所以不敢尽忠拂过者,秦俗多忌讳之禁也,忠言未卒于口,

---

① 取:一本作"守"。以"守"为确。
② 三王:禹、汤、周武王。
③ 嚣嚣:指乱世。
④ 庸:平常。
⑤ 缟素:未染之绢、丝。喻俭朴。先帝:指秦始皇。
⑥ 君:诸侯国国君。按:秦废除分封制,实行郡县制,贾谊不以为然。
⑦ 帑:通孥。收孥:指一人犯罪,妻孥并坐之秦法。
⑧ 节:操守,循行:修行。
⑨ 塞:满足。
⑩ 弥:通弭,灭也。
⑪ 纪:理也、治也。
⑫ 僇:同戮。
⑬ 子婴:秦朝三世,即位二月而降。

而身糜没矣①。故使天下之士倾耳而听,重足而立,阖口而不言②。是以三方失道,而忠臣不谏,智士不谋也。天下已乱,奸臣不上闻,岂不悲哉!

卷一《过秦下》

点　评

　　大汉建朝二年后,贾谊出生了。面对前不久秦王朝訇然而亡的惨痛事实,反思秦朝速亡的过错和教训,防止后世君主重蹈覆辙,就成为贾谊献给他所效力的大汉王朝的一份厚礼。

　　秦皇靠着权谋和兵力平定六国、统一天下后,真是形势大好。一方面,周天子长期驾空,政令多出,民不堪命,这是"天时";另一方面,秦朝"据肴函之固,拥雍州之地",幅员广大,易守难攻,这是"地利";再一方面,春秋战国以来连绵数百年的战争,使饱受蹂躏的天下之民"靡然向风"一样地渴望统一,这是"人和"。拥有"天时"、"地利"、"人和"的秦朝君主只要有中等平庸之材,对人民略施仁义,即可使江山固若金汤。可是愚蠢的秦皇不懂得秦朝江山的建立意味着攻守之势的转变,不懂得守天下与打天下的方针不一样,守天下的根本之道是"与民"、"利民"的仁义之道,仍用他夺取天下时依仗的"诈力"及战争思维治理天下,甚至为满足一己私欲疯狂地扰民掠民,又堵塞言路,对异己者实行严刑峻法,结果官逼民反,三世而没。

　　由此贾谊上溯到商纣王。纣王之亡,乃在"与民为仇。"对此《尚书》早有所述。这里贾谊给我们补叙了纣王被倒戈而杀后,人们"蹈其腹、蹶其肾、践其肺、履其肝",举石而砸之的惨景,它是久受暴君暴政欺压之后人民愤怒情绪的发泄,是暴君死有余辜的真实写照,足为后世暴君存鉴。

二、"民无不为本","民无不为功"

　　闻之于政也,民无不为本也,国以为本③,君以为本,吏以为本。故国以民

---

① 糜:碎烂。糜没:毁灭。
② 阖:合。
③ 以为本:以之为本。下同。

为安危,君以民为威侮,吏以民为贵贱。此之谓"民无不为本"也。

闻之于政也,民无不为命也,国以为命,君以为命,吏以为命。故国以民为存亡,君以民为盲明,吏以民为贤不肖。此之谓"民无不为命"也。

闻之于政也,民无不为功也,故国以为功,君以为功,吏以为功。国以民为兴坏,君以民为强弱,吏以民为能不能。此之谓"民无不为功"也。

闻之于政也,民无不为力也,故国以为力,君以为力,吏以为力。故夫战之胜也,民欲胜也;攻之得也,民欲得也;守之存也,民欲存也。故率民而守,而民不欲存,则莫能以存矣;故率民而攻,民不欲得,则莫能以得矣;故率民而战,民不欲胜,则莫能以胜矣。故其民之为其上也,接敌而喜,进而不可止,敌人必骇,战由此胜也。夫民之于其上也,接而惧,必走去,战由此败也。

故夫灾与福也,非粹在天也①,又在士民也。呜呼,戒之,戒之!夫士民之志,不可不要也②。呜呼,戒之,戒之!行之善也,以为福己矣;行之恶也,粹以为灾己矣。故受天之福者,天不攻焉③;被天之灾,则亦无怨天矣,行自为取之也。知善而弗行,谓之不明;知恶而弗改,必受天殃。天有常福,必与有德;天有常灾,必与夺民时④。故夫民者,至贱而不可简也⑤,至愚而不可欺也。故自古至于今,与民为仇者,有迟有速,而民必胜之。

……夫民者,万世之本也,不可欺。凡居于上位者,简士苦民者是谓愚。夫愚智者,士民命之也。故夫民者,大族也⑥,民不可不畏也。

卷九《大政上》

易使喜、难使怒者,宜为君;识人之功而忘人之罪者,宜为贵。故曰:刑罚不可以慈民,简泄不可以得士⑦。故欲以刑罚慈民,辟其犹以鞭狎狗也⑧,虽久弗亲矣;故欲以简泄得士,辟其犹以弧怵鸟也⑨,虽久弗得矣。故夫士者,弗敬则弗至;故夫民者,弗爱则弗附。故欲求士必至,民必附,惟恭与敬,忠与信,古今无易矣。渚泽有枯水,而国无枯士矣。故有不能求士之君,而无不可得之士,

---

① 粹:纯。
② 要:切要,以为切要。
③ 攻:通功。
④ 夺民时:指夺民时者。
⑤ 简:傲。
⑥ 族:群。
⑦ 简泄:傲慢。
⑧ 辟:譬。狎:戏。
⑨ 弧:木弓。

故有不能治民之吏,而无不可治之民。故君明而吏贤矣,吏贤而民治矣。……王者有易政而无易国,有易吏而无易民,故因是国也而为安,因是民也而为治。故汤以桀之乱民为治,武王以纣之北卒为强①。故民之治乱在于吏,国之安危在于政。故是以明君之于政也慎之,于吏也选之,然后国兴也。故君为善,则吏必能为善矣;吏能为善,则民必能为善矣。故民之不善也,失之者吏也;故民之善者,吏之功也。故吏之不善也,失之者君也;故吏之善者,君之功也。是故君明而吏贤,吏贤而民治矣。

卷九《大政下》

曰:"请问术之接物何如?"对曰:"人主仁而境内和矣,故其士民莫弗亲也;人主义而境内理矣,故其士民莫弗顺也;人主有礼而境内肃矣,故其士民莫弗敬也;人主有信而境内贞矣,故其士民莫弗信也;人主公而境内服矣,故其士民莫弗戴也;人主法而境内轨矣,故其士民莫弗辅也。举贤则民化善,使能则官职治,英俊在位则主尊,羽翼胜任则民显,操德而固则威立,教顺而必则令行②,周听则不蔽,稽验则不惶,明好恶则民心化,密事端则人主神。"

卷八《道术》

点　评

秦朝覆亡的活生生教训,使贾谊深切体认到"与民为仇者,有迟有速,而民必胜之"的真理,并对"民本"思想有了更丰富、更深刻的认识。"民"不仅为"国"之本,而且为"君"之本、"吏"之本;"民"不仅为"国"、"君"、"吏"之"本",而且为"国"、"君"、"吏"之"命"、之"功"、之"力"。民虽"至贱"、"至愚",但不可傲,不可欺;也正由于民"至贱"、"至愚",所以民之不治失在"君"与"吏"。天下大治必自君主和官吏以身作则始。这以身作则的"则"就是"恭敬忠信",就是"仁义礼法",也包括"清虚而静"(《道术》)。

---

① 北卒:败兵。
② 必:贾谊《新书·道术》谓"克行遂节谓之必"。克:成。遂:尽。

三、"与其杀不辜,宁失于有罪"

诛赏之慎焉,故与其杀不辜也,宁失于有罪也。故夫罪也者,疑则附之去已①;夫功也者,疑则附之与已。则此毋有无罪而见诛、毋有有功而无赏者矣。戒之哉!戒之哉!诛赏之慎焉。故古之立刑也,以禁不肖,以起怠惰之民也。是以一罪疑则弗遂诛也,故不肖得改也;故一功疑则必弗倍也②,故愚民可劝也③。是以上有仁誉而下有治名。疑罪从去,仁也;疑功从予,信也。戒之哉!戒之哉!慎其下,故诛而不忌④,赏而不曲⑤,不反民之罪而重之⑥,不灭民之功而弃之。

卷九《大政上》

点　　评

治国以仁,亦须辅之以法。贾谊论诛赏之法,亦体现了仁道情怀,这就是"疑罪从去,疑功从予"。为了避免"无罪而见诛"的错杀,宁可对存疑之罪免予刑罚。这有可能使一些"有罪"者免于一死,但却可以确保不错杀"无辜",对逃脱死刑的罪犯也可起到令"不肖得改"的法律效果。这一思想,正与现代司法实践的人性化改革方向不谋而合。现代司法实践的特点之一是:在取得确凿证据之前,对嫌疑人先作无罪设定,从而杜绝枉用刑罚的非人道悲剧产生。

---

① 附:因。
② 倍:背。
③ 劝:奖励。
④ 忌:怨。
⑤ 曲:枉,指遗漏。
⑥ 反:违反。指不违反民之犯罪实际而人为重罚之。

第三十二章
新语

　　《新语》,汉初政论家陆贾所著政论著作,分上、下卷,12篇。

　　陆贾(生卒年不详),跟从汉高祖定天下,官至太中大夫,受高祖命作《新语》,其思想曾对汉初政治发生过相当影响。

　　史载汉高祖平定天下后,陆贾时常在高祖面前谈论《诗》、《书》,刘邦骂之曰:"乃公居马上而得之,安事《诗》、《书》!"陆贾曰:"居马上得之,宁可以马上治之乎?且殷汤、周武王逆取天下而以仁义礼乐守之;文武并用,乃长久之术也。昔者吴王夫差、秦始皇,皆以极武而亡。向使秦统一天下,若能行仁义,法先圣,陛下安得天下而有之!"刘邦命之曰:"试为我著秦所以失天下、吾所以得之者及古代成败之事。"陆贾乃粗述存亡之征十余篇以进之,刘邦称善。此即是《新语》。

　　秦朝的专制暴政穷奢极欲,对于当时和后来的人民来说始终是可怕的噩梦。然而按照祸福相倚、相反相成的历史辩证法,它对于大汉乃至后代两千年的中国政治进程而言又未尝不是一大幸事。这么强大的国家,在这么短的时间内,被那么弱小的民间力量所推翻,足以证明专制暴政的脆弱和统治者穷奢极欲的危害。有鉴于此,汉初的两位思想家陆贾和贾谊在提出自己的政治模型时,都不约而同地选择了"仁政德治"、"无欲无为"的统一。汉初的皇帝都不约而同地接受了这样的政治设计。儒、道政治之道的融合自此始,儒家仁政之道在中国古代社会中的主导地位自此确立。

　　曾几何时,孔丘、孟轲、荀卿周游列国,到处推销其仁政主张,但终生不被受用;其仁政理念的魅力却因秦朝暴政的覆亡得到巨大释放,并获得汉朝君臣政治实践的自觉认可。从此,"治天下以仁德"作为与"打天下以诈力"并立的一种政治共识,延续到两千多年的中国政治历史之中。

本书采用王利器《新语校注》,中华书局1986年版。

一、"治以道德为上,行以仁义为本"

夫欲富国强威、辟地服远者,必得之于民。欲建功兴誉、垂名烈、流荣华者,必取之于身。……天地之性,万物之类,怀德者众归之,恃刑者民畏之。归之则充其侧,畏之则去其域①。故设刑者不厌轻,为德者不厌重,行罚者不厌薄,布赏者不患厚,所以亲近而致远也。

卷下《至德第八》

夫居高者自处不可以不安,履危者任杖不可以不固②。自处不安则坠,任杖不固则仆。是以圣人居高处上,则以仁义为巢;乘危履倾,则以圣贤为杖,故高而不坠,危而不仆。昔者,尧以仁义为巢,舜以稷、契为杖,故高而益安,动而益固。处克让之涂,德配天地,光被八极,功垂于无穷,名传于不朽,盖自处得其巢、任杖得其人也。秦以刑罚为巢,故有覆巢破卵之患;以李斯、赵高为杖,故有顿仆跌伤之祸。何者?所任者非也。故杖圣者帝,杖贤者王,杖仁者霸,杖义者强,杖谗者灭,杖贼者亡。

卷上《辅政第三》

治以道德为上,行以仁义为本。故尊于位而无德者绌③,富于财而无义者刑,贱而好德者尊,贫而有义者荣。……夫怀璧玉、要环佩④、服名宝、藏珍怪,玉斗酌酒,金罍刻镂⑤,所以夸小人之目者也。高台百仞,金城文画,所以疲百姓之力者也。故圣人卑宫室而高道德,恶衣服而勤仁义,不损其行以好其容⑥,不亏其德以饰其身。国不兴不事之功,家不藏不用之器,所以稀力役而省贡献也。

卷下《本行第十》

---

① 去:离。
② 履危:本义指行走危险,故须用拐杖。此喻身居高位的君主。
③ 绌:通黜,乏黜,罢黜。
④ 要:通腰,指腰间佩带。
⑤ 罍:音雷,古代盛酒、水之器。
⑥ 好:美化。

夫谋事不并仁义者,后必败;殖不固本而立高基者,后必崩。是以圣人防乱以经艺①,工正曲以准绳。德盛者威广,力盛者骄众。齐桓公尚德以霸,秦二世尚刑而亡。故虐行则怨积,德布则功兴,百姓以德附,骨肉以仁亲,夫妇以义合,朋友以义信,君臣以义序,百官以义承。

卷上《道基第一》

点　评

陆贾曾跟随刘邦平定天下。面对一个巨大的暴政王朝的灭亡,陆贾得出的教训是:只有以"仁义"治天下,才能"亲近致远"、万众归之。以"仁义"为治国之本,意味着君主在处理德治与法治的关系时应重德轻刑、厚赏薄罚,在处理义利关系时应以理节欲、重义轻利、轻赋薄敛,在处理与人臣的关系时应倚仗圣贤、远离谗贼。如果恃刑轻赏,就会众叛亲离;如果重利轻义,就会穷奢极欲;如果亲信谗佞,就会刚愎专制。清明通达的仁政,是饱受政治浩劫后人民的唯一选择。

二、"道莫大于无为"

道莫大于无为,行莫大于谨敬。何以言之?昔舜治天下也,弹五弦之琴,歌《南风》之诗,寂若无治国之意,漠若无忧天下之心,然而天下大治。周公制作礼乐,郊天地,望山川,师旅不设,刑格法悬②,而四海之内奉供来臻……故无为者乃有为也。秦始皇设刑罚,为车裂之诛以欽奸邪③,筑长城于戎境以备胡、越,征大吞小,威震天下,将帅横行,以服外国,蒙恬讨乱于外,李斯治法于内。事逾烦,天下逾乱;法逾滋,而天下逾炽;兵马益设,而敌人逾多。秦非不欲治也,然失之者,乃举措太众,刑罚太极故也。

卷上《无为第四》

夫形重者则心烦④,事众者则身劳。心烦者则刑罚纵横而无所立,身劳者

---

① 经艺:五经六艺。
② 格:通搁,搁置。
③ 欽(hān):欲。
④ 形:通刑。

则百端回邪而无所就①。是以君子之为治也,块然若无事②,寂然若无声,官府若无吏,亭落若无民③。间里不讼于巷④,老幼不愁于庭,近者无所议,远者无所听,邮无夜行之卒⑤,乡无夜召之征,犬不夜吠,鸡不夜鸣,耆老甘味于堂,丁男耕耘于野,在朝者忠于君,在家者孝于亲,于是赏善罚恶而润色之,兴辟雍庠序而教诲之⑥,然后贤愚异议,廉鄙异科,长幼异节,上下有差,强弱相扶,大小相怀,尊卑相承,雁行相随⑦,不言而信,不怒而威,岂待坚甲利兵、深牢刻令、朝夕切切而后行哉?

卷下《至德第八》

点 评

秦朝的覆亡,一在于暴虐,二在于纵欲。《新语·无为》批评说:"秦始皇骄奢靡丽,好作高台榭,广官室,则天下豪富制屋宅者莫不仿之。"统治者欲多则事众,事众则民烦。要避免秦朝覆亡的教训,最简便的方法就是统治者"无欲"。"无欲"则"无为","无为"则事省,事省则民宁。所以陆贾在倡导儒家以礼节欲的同时,又倡导道家的无欲无为、清虚自守,并把它作为一种社会理想作了生动的描绘。的确,儒家的以礼节欲须靠道德自觉为前提,实际上无法加以保证,道家的清净无欲作为一种法则提出来,倒显得简明易行。于是,原来不可调和的儒、道政治之术经过一场战争、一场教训,在汉初统一起来了。

---

① 回:乖违。
② 块:土块。块然:安然。
③ 亭:秦制十里一亭。落:居。
④ 讼:议。
⑤ 邮:驿。
⑥ 辟雍:西周天子所设学校。庠(xiáng)序:学校。
⑦ 雁行:指如雁之行而有序。

第三十三章
淮南子

《淮南子》,又称《淮南鸿烈》,西汉淮南王刘安会集门客编写的一部杂家著作。以道家思想为主,糅合了儒、法、阴阳五行诸家思想。现在流传下来的《淮南子》有21篇。

刘安(前179—前122),西汉思想家、文学家。袭父位为淮南王,善文辞,曾奉武帝命作《离骚传》,又招宾客撰《鸿烈》,《汉书·艺文志》列为杂家。后以谋反事自杀。

淮南王刘安是汉高祖刘邦的孙子,汉武帝刘彻的叔父。相传他"好读书","亦欲以行阴德拊循(抚慰)百姓,流誉天下"①。曾会集宾客,作《内篇》二十一篇,即《淮南子》,总结政治之道。"初,安入朝,献所作《内篇》,新出,上秘爱之。"②汉武帝何以如此珍爱此书呢?因为此书总结的政治之道说在了点子上。文帝、景帝以来,直至辅佐刘彻摄政的窦太后,都崇尚老庄的清虚无为思想。刘安指出人性本来虚静,要求人们去情制欲以自守,既契合时代旨趣,又有助于社会安宁。武帝不仅自幼受道家思想熏陶,而且受儒家学说教诲,后来"罢黜百家,独尊儒术"。刘安由道入儒,把道家所说的"无欲",尤其是最高统治者的"无欲"、"无为"与儒家仁政、民本学说所推崇的人民安宁、国家安宁联系在一起,对武帝来说正可谓"深得我心"。此外,刘安还将儒家的"礼义"与法家的"法度"结合起来,主张以"礼义"教化人积

---

① 《史记·淮南衡山王列传》。
② 《汉书·淮南衡山济北王列传》。

善,以"法度"禁止人作恶,并要求通过司法公正,使"法制"走向"法治",达到天下大治,确为远见卓识。

本书采用汉高诱注、清庄逵吉校《淮南子》,《二十二子》,上海古籍出版社1986年影印本。

一、"欲与性相害"

人生而静,天之性也;感而后动,性之害也;物至而神应,知之动也①;知与物接,而好憎生焉。好憎成形,而知诱于外,不能反己②,而天理灭矣。故达于道者,不以人易天③,外与物化而不失其情④。……

夫喜怒者,道之邪也;忧悲者,德之失也;好憎者,心之过也;嗜欲者,性之累也。人大怒破阴,大喜坠阳,薄气发瘖⑤,惊怖为狂,忧悲多恚,病乃成积,好憎繁多,祸乃相随。故心不忧乐,德之至也;通而不变⑥,静之至也;嗜欲不载,虚之至也;无所好憎,平之至也;不与物散⑦,粹之至也。能此五者,则通于神明。通于神明者,得其内者也。是故以中制外⑧,百事不废;中能得之,则外能收之⑨。中之得,则五藏宁⑩,思虑平,筋力劲强,耳目聪明,疏达而不悖⑪,坚强而不鞼⑫,无所大过而无所不逮,处小而不逼,处大而不窕⑬,其魂不躁,其神不娆⑭,湫漻寂寞,为天下枭⑮。

卷一《原道训》

---

① 知:知觉。
② 反:返。反己:返回自我本性。
③ 人:人事。天:天性。
④ 情:实也,指虚静无欲之人性真实。
⑤ 薄:迫,急迫。句谓气急导致喑哑。
⑥ 通达事理而处乱不变。
⑦ 散:分散,牵移。与:随。
⑧ 中:通衷,内心。
⑨ 收:集中、驾驭。
⑩ 藏:通脏。
⑪ 疏达:通达。悖:背理。
⑫ 鞼(guì):折。
⑬ 不逼:不以为逼仄狭小。不窕:不留空隙。窕:空隙。
⑭ 娆:音扰,烦扰。
⑮ 湫漻:音秋辽,清静。枭:雄杰也。

夫孔窍者①,精神之户牖也②;而气志者,五脏之使候也。耳目淫于声色之乐,则五脏摇动而不定矣。五脏摇动而不定,则血气滔荡而不休矣。血气滔荡而不休,则精神驰骋于外而不守矣。精神驰骋于外而不守,则祸福之至,虽如丘山,无由识之矣。使耳目精明玄达而无诱慕,气志虚静恬愉而省嗜欲,五脏定宁充盈而不泄,精神内守形骸而不外越,则望于往世之前而视于来事之后犹未足为也,岂直祸福之间哉③!故曰:"其出弥远者,其知弥少。"以言乎精神之不可使外淫也。是故五色乱目,使目不明;五声哗耳,使耳不聪;五味乱口,使口不爽;趣舍滑心,使行飞扬④。此四者,天下之所养性也,然皆人累也。故曰:嗜欲者,使人之气越;而好憎者,使人之心劳,弗疾去⑤,则志气日耗⑥。夫人之所以不能终其寿命而中道夭于刑戮者,何也?以其生生之厚⑦。夫惟能无以生为者⑧,则所以修是生也。

卷七《精神训》

凡人之性,心和、欲得则乐,乐斯动,动斯蹈,蹈斯荡,荡斯歌,歌斯舞,歌舞节则禽兽跳矣⑨。人之性,心有忧丧则悲,悲则哀,哀则愤,愤斯怒,怒斯动,动则手足不静。人之性,有侵犯则怒,怒则血充,血充则气激,气激则发怒,发怒则有所释憾也。故钟鼓管箫、干戚羽旄,所以饰喜也;衰绖苴杖⑩,哭踊有节,所以饰哀也⑪;兵革羽旄,金鼓斧钺,所以饰怒也。必有其质,乃为之文。

卷八《本经训》

内便于性,外合于义,循理而动,不系于物者,正气也。重于滋味,淫于声色,发于喜怒,不顾后患者,邪气也。邪与正相伤,欲与性相害,不可两立,一置一废,故圣人损欲而从事于性。目好色,耳好声,口好味,接而说之⑫,不知利害

---

① 孔窍:指耳目口等感觉通道。
② 牖:音友,窗。
③ 未足为:指不在话下。直:只。二句意谓只要清静自守,亘古之事与未来之事均不在话下,可无为而无不为,何况仅仅是眼前的祸福之类的小事呢。
④ 趣:趋,取。滑:音古,通汩,扰乱。行:行为。飞扬:逸出规矩。
⑤ 疾:赶快。去:除。
⑥ 耗:同耗,消耗。一解通眊,昏乱。
⑦ 生生之厚:养生之厚,指因富贵而纵欲。
⑧ 无以生为:无以生而为生。
⑨ 俞樾认为"歌""舞"是衍文,可省。
⑩ 衰绖(cuī dié):孝服。衰,后写作缞。苴(jū)杖:麻棒,孝杖。
⑪ 踊:音勇,跳。
⑫ 接:触。说:通悦。

嗜欲也,食之不宁于体,听之不合于道,视之不便于性。三官交争,以义为制者,心也。割痤疽非不痛也①,饮毒药非不苦也,然而为之者,便于身也;渴而饮水非不快也,饥而大餐非不澹也②,然而弗为者,害于性也。此四者,耳目鼻口不知所取去,心为之制,各得其所。由是观之,欲之不可胜,明矣。

卷十四《诠言训》

点　评

汉代注家高诱曾说《淮南子》与《吕氏春秋》"相表里"③,其实二者的主要倾向有明显差异。《吕氏春秋》主要思想属儒家,《淮南子》主要思想则属道家。在人性问题上,《淮南子》尽管有过"夫人相乐无所发贶,故圣人为之作乐,以和节之"(《本经训》)的儒家之论,但更多重复的是"人生而静"、情欲非人性、应损欲去情以返人性的道家主张,并发展为"性善情恶"。这种思想虽不尽符合人性实际,却契合汉初"贵黄老,尚清虚"的时代需要,对约束统治者清静自守、勿以奢欲伤民有积极意义。

二、"为治之本,务在宁民"

欲成霸王之业者,必得胜者也;能得胜者,必强者也;能强者,必用人力者也;能用人力者,必得人心者也;能得人心者,必自得者也。故心者身之本也,身者国之本也,未有得己而失人者也,未有失己而得人者也。故为治之本,务在宁民;宁民之本,在于足用;足用之本,在于勿夺时;勿夺时之本,在于省事;省事之本,在于节用;节用之本,在于反性。未有能摇其本而静其末,浊其源而清其流者也。故知性之情者④,不务性之所无以为;知命之情者,不忧命之所无奈何。故不高宫室者,非爱木也,不大钟鼎者,非爱金也,直行性命之情⑤,而制度可以为万民仪。今目悦五色,口嚼滋味,耳淫五声,七窍交争以害其性,日引邪欲而

---

① 痤疽:毒疮。
② 澹:通赡,充裕、足够。
③ 《吕氏春秋序》。
④ 情:实。
⑤ 直:特,仅仅。

浇其身。夫调身弗能治①,奈天下何?故自养得其节,则养民得其心矣。

卷二十《泰族训》

故有仁君明王,其取下有节,自养有度,则得承受于天地,而不罹饥寒之患矣。若贪主暴君,挠于其下②,侵渔其民,以适无穷之欲,则百姓无以被天和而履地德矣。食者,民之本也;民者,国之本也;国者,君之本也。是故君人者,上因天时,下尽地财,中用人力,是以群生遂长,五谷蕃殖。

卷九《主术训》

君人之道,处静以修身,俭约以率下。静则下不扰矣,俭则民不怨矣。下扰则政乱,民怨则德薄。政乱则贤者不为谋,德薄则勇者不为死。是故人主不好鸷鸟猛兽、珍怪奇物,狡躁康荒③,不爱民力,驰骋田猎④,出入不时,如此则百官务乱⑤,事勤财匮⑥,万民愁苦,生业不修矣。人主好高台深池、雕琢刻镂、黼黻文章、绨绤绮绣⑦、宝玩珠玉,则赋敛无度,而万民力竭矣。……人主之居也,如日月之明也,天下之所同侧目而视、侧耳而听,延颈举踵而望也。是故非淡薄无以明德,非宁静无以致远,非宽大无以兼覆,非慈厚无以怀众,非平正无以制断。

卷九《主术训》

点　评

秦朝统治者对人民巧取豪夺造成官逼民反,促使汉初统治者实行与民休养生息的无为政策;景帝时期发生的吴、楚七国叛乱,进一步暴露了贪欲淫情的危害。有感于此,《淮南子》重新抬出无情无欲的道家人性论大旗,强调"为治之本,务在民宁","民宁"之本,在统治者清心寡欲,省事节用。如此,道家的修身之道便与儒家的仁政之道、民本思想奇妙地融合在一起。这一思想给我们当下的启示是,各级官员不可为了享受、排场、政绩等个人欲望而夺民扰民,形象工程只有在确保民宁民安的前提下才能实施。

---

①　调:当为衍字。
②　挠:扰乱。
③　狡:狂也。康:淫乐。荒:迷乱。
④　田:畋,打猎。
⑤　务:事务。
⑥　勤:劳也。
⑦　黼黻文章:图案。白与黑为黼,青与黑为黻,青与赤为文,赤与白为章。绨绤(chī xī):葛布。

三、"有法者而不用,与无法等"

法者,天下之度量,而人主之准绳也。县法者①,法不法也②;设赏者,赏当赏也。法定之后,中程者赏③,缺绳者诛④;尊贵者不轻其罚,而卑贱者不重其刑;犯法者虽贤必诛,中度者虽不肖必无罪,是故公道通而私道塞矣。古之置有司也⑤,所以禁民使不得自恣也;其立君也,所以剬有司使无专行也⑥;法籍礼义者,所以禁君使无擅断也。人莫得自恣,则道胜,道胜而理达矣,故反于无为。无为者,非谓其凝滞而不动也,以其言莫从己出也……法生于义,义生于众适,众适合于人心,此治之要也。故通于本者不乱于末,睹于要者不惑于详。法者,非天堕,非地生,发于人间而反以自正。是故有诸己而不非诸人,无诸己而不求诸人,所立于下者不废于上,所禁于民者不行于身。所谓亡国,非无君也,无法也。变法者,非无法也,有法者而不用,与无法等。是故人主之立法,先自为检式仪表⑦,故令行于天下。……法律度量者,人主之所以执下,释之而不用,是犹无辔衔而驰也,群臣百姓反弄其上。是故有术则制人,无术则制于人。……夫民之好善乐正,不待禁诛而自中法度者,万无一也。下必行之令⑧,从之者利,逆之者凶,日阴未移,而海内莫不被绳矣。

卷九《主术训》

三代之法不亡⑨,而世不治者,无三代之智也;六律具存,而莫能听者,无师旷之耳也。故法虽在,必待圣而后治;律虽具,必待耳而后听。故国之所以存者,非以有法也,以有贤人也;其所以亡者,非以无法也,以无贤人也。……民无廉耻,不可治也。非修礼义,廉耻不立。民不知礼义,法弗能正也。非崇善废丑,不向礼义。无法不可以为治也;不知礼义,不可以行法。法能杀不孝者,而

---

① 县:通悬,挂。悬法:制法。
② 法不法:以法惩罚不法之人。
③ 程:章程,法度。
④ 绳:喻法律条文。
⑤ 有司:负责有关事务的官吏或官府。此指司法部门或法官。
⑥ 剬:同制,制约。
⑦ 检式:榜样。
⑧ 下:对下。
⑨ 三代:夏、商、周。

不能使人为孔、曾之行①;法能刑窃盗者,而不能使人为伯夷之廉。

卷二十《泰族训》

点　评

  有一种见解认为,中国古代只有人治而没有法治,其实并不准确。对法制和法治的论述,便是《淮南子》的闪光之点。关于法制,《淮南子》指出:法不仅是用来"禁民使不得自恣"的,也是用来"禁君使无擅断"的,它是统治者从人治走法治的依据。然而法制并不等于法治。建立了法制,如果司法者有法不依,执法不公,那么法制就形同虚设,"有法"就等于"无法"。从法制到法治,关键在"贤人"的严格执法,公平司法。此外应注意到,法可以惩罚犯罪,禁止作恶,却不能使人自觉向善。在设立法制、实行法治的同时,还要修明礼义,弘扬教化,培养人的道德自觉。

---

  ① 曾:曾参,孔子弟子,以孝著称,提出"吾日三省吾身"。

第三十四章
春秋繁露

《春秋繁露》，西汉董仲舒阐释儒家经典《春秋》义理的著作，共17卷，82篇。"春秋"，指我国古代最早的编年体史书《春秋》。《周礼·大司乐》贾公彦疏："前汉董仲舒作《春秋繁露》。繁，多；露，润。为《春秋》作义，润益处多。"

董仲舒（前179—前104），西汉大儒，今文经学大师，专治《春秋公羊传》。汉武帝时举贤良文学之士，他在对策中建议："诸不在六艺之科、孔子之术者，皆绝其道，勿使并进。"为武帝所采纳，从此确立起"罢黜百家，独尊儒术"的传统。而他的《春秋繁露》就是一部诠释《春秋》义理、阐发儒家"王道"思想的理论专著。尽管受当时流行的阴阳五行天道学说的影响，董仲舒在论证中表现出以"天"为本体和逻辑起点，从"天道"立论的非科学局限，但他通过泛神论式的"天道"推导出来的"王道"却富有务实性、科学性，散发着动人的人道气息，可与现代人文精神接通。儒家的"王道"即"仁政"，其实质即"君人"、"君民"之道。不知人性则无以君人，无民则无以为君。因此，董仲舒热情赞美"人"，探讨"人性"，揭示"君"与"民"的相反相成、相互依赖关系，主张因民之性而足之节之、导之化之，并从民与君两方面提出了人格修养的任务。他关于人是万物的主宰、天下最贵的生物的礼赞，人性有善有恶、人欲虽恶而不得无欲的人性观，明于人性乃可为政的政治发生论，君王应是万民向背的仁政说以及义利并行、养义重于养利的人格修养论等，闪烁着不可磨灭的思想光芒，很有传承价值。

本书采用清凌曙《春秋繁露》注本,中华书局1975年版。

一、"人最为天下贵也"

天、地、阴、阳、木、火、土、金、水九,与人而十者,天之数毕也。故数者至十而止,书者以十为终,皆取之此。圣人何其贵者?起于天,至于人而毕。毕之外谓之物。物者,投所贵之端而不在其中。以此,见人之超然万物之上,而最为天下贵也。人,下长万物,上参天地①。

卷十七《天地阴阳》

天德施,地德化,人德义。天气上,地气下,人气在其间。春生夏长,百物以兴;秋杀冬收②,百物以藏。故莫精于气,莫富于地,莫神于天。天地之精所以生物者,莫贵于人。人受命乎天也,故超然有以倚。物疢③疾莫能为仁义,唯人独能为仁义;物疢疾莫能偶天地,唯人独能偶天地。人有三百六十节④,偶天之数也;形体骨肉,偶地之厚也;上有耳目聪明,日月之象也;体有空窍理脉,川谷之象也;心有哀乐喜怒,神气之类也。观人之体,何高物之甚而类于天也!物旁折取天之阴阳以生活耳,而人乃烂然有其文理。是故凡物之形,莫不伏从旁折而行⑤,人独题直立端尚⑥,正正当之。是故所取天地少者,旁折之;所取天地多者,正当之。此见人之绝于物而参天地⑦。

卷十三《人副天数》⑧

仁之美者在于天。天,仁也。天覆育万物,既化而生之,有养而成之⑨。事功无已,终而复始,凡举归之以奉人。察于天之意,无穷极之仁也。人之受命于天也,取仁于天而仁也。是故人之受命天之尊,父兄子弟之亲有忠信慈惠之心,有礼义廉让之行,有是非顺逆之治,文理灿然而厚,知广大有而博⑩。唯人道可

---

① 长:高,在……之上。参:干,列。
② 杀:获。
③ 疢(chèn):病。
④ 节:骨节。
⑤ 伏从旁折:身体弯曲的样子。
⑥ 尚:上,直。题:疑为衍字。
⑦ 绝:不同。
⑧ 副:相称、契合。
⑨ 有:同又。
⑩ 知:通智。有:又。

以参天。

卷十一《王道通三》①

点　评

　　讴歌人，礼赞人，强调人在宇宙中的高贵地位，在万物中的主宰地位，是先秦两汉文化中一个引人注目的现象。《尚书》、《老子》、《礼记》、《孝经》、王充《论衡》、王符《潜夫论》等都不约而同地揭示过同样的主题。在汉人对"人"的深情礼赞中，以董仲舒的呼唤最为动人。尽管受阴阳五行、谶纬迷信时代风气的局限，董仲舒的论证过程并不科学，但他力图论证的结论——人是"上参天地"、"下长万物"的天下"最贵"者，则是一个了不起的人文命题。它使我们想起一千多年后欧洲文艺复兴时期英国作家莎士比亚借哈姆雷特之口对"人"的深情礼赞："人啊，你是一件多么了不起的杰作！宇宙的精华，万物的灵长！"人主宰万物，让万物为自己的长养服务；又主宰自己，以道德文明区别于万物，超然于万物之上。在今天这个物质文明高度发展，道德文明日见萎弱，要求回归"动物凶猛"状态之声不绝于耳的时代，听听两千多年前董老先生的呼声，是不是可以幡然警醒？

二、人性的善恶及分类

　　今世暗于"性"，言之者不同。胡不试反"性"之名？"性"之名非"生"与？如其生之自然之资，谓之"性"。"性"者质也。诘性之质于"善"之名，能中之与②？既不能中矣，尚谓"质善"何哉？

卷十《深察名号》

　　人受命于天，有善善恶恶之性，可养而不可改，可豫而不可去③。若形体之

---

① 三：指"三才"，天、地、人也。按：据《汉书·董仲舒传》引，董还说过："人受命于天，固超然异于群生。人有父子兄弟之亲，出有君臣上下之谊（通义）。会聚相遇，则有耆老长幼之施；粲然有文以相接，欢然有恩以相爱。此人之所以贵也。生五谷以食之，桑麻以衣之，六畜以养之，服牛乘马，圈豹槛虎，是其得天之灵，贵于物也。故孔子曰：'天地之性人为贵。'明于天性，知自贵于物；知自贵于物，然后知仁谊（义）……"

② 中：去声，符合。

③ 豫：预防。《礼学记》："禁于未发之谓豫。"

可肥臞①,而不可得革也。是故虽有至贤能为君亲含容其恶,不能为君亲令无恶。

卷一《玉杯》

凡人之性,莫不善义,然而不能义者,利败之也。故君子终日言不及利。欲以勿言愧之而已,愧之以塞其源也②。

卷三《玉英》

名性不以上,不以下,以其中名之③。

卷十《深察名号》

圣人之性,不可以名性④;斗筲⑤之性,不可以名性;名性者,中民之性。中民之性如茧如卵。卵待复二十日后而能为雏,茧待缲以涫汤而后能为丝⑥,性待渐于教训而后能为善。善,教诲之所然也,非质朴之所能至也,故不谓"性"。

卷十《实性》

栣众恶于内⑦,弗使得发于外者,心也。故心之为名栣也。人之受气,苟无恶者,心何栣哉?吾以心之名,得人之诚⑧。人之诚,有贪有仁。仁、贪之气,两在于身。身之名,取诸天。天两有阴阳之施,身亦两有贪、仁之性。天有阴阳禁,身有情欲栣,与天道一也。……天地之所生,谓之性情。性、情相与为一,瞑情亦性也⑨。谓性已善,奈其情何?故圣人莫谓"性善",累其名也。

卷十《深察名号》

故性比于禾,善比于米。米出禾中,而禾未可全为米也。善出性中,而性未可全为善也。善与米,人之所继天而成于外……谓之人事。

"民"之号,取之"瞑"也。使性而已善,则何故以"瞑"为号?……今万民之性有其质而未能觉,譬如瞑者待觉,教之然后善。当其未觉,可谓有质,而不可谓善,与目之瞑而觉一概之比也。……性待教而为善,此之谓真天。天生民

---

① 臞(qú):亦作癯,瘦也。
② 之:利也。源,不义之源。
③ 上、中、下,指由高到低的三类人。上等人全善,下等人全恶,中等人有善有恶。董仲舒认为人性有善有恶,系依据对有普遍性、代表性的中等人的取样分析作出的概括。
④ 性:一般人性。下同。
⑤ 斗筲(shāo):指容量小的盛器。
⑥ 涫(guān):沸。
⑦ 栣(rěn):捍御。一释为袵(rèn),怀也。
⑧ 诚:实。
⑨ 瞑:未觉。瞑情:未觉善之情。

性,有善质而未能善,于是为之立王以善之,此天意也。民受未能善之性于天,而退受成性之教于王。王承天意,以成民之性为任者也。桉其真质而谓民性已善者①,是失天意而去王任也。万民之性苟已善,则王者受命尚何任矣?……今万民之性,待外教然后能善,善当与教,不当与性。

卷十《深察名号》

点　评

　　人性问题,从来就不是一个与现实无关的经院式话题,而是一个与政治、人生紧密相关,并为之提供理论依据的现实话题。"王者"为什么推行教化?"万民"为什么必须接受教化?因为普通人身上有"恶"有"贪"、有"情"有"欲",而这些"贪欲"、"恶情"作为"生之自然之资","无所待而起,生而所自有"(《春秋繁露·实性》),属于人之"性"。因此,"孟子以为万民性皆能当之(善),过矣"(同上)。孔子认为"性相近,习相远",要求人们通过修养美化人性,荀子认为善者为后天人事所为,董仲舒深以为然。通过统治者的教化和万民自身的修养,一般的人性就"有贪有仁",有"善"有"恶"。这种善恶并存的性二重论是相对于"中民之性"而言的,既不是指通过修养纯善无恶的"圣人",也不是指无法教化、纯恶无善的"斗筲"之人。这即是"性三品"论的本来面目。由此可见,董仲舒所说的人性,是自然情欲;他所持的人性善恶观不是孟子的性善论,而是荀子的性恶论。法家及西方政治家从"性恶"、"原罪"走向法治,董仲舒代表的汉儒则从"性恶"走向"王道"、"仁政"、"德治"。虽导致的治民之术不一,但在因人性而治人这一基本原则上却异曲同工。他的"性三品"本指人性修养的不同结果,这是有道理的;但由于他所说的"性"是人的天性,所以"性三品"论又意味着人的天性分成三等,从而导向不平等的人性论,因而又是有问题的。

三、"明于情性乃可与论为政"

　　……故唱而民和之,动而民随之,是知引其天性所好②,而压其情之所憎

---

① 桉:通按。
② 引:伸张。

也。如是则言虽约，说必布矣；事虽小，功必大矣，……故明于情性乃可与论为政。不然，虽劳无功。

卷十五《正贯》

民无所好，君无以权也①；民无所恶，君无以畏也。无以权，无以畏，则君无以禁制也。无以禁制，则比肩齐势而无以为贵矣。故圣人之制国也，因天地之性情，孔窍之所利，以立尊卑之制，以等贵贱之差。设官府爵禄，利五味、盛五色、调五音以诱其耳目，自令清浊昭然殊体，荣辱踔然相驳②，以感动其心，务致民令有所好。有所好然后可得而劝也，故设赏以劝之。有所好必有所恶，有所恶然后可得而畏也，故设法以畏之。既有所劝，又有所畏，然后可得而制。制之者，制其所好，是以劝赏而不得多也；制其所恶，是以畏法而不得过也。所好多则作福，所恶多则作威。作威则君亡权，天下相怨；作福则君亡德，天下相贼。故圣人之制民，使民有欲，不得过节③；使之敦朴，不得无欲。无欲有欲，各得以足，而君道得矣。

卷六《保位权》

"仁"之法，在爱人，不在爱我；"义"之法，在正我，不在正人。我不自正，虽然正人，弗与为"义"；人不被其爱，虽厚自爱，不予为"仁"。……君子求"仁"、"义"之别，以纪人、我之间④，然后辨乎内外之分，而著于顺逆之处也。是故内治反理以正身⑤，据祉以劝福⑥；外治推恩以广施，宽制以容众。孔子谓冉子曰："治民者先富之，而后加教。"语樊迟曰："治身者，先难后获。"以此之谓治身之与治民所先后不同焉矣。《诗》云："饮之食之，教之诲之。"先饮食而后教诲，谓治人也。又曰："坎坎伐辐……彼君子兮，不素餐兮⑦。"先其事，后其食，谓之治身也。《春秋》刺上之过，而矜下之苦⑧，小恶在外弗举，在我书而诽之⑨。……君子自攻其恶，不攻人之恶，非"仁"之宽与？自攻其恶，非"义"之全与？……是故以自治之节治人，是居上不宽也；以治人之度自治，是为礼不敬也。为礼不

---

① 权：重，倚重。
② 踔：通卓。驳：杂，不同。
③ 节：节度。
④ 纪：理，析。间：别，分。
⑤ 反：通返。理：治。
⑥ 祉：一本作"礼"，以"礼"为妥。
⑦ 《韩诗》："何谓'素餐'？'素'者，质也。人但有质朴而无治民之材，名曰'素餐'。"
⑧ 矜：怜恤。
⑨ 诽：通非。

敬,则伤行而民不尊;居上不宽,则伤厚而民弗亲。弗亲则弗信,弗尊则弗敬。二端之正佹于上①,而僻行之则诽于下②。"仁"、"义"之处,可无论乎?

卷八《仁义法》

孔子曰:"不患贫而患不均。"故有所积重,则有所空虚矣。大富则骄,大贫则忧③。忧则为盗,骄则为暴。此众人之情也。圣者则于众人之情④,见乱之所从生,故其制人道而差上下也,使富者足以示贵而不至于骄,贫者足以养生而不至于忧。以此为度,调而均之,是以财不匮而上下相安,故易治也。今世弃其度制,而各从其欲。欲无所穷,而俗得自恣,其势无极。大人病不足于上⑤,而小民羸瘠于下,则富者愈贪利而不肯为义,贫者日犯禁而不可得止,是世之所以难治也。

卷八《度制》

点　评

"政治"之道即"治人"之道,"为君"之术即"君人"之术。要能够成功地"治人"、"君人",一个基本的前提是必须认清人性的真实状况。"明于情性乃可与论为政",否则,"虽劳无功"。回顾国际共产主义政治运动受挫的历史,一个最大的理论失误是过度美化无产阶级劳动大众及其领袖的人性,绝对丑化敌对阶级的人性。不明人性而治人,必然愈治而愈乱。

人是有欲望的。欲望有所好,有所恶,因人欲之好恶而治人,就应设爵禄奖赏以劝其好,设法令刑罚以惩其恶。统治者的权威正产生于此。倘因情欲会犯上作乱而一概取消它的存在,使民无所好、无所恶,君王的权威就会失去赖以生存的基础。人的好恶欲望是无止境的,一味迁就而不设防,又会引发种种社会动乱。文明政治顺欲而又节欲,既不剥夺人民欲望的权利,又保证人民"有欲"而不"过节"。因此,董仲舒既主张"富民"以满足人的基本生存欲求,又主张"设教"以节制人的穷奢极欲;既承认贫富差等,又主张"调而均之",使富者"足

---

① 佹(guǐ):诡异,失正,不端。
② 诽:通非。
③ 大:通太。
④ 则:取法,根据。
⑤ 大人:指统治者。

以示贵而不至于骄",使贫者"足以养生而不至于忧"。

儒家的"仁"、"义",本指爱己与爱人,敬己与敬人的统一。董仲舒对其作了重新诠释,并作为对"君人"者的要求提出来,告诫统治者以"仁"爱人,以"义"正我,宽以待人,严以律己,从而在民众中确立自己的亲和力和公信力。

四、"王者民之所往,君者不失其群者也"

"王"者,民之所往;"君"者,不失其群者也。故能使万民往之,而得天下群者,无敌于天下。

卷五《灭国》

君者,民之心也;民者,君之体也。心之所好,体必安之;君之所好,民必从之。故君民者①,贵孝弟而好礼义②,重仁廉而轻财利。躬亲职此于上,而万民听生善于下矣。

卷十一《为人者天》

五帝三皇之治天下,不敢有君民之心。什一而税③,教以爱,使以忠,敬长老,亲亲而尊尊,不夺民时,使民不过岁三日④。民家给人足,无怨望忿怒之患、强弱之难,无谗贼妒嫉之人。民修德而美好,被发衔哺而游⑤,不慕富贵,耻恶不犯。……民情至朴而不文。

桀、纣皆圣王之后,骄溢妄行。侈宫室,广苑囿,穷五采之变,极饰材之工,困野兽之足,竭山泽之利,食类恶之兽⑥,夺民财食;高雕文刻镂之观,尽金玉骨象之工,盛羽旄之饰⑦,穷黑白之变,深刑妄杀以陵下⑧……赏佞赐谗,以糟为丘⑨,以

---

① 君民者:即治民者。
② 弟:悌,兄弟相爱敬。
③ 什一而税:《春秋公羊传》宣公十五年何休注:"圣人治井田之法而口分之,一夫一妇受田百亩,以养父母妻子。五口为一家,公田十亩,即所谓'什一而税'也。"(《十三经注疏》,上海古籍出版社1997年影印本,第2287页。)
④ 使民:使用民力。
⑤ 被:披。衔:含。
⑥ 类:通戾。
⑦ 旄:音毛,旄牛尾,亦指旗杆头上用旄牛尾作的装饰。
⑧ 陵:通凌,欺凌。
⑨ 糟:酒糟。

酒为池;孤贫不养,杀圣贤而剖其心①,生燔人闻其臭②,剔孕妇见其化③,斫朝涉之足察其拇④,杀梅伯以为醢⑤,刑鬼侯之女取其环⑥。诛求无已,天下空虚,群臣畏恐,莫敢尽忠,纣愈自贤。周兵发,不期会于孟津之上者,八百诸侯共诛纣,大亡天下。

卷四《王道》

何谓"本"?曰天、地、人,万物之本也。天生之,地养之,人成之。天生之以孝悌,地养之以衣食,人成之以礼乐,三者相为手足,合以成体,不可一无也。无孝悌则亡其所以生,无衣食则亡其所以养,无礼乐则亡其所以成也。三者皆亡,则民如麋鹿,各从其欲,家自为俗;父不能使子,君不能使臣;虽有城郭,名曰虚邑。如此者,其君枕块而僵,莫之危而自危,莫之丧而自亡。是谓自然之罚。……明主贤君必于其信,是故肃慎三本。郊祀致敬,共事祖祢⑦,举显孝悌,表异孝行,所以奉天本也。秉耒躬耕,采桑亲蚕,垦草殖谷,开辟以足衣食,所以奉地本也。立辟雍庠序⑧,修孝悌敬让,明以教化,感以礼乐,以奉人本也。三者皆奉,则民如子弟,不敢自专,邦如父母,不待恩而爱,不须严而使,虽野居露宿,厚于宫室。如是者,其君安枕而卧,莫之助而自强,莫之绥而自安⑨。是谓自然之赏。

卷六《立元神》

点 评

先秦儒家政治学说留给汉人的宝贵思想财富,是"仁政"。"仁政"的核心,是以民为立国之本。其具体表现形态,是亲民、爱民、养民、化民、得民,而不是

---

① 《史记·殷本纪》:"纣愈淫乱不上。……比干曰:'为人臣者,不得不以死争。'乃强谏纣。纣怒曰:'吾闻圣人心有七窍。'剖比干,观其心。"
② 燔:烧烤也。臭,气味。指用炮格之刑烤活人。
③ 化:育也。史载,纣曾剖比干妻以视其胎。
④ 拇:一本作胫。《水经注》:"老人晨将渡水,而沉吟难济。纣问其故,左右曰:'老者髓不实,故晨寒也。'纣乃斫胫而视髓。"
⑤ 梅伯:纣时诸侯。醢:音海,肉酱。
⑥ 指杀鬼侯之女而取其所佩之环。
⑦ 祢:音拟,亡灵。
⑧ 辟雍:天子所设学校。庠序:学校,一般指乡学。
⑨ 绥:音随,安抚。

"君民"、"虐民",凌驾于人民之上作威作福。它与"法治"并不矛盾,却与"暴政"尖锐对立。今文经学大师董仲舒上承先秦以"民本"为特色的"仁政"思想,用音训的方法,将"君"训为"群","王"训为"往",并进一步发挥说:君王能"得天下群者",使"万民往之",方能"无敌于天下"。这对今日民主政治的建设仍有很大的启示意义。

五、"人道者,人之所由"

天道施,地道化,人道义。……故君子非礼而不言,非礼而不动。好色而无礼则流①,饮食而无礼则争。流争则乱,故礼,体情而防乱者也。民之情,不能制其欲②,使之度礼。目视正色,耳听正声,口食正味,身行正道,非夺之情也,所以安其情也。……见善者不能无好,见不善者不能无恶,好恶去就,不能坚守,故有人道。"人道"者,人之所由。

卷十七《天道施》

天之生人也,使之生义与利。利以养其体,义以养其心。心不得义不能乐,体不得利不能安。义者,心之养也;利者,体之养也。体莫贵于心,故养莫重于义。义之养生人大于利矣。何以知之?今人有大义而甚无利,虽贫与贱,尚荣其行,以自好而乐生,原宪、曾、闵之属是也③。人甚有利而大无义,虽甚富,则羞辱大恶,恶深祸患重④,非立死其罪者,即旋伤殃忧尔⑤,莫能以乐生而终其身,刑戮夭折之民是也。夫人有义者,虽贫能自乐也;尚大无义者,虽富莫能自存。吾以此实义之养生人,大于利而厚于财也。

卷九《身之养重于义》

衣服容貌者,所以悦目也;声言应对者,所以悦耳也;好恶去就者,所以悦心也。故君子衣服中而容貌荣⑥,则目悦矣;言理应对逊⑦,则耳悦矣;好仁厚而恶浅薄,就善人而远僻鄙,则心悦矣。

---

① 流:向坏的方向变,有流放、无拘束之义。
② 二句意指人情的特点是不能控制自然欲望。
③ 原宪:子思字也。曾:曾参。闵:闵损,字子骞。皆儒家道德君子。
④ 恶:疑为衍字。
⑤ 旋:旋即,随即。伤:伤于。上几句指不义而富,作恶犯罪,重者处死,轻者遭殃。
⑥ 中:去声,指服饰符合礼的规范。
⑦ 理:文理,指言合文理。

卷十一《为人者天》

天地、人主一也。然则人主之好恶喜怒,乃天之暖清寒暑也,不可不审其处而出也。当暑而寒,当寒而暑,必为恶岁矣。人主当喜而怒,当怒而喜,必为乱世矣。是故人主之大守,在于谨藏而禁内,使好恶喜怒必当义乃出,若暖清寒暑之必当其时乃发也。

卷十一《王道通三》

点　评

西方人道主义所讲的"人道",是用来对抗"神道"的一个本体性概念。中国人所讲的"人道",是指"人之所由"的方法性概念。这个方法,即人的道德修养方法。董仲舒认为,人是身、心的统一体,利以养身,义以养心。在人的身、心系统中,心重于身,故人格修养中,养义高于养利,千万不能做见利忘义的事。义而不利,尚可"自乐";利而不义,无以"自存"。循义礼而为,不只体现在心灵修养中,也体现在"衣服容貌"、"声言应对"这些外在仪表、行动中。如果修养主体是"人主",要求又更严格些。"人主"的喜怒哀乐情感都不能随意表现出来,必须时时加以控制,当喜则喜,当怒则怒。否则,好比阴阳失调,"必为乱世"。看来,在"仁政"体制中做一个国君并不容易。他诚然有盖世的显赫,却也有很大的不自由。

第三十五章
史记

《史记》,西汉司马迁所著我国第一部纪传体通史,上起黄帝,下迄汉武帝,以传记体的"本纪"、"世家"、"列传"记载历代帝王、诸侯、官吏等人物的生平事迹,以"书"记载制度沿革,以"表"勾画史事脉络,共130篇。南朝宋裴骃为之《集解》,唐司马贞为之《索隐》,张守节为之《正义》,宋代为便于阅读将三家注分别排入正文之下。

司马迁(约前145或前135—?),字子长,西汉史学家,夏阳(今陕西韩城)人。史官司马谈之子。继父职,任太史令。在遍历国家收藏史书文献、广取实地采访资料的基础上,于汉武帝太初元年至征和二年(前104—前91)之间撰成《史记》。

班固评价《史记》,说它"是非颇谬于圣人,论大道则先黄、老而后六经"[1],这个说法并不准确。《史记》八书中有《礼书》、《乐书》,完全是儒家《礼记》、《乐记》的翻版。司马迁重儒而轻法,由此分明可见。在"不待论断而于序事之中即见其指"[2]的人物传记中,通过对商纣王和秦王朝严刑峻法、残暴无道而自取灭亡,汉高祖、汉文帝温厚自律、惠恤下民而天下大治的记叙,表现了他的民本思想和仁政理想。司马迁赞美、呼唤虚心纳言的仁君仁政,他自己也勇于表达真实独立的声

---

[1] 《汉书·司马迁传赞》。
[2] 顾炎武《日知录》卷二十六。

音,这便形成了《史记》"其文直,其事核,不虚美,不隐恶"的"实录"特色①。比如《游侠列传》"退处士而进奸雄",《货殖列传》"崇势利而羞贫贱",《世家》中居然将农民起义头领陈涉与神圣的孔子及诸侯王等放在同一层面上作传,都体现了这种独立精神。汉代鉴于秦朝纵欲敛利而亡的教训,普遍重义轻利,甚至明道弃功。司马迁则摆脱了这一矫枉过正之见,揭示"富者人之情性,所不学而俱欲","自天子至于庶人"无不"好利","天下熙熙,皆为利来;天下攘攘,皆为利往②",表现出仁利两合的通达识见。《史记》是作者在遭受极大的屈辱后完成的。司马迁在把《史记》这部大书写给人间的同时,也把一个大写的"人"写向了天地古今。

本书采用裴骃集解、司马贞索隐,张守节正义《史记》,中华书局1982年版,十册本。

一、商纣"淫虐自绝"

帝纣资辨捷疾,闻见甚敏;材力过人,手格猛兽;知足以距谏③,言足以饰非;矜人臣以能④,高天下以声,以为皆出己之下。好酒淫乐,嬖于妇人⑤。爱妲己⑥,妲己之言是从。于是使师涓作新淫声,北里之舞,靡靡之乐。厚赋税以实鹿台之钱⑦,而盈巨桥之粟⑧。益收狗马奇物,充仞宫室⑨。益广沙丘苑台⑩,多取野兽蜚鸟于其中。慢于鬼神。大聚乐戏于沙丘,以酒为池,县肉为林⑪,使男女倮相逐其间⑫,为长夜之饮。

---

① 《汉书·司马迁传赞》。
② 《史记·货殖列传》。
③ 知:智。距:拒。
④ 矜:夸耀。
⑤ 嬖:音闭,宠爱。
⑥ 妲己:己姓,有苏氏之女,貌美。
⑦ 鹿台:在朝歌城中,高千尺,大三里。
⑧ 巨桥:仓名。
⑨ 仞:充满。
⑩ 沙丘:台名,为离宫。
⑪ 县:通悬。
⑫ 倮:同裸。

百姓怨望而诸侯有畔者①,于是纣乃重刑辟②,有炮格之法③。以西伯昌、九侯、鄂侯为三公④。九侯有好女,入之纣。九侯女不喜淫,纣怒,杀之,而醢九侯⑤。鄂侯争之强,辨之疾,并脯鄂侯⑥。西伯昌闻之,窃叹。崇侯虎知之,以告纣,纣囚西伯羑里⑦。西伯之臣闳夭之徒求美女、奇物、善马以献纣,纣乃赦西伯。西伯出而献洛西之地,以请除炮格之刑,纣乃许之。赐弓矢斧钺,使得征伐,为西伯。而用费中为政。费中善谀、好利,殷人弗亲。纣又用恶来。恶来善毁谗,诸侯以此益疏。

西伯归,乃阴修德行善⑧,诸侯多叛纣而往归西伯。西伯滋大,纣由是稍失权重。王子比干谏,弗听。商容贤者,百姓爱之,纣废之。及西伯伐饥国⑨,纣之臣祖伊闻之而咎周⑩,恐,奔告纣曰:"天既讫我殷命⑪,假人元龟,无敢知吉⑫。非先王不相我后人,维王淫虐用自绝⑬,故天弃我,不有安食,不虞知天性⑭,不迪率典⑮。今我民罔不欲丧⑯,曰:'天曷不降威?大命胡不至?'今王其奈何?"纣曰:"我生不有命在天乎?"祖伊反⑰,曰:"纣不可谏矣。"西伯既卒,周武王之东伐,至盟津,诸侯叛殷会周者八百。诸侯皆曰:"纣可伐矣"。武王曰:"尔未知天命。"乃复归。

纣愈淫乱不止。微子数谏不听,乃与大师、少师谋,遂去。比干曰:"为人臣者,不得不以死谏。"乃强谏纣,纣怒曰:"吾闻圣人心有七窍。"剖比

---

① 畔:通叛。
② 辟:音闭,法也。
③ 《列女传》:"膏铜柱,下加之炭,令有罪者行焉,辄堕炭中,妲己笑,名曰炮格之刑。"
④ 西伯昌:姬昌,周文王。三公:周代三公有二说。一说司马、司徒、司空,一说太师、太傅、太保。纣时三公释为后者为确。
⑤ 醢:音海,剁成肉酱。
⑥ 脯:一种酷刑。《韵会》:"薄析曰脯。"
⑦ 羑(yǒu)里:古城名,在今河南汤阴北。
⑧ 阴:暗中。
⑨ 饥:一作阢、耆,国名。
⑩ 咎:恶也。周:西伯之属国。
⑪ 讫:终也。
⑫ 元龟:大龟。元,一作卜。当以"卜龟"可读通。
⑬ 相:助。维:通唯,只是。用:因,因而。
⑭ 虞:度,臆度,揣度。
⑮ 迪:依照,义同率。率:遵循。典:法则。
⑯ 罔:无。
⑰ 反:通返。

干,观其心。箕子惧,乃详狂为奴①,纣又囚之。殷之大师、少师乃持其祭乐器奔周。

周武王于是遂率诸侯伐纣。纣亦发兵距之牧野②。甲子日,纣兵败。纣走,入登鹿台,衣其宝玉衣③,赴火而死。周武王遂斩纣头,县之白旗。杀妲己,释箕子之囚,封比干之墓④,表商容之闾。封纣子武庚禄父,以续殷祀,令修行盘庚之政⑤。殷民大悦,于是周武王为天子。其后世贬帝号,号为王。而封殷后为诸侯,属周。

册一、卷三《殷本纪第三》

点　　评

帝纣是中国历史上有名的暴君。关于他的暴行,《史记》之前许多著作都有所涉及,而以《史记》的记载最为完整。从此,帝纣被钉在历史的耻辱柱上,供千人唾骂,万人诅咒。

《史记》对帝纣的描写并没有简单化、脸谱化。他"资辨捷疾,闻见甚敏",智勇双全,能言善辩。这本来是优点,可却成了他傲视天下、拒不纳谏的资本,最终转化成为刚愎自用、专制独裁的逆势。他把才智用在荒淫享乐、设立严刑酷法方面,最后落得众叛亲离、自取灭亡的下场。《史记》通过帝纣的传记告诉人们:专制暴政的灭亡并非外力,实乃自取。

二、李斯说焚书

始皇置酒咸阳宫,博士七十人前为寿。仆射周青臣进颂曰⑥:"他时秦地不过千里,赖陛下神灵明圣,平定海内,放逐蛮夷,日月所照,莫不宾服。以诸侯为

---

① 详:通佯。
② 距:通拒,抵抗。
③ 前一"衣"字:穿。
④ 封:堆土。
⑤ 盘庚:商代仁君。为避免水患,从奄(今山东曲阜)迁都至殷(今河南安阳),使殷商中兴。
⑥ 仆射(pú yè):秦始置,汉以后因之。汉成帝建始四年,初置尚书五人,一人为仆射,位仅次尚书令,职权渐重。汉献帝建安四年,置左右仆射。唐宋左右仆射为宰相之职。宋以后废。《汉书·百官公卿表》:"仆射,秦官,自侍中、尚书、博士、郎皆有。古者重武官,有主射以督课之。"

郡县,人人自安乐,无战争之患,传之万世。自上古不及陛下威德。"始皇悦。博士齐人淳于越进曰:"臣闻殷周之王千余岁,封子弟功臣,自为枝辅。今陛下有海内,而子弟为匹夫,卒有田常、六卿之臣,无辅拂,何以相救哉①?事不师古而能长久者,非所闻也。今青臣又面谀以重陛下之过②,非忠臣。"始皇下其议。丞相李斯曰:"五帝不相复,三代不相袭,各以治。非其相反,时变异也。今陛下创大业,建万世之功,固非愚儒所知。且越言乃三代之事,何足法也?异时诸侯并争,厚招游学。今天下已定,法令出一,百姓当家则力农工,士则学习法令辟禁③。今诸生不师今而学古以非当世,惑乱黔首。丞相臣斯昧死言④:古者天下散乱,莫之能一,是以诸侯并作,语皆道古以害今,饰虚言以乱实。人善其所私学,以非上之所建立。今皇帝并有天下,别黑白而定一尊。私学而相与非法教,人闻令下,则各以其学议之。入则心非,出则巷议,夸主以为名,异取以为高,率群下以造谤。如此弗禁,则主势降于上,党与成乎下。禁之便,臣请史官非秦记皆烧之,非博士官所职,天下敢有藏《诗》、《书》、百家语者,悉诣守、尉杂烧之;有敢偶语《诗》、《书》者弃市⑤;以古非今者族⑥;吏见知不举者⑦,与同罪;令下三十日不烧,黥为城旦⑧。所不去者,医药卜筮种树之书。若欲有学法令,以吏为师。"制曰⑨:"可。"

册一、卷六《秦始皇本纪第六》

点　评

秦相李斯的《谏逐客书》是一篇气势充沛、富于雄辩的名文。此文以无可辩驳的说服力表达了李斯作为一个外来客卿对秦王政的耿耿忠心。凭着这颗忠心,李斯在嬴政统一天下、成为"始皇帝"后提出了焚书的建议。焚书的范

---

① 拂:通弼。无辅弼:秦朝以郡县制废除分封制,秦王子弟为"匹夫",而不封为诸侯王,故云。卒:终于。田常:人名,春秋时齐国大臣,采用大斗借出小斗收进之法争取民心。
② 重:加重。
③ 辟:法。
④ 昧:假借为冒。
⑤ 弃市:在闹市执行死刑,暴尸街头。
⑥ 族:灭族。
⑦ 见:发现。积压不举:知而不报。
⑧ 城旦:四年刑罚。
⑨ 制:命也。《史记·秦始皇本纪》:"命为'制'。"

围,包括除"秦记"、"法教"以外的史书、"诗书"及"百家"之书。理由是它们作为自由思想的来源,必然妨碍秦始皇的思想、政令、威势定于一尊。秦王朝自此是听不到任何不同议论了,但也因此无法了解政教善恶的实情,从而及时加以调整,于是离灭亡也就不远了。李斯在秦国走向霸主和集权的过程中发挥过举足轻重的作用,然而成也李斯,亡也李斯。极端专制的败亡早已注定在这种专制方案的最初设计中。

三、汉高祖、汉文帝之仁德

汉元年十月,沛公兵遂先诸侯至霸上①。秦王子婴素车白马,系颈以组,封皇帝玺符节②,降轵道旁③。诸将或言诛秦王。沛公曰:"始怀王遣我,固以能宽容④。且人已服降,又杀之,不祥。"乃以秦王属吏⑤,遂西入咸阳。欲止宫休舍⑥,樊哙、张良谏,乃封秦重宝财物府库,还军霸上。召诸县父老豪桀曰⑦:"父老苦秦苛法久矣,诽谤者族,偶语者弃市。吾与诸侯约:先入关者王之,吾当王关中⑧。与父老约法三章耳:杀人者死,伤人及盗抵罪,余悉除去秦法。诸吏人皆案堵如故⑨。凡吾所以来,为父老除害,非有所暴,无恐!且吾所以还军霸上,待诸侯至而定约束耳。"乃使人与秦吏行县、乡、邑,告谕之。秦人大喜,争持牛羊酒食献飨军士。沛公又让,不受,曰:"仓粟多,非乏,不欲费人。"人又益喜,唯恐沛公不为秦王。

册二、卷八《高祖本纪第八》

十二月,上曰⑩:"法者,治之正也,所以禁暴而率善人也。今犯法已论,而使毋罪之父母妻子同产坐之⑪,及为收帑⑫,朕甚不取。其议之!"有司皆曰:

---

① 霸上:即霸陵,一作灞上,在今西安市东。
② 封:用紫泥封鹰。玺:天子印。符:发兵符。节:号令赏罚之节。
③ 轵(zhǐ)道:即枳道亭,距霸上四里。
④ 怀王:楚怀王。
⑤ 属:交付。
⑥ 休舍:休息。止:居。
⑦ 桀:通杰。
⑧ 关中:地区名,历代所指范围不一,秦汉多指函谷关以西地区。
⑨ 案:按次序。堵:墙堵。大抵墙砖之垒按次序也,故名。
⑩ 上:指汉文帝
⑪ 同产:同母兄弟。此句意为却还要使他们无罪的父母、妻子、儿女和兄弟因为他们而被定罪。
⑫ 帑:通孥,孥通奴。收:收治。指被收为奴婢。

"民不能自治,故为法以禁之。相坐坐收①,所以累其心,使重犯法②,所从来远矣。如故便③。"上曰:"朕闻法正则民悫④,罪当则民从。且夫牧民而导之善者,吏也。其既不能导,又以不正之法罪之,是反害于民为暴者也,何以禁之? 朕未其便,其孰计之⑤。"有司皆曰:"陛下加大惠,德甚盛,非臣等所及也。请奉诏书,除收帑诸相坐律令。"

十一月晦,日有食之。十二月望,日又食⑥。上曰:"天生蒸民⑦,为之置君以养治之。人主不德,布政不均,则天示之以灾,以诫不治。乃十一月晦,日有食之,适见于天,灾孰大焉! 朕获保宗庙,以微眇之身托于兆民君王之上。天下治乱,在朕一人。唯二三执政,犹吾股肱也。朕下不能理育群生,上以累三光之明,其不德大矣。令至,其悉思朕之过失,及知见思之所不及,匄以告朕⑧。及举贤良方正能直言极谏者,以匡朕之不逮。因各饬其任职,务省繇费以便民⑨。朕既不能远德,又悯然念外人之有非⑩,是以设备未息。"

正月,上曰:"农,天下之本,其开籍田⑪,朕亲率耕,以给宗庙粢盛⑫。"

上曰:"古之治天下,朝有进善之旌,诽谤之木⑬,所以通治道而来谏者。今法有诽谤妖言之罪,是使众臣不敢尽情,而上无由闻过失也,将何以来远方之贤良? 其除之! 民或祝诅上以相约结,而后相谩⑭,吏以为大逆;其有他言,而吏又以为诽谤。此细民之愚无知抵死⑮,朕甚不取。自今以来,有犯此者勿听治⑯。"

十三年夏,上曰:"盖闻天道祸自怨起而福由德兴。百官之非,宜由朕躬。

---

① 此句意为无罪的亲属连坐,和犯人一起收捕判罪。
② 重:重视。
③ 便:利也。
④ 悫(què):忠厚。
⑤ 孰:通塾。
⑥ 晦:夏历月终之日。望:夏历每月十五日为望日。月食,古人认为是不祥之天象。
⑦ 蒸:通烝,众也。
⑧ 匄:同丐,求也。接到诏令后,你们都要认真想想我的过失,以及你们知道的、见到的、想到的我做得不够的地方,恳请你们告诉我。
⑨ 繇:通徭,徭役。
⑩ 悯(xiàn)然:不安貌。外人:外域之人。
⑪ 籍:其义有二。一指帝王典籍,二指借。籍田:借民力以耕之田,或登记在案之公田。
⑫ 盛(chéng):以器载物。粢(zī):泛指谷物。粢盛:盛在祭器中的食物。
⑬ 尧设进善之旌,诽谤之木,鼓励民人进善,将政治缺失书之于木。
⑭ 谩:欺。指开始谋反,而后相欺中止。
⑮ 指在无知的情况下赴死。
⑯ 听治:断案治罪。

今祕祝之官移过于下①,以彰吾之不德,朕甚不取。其除之!"

五月,齐太仓令淳于公有罪当刑,诏狱逮徙系长安②。太仓公无男,有女五人。太仓公将行会逮,骂其女曰:"生子不生男③,有缓急非有益也④!"其少女缇萦自伤泣,乃随其父至长安,上书曰:"妾父为吏,齐中皆称其廉平。今坐法当刑,妾伤其死者不可复生,刑者不可复属⑤,虽欲改过自新,其道无由也。妾愿没入为官婢,赎父刑罪,使得自新。"书奏天子,天子怜悲其意,乃下诏曰:"盖闻有虞氏之时,画衣冠、异章服以为僇⑥,而民不犯。何则?至治也。今法有肉刑三⑦,而奸不止,其咎安在?非乃朕德薄而教不明欤?吾甚自愧。故夫驯道不纯而愚民陷焉。《诗》曰:'恺悌君子⑧,民之父母。'今人有过,教未施而刑加焉,或欲改行为善而道毋由也。朕甚怜之。夫刑至断支体⑨、刻肌肤,终身不息,何其楚痛而不加德也⑩!岂称为民父母之意哉!其除肉刑。"

上曰:"农,天下之本,务莫大焉⑪。今勤身从事而有租税之赋,是为本末者毋以异⑫,其于劝农之道未备。其除田之租税。"

后二年,上曰:"朕既不明,不能远德,是以使方外之国或不宁息。夫四荒之外不安其生,封畿之内勤劳不处,二者之咎,皆自于朕之德薄而不能远达也。闲者累年,匈奴并暴边境,多杀吏民,边臣兵吏又不能谕吾内志,以重吾不德也。夫久结难连兵,中外之国将何以自宁?今朕夙兴夜寐,勤劳天下,忧苦万民,为之怛惕不安⑬,未尝一日忘于心,故遣使者冠盖相望,结轶于道⑭,以谕朕意于单于。今单于反古之道⑮,计社稷之安,便万民之利,亲与朕俱弃细过⑯,谐之大

---

① 祕:同秘。祝:祭祀时司告鬼神之人。
② 狱:罪案。
③ 子:儿女,此偏指女儿。
④ 有益:有用。
⑤ 属(zhǔ):连接、会合。
⑥ 《晋书·刑法志》:"五帝画衣冠而民知禁。犯黥者皂其巾,犯劓者丹其服,犯膑者墨其体,犯宫者杂其屦,大辟之罪,殊刑之极,布其衣裾而无领缘,投之于市,与众弃之。"僇:通戮,杀戮。
⑦ 肉刑三:指黥、劓、趾之刑。
⑧ 恺悌:和乐平易。
⑨ 支:通肢。
⑩ 楚:痛苦。
⑪ 务:事业。
⑫ 本末:以农为本,以商为末。
⑬ 怛惕:忧伤貌。怛:音达。
⑭ 轶:音哲,车辙。
⑮ 反:返。
⑯ 细:小。

道,结兄弟之义,以全天下元元之民。和亲已定,始于今年。"

天下旱,蝗。帝加惠:令诸侯毋入贡,驰山泽,减诸服御狗马①,损郎吏员,发仓庾以振贫民②,民得卖爵。

孝文帝从代来③,即位二十三年,宫室苑囿、狗马服御无所增益,有不便,辄驰以利民。尝欲作露台,召匠计之,直百金④。上曰:"百金,中民十家之产,吾奉先帝宫室,常恐羞之,何以台为!"上常衣绨衣⑤。所幸慎夫人,令衣不得曳地,帏帐不得文绣,以示敦朴,为天下先。治霸陵皆以瓦器⑥,不得以金银铜锡为饰。不治坟,欲为省,毋烦民。南越王尉佗自立为武帝,然上召贵尉佗兄弟⑦,以德报之,佗遂去帝称臣。与匈奴和亲,匈奴背约入盗,然令兵备守,不发兵深入,恶烦苦百姓。吴王诈病不朝,就赐几杖。群臣如袁盎等称说虽切⑧,常假借用之。群臣如张武等受赂遗金钱⑨,觉,上乃发御府金钱赐之,以愧其心,弗下吏⑩。专务以德化民,是以海内殷富,兴于礼义。

后七年六月己亥,帝崩于未央宫。遗诏曰:"朕闻盖天下万物之萌生,靡不有死。死者天地之理,物之自然者,奚可甚哀?当今之时,世咸嘉生而恶死,厚葬以破业,重服以伤生,吾甚不取。且朕既不德,无以佐百姓,今崩,又使重服久临⑪,以离寒暑之数,哀人之父子⑫,伤长幼之志,损其饮食,绝鬼神之祭祀,以重吾不德也,谓天下何?朕获保宗庙,以眇眇之身托于天下君王之上,二十有余年矣。赖天之灵,社稷之福,方内安宁,靡有兵革。朕既不敏,常畏过行,以羞先帝之遗德,维年久长,惧于不终。今乃幸以天年得复供养于高庙,朕之不明与嘉之⑬,其奚哀悲之有!其令天下之民,令到出临三日,皆释服⑭。毋禁取妇嫁

---

① 服御:仆役之人。
② 损:减少。振:古赈字。
③ 代:地名。
④ 直:值,价值。
⑤ 绨衣:粗布衣。绨:音弟,丝棉混织品,质地较绸厚实,表面较绸粗糙。
⑥ 霸陵:汉文帝陵寝,亦写作灞陵,因靠灞河得名。
⑦ 召:呼唤使来。
⑧ 称说:称引劝说,指进谏。切:深切、激切。
⑨ 遗:音畏,赠送。
⑩ 下吏:下治于吏。
⑪ 临:去声,哭吊死者。
⑫ 哀:使哀。
⑬ 与:称许,义与"嘉"通。明:明白,明显。此句意为我不便明白表达庆幸嘉许之意。
⑭ 服:丧服。

女祠祀饮酒食肉者。自当给丧事服临者,皆无践①。绖带无过三寸②。毋布车及兵器③。毋发民男女哭临宫殿。宫殿中当临者,皆以旦夕各十五举声,礼毕罢。非旦夕临时,禁毋得擅哭。已下④,服大红十五日,小红十四日,纤七日,释服⑤。他不在令中者,皆以此令比率从事。布告天下,使明知朕意。霸陵山川因其故,毋有所改。归夫人以下至少使⑥。"

册二、卷十《孝文本纪第十》

点　评

　　汉高祖得天下,以仁德。与父老"约法三章"云云,可见一斑。汉文帝守天下,以仁德。敬天保民,厚责自省,俭朴自守,广开言路,躬耕垂范,除税劝农,废除肉刑、连坐法,乃至在"厚葬以破业,重服以伤生"之风盛行的汉代下诏死后葬礼一切从简,等等,可谓仁德之至也。从"沛公"到"高祖",刘邦一生经历了从打天下到创天下的转变。他接受了贾谊、陆贾的建议,逐步完成了角色转换,确立了以仁德治天下的中央集权统治模式。汉文帝刘恒在位二十三年,是高祖以来在位时间最长的"好皇帝"。他不仅是四百年汉代基业的重要奠基人,也为历代中国封建王朝盛世明君树立了效法的榜样。

四、发愤著书

　　七年,而太史公遭李陵之祸,幽于缧绁⑦,乃喟然而叹曰:"是余之罪也夫!是余之罪也夫!身毁不用矣!"退而深惟曰:"夫《诗》、《书》隐约者,

---

① 《集解》:"服虔曰:践,剪也,谓无斩衰也。"斩衰,丧服之一种,用极粗生麻布制成,不缝边以示无饰。
② 绖:音迪,丧服中的麻布,在头为首绖,在腰为腰绖。
③ 布:施。指勿以绖带施饰车及兵器。
④ 指棺下土。
⑤ 大红、小红即大功、小功,丧服中的二种,用加工过的熟麻布制成,故名"功"、"功服"。纤:细麻布制成的丧服,即"缌(sī)麻"服。
⑥ 《集解》:应劭曰:"夫人以下有美人、良人、八子、七子、长使、少使凡七辈,皆遣归家,重绝人类也。"
⑦ 缧绁(léi xiè):拘系犯人的绳索,引申为囚禁。李陵为汉将李广之孙,武帝时任骑都尉,曾率兵出击匈奴,兵败投降。司马迁对此事有所辩解,下狱受腐刑。《史记》于太初元年(前104年)动笔,天汉二年(前99年)遭李陵之祸,天汉三年仍在狱中,时隔七年。

欲遂其志之思也。昔西伯拘羑里，演《周易》①；孔子厄陈蔡，作《春秋》②；屈原放逐，著《离骚》；左丘失明，厥有《国语》；孙子膑脚，而论兵法；不韦迁蜀，世传《吕览》③；韩非囚秦，《说难》《孤愤》④；《诗》三百篇，大抵贤圣发愤之所为作也。此人皆意有所郁结，不得通其道也，故述往事，思来者。"于是卒述陶唐以来至于麟止⑤，自黄帝始。

册十·卷一三〇《太史公自序》

点　评

　　汉武帝天汉二年（前99年），司马迁由于为兵败投降匈奴的李陵辩解，遭受腐刑，并下狱服刑。其时，《史记》工程刚刚进展一半。在重名节的汉代社会，腐刑是十分耻辱的刑罚，它对司马迁的精神打击可想而知。然而，司马迁并没有被这沉重的打击所击倒，倒是这种奇耻大辱更加激发了他以刑余之身完成伟大事业的斗志。他以历史上许多杰出的人遭受打击后隐忍自强、发奋作为自砺，身残而志不毁，终于在武帝征和二年（前91年）完成了《史记》这部"究天人之际，通古今之变"的划时代历史巨著。司马迁这段自砺之言及其身体力行，也成为鼓舞后人身处逆境奋发上进的箴言与楷模。

---

① 传说西伯姬昌（周文王）被殷纣王拘禁于羑里，演《易》八卦为六十四卦。
② 陈蔡：陈国，蔡国。
③ 吕不韦免除丞相，谪居蜀地后编著《吕氏春秋》。一说，《吕氏春秋》在不韦迁蜀之前成书。当从此说。按：司马迁这里所说，未必执实，取其大概耳，不可较真。
④ 《说难》《孤愤》为《韩非子》中篇名。按：据《史记·老庄申韩传》，韩非写二文时当在入秦之前。
⑤ 陶唐：尧号陶唐氏，名放勋，史称唐尧。陶为古邑名，在今山东定陶西北，尧初居此，故称陶唐。麟止：指汉武帝。武帝至雍地获麟，铸金作麟足形，故云"麟止（趾）"。

第三十六章
扬雄

　　扬雄(公元前53—公元18),一作杨雄,字子云,西汉文学家、思想家。成帝时为给事黄门郎,王莽新政时官为大夫。早年好辞赋,著有《长阳》、《甘泉》、《羽猎》、《河东》诸赋。后转而研究道德学,仿《论语》作《法言》,仿《周易》作《太玄》,另有文字学著作《方言》、《训纂篇》。

　　扬雄是西汉后期非常值得注意的一位学者。历史上,人们对扬雄的人品和文品评价并不高。他先是效力于汉成帝。后来,外戚王莽篡政立新朝,他又在新朝做官。这在正统观念看来属大节有亏。他早年跟随成帝巡游打猎,作数赋以讽谏,由于文辞淫丽,却起到了劝百讽一的相反效果,这对他很有触动,后来他自己也鄙薄为"雕虫篆刻"①。因此,他中晚年转向道德及其本体研究,分别作《法言》和《太玄》,但又授人"摹仿"之柄,且蒙受"以艰深文其浅陋"之讥。其实,无论早期以赋的形式向成帝进谏,还是中期围绕礼法作《法言》,抑或晚年给礼法寻找天理依据著《太玄》,都体现了扬雄作为一个儒家信徒的一贯追求。同时,汉初"贵黄老"的时代影响,从贾谊、陆贾到董仲舒捏合儒道、天人的追求,以及他早年受学老庄的经历,都注定了他要在《太玄》中完成一次儒家与道家、人论与天道的大融汇。而这,正是魏晋玄学产生前的重要铺垫。

　　本书采用晋李轨注《扬子法言》,《二十二子》,上海古籍出版社1986年影印本;司马光《太玄集注》,中华书局1998年版。

---

① 《法言·吾子》。

一、"善言天地者以人事,善言人事者以天地"

"玄"者,幽摘万类而不见形者也①。资陶虚无而生乎规②,攡神明而定摹③,通同古今以开类,摘措阴阳而发气。一判一合④,天地备矣;天日回行,刚柔接矣;还复其所,终始定矣;一生一死,性命莹矣⑤。仰以观乎象,俯以视乎情,察性知命,原始见终。……夫"玄"晦其位而冥其畛⑥,深其阜而眇其根⑦,攘其功而幽其所以然也⑧。故"玄"卓然示人远矣,旷然廓人大矣⑨,渊然引人深矣,渺然绝人眇矣。……人之所好而不足者,善者;人之所丑而有余者,恶者。君子日强其所不足,而拂其所有余⑩,则"玄"之道几矣。

《太玄集注》卷七《玄摘》

"玄"者,神之魁也。天以不见为玄,地以不形为玄,人以心腹为玄。天奥西北⑪,郁化精也⑫;地奥黄泉,隐魄荣也;人奥思虑,含至精也。……故"玄"之辞也,沉以穷乎下,浮以际乎上,曲而端,散而聚,美也不尽于味,大也不尽其汇,上连下连非一方也,远近无常以类行也,或多或寡,事适乎明也。故善言天地者以人事,善言人事者以天地。

《太玄集注》卷十《玄告》

夫作者贵其有循而体自然也。其所循也大,则其体也壮;其所循也小,则其体也瘠;其所循也直,则其体也泽;其所循也曲,则其体也散。故不攫所有⑬,不强所无,譬诸身,增则赘,而割则亏。故质干在乎自然,华藻在乎人事也。其可损益与?

---

① 摘(chī):张。
② 资陶:镕铸。生乎规:即生规。乎:结构助词,无义。
③ 攡(guān):关也。按此字后当有一字,方与"资陶"、"通同"、"摘措"协调。
④ 判:分。
⑤ 莹:明。
⑥ 畛(zhěn):边界。
⑦ 阜:生长。眇:通渺,深远。
⑧ 攘(rǎng):排除。幽:暗,隐秘。
⑨ 廓(kuò):扩张。
⑩ 拂:拂拭、去除。
⑪ 奥:玄奥、深奥。
⑫ 郁:积。化精:化之精。化:造化、自然。
⑬ 攫:拒。

……夫道有因有循,有革有化。因而循之,与道神之;革而化之,与时宜之。故因而能革,天道乃得;革而能因,天道乃驯。夫物不因不生,不革不成。故知因而不知革,物失其则;知革而不知因,物失其均。革之匪时,物失其基;因之匪理,物丧其纪①。因革乎因革,国家之矩范也。矩范之动,成败之效也②。

《太玄集注》卷七《玄莹》

点　　评

儒家的人道学说从孟子、《易传》起便开始寻求天道的本体依据。汉代儒、道有所消长,然而从未偏废,这种儒、道并重的倾向奠定了人道与天道合一的思想基础,并成为道内儒外的玄学诞生的前奏和过渡。其中,西汉后期的扬雄是融合儒与道、天与人的重要思想家。《太玄》以老子的"玄"为派生天地宇宙、笼罩世间万物的自然本体,指出人间一切尊卑等级之礼、君臣父子夫妇之道皆由"玄"道所定,一方面要求人们"以天地""言人事","因循""天下之理"而"无革",另一方面又主张"以人事""言天地","秉道德仁义而施之",去恶扬善,"日强其所不足,而拂其所有余"③。于是,天理与人道不再是对立二分的,而是彼此共生、相互促进的。

二、"由于礼义,入自人门"

或问:"人何尚?"曰:"尚智。"曰:"多以智杀身者,何其尚?"曰:"昔乎,皋陶以其智为帝谟④,杀身者远矣;箕子以其智为武王陈《洪范》⑤,杀身者远矣。"

《扬子法言》卷六《问明》

修身以为弓,矫思以为矢,立义以为的,奠而后发⑥,发必中矣。

人之性也,善恶混,修其善则为善人,修其恶则为恶人。

---

① 匪:通非,纪:纲、道。
② 效:征验。
③ 《太玄·玄摛》。
④ 皋陶(yáo):舜之臣,掌刑法。谟:谋议。
⑤ 洪范:《尚书》篇名,治国之大法。箕子:商臣。因谏商纣王被囚。周武王灭纣,获释。传说《洪范》是他向武王传授的治国大法。
⑥ 奠:定。

或问：" 何如斯谓之人？"曰：" 取四重，去四轻，则可谓之人。"曰：" 何谓四重？"曰：" 重言、重行、重貌、重好①。言重则有法，行重则有德，貌重则有威，好重则有观。"" 敢问四轻？"曰：" 言轻则招忧，行轻则招辜，貌轻则招辱，好轻则招淫。"

圣人耳不顺乎非，口不肄乎善②；贤者耳择、口择，众人无择焉。或问"众人"，曰"富贵生"；"贤者"，曰"义"；"圣人"，曰"神"。观乎贤人，则见众人③；观乎圣人，则见贤人；观乎天地，则见圣人。天下有三好：众人好己从，贤人好己正，圣人好己师④。天下有三检⑤：众人用家检，贤人用国检，圣人用天下检。天下有三门⑥：由于情欲，入自禽门；由于礼义，入自人门；由于独智，入自圣门。

《扬子法言》卷三《修身》

鸟兽触其情者也⑦，众人则异乎，贤人则异众人矣，圣人则异贤人矣。礼义之作，有以矣夫！不学，虽无忧，如禽何？学者，所以求为君子也。求而不得者有矣，夫未有不求而得之者也。

《扬子法言》卷一《学行》

通天、地、人曰"儒"，通天、地而不通人曰"伎"⑧。人必先作，然后人名之；先求，然后人与之。人必其自爱也，而后人爱诸；人必其自敬也，而后人敬诸。自爱，仁之至也；自敬，礼之至也。未有不自爱敬而人爱敬之者。或问："龙、龟、鸿、鹄不亦寿乎？"曰："寿。"曰："人可寿乎？"曰："物以其性，人以其仁。"

《扬子法言》卷十二《君子》

点　评

古代的政治论大多从人性论出发，古代的修养论也多以人性论为出发点。扬雄的《法言》基本上属人生修养论。人为什么要进行道德修养？因为天赋的

---

① 好：去声，喜好。
② 肄：音异，学习。指圣人之善乃天生。
③ 观：取法。
④ 己从：己之所从，所欲。己正、己师：己之所正、己之所师。
⑤ 检：法则。
⑥ 门：类。
⑦ 触情：指任欲而行也。
⑧ 伎：同技，技艺。

人性有善有恶。"人之性也,善恶混,修其善者为善人,修其恶者为恶人。"是不是按礼义去修养自己,是人与动物的根本区别。禽兽只知道根据"情欲"去生活,人才懂得按照"礼义"去生活。这就叫"由于情欲,入自禽门;由于礼义,入自人门"。人当中有由于"独智"、生而知天理、不学而合礼义的"圣人",那是少数;大多数是不择是非、只求物质生活满足的"众人"和择善而从、追求精神满足及价值实现的"贤人",对他们来说,加强道德修养尤为重要。

扬雄所要求于人们修善的道德主要是儒家的"仁"与"礼"。"仁"主爱,"礼"主敬。扬雄尤其指出:"仁"是爱人与自爱的统一,"礼"是敬人与自敬的统一。这表明,儒家并没有像当下有些人误解的那样将个体价值完全抛在一边。扬雄还大声呼唤:人以其崇高的道德精神永恒不朽。

第三十七章
说苑

《说苑》,西汉刘向著,20卷20篇,分类纂辑先秦至汉代史事,杂以议论,借以阐明儒家政治思想和伦理观念,是刘向人文思想的代表作。

刘向(约前77—前6),字子政,西汉后期经学家、目录学家、文学家。沛(今江苏沛县)人,汉皇族楚元王四世孙。宣帝时任谏大夫,平帝时升为宗正,成帝时迁光禄大夫、中垒校尉,明人辑有《刘中垒集》。著《五经通义》,已佚;另有反映其思想倾向的《说苑》及《新序》、《洪范五行传》、《列女传》,今存。曾校阅群书,撰成《别录》,为我国目录学之祖。编《楚辞》;作辞赋33篇,多佚。

中国文化史上,刘向编著极富,功莫大焉。在刘向所有编著中,最能直接反映他人文思想的当推《说苑》。作为一部"谏书",刘向把为官与为学、政治与道德结合到了一起,儒家的"民贵君轻"思想和仁政主张得到了大力弘扬。作为一部以"论说"之"说"和"说故事"之"说"为特点的短章结集,本书又显示了纵横家的雄辩智慧和故事本身的奇特趣味。《说苑》与扬雄的《法言》、桓宽的《盐铁论》一起,构成了西汉后期思想界儒学偏尊的态势,这是西汉盛期"独尊儒术"的延续。

本书采用赵善诒《说苑疏证》,华东师范大学出版社1985年版。

一、"先德教而后刑罚"

政有三品:王者之政化之,霸者之政威之,强国之政胁之。夫此三者各有所施,而化之为贵矣。夫化之不变,而后威之;威之不变,而后胁之;胁之不变,而后刑之。夫至于刑者,则非王者之所贵也。是以圣王先德教而后刑罚,立荣耻而明防禁,崇礼义之节以示之,贱货利之弊以变之……治国有二机:刑、德是也。王者尚其德而希其刑,霸者刑德并凑,强国先其刑而后其德……

武王问于太公曰:"治国之道若何?"太公对曰:"治国之道,爱民而已。"曰:"爱民若何?"曰:"利之而勿害,成之勿败,生之勿杀,与之勿夺,乐之勿苦。此治国之道,使民之谊也①,爱之而已矣。民失其所务,则害之也;农失其时,则败之也;有罪者重其罚,则杀之也;重赋敛者,则夺之也;多徭役以罢民力②,则苦之也;劳而扰之,则怒之也。故善为国者,遇民如父母之爱子,兄之爱弟,闻其饥寒为之哀,见其劳苦为之悲。"

武王问于太公曰:"贤君之治国何如?"对曰:"贤君之治国,其政平,其吏不苛,其赋敛节,其自奉薄,不以私害公法,赏赐不加于无功,刑罚不施于无罪,不因喜以赏,不因怒以诛,害民者有罪,进贤举过者有赏,后宫不荒③,女谒不听④,上无淫慝⑤,下不阴害,不幸宫室以费财,不多观游台池以罢民,不雕文刻镂以逞耳目,官无腐蠹之藏,国无流饿之民。此贤君之治国也。"武王曰:"善哉!"

武王问于太公曰:"为国而数更法令者,何也?"太公曰:"为国而数更法令者,不法法,以其所善为法者也⑥。故令出而乱,乱则更为法,是以其法令数更也。"

卷七《政理》

桓公曰:"金刚则折,革刚则裂,人君刚则国家灭,人臣刚则交友绝。"夫刚则不和,不和则不可用。是故四马不和,取道不长;父子不和,其世破亡;兄弟不和,不能久同;夫妻不和,家室大凶。

卷十《敬慎》

积恩为爱,积爱为仁,积仁为灵。灵台之所以为灵者⑦,积仁也。神灵者,天地之本,而为万物之始也……

---

① 谊:通义。一本作义。
② 罢:通疲。
③ 荒:淫。
④ 谒:言语、要求。
⑤ 慝:音特,邪恶。
⑥ 所善:所好。
⑦ 《〈诗·大雅·灵台〉传》:"神之精明者称'灵',四方而高曰'台'。"

齐宣王谓田过曰:"吾闻儒者丧亲三年①,丧君三年,君与父孰重?"田过对曰:"殆不如父重。"王忿然怒曰:"然则何为去亲而事君?"田过对曰:"非君之土地②,无以处吾亲;非君之禄,无以养吾亲;非君之爵位,无以尊显吾亲。受之君,致之亲。凡事君,所以为亲也。"宣王邑邑而无以应③。

卷十九《修文》

夫天之生人也,盖非以为君也。天之立君也,盖非以为位也。夫为人君者,行其私欲而不顾其人,是不承天意,忘其位之所以宜事也。

卷一《君道》

齐桓公问管仲曰:"王者何贵?"曰:"贵天。"桓公仰而视天。管仲曰:"所谓天者,非谓苍苍莽莽之天也。君人者,以百姓为天。百姓与之则安,辅之则强,非之则危,背之则亡。《诗》云:'民而无良,相怨一方。'民怨其上,不遂亡者,未之有也。"

卷三《建本》

点　评

刘向是西汉后期的大学问家,做过皇家校书官。《说苑》便是他校书时根据皇室藏书和民间流传的典籍加以选择、整理的杂著类编,多为对话体,颇具故事性。刘向又是历经三朝的大臣,为皇上出谋划策、进献忠言,是他竭力恪守的职责。《说苑》乃至他的《新序》在某种程度上是他当作谏书来写的。在本书中,他广采博取,集腋成裘,借古讽今,呼唤以"贵民""爱民"为宗旨的"王政"、"德教"、"贤君",并以太刚易折为喻告诫统治者"尚德希刑",延续了儒家仁政思想的一贯传统。所辑"君轻父重"一段,不仅是对孟子"民贵君轻"思想的新发展,而且体现了故事的机锋和趣味。这正是《说苑》一书的特色。

二、"王道知人,臣道知事"

当尧之时,舜为司徒,契为司马,禹为司空,后稷为田畴,夔为乐工,倕为工

---

① 丧:为守丧。
② 土地:齐宣王给田过的封地。
③ 邑:通悒,郁冈。按:此段辑自《韩诗外传》卷七。

师,伯夷为秩宗①,皋陶为大理,益掌驱禽。尧体力便巧,不能为一焉。尧为君而九子为臣,其何故也?尧知九职之事,使九子者各受其事,皆胜其任,以成九功,尧遂成厥功以王天下。是故知人者,王道也;知事者,臣道也。王道知人,臣道知事,毋乱旧法,而天下治矣。

……武王问太公曰:"举贤而以危亡者,何也?"太公曰:"举贤而不用,是有举贤之名而不得其贤之实也。"武王曰:"其失安在?"太公望曰:"其失在君好用小善而已,不得真贤也。"武王曰:"好用小善者,何如?"太公曰:"君好听誉而不恶谗也,以非贤为贤,以非善为善,以非忠为忠,以非信为信。其君以誉为功,以毁为罪,有功者不赏,有罪者不罚,多党者进,少党者退。是以群臣比周而蔽贤,百吏群党而多奸,忠臣以诽死于无罪,邪臣以誉赏于无功,其国见于危亡。"武王曰:"善,吾今日闻诽誉之情矣。"

武王问太公曰:"得贤敬士,或不能以为治者,何也?"太公对曰:"不能独断,以人言断者,殃也。"武王曰:"何为以人言断?"太公对曰:"不能定所去,以人言去;不能定所取,以人言取;不能定所为,以人言为;不能定所罚,以人言罚;不能定所赏,以人言赏;贤者不必用,不肖者不必退,而士不必敬。"武王曰:"善。其为国何如?"太公对曰:"其为人恶闻其情,而喜闻人之情,恶闻其恶,而喜闻人之恶,是以不必治也。"武王曰:"善。"

……燕照王问于郭隗曰:"寡人地狭人寡,齐人取蓟八城,匈奴驱驰楼烦之下。以孤之不肖,得承宗庙,恐危社稷,存之有道乎?"郭隗曰:"有,然恐王之不能用也。"昭王避席,愿请闻之。郭隗曰:"帝者之臣,其名臣也,其实师也;王者之臣,其名臣也,其实友也;霸者之臣,其名臣也,其实仆也;危国之臣,其名臣也,其实虏也。今王将东面,目指气使以求臣,则厮役之材至矣;南面听朝,不失揖让之礼以求臣,则人臣之材至矣;西面等礼相亢②,下之以色,不乘势以求臣,则朋友之材至矣;北面拘指逡巡而退以求臣③,则师傅之材至矣。如此则上可以王,下可以霸。唯王择焉。"燕王曰:"寡人愿学而无师。"郭隗曰:"王诚欲兴道,隗请为天下士开路。"于是燕王常置郭隗上坐南面。居三年,苏子闻之,从周归燕;邹衍闻之,从齐归燕;乐毅闻之,从赵归燕;

---

① 秩宗:掌宗庙祭祀之官。
② 亢:高。相亢:相高,以之为高。
③ 拘指:拱手。逡(qūn)巡:退让。

屈景闻之，从楚归燕。四子毕至，果以弱燕并强齐。夫燕、齐非均权敌战之国也，所以然者，四子之力也。

卷一《君道》

点　评

"君道"者，为君之道也。为君之道即君人之道、用人之道。君主的使命不是"知事"，而是"知人"。君主不必事无巨细、事必躬亲，只要知人善任，让"知事"的大臣们去做事，就可自无为而事无不为。君主之用人有几个原则必须坚守：一是礼贤下士，以之为师，切忌居高临下，以之为仆；二是虚怀若谷，容谏纳讽，切忌好誉喜佞，举贤不用；三是自有主见和决断，不可人云亦云。本自高明而能虚心处下，知人善任而不人云亦云，自有决断而不刚愎独断，这样才能把用人效果发挥到极致。

三、容谏与勇谏、善谏

成王封伯禽为鲁公①，召而告之曰："尔知为人上之道乎？凡处尊位者，必以敬下，顺德规谏，必开不讳之门，蹲节安静以藉之②，谏者勿振以威，毋格其言③，博采其辞，乃择可观。夫有文无武，无以威下；有武无文，民畏不亲。文武俱行，威德乃成。既成威德，民亲以服。清白上通，巧佞下塞，谏者得进，忠信乃畜。"伯禽再拜受命而辞。

……师经鼓琴，魏文侯起舞，赋曰："使我言而无见违④。"师经援琴而撞文侯。不中，中旒⑤，溃之⑥。文侯顾谓左右曰："为人臣而撞其君，其罪如何？"左右曰："罪当烹。"提师经下堂一等。师经曰："臣可一言而死乎？"文侯曰："可。"师经曰："昔尧、舜之为君也，唯恐言而人不违；桀、纣之为君也，唯恐言而人违之。臣撞桀、纣，非撞吾君也。"文侯曰："释之，是寡人之过也。悬琴于城

---

① 成王：周成王。伯禽：周公长子，姓姬字伯禽，封国为鲁。
② 蹲节：谦退。
③ 格：阻隔。
④ 让我的话不被违背。
⑤ 旒：音流，冠冕前后垂挂的珠串。
⑥ 侍卫击溃他。

门,以为寡人符;不补旒,以为寡人戒。"

卷一《君道》

魏武侯问元年于吴子,吴子对曰:"言国君必慎始也。""慎始奈何?"曰:"正之。""正之奈何?""明智。智不明何以见正?多闻而择焉,所以明智也。是故古者君始听治,大夫而一言,士而一见,庶人有谒,必达;公族请问,必语;四方至者勿距①,可谓不壅蔽矣。分禄必及,用刑必中,君心必仁,思民之利,除民之害,可谓不失众矣。近臣必选,大夫不兼官,执民柄者不在一族,可谓不权势矣。此皆《春秋》之意,而'元年'之本也。"

卷三《建本》

晋平公好乐,多赋敛,不治城郭,曰:"敢有谏者死。"国人忧之。有咎犯者,见门大夫曰:"臣闻主好乐,故以乐见。"门大夫入言曰:"晋人咎犯也,欲以乐见。"平公曰:"内之。"止坐殿上。坐有顷,平公曰:"客子为乐。"咎犯对曰:"臣不能为乐,臣善隐②。"平公召隐士十二人③。咎犯曰:"隐臣窃愿昧死御④。"平公曰:"诺!"咎犯申其左臂而诎五指⑤。平公问于隐官曰:"占之何为?"隐官皆曰:"不知。"平公曰:"归之。"咎犯则申其一指曰:"是一也,便游赭画,不峻城阙⑥;二也,柱梁衣绣,士民无褐;三也,侏儒有余酒,而死士渴;四者,民有饥色,而马有粟秩⑦;五也,近臣不敢谏,远臣不得达。"平公曰:"善。"乃屏钟鼓,除竽瑟,遂与咎犯参治国。

……楚庄王筑层台,延石千里,延壤百里,士有反三月之粮者⑧。大臣谏者七十二人皆死矣。有诸御己者,违楚百里而耕⑨,谓其耦曰:"吾将入见于王⑩。"其耦曰:"以身乎?吾闻之,说人主者皆闲暇之人也,然而至而死矣。今子特草茅之人耳。"诸御己曰:"若与予同耕则比力也⑪,至于说人主,不与子比

---

① 距:通拒。
② 隐:隐语、谜语。
③ 隐士:善说谜语之人。
④ 昧:通冒。御:效力。
⑤ 诎:通屈。
⑥ 便游之地奢华如彩画,而城阙不修。
⑦ 秩:官禄。此喻马得到很高的待遇。
⑧ 指须带三月之粮参与劳役而后返家。
⑨ 违:离。
⑩ 耦:同耕之伙伴。
⑪ 若:你。比力:力量差不多。

智也。"委其耕而入见庄王。庄王谓之曰:"诸御己来,汝将谏邪?"诸御己曰:"君有义之用,有法之行。且己闻之,土负水者平,木负绳者正,君受谏者圣。君筑层台,延石千里,延壤百里,民之衅咎①,血成于通涂,然且未敢谏也,己何敢谏乎?顾臣愚,窃闻昔者虞不用宫之奇而晋并之,陈不用子家羁而楚并之,曹不用僖负羁而宋并之,莱不用子猛而齐并之,吴不用子胥而越并之,秦不用蹇叔之言而秦国危,桀杀关龙逄而汤得之,纣杀王子比干而武王得之,宣王杀杜伯而周室卑。此三天子、六诸侯皆不能尊贤用辩士之言,故身死而国亡。"遂趋而出②。楚王遽而追之曰:"己,子反矣!吾将用子之谏。先日说寡人者,其说也,不足以动寡人之心,又危加诸寡人,故皆至而死。今子之说,足以动寡人之心,又不危加诸寡人,故吾将用子之谏。"明日,令曰:"有能入谏者,吾将与为兄弟。"遂解层台而罢民。

卷九《正谏》

点　评

　　刘向向往的君主,是能够容谏的明君圣主;与此相应,刘向要求的臣民,是勇谏善谏的忠臣智士。历史上的刘向就是这样一位勇于直言极谏,虽屡次获罪而终不退缩的耿介之士。对于"优柔寡断"的元帝、"湛于酒色"的成帝,他始终没有忘记自己规谏的职责。而一部《说苑》,则是他智谏的记录。刘向的这些言论给我们的启示是:作为当权者,他应有容忍不同意见甚至激烈的批评意见的雅量;作为被领导者,他不仅有自由表达不同意见的责任和权利,而且有讲究批评艺术和技巧的需要。

---

① 衅:古代新制器物成,杀牲以祭,以其血涂于缝隙。咎:一说当通膏。
② 趋:快走。

第三十八章
班固

班固(32—92),字孟坚,扶风安陵(今陕西咸阳东北)人。东汉史学家、思想家、文学家。初继续完成其父班彪所著《史记后传》,被告私改国史,下狱,弟超上书力辩得释。后召为兰台令史,转迁为郎,典校秘书。历20余年修成《汉书》,开"包举一代"的断代史体例。又著《白虎通义》(简称《白虎通》),记录东汉章帝建初四年(79年)在白虎观辩论经学的结果。另著《两都赋》等。后因大将军窦宪事牵连,死于狱中。

东汉时期,思想界分为两大阵营,一是天人感应、由天定人的谶纬神学阵营,以《白虎通》反映的今文经学家群体为代表;一是对荒诞不经的谶纬神学予以批判的阵营,以与班固同时代王充的《论衡》和东汉后期王符的《潜夫论》、仲长统的《昌言》为代表。班固的思想比较奇特。一方面,作为今文经学家,他深受天人合一、由人法天神学思维模式的掣肘,甚至在《汉书》这样的史书中开辟了《五行志》,在融合天人时将荒诞不稽之处作了发展;另一方面,作为一位儒学家和史学家,他又继承、发展了合情合理、务实功利的政治思想内核,要求在"食足货通"的基础上"富而教之",在推行德治的同时辅以刑法,在设立刑法时注意简约,在执行法律时务求宽大,这些都是相当科学、切实可行的思想主张。其所著《汉书》完整记录西汉史实,开历代纪传体断代史之滥觞。它易《史记》之"书"为"志",增设"刑法志"、"食货志"、"艺文志",为以后历代史书所本。可以说,《汉书》与《史记》一起,奠定了我国古代史书的撰写模式。

本书采用唐颜师古注《汉书》，中华书局1962年版；清陈立《白虎通疏证》，中华书局1994年版。

一、天人合一、以人法天

"三纲"者，何谓也？谓君臣、父子、夫妇也。"六纪"者，谓诸父①、兄弟、族人、诸舅②、师长、朋友也。故《含文嘉》曰："君为臣纲、父为子纲、夫为妻纲。"又曰："敬诸父兄，六纪道行，诸舅有义，族人有序，昆弟③有亲，师长有尊，朋友有旧④。"

何谓"纲纪"？"纲"者，张也；"纪"者，理也。大者为纲，小者为纪。所以张理上下、整齐人道也。人皆怀五常之性，有亲爱之心。是以纲纪为化，若罗网之有纪纲而万目张也。《诗》云："亹亹文王，纲纪四方⑤。"

君臣、父子、夫妇，六人也⑥。所以称"三纲"何？一阴一阳谓之道，阳得阴而成，阴得阳而序，刚柔相配，故六人为三纲。

三纲法天地人，六纪法六合⑦。君臣法天，取象日月屈信⑧，归功天也。父子法地，取象五行转相生也。夫妇法人，取象人合阴阳，有施化端也。六纪者，为三纲之纪者也。师长，君臣之纪也⑨，以其皆成己也。诸父、兄弟，父子之纪也，以其有亲恩连也。诸舅、朋友，夫妇之纪也，以其皆有同志为己助也。

《白虎通疏证》卷八《三纲六纪》

男三十而娶，女二十而嫁何？阳数奇、阴数偶也。男长女幼者何？阳道舒，阴道促。男三十筋骨坚强，任为人父；女二十肌肤充盈，任为人母。合为五十，应大衍之数⑩，生万物也。故《礼·内则》曰："男三十壮有室。"

《白虎通疏证》卷十《嫁娶》

---

① 诸父：伯父、叔父的统称。
② 诸舅：母亲的兄弟们。
③ 昆弟：兄和弟，包括近房的和远房的兄弟。
④ 旧：旧交。
⑤ 诗见《诗·大雅·棫朴》。按今传《毛诗正义》作"勉勉我王"。我王：周文王。亹亹：音尾尾，勤勉貌。
⑥ 六人：六种人。
⑦ 六合：四方、上下。
⑧ 信：通伸。
⑨ 纪：理。宋均《礼纬注》："师者，所以教人为君者也；长者，所以教人为长者也。"
⑩ 衍：演。《易·系辞上》："大衍之数五十。"

人函天地阴阳之气,有喜怒哀乐之情。天禀其性而不能节也①,圣人能为之节而不能绝也,故象天地而制礼乐,所以通神明、立人伦、正情性、节万事者也。人性有男女之情,妒忌之别,为制婚姻之礼;有交接长幼之序,为制乡饮之礼;有哀死思远之情,为制丧祭之礼;有尊尊敬上之心,为制朝觐之礼。哀有哭踊之节,乐有歌舞之容,正人足以副其诚,邪人足以防其失。

《汉书》卷二十二《礼乐志》

圣人既躬明哲之性,必通天地之心。制礼作教,立法设刑,动缘民情,而则天象地。故曰先王立礼,则天之明,因地之性也。刑罚威狱,以类天之震曜杀戮也②;温慈惠和,以效天之生殖长育也。《书》云:"天秩有礼","天讨有罪"③。故圣人因天秩而制五礼,因天讨而作五刑。大刑用甲兵④,其次用斧钺⑤,中刑用刀锯⑥,其次用钻凿⑦,薄刑用鞭扑⑧。

《汉书》卷二十三《刑法志》

圣人治天下,必有刑法何?所以佐德助治,顺天之度也。故悬爵赏者,示有所劝也;设刑罚者,明有所惧也。……刑所以五何?法五行也。大辟法水之灭火⑨,宫者法土之壅水⑩,膑者法金之刻木,劓者法木之穿土⑪,墨者法火之胜金⑫。

《白虎通疏证》卷九《五刑》

点　评

自董仲舒竭力捏合"天道"与"人道",一方面确立了汉儒从当然律走向必然律、从道德原则走向哲学本体的思维路径,另一方面也助长了神学目的论和

---

① 禀:授。
② 震:雷电。曜:光耀。
③ 语出《尚书·皋陶谟》。秩:序而进也。
④ 指用六师诛暴乱。
⑤ 指斩刑。
⑥ 刀:割刑。锯:刖刑。
⑦ 钻:膑刑,钻去膝盖骨。凿:黥刑。
⑧ 扑:杖。
⑨ 大辟:商周以来死刑的通称,执行方式多种多样,如枭首、腰斩、剖腹、镬烹、车裂、磔、焚等。
⑩ 宫刑:割掉男子生殖器、闭塞女子生殖器。商周始用,自汉至南北朝,时用时废,至隋律才废除。
⑪ 劓刑:割掉鼻子。
⑫ 墨刑:亦称黥刑,在犯人面、额上刺刻涂墨。

万物有灵论。整个东汉思想界，"天"有意志，能够主宰人事，成为流行的共识和思维的定势。《白虎通》就反映了当时今文经学家们的这一思想倾向。作为今文经学家的一员，班固本人也概莫能外。《汉书·礼乐志》、《刑法志》强调"象天地而制礼乐"、"类天之震曜杀戮"而"立法设刑"，典型地体现了以人法天、天人合一的思维模式。这同时也表明，《白虎通》主张法阴阳而立三纲，法六合而立六纪，法五行而立五刑，等等，不仅应视为班固对别人思想的记录，而且应视为班固饱含着自己思想体会的深刻发挥。

二、"仁爱德让，王道之本"

夫人宵①天地之貌，怀五常之性，聪明精粹，有生之最灵者也。爪牙不足以供耆欲②，趋走不足以避利害，无毛羽以御寒暑，必将役物以自养，任智而不恃力，此其所以为贵也。故不仁爱则不能群，不能群则不胜物，不胜物则养不足。群而不足，争心将作。上圣卓然先行敬让博爱之德者，众心说而从之。从之成群，是为君也③；归而往之，是为王矣。《洪范》曰："天子作民父母，为天下王。"圣人取类以正名，而谓"君"为"父母"，明仁爱德让、王道之本也。爱待敬而不败，德须威而久立，故制礼以崇敬，作刑以明威也。

《汉书》卷二十二《刑法志》

九月，诏曰④："法令度量，所以禁暴止邪也。狱⑤，人之大命，死者不可复生。吏或不奉法令，以货赂为市⑥，朋党比周⑦，以苛为察，以刻为明，令亡罪者失职⑧，朕甚怜之。有罪者不伏罪，奸法为暴，甚亡谓也。诸狱疑，若虽文致于法而于人心不厌者⑨，辄谳之⑩。"

……后元年春正月，诏曰："狱，重事也。人有智慧，官有上下。狱疑者谳

---

① 宵：通肖。
② 耆：通嗜。
③ 使人从之成群者为君。
④ 汉景帝诏。
⑤ 狱：讼事，案件。
⑥ 市：交易。
⑦ 比周：勾结。
⑧ 亡：通无。职：常也。
⑨ 文致：修饰网罗。厌：满意。
⑩ 谳：音厌，平议、审判定案。

有司①。有司所不能决,移廷尉。有令谳而后不当②,谳者不为失③。欲令治狱者务先宽。"

……夏四月,诏曰:"雕文刻镂,伤农事者也;锦绣纂组,害女红者也④。农事伤则饥之本也,女红害则寒之原也。夫饥寒并至,而能亡为非者寡矣。朕亲耕,后亲桑⑤,以奉宗庙粢盛祭服,为天下先。不受献,减太官⑥,省徭赋,欲天下务农蚕,素有畜积⑦,以备灾害。强毋攘弱,众毋暴寡,老耆以寿终,幼孤得遂长。今岁或不登,民食颇寡,其咎安在?或诈伪为吏,吏以货赂为市,渔夺百姓,侵牟万民⑧。县丞,长吏也,奸法与盗盗⑨,甚无谓也。其令二千石各修其职⑩。不事官职耗乱者,丞相以闻,请其罪。布告天下,使明知朕意。"

五月,诏曰:"人不患其不知,患其为诈也;不患其不勇,患其为暴也;不患其不富,患其亡厌也。其唯廉士,寡欲易足。今訾算十以上乃得宦⑪,廉士算不必众。有市籍不得宦,无訾又不得宦⑫,朕甚愍之。訾算四得宦⑬,亡令廉士久失职,贪夫长利。"

秋,大旱。三年春正月,诏曰:"农,天下之本也。黄金珠玉,饥不可食,寒不可衣,以为币用,不识其终始。间岁或不登⑭,意为末者众⑮,农民寡也。其令郡国务农桑,益种树,可得衣食物。吏发民,若取庸采黄金珠玉者,坐臧为盗⑯。二千石听者⑰与同罪。"

《汉书》卷五《景帝纪》

---

① 案件存疑者交主管部门审判定案。
② 有令:假使。
③ 失:过失。
④ 红:通功。女功:指纺织一类的活。
⑤ 后:皇后。
⑥ 太:大。
⑦ 畜:通蓄。
⑧ 牟:蛑,食苗根之虫。侵牟:侵食。
⑨ 奸法:奸于法,因法作奸。与盗盗:与盗共盗。
⑩ 其:语气副词,表祈使。二千石:指俸禄二千石之官。
⑪ 訾:通赀(zī),钱财。算:万。十算:十万。应昭曰:"古者疾吏之贪,衣食足知荣辱,限訾十算乃得为吏。"
⑫ 应昭曰:"贾人有财不得为吏。"
⑬ 应昭曰:"廉士无訾又不得宦,故减资四算得宦矣。"
⑭ 间:间或。不登:不丰收。
⑮ 意为:吾意以为。末者:商人。
⑯ 发民:用民。庸:佣,雇用。采:开采。臧:赃。
⑰ 听:听讼、受讼。指即便俸禄二千石的大官受讼,亦同样治罪。

点　评

《汉书》中的"志",相当于《史记》中的"书"。《史记》有"礼书"、"乐书"而无"刑书",《汉书》则在《礼乐志》之外增设了《刑法志》。这是否意味着班固较司马迁法家思想更重呢？其实不然。班固虽然弥补了司马迁历代刑法沿革编纂的欠缺,但他的思想倾向仍以儒家正统为主,这种正统观念就是：人"怀五常之性","任智不恃力",以此而为"有生之最灵"、"最贵"者；"君"、"王"的特点就是通过"仁爱德让"之礼,使万民"从之成群"、"归而往之"；刑法只是辅助德治礼教"久立"的手段。《汉书》中记载的汉景帝就是这样一位凝聚着儒家仁政理想的仁君形象。

三、知人善用,无敌天下

帝置酒雒阳南宫①。上曰："通侯诸将,毋敢隐朕,皆言其情②。吾所以有天下者何？项氏之所以失天下者何？"高起、王陵对曰："陛下嫚而侮人③,项羽仁而敬人。然陛下使人攻城略地④,所降下者⑤,因以与之,与天下同利也。项羽妒贤嫉能,有功者害之,贤者疑之,战胜而不与人功,得地而不与人利,此其所以失天下也。"上曰："公知其一,未知其二。夫运筹帷幄之中,决胜千里之外,吾不如子房⑥；镇国家,抚百姓,给饷馈,不绝粮道,吾不如萧何；连百万之众,战必胜,攻必取,吾不如韩信。三者皆人杰,吾能用之,此吾所以取天下者也。项羽有一范增而不能用,此所以为我禽也⑦。"群臣说服。

……初,高祖不修文学,而性明达,好谋能听,自监门戍卒,见之如旧。初顺民心,作三章之约。天下既定,命萧何次律令⑧,韩信申军法,张苍定章程⑨,叔

---

① 帝：汉高帝,又称汉高祖,刘邦。雒阳：洛阳。
② 情：实。
③ 嫚：通慢,轻慢。
④ 略：通掠。
⑤ 所降下者：所降敌下城者,即有功者。
⑥ 子房：张良字。汉初大臣,封留侯。
⑦ 禽：通擒。
⑧ 次：编订。
⑨ 张苍：汉初历算家。章：历数之章术。程：权衡,丈尺,斗斛之法式。

孙通制礼仪,陆贾造《新语》。又与功臣剖符作誓,丹书铁契,金匮石室,藏之宗庙。虽日不暇给,规摹弘远矣。

《汉书》卷一下《高帝纪》

点　评

汉高祖刘邦出身并不高贵,也没有什么天大的能耐。他"不修文学",甚至"嫚而侮人",绝非十全十美,但他有一个可贵的特点,即"明达能听"、知人善任,正是这个特点,使他取得了天下。

天下之大,君主不可能是面面俱到的多面手,他不可能、也不应该事必躬亲。他只有通过知人善任,才能达到天下事自己无所为而无不为。要"善任",必先"知人"。"知人"不易,知人后"善任"更不易。它不仅要求君主具有倾听部下不同意见的心胸,而且要求具有容忍部下才高盖主的通达。尽管知人善任在客观效果上对君主很有利,但一般的君主都做不到。他们通常的做法是自逞高明,结果总是适得其反。因而,衡量英主的根本标准,不是他自身技艺方面的才能,而是他知人的英明和用人的气度。

四、"法令欲其难犯而易避"

至元帝初立,乃下诏曰:"夫法令者,所以抑暴扶弱,欲其难犯而易避也。今律令烦多而不约,自典文者不能分明①,而欲罗元元之不逮②,斯岂刑中之意哉!其议律令可蠲除轻减者,条奏,唯在便安百姓而已。"

原狱刑所以蕃若此者,礼教不立、刑法不明、民多贫穷、豪杰务私、奸不辄得、狱豻不平之所致也③。《书》云:"伯夷降典,哲民惟刑④。"言制礼以止刑,犹堤之防溢水也。今堤防凌迟⑤,礼制未立,死刑过制,生刑易犯,饥寒并至,穷斯

---

① 自典文者:自己执掌法律条文者。典:负责。
② 元元:庶众。不逮:意所不及。
③ 豻:音岸,野狗。狱豻:狱讼之事。得:逮住。
④ 语出《尚书·周书·吕刑》。《吕刑》又名《甫刑》。降:布。典:礼典。哲:通折,断。
⑤ 陵迟:原来指山陵的坡度慢慢降低。

滥溢，豪杰擅私，为之囊橐①，奸有所隐，则狃而寖广②，此刑之所以蕃也。孔子曰："古之知法者能省刑，本也；今之知法者不失有罪，末矣。"又曰："今之听狱者③，求所以杀之；古之听狱者求所以生之，与其杀不辜，宁失有罪。"今之狱吏，上下相驱，以刻为明，深者获功名，平者多后患。谚曰："鬻棺者欲岁之疫④。"非憎人欲杀之，利在于人死也。今治狱吏欲陷害人，亦犹此也。

《汉书》卷二十三《刑法志》

点　评

《汉书》中的《刑法志》，是值得重点关注的一篇。它不仅记录了尧舜以来直至汉朝历代刑法制度沿革演变的历史，而且表现了班固本人的法学思想，凝聚着中国古代法制文明的精髓。这些思想精髓是：立法的本意应是"抑暴扶弱"、"便安百姓"，而不是蒙蔽百姓，坑害百姓；因此，应加强道德教化，明确刑法所禁，立足防患于未然；法令律条应要而不烦，以使人们"难犯而易避"；量刑时应以宽大为主，避免错杀无辜。在当今社会，要反对为防止漏罚而重判严打，尤其反对以法谋私，"钓鱼执法"。

五、"财者，治国安民之本也"

《洪范》"八政"，一曰食，二曰货⑤。"食"谓农殖嘉谷可食之物，"货"谓布帛可衣及金刀龟贝⑥，所以分财布利，通有无者也。二者生民之本，兴自神农之世。"斲木为耜，煣木为耒，耒耨之利以教天下"而食足⑦，"日中为市，致天下之民，聚天下之货，交易而退，各得其所"而货通⑧。食足货通，然后国实民富，而

---

① 囊橐：容藏。
② 狃(niǔ)：习惯，习以为常。寖：同渐。
③ 听狱：断案。
④ 鬻(yù)：卖。疫：疠病。
⑤ 见《尚书·周书·洪范》。
⑥ 刀、龟、贝：古之货币。
⑦ 语出《易·系辞下》。耒(lěi)：耕地的农具。耨(nòu)：锄草的农具。
⑧ 语出《易·系辞下》。

教化成。黄帝以下"通其变,使民不倦"①,尧命四子"敬授民时"②,舜命后稷,以"黎民祖饥"③,是为政首。禹平洪水,定九州,制土田,各因所生远近,赋入贡棐④。懋迁有无⑤,万国作乂⑥。殷周之盛,《诗》《书》所述,要在安民,富而教之。故《易》称"天地之大德曰生,圣人之大宝曰位。何以守位?曰仁。何以聚人?曰财⑦。"财者,帝王所以聚人守位、养成群生、奉顺天德、治国安民之本也。故曰:"不患寡而患不均,不患贫而患不安。盖均亡贫,和亡寡,安亡倾⑧。"是以圣王域民,筑城郭以居之,制庐井以均之⑨,开市井以通之,设庠序以教之。士农工商,四民有业。学以居位曰"士",辟土殖谷曰"农",作巧成器曰"工",通财鬻货曰"商"。圣王量能授事,四民陈力受职。故朝亡废官,邑亡敖民⑩,地亡旷土⑪。

《汉书》卷二十四上《食货志》

点　评

治理国家以德为主,以刑为辅,而德又必须建立在"富"的基础上,只有"国实民富",才能"教化成"。而"国实民富"的前提,是"食足货通"。"食足"之事,即贵粟务农,汉人早有所述;"货通"之事,即货币流通、货物流通,涉及理财范围,属于金融活动。《汉书》首开《食货志》加以论述,为历代史书所继承,意义非凡。它表现了班固不受重本抑末成见束缚、士农工商四业并重的通达思想,奠定了古代儒家政治的功利思想基石。

---

① 变通器币以便于时,使民乐其业而不倦。
② 见《尚书·尧典》。四子:羲仲、羲叔、和仲、和叔。
③ 见《尚书·舜典》。祖:始。黎民始饥,命弃为稷官。后稷:周的始祖,名弃。曾经被尧举为农师,被舜命为后稷。
④ 棐:音匪,竹器。
⑤ 懋:同懋,勉。迁:交易。
⑥ 乂:音义,治。
⑦ 《易·系辞下》。
⑧ 孔子语,见《论语·季氏》。
⑨ 井田之中为屋庐。
⑩ 敖:逸、游。
⑪ 旷:空。

第三十九章
论衡

《论衡》，东汉王充著，现存30卷，85篇，20多万字。写作历时30余年。以求真务实的精神，对当时流行的天人感应和谶纬迷信学说及以往各种典籍、论说中的虚妄思想进行了批判，不过也暴露出自身世界观和思维方法的局限。

王充(27—约97)，字仲任，会稽上虞(今属浙江)人。出身细族孤门，少游洛阳太学。历任郡功曹、治中等官。明帝时，在州郡"以数谏不合去"①，罢职居家，从事著述，终生致力于"疾虚妄，著实诚"的思想批判活动。

作为东汉初期一位不敬天、不怕鬼、不畏神、不信圣的自由主义思想战士，王充以"求实诚"的实事求是精神，对西汉以来流行的谶纬神学、神鬼迷信、仙道方术进行了彻底清算，对古往今来的几乎所有学说、所有问题进行了全面反思。"是故《论衡》之造也，起众书并失实，虚妄之言胜真美也。"②在儒学独尊的年代，他反对以孔子之是非为是非，公然声称"追难孔子何伤于义"、"伐孔子之说何逆于理"③，集中体现了敢于怀疑一切、批判一切的独立人格。这是相当难能可贵的。不过，"衡"者，"平"也，"《论衡》者，所以铨轻重之言，立真伪之平"④。《论衡》最终有没有达到"论之平"？事实上留下了多有缺憾

---

① 《后汉书·王充传》。
②④ 《论衡·对作篇》。
③ 《论衡·问孔篇》。

的答案。《论衡》破了很多,但经得起推敲的立论寥寥,以偏击偏者倒时有所见。这一教训表明:主观的求实不代表客观的真实,自由的批判未必是正确的批判。此可为现代自由主义知识分子鉴。

本书采用黄晖《论衡校释》(附刘盼遂集解),中华书局 1990 年版,四册本。

一、精气生人、性兼善恶

儒者论曰:"天地故生人①。"夫天地合气,人偶自生也②,犹夫妇合气,子则自生也。夫妇合气,非当时欲得生子,情欲动而合,合而生子矣。且夫妇不故生子,以知天地不故生人也。

册一、卷三《物势篇》

人之所以生者,精气也;死而精气灭。能为精气者,血脉也。人死血脉竭,竭而精气灭,灭而形体朽,朽而成灰土,何用为鬼?……人未生,在元气之中,既死,复归元气。元气荒忽③,人气在其中。人未生,无所知,其死,归无知之本,何能有知乎?人之所以聪明智惠者④,以含五常之气也。五常之气所以在人者,以五藏在形中也⑤。五藏不伤,则人智惠;五藏有病,则人荒忽,荒忽则愚痴矣。人死,五藏腐朽,腐朽则五常无所托矣,所用藏智者已败矣,所用为智者已去矣。

册三、卷二十《论死篇》

人生禀五常之性⑥,好道乐学,欲辨于物⑦。今则不然,饱食快饮,虑深求卧⑧,腹为饭坑,肠为酒囊,是则物也。倮虫三百⑨,人为之长。天地之性人为

---

① 故:故意、有意识。儒者:持天命论的汉儒。
② 合:交合。偶:偶然。
③ 荒忽:同恍惚,隐约难见。
④ 惠:通慧。
⑤ 藏:通脏。
⑥ 五常:仁义礼智信。
⑦ 辨:别。
⑧ 虑深求卧:心思用深了就想睡觉。
⑨ 倮:同裸。倮虫:无羽毛鳞甲遮身的动物。三百:《大戴记·易本命》说倮虫有三百六十种。

贵,贵其识知也。今闭暗脂塞①,无所好欲②,与三百倮虫何以异,而谓之"长"而"贵"之乎?诸夏之人所以贵于夷狄者,以其通仁义之文,知古今之学也。

册二、卷十三《别通篇》

论人之性,定有善有恶。其善者固自善矣,其恶者,故可教告率勉③,使之为善。凡人君父,审观臣子之性,善则养育劝率,无令近恶;恶则辅保禁防,令渐于善④。善渐于恶,恶化于善,成为性行⑤。……小人君子,禀性异类乎?譬诸五谷皆为用,实不异而效殊者,禀气有厚泊⑥,故性有善恶也。残则受仁之气泊⑦,而怒则禀勇渥也⑧。仁泊则戾而少慈⑨,勇渥则猛而无义,而又和气不足,喜怒失时,计虑轻愚⑩。妄行之人,非故为恶⑪,人受五常,含五脏,皆具于身⑫,禀之泊少,故其操行不及善人。犹酒或厚或泊也,非厚与泊殊其酿也,麴糵多少使之然也。是故酒之泊厚,同一麴糵;人之善恶,共一元气;气有多少,故性有贤愚。

册一、卷二《率性篇》

周人世硕以为人性有善有恶,举人之善性养而致之,则善长,恶性养而致之⑬,则恶长。如此,则性各有阴阳,善恶在所养焉。故世子作《养性书》一篇⑭。密子贱、漆雕开、公孙尼子之徒⑮亦论情性,与世子相出入,皆言性有善有恶……自孟子以下至刘子政⑯,鸿儒博生,闻见多矣,然而论情性竟无定是。唯世硕、公孙尼子之徒,颇得其正。由此言之,事易知,道难论也。……实者,人性有善有恶,犹人才有高有下也。高不可下,下不可高。谓性无善恶,是谓人才无

---

① 脂塞:像脂肪一样凝塞。
② 指不求仁义。
③ 率:循。
④ 渐:音坚,浸渍、濡染。
⑤ 性行:天生的品行。性:生也。
⑥ 泊:通薄。
⑦ 受:原作授,据校改。
⑧ 渥:音握,浓厚。
⑨ 慈:原作愈,据校改。
⑩ 考虑问题轻率、愚昧。
⑪ 非:原作罪,据校改。
⑫ 指仁义礼智信这"五常"之性含于五脏之中,与生俱来。
⑬ 恶性:原作性恶,据校改。
⑭ 性:原无,据校补。
⑮ 密子贱、漆雕开:孔子弟子。公孙尼子:孔子再传弟子。
⑯ 刘子政:刘向。

高下也。禀性受命,同一实也。命有贵贱,性有善恶。谓性无善恶,是谓人命无贵贱也。九州田土之性,善恶不均,故有黄赤黑之别,上中下之差;水潦不同①,故有清浊之流,东西南北之趋。人禀天地之性,怀五常之气,或仁或义,性术乖也;动作趋翔②,或重或轻,性识诡也;面色或白或黑,身形或长或短,至老极死,不可变易,天性然也。余固以孟轲轻言"人性善"者,中人以上者也;孙卿言"人性恶"者,中人以下者也;扬雄言人性"善恶混"者,中人也。若反经合道,则可以为教③;尽性之理,则未也。

册一、卷三《本性篇》

点　评

　　以董仲舒为代表的西汉儒学竭力捏合人道与天道,生发出"天人感应"的荒诞不经之说。在此基础上,西汉后期假托天意和孔子名义用迷信观点编织出来的谶言纬书大肆泛滥。据说东汉光武帝"尤信谶言"④,从宣布做皇帝到任命大臣,皆以谶言为准。汉代贵黄老,盛方术,道教逐步形成;佛教于两汉之交传入中土,这就使得神仙、神鬼观念大为流行。王充的《论衡》正是为破除这些虚妄无验的"天人感应"、谶纬迷信、神鬼观念和神仙思想撰写的。《论衡》破多立少,而所立正为了其所破。人性论就是其立的一个重要方面。《论衡》的人性论包括三个部分。一、人的产生和构成。人是"天地合气"、偶然自生的,与"天意"无关;人由"精气"构成,"精气灭"而形体朽,死后既不能为鬼,也不能成仙。二、人性的善恶评判。人由精气生,禀气有厚有薄,故人性有善有恶。"小人"、"君子"禀性不异,只是修行与否的结果。三、人的地位,即人与禽兽之异同。一方面,"倮虫三百,人为之长"、"天地之性人为贵",人以其智慧体认仁义而区别、高贵于万物;另一方面,"虽贵为王侯,性不异于物,物无不死,人安能仙?"⑤朴素唯物主义的人性论,为王充的批判思想奠定了理性的基石。

---

① 潦:音老,雨后积水。水潦:水源。
② 翔:回飞,回顾,指缓。趋翔:疾缓。
③ 可以之为教。反:返。
④ 《后汉书·方术列传》。
⑤ 《论衡·道虚篇》。

二、德力具备、谷足礼丰

情性者，人治之本，礼乐所由生也。故原情性之极，礼为之防，乐为之节。性有卑谦辞让，故制礼以适其宜；情有好恶喜怒哀乐，故作乐以通其敬。礼所以制，乐所为作者，情与性也。

册一、卷三《本性篇》

治国之道，所养有二：一曰养德，二曰养力。养德者，养名高之人，以示能敬贤。养力者，养气力之士，以明能用兵。此所谓文武张设、德力具足者也。事或可以德怀，或可以力摧。外以德自立，内以力自备。慕德者不战而服，犯德者畏兵而却。徐偃王修行仁义①，陆地朝者三十二国②，强楚闻之，举兵而灭之。此有德守，无力备者也。夫德不可独任以治国，力不可直任以御敌也。韩子③之术不养德，偃王之操不任力。二者偏驳④，各有不足。偃王有无力之祸，知韩子必有无德之患。

……治国犹治身也。治一身，省恩德之行，多伤害之操，则交党疏绝，耻辱至身。推治身以况治国⑤，治国之道当任德也。……夫治人不能舍恩，治国不能废德，治物不能去春，韩子独任刑用诛，如何？

册二、卷十《非韩篇》

夫世之所以为乱者，不以贼盗众多，兵革并起，民弃礼义，负畔其上乎⑥？若此者，由谷食乏绝，不能忍饥寒。夫饥寒并至而能无为非者寡，然则温饱并至而能不为善者希。……让生于有余，争起于不足。谷足食多，礼义之心生；礼丰义重，平安之基立矣。故饥岁之春，不食亲戚；穰岁之秋⑦，召食四邻。不食亲戚，恶行也；召及四邻，善义也。为善恶之行，不在人质性，在于岁饥饷⑧。由此言之，礼义之行，在谷足也。

---

① 徐偃王：西周初期徐国（在今江苏西北、安徽东北）君主。
② 朝：朝见。
③ 韩子：韩非。
④ 驳：杂、不正。
⑤ 况：比方。
⑥ 畔：通叛。
⑦ 穰（ráng）：庄稼丰熟。
⑧ 饷：本有馈赠、军粮之义，此引申为丰收。

册三、卷十七《治期篇》

点　评

　　《论衡》充满着怀疑一切的否定精神,连孔、孟圣人也在否定之列,《问孔》、《刺孟》是其证也。然而其否定的只是儒家皮毛,在根据人的情性制礼乐以治人,以德治国而反对"专意于刑"(《非韩篇》)这一基本点上,王充还是继承了儒家思想的内核。经过否定保留下来的儒家德治思想充分显示了其内在合理性和强大生命力。王充还把"礼丰义重"落实在"谷足食多"的物质基础上,主张"文武张设,德力具足"。这乃是荀子儒学思想光芒的再次释放。

第四十章
潜夫论

《潜夫论》,东汉末年王符著,以政论为主,凡10卷、36篇。

王符(约85—162),字信节,号潜夫,安定临泾(今甘肃镇原)人,一生隐居未仕。

东汉后期的政论著作除王符的《潜夫论》外,还有崔寔(?—170)的《政论》①、仲长统(180—220)的《昌言》②,但大多残缺不全,保存得最完整的当推《潜夫论》。王符"少好学,有志操"③,曾与马融等鸿儒相友善,于书无所不窥。虽一生未仕,但喜谈治国之道。《潜夫论》就是这样一部纵论天下大事的精彩论著。他从"民本"思想出发,强调王道德政,同时以富民利民为王道德政的物质基础,以刑法赏罚为王道德政的辅助手段,形成其一个中心("义")、两个基本点("利"、"法")的政治框架,体现了深刻的政治智慧。唐初魏徵奉命编《群书治要》,便采摘了《潜夫论》的许多内容。他回答唐太宗时的警句"兼听则明,偏信则暗"即源自王符。清初唐甄著《潜书》,亦分明可见《潜夫论》之影响。王符虽布衣终身默默无闻,然而"本立德以立言,自可与立功者并垂于不朽"(清周泰元语)。

本书选用清汪继培《潜夫论笺校正》,中华书局1985年版。

---

① 《隋书·经籍志》。
②③ 《后汉书》卷四十九《王充王符仲长统列传》。

一、民为国基,富民化民

国以民为基,贵以贱为本。愿察开辟以来①,民危而国安者谁也? 下贫而上富者谁也? 故曰:"夫君国,将民之以②。民实瘠,而君安得肥③?""夫以小民受天永命④。"窃愿圣主深惟国基之伤病⑤,远虑祸福之所生。

卷五《边议第二十三》

凡人君之治,莫大于和阴阳。阴阳者,以天为本。天心顺则阴阳和,天心逆则阴阳乖。天以民为心,民安乐则天心顺,民愁苦则天心逆。民以君为统,君政善则民和治,君政恶则民冤乱。君以恤民为本,臣忠良则君政善,臣奸枉则君政恶。

卷二《本政第九》

凡治国之大体,莫善于抑末而务本,莫不善于离本而饰末。夫为国者以富民为本,以正学为基⑥。民富乃可教,学正乃得义。民贫则背善,学淫则诈伪。入学则不乱,得义则忠孝。故明君之法,务此二者,以为成太平之基,致休征之祥⑦。

夫富民者,以农桑为本,以游业为末;百工者,以致用为本,以巧饰为末;商贾者,以通货为本,以鬻奇为末⑧。三者守本离末则民富,离本守末则民贫。贫则陇而忘善,富则乐而可教。教训者,以道义为本,以巧辩为末;辞语者,以信顺为本,以诡丽为末;列士者,以孝悌为本,以交游为末;孝悌者,以致养为本,以华观为末;人臣者,以忠正为本,以媚爱为末。五者守本离末则仁义兴,离本守末则道德崩。慎本略末犹可也,舍本务末则恶矣。

……夫本末消息之争皆在于君⑨,非下民所能移也。夫民固随君之好、从利以生者也。是故务本则虽虚伪之人皆归本,居末则虽笃敬之人皆就末。且冻

---

① 指天地诞生以来。
② 君国:治理国家。以:与。民之以:指与民共处。
③ 语见《国语·楚语》:"夫君国者,将民之与处。民实瘠矣,君安得肥?"
④ 语见《尚书·召诰》。"夫"当作"王"。
⑤ 惟:思。
⑥ 基:原脱此字,据校正补。
⑦ 休征:吉祥的征兆。
⑧ 鬻:音育,卖。奇:奇货。
⑨ 在于:决定于。

馁之所在,民不得不去也;温饱之所在,民不得不居也。故衰暗之世,本末之人,未必贤不肖也,祸福之所势不得无然尔。故明君莅国,必崇本抑末,以遏乱危之萌。此诚治之危渐①,不可不察也。

卷一《务本第二》

王者以四海为一家,以兆民为通计。一夫不耕,天下必受其饥者;一妇不织,天下必受其寒者。今举世舍农桑,趋商贾,牛马车舆填塞道路,游手为巧充盈都邑,治本者少,浮食者众。商邑翼翼,四方是极。今察洛阳,浮末者什于农夫②,虚伪游手者什于浮末。是则一夫耕,百人食之;一妇桑,百人衣之。以一奉百,孰能供之?天下百郡千县,市邑万数,类皆如此,本末何足相供?则民安得不饥寒?饥寒并至,则安得不为非?为非则奸宄③,奸宄繁多,则吏安能无严酷?严酷数加,则下安能无愁怨?愁怨者多,则咎征并臻④,下民无聊,而上天降灾,则国危矣。

卷三《浮侈第十二》

点　　评

自汉武帝采纳董仲舒建议"罢黜百家、独尊儒术"后,终汉之世,儒家思想占主导地位。东汉末年王符的《潜夫论》又一次提供了这方面的例证。《潜夫论》虽然包含了道家、法家等思想,然而就其总体情况看还是儒家思想为主,所以自古以来被列为儒家著作。它弘扬《尚书》、《孟子》中的民本精神,响亮地提出"天以民为心"、"国以民为基"的口号,呼唤君主实行"恤民为本"的仁政。这仁政的措施大体有二,一是与民以利,二是教民以义。虽然王符认为人之所贵者"义"也,但他同时又认识到,"民贫则背善","民富乃可教",所以他提出:"为国者以富民为本。""富民者,以农桑为本。"解决了"温饱"问题之后,人们并不会必然地具有"道义",而"道义"恰恰是人不同于禽兽的根本属性所在,所以在具备物质基础的同时,还必须"以正学为基",加强道德教化,使人由"利"走向"义",达到义利并重、和谐发展的境界。这一思想既包含着对人的物质生

---

① 治之危渐:当作"治危之渐"。治:安。渐:开端、根本。
② 什:十倍。
③ 宄:音轨,乱。奸宄:犯法作乱。
④ 臻:至。

物属性的尊重,又包含了对人的物质生物属性的超越。

二、"尊德礼而卑刑罚"

人君之治,莫大于道,莫盛于德,莫美于教,莫神于化。道者所以持之也,德者所以苞之也①,教者所以知之也,化者所以致之也。民有性有情,有化有俗。情性者,心也,本也;化俗者,行也,末也。末生于本,行起于心。是以上君抚世,先其本而后其末,顺其心而理其行。……是故上圣不务治民事而务治民心。故曰:"听讼②,吾犹人也③。必也使无讼乎!"道之以德,齐之以礼,务厚其情而明则务义④。民亲爱则无相害之意,动思义则无奸邪之心。夫若此者,非法律之所使也,非刑威之所强也,此乃教化之所致也。圣人甚尊德礼而卑刑罚,故舜先勅契以敬敷五教⑤,而后命皋陶以五刑三居⑥。是故凡立法者,非以司民短而诛过误,乃以防奸恶而救祸败,检淫邪而内正道尔⑦。

卷八《德化第三十三》

夫法令者,君之所以用其国也。君出令而不从,是与无君等。主令不从则臣令行,国危矣。夫法令者,人君之衔辔箠策也⑧,而民者,君之舆马也。若使人臣废君法禁而施己政令,则是夺君之辔策,而己独御之也。

卷五《衰制第二十》

处士不得直其行,朝臣不得直其言,此俗化之所以败,暗君之所以孤也。齐侯之以夺国⑨,鲁公之以放逐⑩,皆败绩厌覆于不暇⑪,而用及治乎?故德薄者恶闻美行,政乱者恶闻治言,此亡秦之所以诛偶语而坑术士也。

卷一《贤难第五》

---

① 苞:同包。
② 听:处理、判断。听讼:断案。
③ 人:别人。
④ 明则务义:"则务"二字当作"其"。
⑤ 勅:同敕(chì),告诫。契(xiè):中国商朝的祖先,传说是舜的臣,助禹治水有功而封于商。五教:五种伦理德教,即父亲有义、母亲慈爱、兄长友好、弟弟恭敬、儿子孝顺,见《左传·文公二十八年》。
⑥ 三居:指流放犯人所处的三种区域。
⑦ 内:通纳。
⑧ 箠:同棰,鞭子。
⑨ 齐简公不听诸御鞅之言而为陈垣所杀。
⑩ 鲁昭公不听子家驹之言而为孟氏所攻,出奔,死于晋。
⑪ 厌:通压,倾倒。

  国之所以治者,君明也;其所以乱者,君暗也。君之所以明者,兼听也;其所以暗者,偏信也。是故人君通必兼听,则圣日广矣;庸说偏信,则愚日甚矣。

卷二《明暗第六》

点　评

  王符论治国方略,一主富以养民、义以教民,二主以德为主、以刑为辅。他认为德治是政治的最高境界,治理国家应当"甚尊德礼而卑刑罚"。同时他又注意到,"治世者若登丘矣,必先蹑其卑者,然后乃得履其高"(《衰制篇》),尤其在衰微的乱世,"以为刑杀当不用而德化可独任"只是一种迂腐之见,必须"明法禁","行赏罚"(同上)。王符所期望的德政,是开明的君主政治。他希望在明君自觉"兼听"范围中,朝臣得以"直其言",处士得以"直其行",从而避免君主偏信独断带来的黑暗。

后　记

因为2010年7月11日在上海电视台"东方大讲坛"开设《国学中的"民本"思想》演讲的关系，我有幸与商务印书馆（上海）有限公司钱厚生编审结缘。于是有了在商务印书馆出版的这部《国学人文导论》。

本书属于上海政法学院国学课程特色教材建设项目。2008年，在完成《中国美学通史》之后，我转入"人学原理"专题的研究。"人学原理"在笔者早先出版的《中国人学史》、《中国现当代人学史》、《国学人文读本》的基础上，兼顾西方人文思想资料，从范畴入手，中西比较，古今对照，力图建构一个系统的人学范畴体系。2012年6月，《人学原理》由商务印书馆出版。本书上编即根据这个人学范畴体系中的国学人文部分改写增补而成。下编则根据《国学人文读本》先秦两汉部分改订。

在与商务印书馆的合作中，责任编辑钱厚生编审以高度负责的精神和非常敬业的态度，在思想内容上审慎把关，在语言表达上斟酌润色，订正了不少文字差错，使本书的编校质量大为提高。笔者甚为感动，在此深表谢忱。

本书有幸纳入上海政法学院特色教材系列。该系列由副院长、著名行政法专家关保英教授担任总主编，统一在中国政法大学出版社出版。考虑到《国学人文导论》内容的特殊性，本书获准单独由商务印书馆出版，谨此鸣谢。

本书出版之前，上编部分章节曾在《学术月刊》、《社会科学战线》、《上海大学学报》、《安徽师大学报》、《文汇报》"每周演讲"专版、《解放日报》"思想者"

专版发表,对给予宝贵支持的夏锦乾、张利明、董乃斌、凤文学、季桂保、杨波等先生,在此表示衷心的感谢。

本书两年前首版。本次重印,订正了个别文字差错,特此说明。

祁志祥

2015 年 1 月 1 日